Usinage par enlèvement de copeaux

Chez le même éditeur ──────────────────────────────

P. Gérard, *Pratique du droit de l'urbanisme*, 2003, 4e édition

J.-P. Gousset, R. Pralat, J.-C. Capdebielle, *Le Métré*, 2004

P. Grelier Bessmann, *Pratique du droit de la construction, Marchés publics et marchés privés*, 2005, 4e édition

G. Karsenty, *La fabrication du bâtiment*, tomes 1 et 2, 1997 et 2001

G. Karsenty, *Guide pratique des VRD et aménagements extérieurs*, 2004

ENSAM

Usinage par enlèvement de copeaux
de la technologie aux applications industrielles

EYROLLES

ÉDITIONS EYROLLES
61, bd Saint-Germain
75240 Paris CEDEX 05
www.editions-eyrolles.com

Ce livre a été écrit par Gérard Levaillant,
Michel Dessoly, Patrick Ghidossi, Pascal Leroux, Jean-Claude Moules,
Gérard Poulachon, Patrick Robert.

Gérard Levaillant est expert en usinage et créateur du concept du couple outil-matière.
Michel Dessoly est professeur au CER Ensam de Cluny.
Patrick Ghidossi est maître de conférence au CER Ensam de Châlons-sur-Champagne.
Pascal Leroux est professeur au CER Ensam de Bordeaux-Talence.
Jean-Claude Moules est professeur au CER Ensam de Cluny.
Gérard Poulachon est maître de conférence au CER Ensam de Cluny.
Patrick Robert est professeur au CER Ensam d'Angers.

Tous sont spécialistes d'usinage.

Le code de la propriété intellectuelle du 1er juillet 1992 interdit en effet expressément la photocopie à usage collectif sans autorisation des ayants droit. Or, cette pratique s'est généralisée notamment dans les établissements d'enseignement, provoquant une baisse brutale des achats de livres, au point que la possibilité même pour les auteurs de créer des œuvres nouvelles et de les faire éditer correctement est aujourd'hui menacée.
En application de la loi du 11 mars 1957, il est interdit de reproduire intégralement ou partiellement le présent ouvrage, sur quelque support que ce soit, sans l'autorisation de l'Éditeur ou du Centre Français d'exploitation du droit de copie, 20, rue des Grands Augustins, 75006 Paris.

© Groupe Eyrolles, 2005, ISBN 2-212-11648-9

À la mémoire d'Alain-Louis DEFRETIN notre collègue et ami trop tôt disparu en 1999.
Il avait voulu ce livre et travaillé à sa construction.

REMERCIEMENTS

Nos remerciements vont à Pierre Koch qui a demandé l'écriture de ce livre lorsqu'il était directeur des Études à l'Ensam et Alphonse Moisan qui l'a lu plusieurs fois en profondeur et nous a fait bénéficier de son expérience et de ses compétences encyclopédiques en matière d'usinage.

Préface

Gérer la Technologie

On considère qu'une technique accède à la technologie lorsque son étude utilise les méthodes et les acquis de la science.

Qu'en est-il de l'usinage par enlèvement de copeaux ?

Je pense pouvoir répondre que les études technologiques, non seulement expliquent parfaitement les savoir-faire actuels qu'ils soient ou non d'origine empirique, mais sont à la base des progrès récents et de toutes les études quantitatives.

Le chercheur, universitaire ou ingénieur, a beaucoup à faire dans ce domaine et en particulier dans celui des usinages à grande vitesse, qu'il s'agisse des matériaux usinés, des outils d'usinage, de la lubrification de coupe, des machines, des commandes numériques... que l'on étudie ces composants ou leurs interactions, que l'on se penche sur la coupe fondamentale ou sur la mise en œuvre des procédés. Bref, condamné depuis des décennies par plus d'un futurologue, l'usinage par enlèvement de copeaux est en plein bouillonnement.

Ce qui ne simplifie pas la vie de l'ingénieur d'application, qu'il soit responsable d'atelier, de service des méthodes ou de bureau de préparation. Ou même ingénieur d'étude, car la méconnaissance de l'état de la technique est source de graves erreurs d'orientation dans la conception des produits.

Intéressons-nous d'un peu plus près à son problème ou plutôt à ses problèmes, car ils sont nombreux. Si nombreux que je renonce à en dresser une liste exhaustive. Ces problèmes appartiennent à deux grandes catégories : le choix des moyens, l'exploitation des moyens.

Dans les deux cas l'ingénieur d'application a besoin de connaissances techniques.

C'est évident s'il s'agit de l'achat d'une machine (choix des moyens). Cela reste vrai s'il s'agit d'une décision aussi « élémentaire » que le choix d'un outil pour effectuer une opération donnée. Je sais que dans la majorité des cas il n'interviendra pas dans ce choix. Mais il doit être en mesure de le comprendre voire de le critiquer. Et surtout il interviendra, il devra intervenir dans la définition des procédures qui guideront le technicien dans cette opération de choix.

De même, l'ingénieur d'application n'aura pas à intervenir dans le choix des conditions et paramètres d'usinage dans un cas déterminé (exploitation des moyens) mais il devra savoir comment, par quelles méthodes, ces conditions et paramètres sont déterminés. Et il aura la responsabilité du niveau de qualité et de performances des méthodes et moyens utilisés par ses techniciens.

Tout cela nécessite de solides connaissances techniques. Mais pas seulement. Il ne suffit pas de connaître la technologie. Il faut la gérer. C'est ce qui permet à Lowell W. Steele auteur de *Gérer la technologie,* livre édité par Afnor gestion en 1990 de déclarer que : « la technologie est une chose beaucoup trop importante pour qu'on la confie aux techniciens quels qu'ils soient » (page 5). Et l'auteur de proposer que la technologie soit confiée aux gestionnaires (lorsqu'ils auront lu son livre). Je ne discuterai pas plus loin cet aphorisme qui peut s'appliquer à n'importe quelle fonction ou spécialité... y compris à la gestion et aux gestionnaires. Mais j'admets bien volontiers qu'on ne peut demander aux ingénieurs de construire toutes les logiques qui permettent des prises de décision correctes sur la seule base de leurs connaissances techniques et de leur bon sens.

Vous me direz qu'ils n'en ont nul besoin et qu'ils trouveront sur le marché tout le nécessaire sous forme de méthodes sophistiquées, de programmes d'aide à la décision, de programmes de calcul des paramètres d'usinage...

Même en acceptant cela sans discussion, l'ingénieur d'application doit savoir choisir entre toutes ces méthodes et programmes. Il doit savoir sur quelles bases technologiques ils sont construits pour apprécier leur niveau de pertinence et de performance. Là encore, il doit avoir les moyens de choisir.

Il faut passer de la connaissance technologique à l'exploitation de cette connaissance. De la technologie à la gestion de la technologie.

L'expérience montre que le chemin pour y parvenir est difficile. Mais c'est l'ambition de ce livre que d'y conduire le lecteur.

Gérard Levaillant

Table des matières

Liste des symboles utilisés	XIII
Avant-propos	XVII
1. Les fondements de la technique	XVIII
2. La mise en œuvre de la technique	XVIII

Chapitre 1   Analyse d'une opération d'usinage : de la maîtrise à la prédétermination ... 1

1. Analyse d'une opération d'usinage ... 2
   - 1.1. La matière à usiner ... 2
   - 1.2. La machine-outil ... 2
   - 1.3. L'opération d'usinage ... 2
   - 1.4. L'outil et son intermédiaire ... 6
   - 1.5. Conditions d'usinage ... 10
   - 1.6. Paramètres d'usinage ... 14
   - 1.7. Contraintes et caractères libres ... 17
2. La prédétermination ... 20
3. La maîtrise et son acquisition ... 20
   - 3.1. Les règles de l'art ... 21
   - 3.2. Les bases de choix des outils ... 21
   - 3.3. Les bases de données de coupe ... 26
   - 3.4. Les règles d'amélioration ... 30
4. Conclusions ... 31

Chapitre 2   Définition de l'usinage par enlèvement de copeaux ... 33

1. Une classe, deux familles ... 34
2. Les techniques non conventionnelles ... 34
3. Mêmes fins, autres techniques ... 35
4. Combinaisons de techniques ... 36
5. Deux modes de génération ... 37
6. Outils de coupe et arêtes de coupe ... 41

Chapitre 3   Étude fondamentale de l'usinage par enlèvement de copeaux ... 43

1. Modifications apportées à la pièce : aspect micro-structural ... 44
2. Modifications apportées à l'outil : transformations réversibles ... 44
3. Modifications apportées à l'outil : usures irréversibles ... 46
4. Les forces de coupe ... 49
   - 4.1. Les forces de coupe locales ... 49
   - 4.2. Les forces de coupe globales ... 52
   - 4.3. Mesures directes et mesures indirectes des forces de coupe ... 52
   - 4.4. Référentiel de mesure des efforts de coupe ... 54
   - 4.5. Efforts moyens, efforts instantanés ... 55
   - 4.6. Calculs d'efforts : utilité, stratégies d'obtention ... 55
5. Les modèles d'usinage ... 56
   - 5.1. Lois et modèles ... 56
   - 5.2. Les modèles d'usinage par enlèvement de copeaux ... 58

Chapitre 4   Classification des procédés d'usinage par enlèvement de copeaux ... 69
1. Cadre de classification 70
2. Classification des opérations d'usinage par enlèvement de matière 72
   2.1. La géométrie de coupe 73
   2.2. L'épaisseur de coupe 75
   2.3. Niveau des techniques 76
   2.4. La division des techniques en opérations 78
   2.5. Les matériaux à usiner 82
3. Application de ces méthodes de classement 86
4. Utilité/nécessité
   d'une classification rigoureuse 87
5. Conclusion 89

**Chapitre 5   Études communes aux différentes techniques d'usinage
                par enlèvement de copeaux** 91
1. Généralités 92
   1.1. Du point de fonctionnement au domaine de validité résiduel 92
   1.2. La condition de répétabilité 95
   1.3. De la prédétermination à l'optimisation 99
   1.4. Et maintenant 99
2. État de surface 99
   2.1. Les contraintes de qualité classées par nature 100
   2.2. La position de l'usineur 104
   2.3. Maîtrise et prédétermination des tolérances dimensionnelles,
        des défauts de forme et de position 105
   2.4. Maîtrise et prédétermination
        des défauts d'ondulation et de rugosité 107
   2.5. Maîtrise et prédétermination des défauts d'ordres 5 et 6 110
3. Les matières usinées 110
   3.1. Les matières doivent être définies avec précision 111
   3.2. Réduction du nombre de matières 112
   3.3. Regroupement de matières en classes d'usinabilité 112
   3.4. Vers une solution 113
   3.5. Classes de choix 113
   3.6. Schéma de mise en place 114
   3.7. Constitution d'un standard de matières à usiner 115
4. Les matériaux de coupe 118
   4.1. Les bases de classification 118
   4.2. Les aciers rapides 119
   4.3. Les carbures frittés 120
   4.4. Les céramiques de coupe 121
   4.5. Les cermets (CERamique - METal) 123
   4.6. Le nitrure de bore cubique (CBN) 124
   4.7. Le diamant 125
   4.8. Conclusions 125
5. Lubrification de coupe 127
   5.1. Les fonctions de la lubrification en usinage 128

- 5.2. Choix d'un lubrifiant et d'un mode de lubrification 132
- 5.3. Propriétés des lubrifiants 133
- 5.4. Classification des lubrifiants 134
- 5.5. Constitution d'un standard de lubrifiants 135
- 5.6. Conclusions 135
6. Les copeaux 136
  - 6.1. Classification des copeaux 138
  - 6.2. Méthode d'observation des copeaux 139
  - 6.3. Définir les bons copeaux 141
7. Les angles des outils 144
  - 7.1. Constitution d'un outil coupant 144
  - 7.2. Outils monoblocs 144
  - 7.3. Outils avec inserts 147
  - 7.4. Évolution des géométries en travail 147
8. Généralités sur les paramètres et conditions d'usinage 151
  - 8.1. Paramètres et conditions d'usinage 151
  - 8.2. Importance d'une connaissance précise des paramètres et conditions d'usinage 155
  - 8.3. Discussion 159
  - 8.4. Conclusions 160
9. Les machines-outils 160
  - 9.1. Les broches 161
  - 9.2. Les axes de travail 168
  - 9.3. Les accessoires 169
10. Les usures d'outils 169
  - 10.1. Usures progressives et endommagements catastrophiques 173
  - 10.2. Les causes de réformes d'arêtes 176
  - 10.3. Les critères de réforme d'arête 179
  - 10.4. Conclusions 184

Chapitre 6   Étude générale des modèles en usinage 185

1. Définition du couple outil-matière 187
2. Réflexions sur la définition d'un élément 191
3. Notre programme d'étude 192
4. Le domaine de validité du couple outil-matière 192
5. Les modèles de calcul des forces, couples
   et puissances de coupe 194
   - 5.1. Puissances, couples, forces tangentielles 194
   - 5.2. Les forces axiales et radiales 199
6. Les modèles de durée de vie 200
   - 6.1. Modèle phénoménologique de Taylor et dérivé 201
   - 6.2. Modèle analytique 202
7. Les modèles d'état de surface 205
   - 7.1. Génération ponctuelle 205
   - 7.2. Générations linéaires avec arrêt d'avance 208
   - 7.3. Générations linéaires sans arrêt d'avance 208
8. Les modèles de qualité dimensionnelle 208
   - 8.1. L'outil et les conditions de coupe 209

8.2.	L'outillage	209
8.3.	Machine outil	212
8.4.	L'environnement du poste de travail	224

Chapitre 7 De l'opération élémentaire à la gamme 227
1. Le vocabulaire 228
2. La fonction méthode 232
3. Le contenu de la gamme 233
   3.1. Précision des éléments intermédiaires 233
   3.2. Définition des éléments 233
   3.3. Une désignation des éléments claire et précise 233
   3.4. Une écriture des gammes plus légères 234
   3.5. Des conditions et des paramètres d'usinage précis 235
4. Satisfaire à la condition de répétabilité 235
   4.1. Les modifications progressives dans le temps 235
   4.2. Les surépaisseurs d'usinage 236
5. De la gamme à l'opération d'usinage 239
6. De l'opération élémentaire à la gamme 240
7. La gamme automatique 242

Chapitre 8 Choix techniques, calculs de coûts et optimisation 245
1. Généralités 246
2. Choix des paramètres techniques 247
3. Problèmes d'ordres 2 à 7 255
   3.1. Problèmes d'ordre 2 255
   3.2. Problèmes d'ordres 3 et 4 256
   3.3. Problèmes d'ordres 5, 6 et 7 256
4. Calculs de coûts ou simulation ? 256

Chapitre 9 Aspects organisationnels 259
1. Relations entre l'usinage et les autres services de l'entreprise 261
   1.1. Relations avec le bureau d'études 261
   1.2. Relations avec le contrôle 262
   1.3. Relations avec le service des achats 262
   1.4. Relations avec le service chargé de la maintenance des machines-outils ... 263
   1.5. Les relations entre méthodes (préparation/programmation) et ateliers 263
   1.6. Les relations entre Méthodes-Ateliers puis Gestionnaires 265
2. Formations aux techniques d'usinage 265
3. Construction et gestion d'un standard d'outils 268
   3.1. Standardisation hors conditions de prédétermination 269
   3.2. Standardisation en condition de prédétermination 269
4. Paramétrage des couples outils-matières (COM) 272
   4.1. Niveau de compétences dans l'entreprise en matière de paramétrage .. 273
   4.2. Obtention des paramètres 273

5. Contrôle d'usinabilité des matériaux usinés 275
   5.1. Détermination de l'usinabilité 275
   5.2. Contrôle de l'usinabilité 276

Chapitre 10 Dernières réflexions 277
1. Comment prédéterminer ? 278
   1.1. La solution algorithmique 278
   1.2. Banques de données et interpolation 279
2. Deux nouvelles questions 280
   2.1. Si la prédétermination par voie algorithmique est clairement la meilleure, pourquoi a-t-elle tant tardé à surgir ? 280
   2.2. Faut-il renoncer à exploiter les données de l'atelier ? 281
3. Relations entre prédétermination et adaptation 281
   3.1. Des problèmes techniques et de coûts de réalisation 282
   3.2. Des problèmes de comportement du COM en dehors de son domaine (propre) de validité 282
   3.3. Des problèmes de choix du point de fonctionnement initial 282
   3.4. Des problèmes d'identification de l'origine de l'écart entre la valeur du paramètre mesuré et sa valeur de consigne 283
   3.5. Des problèmes liés à l'impossibilité de modifier certains paramètres en cours de passe 283
4. L'usinage à grande vitesse ou UGV 283
   4.1. Qu'est-ce que l'UGV ? 284
   4.2. L'usinage à grande vitesse 286
   4.3. Que se passe-t-il quand on augmente vitesse de coupe et vitesse de broches ? . 287
   4.4. Pratiquer l'UGV 289
5. Conclusion générale 290

Annexe 291

Liste des symboles utilisés

Symbole	NF	Dénomination	Unité
ω		Vitesse angulaire	$rd \cdot s^{-1}$
K_r		Angle de direction d'arête de l'outil	degré
K'_r		Angle de direction d'arête secondaire de l'outil	degré
K_{re}		Angle de direction d'arête de l'outil en travail	degré
A_D	66.506	Aire nominale de la section transversale de coupe	mm^2
A_{Dmax}		Section coupée maxi admissible	mm^2
a_e		Profondeur de coupe radiale	mm
AEA		Angle équivalent axial	degré
AER		Angle équivalent radial	degré
a_p	66.506	Profondeur de coupe	mm
C		Couple	Nm
C	66.520.4	« Constante de Taylor »	
COM		Couple-outil-matière	
e (modèle de Taylor)		Épaisseur de coupe	mm
E	66.520.4	Exposant sur l'avance	
e_θ		Épaisseur de coupe instantanée	mm
e_{max}		Épaisseur de coupe radiale mesurée à son maximum	mm
f (modèle de Taylor)	E 66.506	Avance par tour	$mm \cdot tr^{-1}$
F	66.520.4	Exposant sur la profondeur de passe	
F_c	66.506	Force de coupe suivant la direction principale de coupe	N
F_f	66.506	Force de coupe selon la direction d'avance	N
f_{max}		Avance maximale	$mm / dent / tr^{-1}$
f_{min}		Avance minimale	$mm \cdot tr^{-1}$
F_p	66.506	Force de coupe transversale perpendiculaire à P_{fe}	N
F_{Xm}		Force totale suivant axe machine X	N
f_y ou f_i		Flèche statique	mm
F_{Ym}		Force totale suivant axe machine Y	N
f_z	E 66.506	Avance par dent pour outil multiple	$mm \cdot tr^{-1}$
F_{Zm}		Force totale suivant axe machine Z	N
G (modèle de Taylor)	66.520.4	Exposant sur la durée de vie	
HB		Dureté Brinell NFA 03.152	Échelle Brinell
HR_C	A 03.153 A 03.256	Dureté Rockwell Norme	Échelle Rockwell

Liste des symboles utilisés

Symbole	NF	Dénomination	Unité
HV ou H_V	03.154 03.163 02.253	Dureté Vickers	Échelle Vickers
k_c		Effort spécifique de coupe	$N \cdot mm^{-2}$ (MPa)
$k_{c, ref}$		Effort spécifique de coupe de référence	
K_T		Usure en cratère	mm
m_c		Coefficient correcteur de l'effort spécifique de coupe en fonction de l'avance	
M_C		Mouvement de coupe	
M_f		Mouvement d'avance	
P_c	66.507	Puissance de coupe	W
P_e	66.507	Puissance en travail	W
P_v	66.507	Puissance à vide	W
Q		Débit de matière enlevée	$cm^3 \cdot min^{-1}$
r_β		Rayon de l'arête principale de coupe	mm
r_ε		Rayon de bec d'outil	mm
R_e	A 03.551	Résistance apparente d'élasticité	MPa
R_m		Résistance à la traction (à la rupture)	MPa
T	66.520.4	Durée de vie d'arête	min
T_{max}		Durée de vie maximale	min
T_{min}		Durée de vie minimale	min
VB_B		Usure frontale moyenne	mm
VB_{Bmax}		Usure frontale mesurée à son maximum	mm
V_c	66.502	Vitesse de coupe	$m \cdot min^{-1}$
V_{cmin}		Vitesse de coupe minimale	$m \cdot min^{-1}$
V_f	66.502	Vitesse d'avance	$mm \cdot min^{-1}$
W_C E_C		Puissance spécifique de coupe Énergie spécifique de coupe	$W \cdot cm^{-3} \cdot min$ $J \cdot cm^{-3}$
Z (modèle de Taylor)		Nombre de dents d'une fraise	
Z_u		Nombre utile de dents d'une fraise	

Avant-propos

Cet ouvrage est un ouvrage de technologie qui traite de l'usinage par enlèvement de copeaux. Mais qu'est-ce que la technologie ?

Pour François Russo : « Il faut entendre par ce terme un savoir qui, prolongeant dans un sens nettement plus systématique et plus scientifique la tendance qui a donné lieu dès le XVIe siècle à la publication des traités techniques (...) se distingue de la science par son objet, la réalité technique, mais est science par son esprit, par la manière méthodique dont elle pose les problèmes, par le souci d'exprimer dans un 'discours' le 'faire' de la technique, la rigueur de ses démarches, la généralité des concepts qu'elle dégage, l'usage qu'elle fait des mathématiques, par la précision de ses observations et de ses mesures. » (l'*Histoire des Techniques*, la Pléiade page 1115).

Cette définition précise la démarche, non l'objet.

De manière quelque peu arbitraire on peut ranger les objets de la démarche technologique en deux catégories suivant qu'ils concernent les fondements mêmes de la technique étudiée ou sa mise en œuvre.

6. Les fondements de la technique

Dans le cas de l'usinage par enlèvement de copeaux l'étude des fondements de la technique porte en particulier sur la formation du copeau, les caractéristiques de la surface usinée, la dégradation de l'arête de coupe, la lubrification éventuelle, les mécanismes de dégagement et d'évacuation des copeaux, les calculs des forces, couple et puissance de coupe, les phénomènes perturbateurs telles les vibrations, l'influence des caractéristiques de l'outil et de la matière usinée sur les phénomènes précédents...

Ces études ne se limitent pas à l'interface entre l'outil et la matière usinée ; elles se prolongent aux éléments intermédiaires entre l'outil et la machine, à la broche de la machine, à la structure de la machine, à la pièce usinée soumise aux efforts de coupe, au montage de la pièce sur la machine, à son ablocage ou entraînement...

Plusieurs sciences sont mises à contribution : la mécanique, la thermique, la thermodynamique, la métallurgie, la métrologie dès qu'il s'agit d'effectuer des mesures, les statistiques pour les analyser. La plupart des phénomènes précités font l'objet de telles études qui respectent les critères de la démarche scientifique. Il s'agit bien de technologie.

Dans de nombreux cas ces études aboutissent à la construction de modèles ; les études les plus ambitieuses visent à la construction d'un modèle global de l'usinage qui n'existe pas à ce jour. L'étude des fondements des techniques d'usinage par enlèvement de copeaux n'est pas l'objet du présent ouvrage.

7. La mise en œuvre de la technique

L'étude de la mise en œuvre des techniques d'usinage par enlèvement de copeaux est l'objet du présent ouvrage. Nous sommes maintenant chez l'industriel utilisateur, dans le bureau des méthodes ou dans le bureau de préparation, voire dans l'atelier.

Ce qui était tout à l'heure l'objet de notre quête est devenu un outil que nous voulons efficace. Notre but ? La maîtrise. Et si possible, la prédétermination. La maîtrise est plus tolérante que la prédétermination : si l'usineur n'a pas choisi du premier coup les paramètres d'usinage qui fournissent le résultat requis, il n'a pas perdu la maîtrise s'il sait dans quel sens et de combien les corriger. La prédétermination impose qu'il effectue les bons choix dès la première tentative.

Il doit donc être en mesure de tenir compte qualitativement et quantitativement de tout ce qui influe, de tout ce qui est susceptible d'influer sur les choix technologiques. Pour l'y aider, nous allons extraire des études relatives aux fondements de la technique tout ce qui peut être utile. Nous laisserons de côté ce qui est, de notre point de vue, inexploitable en l'état.

Nous nous efforcerons de combler les trous laissés par la science. Et nous le ferons remarquer. D'une part pour que le praticien soit clairement informé de l'état des connaissances. D'autre part pour indiquer au scientifique dans quelles directions il est souhaitable (de notre point de vue), qu'il oriente sa recherche.

Cet ouvrage ne se borne pas à trier les matériaux utilisables dans les études relatives aux fondements de la technique et à proposer des solutions pour « boucher les trous ». Il reste beaucoup à faire. Et tout d'abord de la **technologie appliquée**. Car si les études relatives aux fondements de l'usinage sont bien de nature technologique, les études relatives à sa mise en œuvre restent le plus souvent au niveau technique. Et le passage de la technique à la technologie n'est pas toujours évident. Donnons quelques exemples.

Le **contournage axial** par tournage est une opération technologiquement très proche du chariotage. Mais la modification de l'angle d'attaque peut provoquer des difficultés quant à la formation du copeau. Comment en tenir compte ?

Le **fraisage en virage intérieur** entraîne une modification des paramètres d'usinage nominaux. Lesquels ? Quelles sont leurs nouvelles valeurs ?

La **morphologie de la pièce** peut entraîner des difficultés qui, bien qu'extérieures à l'interaction entre l'outil et la matière usinée, vont l'influencer. Considérer l'exemple d'une pièce flexible en tournage ou d'un voile mince en fraisage. Comment en tenir compte ?

Il faut ensuite élaborer des **stratégies d'exploitation** des connaissances relatives aux fondements des techniques d'usinage. Nous verrons que les études fondamentales fournissent des modèles d'usure et des efforts spécifiques de coupe. Comment faut-il agencer ces connaissances pour choisir (calculer) les paramètres d'usinage dans un cas déterminé ? Dans cette catégorie on peut ranger tous les problèmes économiques et plus généralement tous les problèmes d'optimisation appliqués à l'usinage.

Ces stratégies d'exploitation débouchent sur la construction (ou l'exploitation) d'algorithmes de choix d'outils et de paramétrage des opérations d'usinage. Il faut également traiter de l'obtention **des données et paramètres technologiques** : une chose est de connaître la forme d'un modèle et même son paramétrage en laboratoire ; autre chose est de savoir où et comment obtenir ces paramètres industriellement et économiquement.

Enfin on n'échappe pas à la nécessité d'organiser tout ce qui précède, de le relier aux structures de l'entreprise. Et au passage de traiter de problèmes, peu, voire non résolus, comme les méthodes de standardisation des outils d'usinage. Le tout constitue un important programme que l'on peut aborder en deux temps : des méthodes, en principe communes à toutes les techniques d'usinage, et des études spécifiques propres à chaque technique.

Le présent volume consacré aux méthodes a pour ambition de montrer comment la mise en œuvre industrielle de l'usinage par enlèvement de copeaux peut utiliser les connaissances et les méthodes de la technologie.

Chapitre 1

Analyse d'une opération d'usinage : de la maîtrise à la prédétermination

Pour préciser les notions de maîtrise et de prédétermination abordées dans l'avant-propos, nous devons d'abord analyser la description d'une opération d'usinage.

Lors d'un travail de préparation d'une gamme, une partie des éléments descriptifs des opérations analysées ci-dessous est imposée au préparateur. Nous dirons que les éléments correspondants font partie des « données du problème ».

1. Analyse d'une opération d'usinage

Les éléments descriptifs d'une opération d'usinage se déclinent de la manière suivante : matière à usiner, machine-outil et opération d'usinage et l'outil et son intermédiaire.

1.1. La matière à usiner

La matière à usiner est définie en nature, état métallurgique... Elle fait, dans la quasi-totalité des cas, partie des données du problème.

1.2. La machine-outil

La machine-outil est la machine sur laquelle il faut exécuter l'opération (et les autres opérations de la phase).

Il n'est pas gênant de la considérer comme faisant partie des données du problème, même si, dans certains cas, pour des raisons de disponibilité ou de charge, on est conduit à envisager d'exécuter l'opération sur des machines différentes, cela revient à effectuer plusieurs prédéterminations.

1.3. L'opération d'usinage

L'opération d'usinage est définie par son type et ses caractéristiques.

Remarquons qu'il est indispensable de disposer d'une liste exhaustive des types d'opérations envisageables, notamment si nous prenons pour exemple le « chariotage au tour ». En effet, les caractéristiques de l'opération dépendent du type de celle-ci et leur liste ne saurait être improvisée : dresser, par technologie, une liste exhaustive des opérations n'est pas une tâche facile.

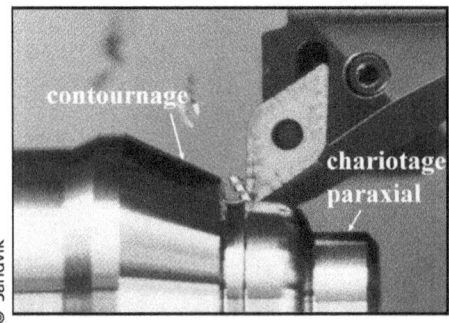

Fig. 1.1 • *Opération de chariotage paraxial*

Le chariotage paraxial est un cas particulier (mais fréquent) de contournage où la direction d'avance de l'outil est strictement axiale.

On remarque que la variation de direction d'avance s'accompagne d'une évolution du processus de fragmentation des copeaux et peut conduire à des copeaux inacceptables ou à une géométrie de plaquette inadaptée à la situation. On peut s'interroger sur les autres implications de ce phénomène, à l'égard des paramètres de coupe (voir section 1.3.3).

S'il est clair qu'une opération de chariotage en ébauche peut être multipasse, qu'en est-il d'une opération de finition pouvant nécessiter une opération de 1/2 finition (fig. 1.2) ?

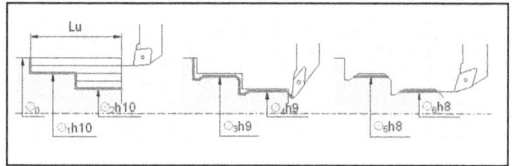

En d'autres termes, la décomposition d'une opération de finition en 1/2 finition et finition relève-t-elle de la construction de la gamme ou du paramétrage de l'opération ?

Fig. 1.2 • *Ébauche, 1/2 finition et finition d'un contour*

La décision de prévoir une opération de 1/2 finition (au centre) entre l'opération d'ébauche (à gauche) et l'opération de finition (à droite) relève de la construction de la gamme.

Le partage de l'opération d'ébauche en plusieurs passes relève du paramétrage de l'opération.

Les caractéristiques de l'opération peuvent être divisées suivant les quatre catégories suivantes.

1.3.1. Les caractéristiques géométriques

Se reporter à la figure 1.2. Dans notre exemple, on peut choisir :
- le diamètre avant usinage ;
- le diamètre après usinage ;
- la longueur usinée.

Cette description devient plus complexe s'il s'agit d'un contournage, d'un filetage, d'une gorge.

1.3.2. Les impositions de qualité

Les impositions de qualité (fig. 1.3) concernent généralement la précision dimensionnelle et la qualité de l'état de surface (peut concerner les ordres 1 à 6 de défauts de surface).

> Toute surface est reliée à un référentiel par une dimension spécifiée (sur le dessin de définition) par une cote et un ensemble de tolérances.
>
> La **tolérance dimensionnelle** ou zone de tolérance dimensionnelle par rapport à la dimension nominale définit la précision dimensionnelle demandée ;
>
> Les **écarts de forme macro et micrométriques tolérés** (ordres 1 à 4) caractérisent ensemble la précision géométrique (dont l'état de surface).
>
> Les **tolérances de caractéristiques physiques et chimiques** ou métallurgiques (ordres 5 et 6) concernent la structure cristalline et le réseau cristallin.
>
> L'ensemble est une des composantes de l'intégrité de la surface, naturellement dépendante du procédé de fabrication.

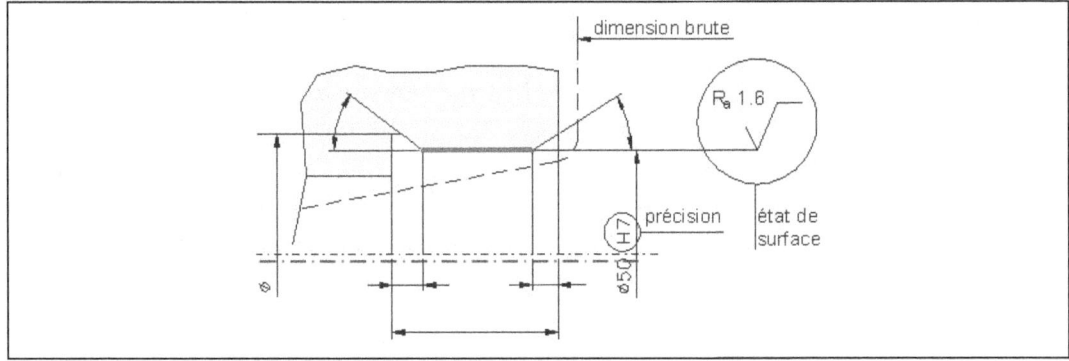

Fig. 1.3 • *Imposition de rugosité sur un alésage*

1.3.3. Les conditions particulières

Nous réunissons sous ce terme tout ce qui peut influer sur le choix des outils, des intermédiaires, des conditions d'usinage (voir ci-dessous) et qui ne concerne directement ni géométrie, ni qualité.

On peut les classer suivant les catégories suivantes.

1.3.3.1. Les conditions modifiant les paramètres nominaux de l'opération

Exemples

Exemple 1 : virage intérieur en fraisage en roulant (fig. 1.4).

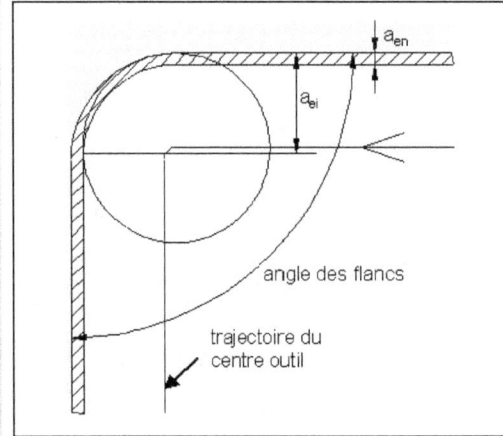

La variation de la profondeur de coupe radiale instantanée est fonction :
- de la profondeur nominale a_{en} ;
- du diamètre de la fraise ;
- de l'angle des flancs (ici 90°) ;
- de la position du centre d'outil sur sa trajectoire ;
- du rayon d'interpolation.

a_{en} : profondeur de coupe radiale nominale.
a_{ei} : profondeur de coupe radiale instantanée.

Fig. 1.4 • *Variation de a_e en fraisage en virage*

Exemple 2 : opération de chariotage ébauche (contournage), (fig. 1.5a et 1.5b).

La variation de la longueur de contact le long de l'arête de coupe (engagement d'arête) est fonction de la profondeur de passe, de la direction d'avance et de l'angle de direction d'arête instantané de l'outil.

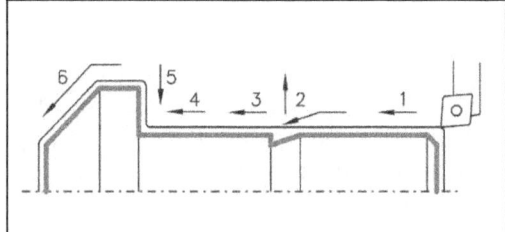

Fig. 1.5 a • *Opération d'ébauche en contournage (brut forgé par exemple)*

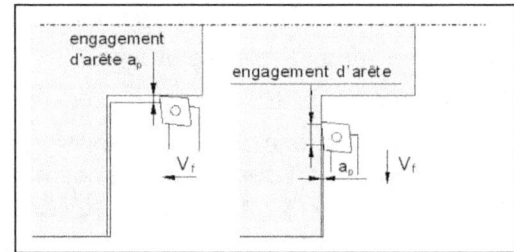

Fig. 1.5 b • *Engagement radial en chariotage et en remontée de face*

1.3.3.2. Les conditions d'accessibilité

Exemple 3 : la profondeur de l'alésage conditionne le porte-à-faux qui oblige à adapter (réduire) les paramètres de coupe (fig. 1.4 et 1.5a et b).

1.3.3.3. Les conditions influant sur le choix de l'outil

Exemple 4 : chariotage débouchant (influence de Kappa r), (fig. 1.6).

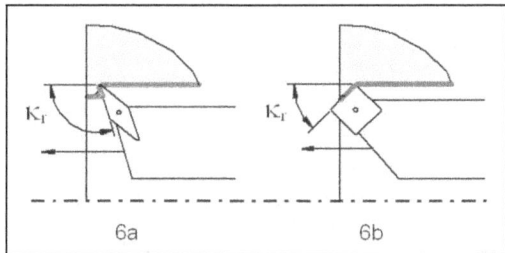

Fig. 1.6 • *Influence du κr dans un alésage débouchant*

Suivant le κ_r adopté, l'élimination de la surépaisseur peut être subite (6a) ou progressive (6b). Dans le premier cas, une rondelle qui risque d'endommager l'outil se sépare de la pièce.

Exemple 5 : usinage avec chocs (influe sur les choix de la nuance et de la géométrie de l'outil).

L'usinage avec chocs nécessite le recours à des nuances d'outils plus tenaces (plus riches en liant) et des géométries renforcées au niveau de l'arête.

Exemple 6 : dressage au centre par tournage. La coupe au centre, à vitesse nulle, influe sur le choix de la nuance et de la géométrie d'outil.

1.3.3.4. Les conditions influant sur les paramètres de coupe

(Ce qui peut remettre en cause le choix de l'outil.)

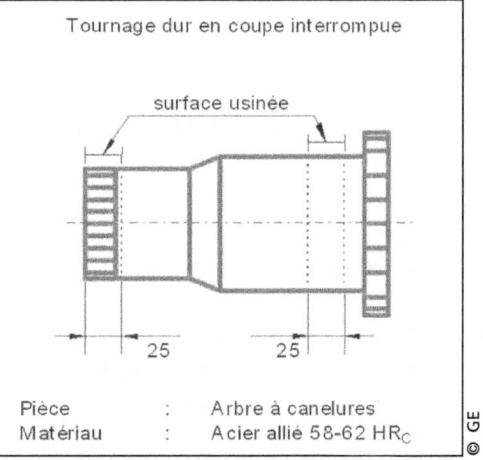

Fig. 1.7 • *Alternance d'usinage continu ou au choc sur pièce de tournage*

Exemple 7 : pièce flexible : porte-outil flexible (fig. 1.14b).

Exemple 8 : prise de pièce précaire.

Exemple 9 : exécution d'un nombre prédéterminé de pièces entre deux changements d'arêtes.

À nouveau, le partage des responsabilités entre construction de la gamme et paramétrage de l'opération n'est pas toujours évident. Considérer l'exemple d'une pièce flexible sur laquelle l'opération peut être exécutée avec ou sans lunette.

De ce fait, une partie des caractéristiques de l'opération fait partie des données du problème. Le reste est à répartir entre construction de gamme et paramétrage de l'opération (notons quand même que rien ne nous oblige *a priori* à dissocier ces deux fonctions).

1.3.4. *Les temps et coûts d'opération*

Ce sont plutôt des variables nécessaires à des comparaisons, entre solutions et confrontation à des contraintes (voir plus loin).

1.4. *L'outil et son intermédiaire*

On appelle « élément intermédiaire » l'élément (ou les éléments) éventuellement placé(s) entre l'outil et la machine.

La machine et l'outil disposent chacun d'un attachement.

Dans le cas du fraisage :
- un cône SA40 côté machine par exemple ;
- une queue conique ou cylindrique ou un alésage pour la fraise.

Exemples

Exemple 1 : montage d'une fraise à rainurer de type U.MAX de Sandvik Coromant ∅ = 25 mm, attachement d'outil queue Weldon, attachement machine cône SA40, intermédiaire cône monobloc Sandvik Coromant (fig. 1.8).

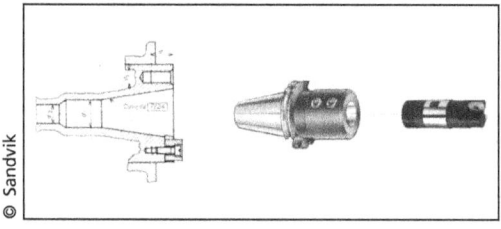

Fig. 1.8 • *Ensemble broche-intermédiaire-outil*   Fig. 1.9 • *Ensemble intermédiaire-outil-adaptateur*

Dans le cas du tournage :
- une tourelle Multifix côté machine ;
- un carré de 25 × 25 mm côté outil.

Exemple 2 : montage d'un outil à aléser-dresser, attachement machine queue cylindrique sur tourelle VDI, intermédiaire adaptateur VDI (fig. 1.9 et 1.10).

Exemples 3a et 3b : attachement pour les grandes vitesses de rotation, voir figure 1.11.

Exemple 3b : voir figure 1.12.

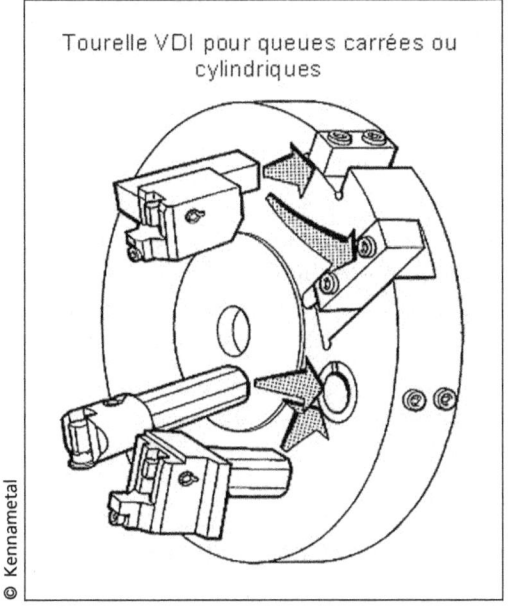

Fig. 1.10 • *Tourelle de tour montée en VDI*

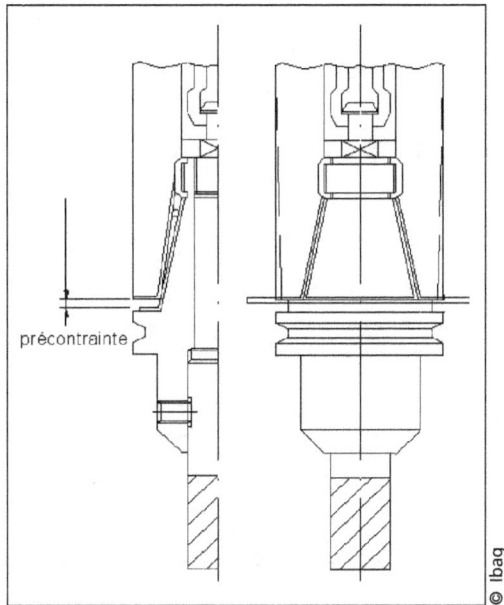

Fig. 1.11 • *Montage SKI IBAG*

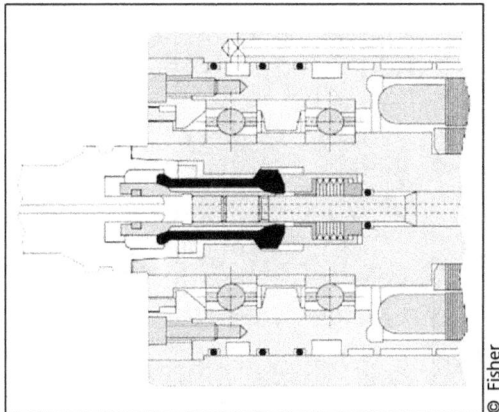

Fig. 1.12 • *Montage HSK FISHER*

L'effort de traction sur le cône ouvre le cône de la broche par élasticité et permet de réaliser un montage « cône-face ». On crée ainsi une précontrainte qui compense les déformations liées aux forces centrifuges à grande vitesse (voir figure 1.11).

Dans cet exemple, le cône HSK est un cône creux et l'effet de traction écarte les éléments de serrage vers l'extérieur et se répercute vers l'intérieur du cône, réalisant un montage « cône-face ». La rigidité de l'ensemble est augmentée de façon importante (voir figure 1.12).

Il existe deux raisons principales d'insérer des intermédiaires :
– l'attachement de l'outil ne correspond pas à l'attachement machine ;
– il faut prendre en compte les conditions particulières d'accessibilité.

Usinage par enlèvement de copeaux

La présence d'un intermédiaire ne peut que restreindre les possibilités de travail de l'outil dans la matière. Dans certains cas, on peut se passer d'intermédiaire et monter l'outil directement sur la machine.

Exemple 4 : montages de fraises.

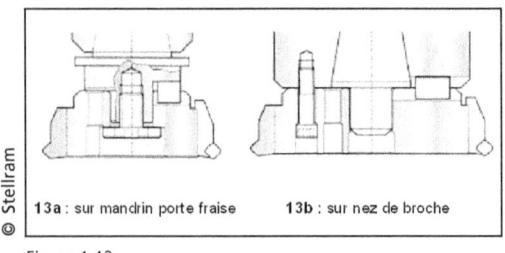

13a : sur mandrin porte fraise   13b : sur nez de broche

Figure 1.13

Par ailleurs, les choix interviennent souvent en deux temps : tout d'abord le choix de l'outil et de son intermédiaire, puis le choix des conditions et paramètres d'usinage pour l'opération (ces termes sont définis plus loin).

Il est clair que le choix de l'outil et de l'intermédiaire ne sont pas arbitraires : l'outil doit pouvoir exécuter l'opération dans la matière.

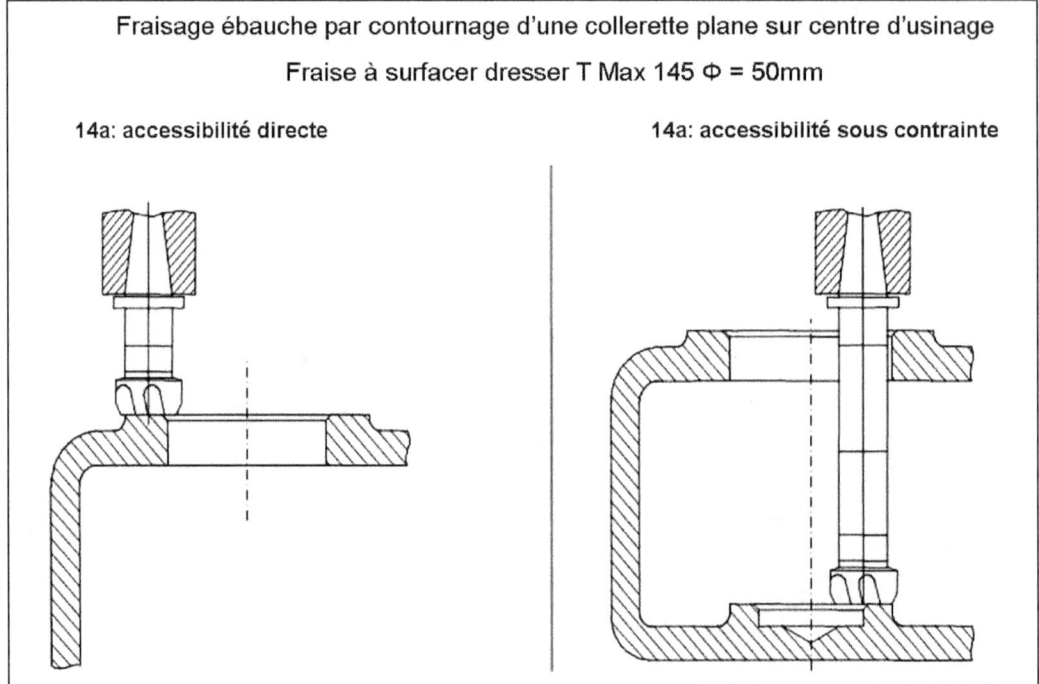

Fig. 1.14 • *Accessibilité avec ou sans contrainte*

Exemples 5 : contraintes liées à la longueur de l'attachement.

Nous avons écrit plus haut « en première analyse, le choix de l'outil et de l'intermédiaire... », car en ce qui concerne la construction d'une gamme, il est en général impossible d'affecter un outil à chaque opération élémentaire. On peut alors envisager deux stratégies.

La première est de chercher l'outil « facteur commun » à plusieurs opérations élémentaires.

Représentation de la section maximale de coupe en fonction de la longueur de l'attachement pour une flexion d'outil constante (fig. 1.15) :

$$f_y = \frac{F_c \cdot L_i^3}{3 \cdot E \cdot I}$$

$F_c = k_c \cdot a_p \cdot f$

$A_D = a_p \cdot f$

Exemple pour f_y constante :
F_c : force de coupe (N)
k_c : effort spécifique de coupe (N · mm^{-2})
a_p : profondeur de passe (mm)
f : avance (mm · tr^{-1})
f_y : flèche statique (mm)
L_i : longueur de l'intermédiaire (mm)
E : module de Young (MPa)
I : moment d'inertie axiale (mm^4)
A_D : section du copeau non déformée (mm^2)

L (mm)	A_D (mm^2)
25	6,4
50	0,8
100	0,1
150	0,03
200	0,013
250	0,006

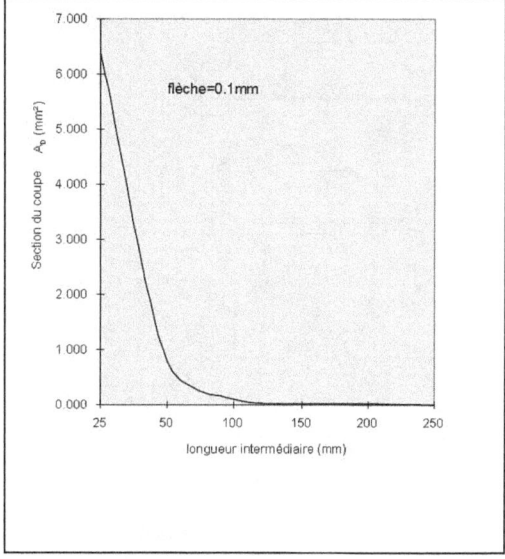

Fig. 1.15 • *Section de coupe en fonction de la longueur de l'intermédiaire à flexion constante (flèche = 0,1 mm)*

Exemple 6 : dans ce cas, l'obtention de l'ébauche par contournage des diamètres ①, ②, ③ est réalisée avec une fraise deux tailles : outil « facteur commun » à ces opérations élémentaires. L'usinage du diamètre ③ impose l'utilisation d'une rallonge ce qui pénalise les performances de coupe pour les diamètres ① et ②, voir figure 1.16.

La deuxième est de choisir les paires outils-intermédiaires pour certaines opérations considérées comme « opérations principales », et l'imposer pour d'autres opérations que l'on considère comme « secondaires » de ces opérations principales.

Exemple 7 : dans le cas de la figure 1.17, les paires « outil-intermédiaire » sont choisies en fonction de l'opération d'alésage ⌀ 40H8. L'obtention de ce diamètre, dans la même opération et sur deux matériaux différents, conduit à considérer cette opération comme principale et les autres comme secondaires.

Usinage par enlèvement de copeaux

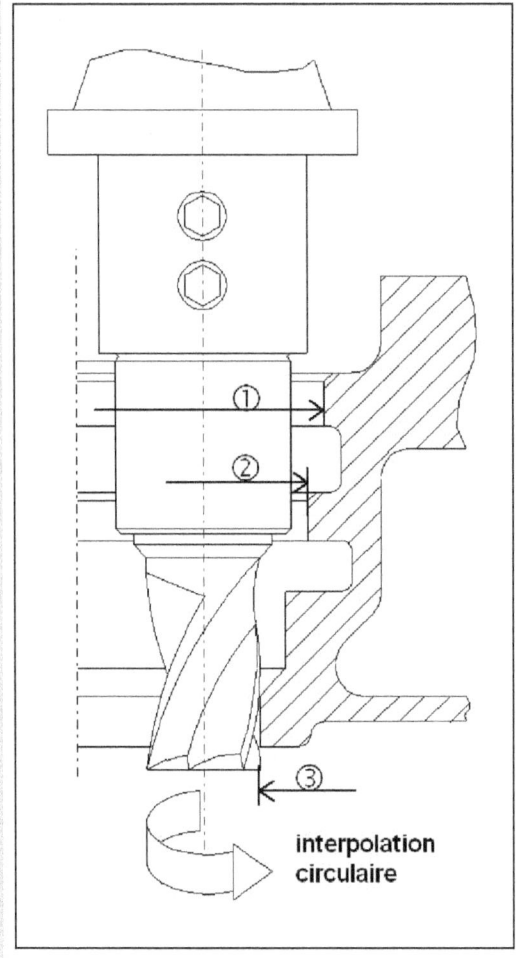

Fig. 1.16 • *Outil facteur commun*

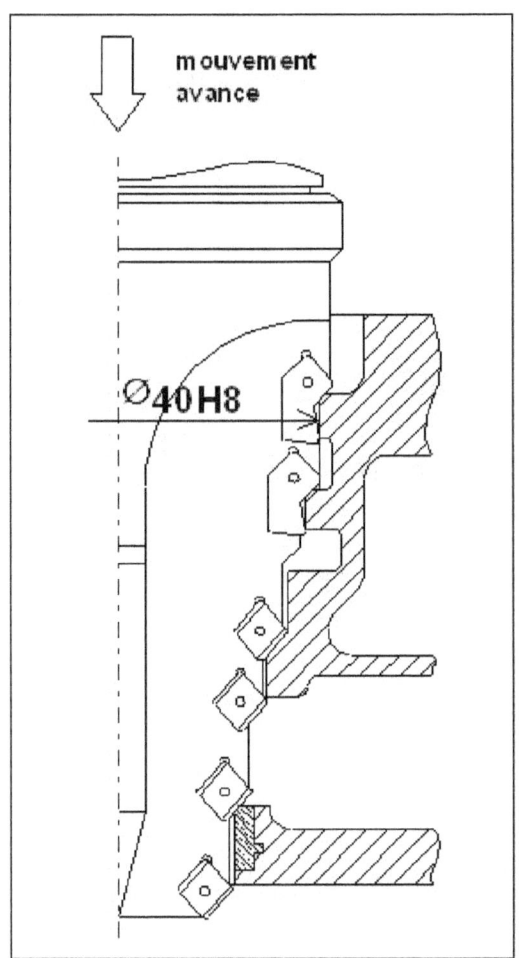

Fig. 1.17 • *Outil multifonction : choix d'une opération principale 40H8*

1.5. Conditions d'usinage

1.5.1. Les conditions de lubrification

Il faut déjà préciser s'il y a oui ou non lubrification, et s'il y en a une, préciser si elle est externe ou interne.

1.5.1.1. Lubrification externe ou interne ?

La lubrification externe est fournie par un fluide de coupe. On parle de lubrification interne lorsque le matériau usiné contient certains éléments d'addition (calcium, soufre, plomb) destinés à augmenter la durée de vie de l'outil et/ou permettre des performances de coupes supérieures. Ces éléments d'addition sont actifs dans des plages de températures données, donc sous des paramètres d'usinage bien déterminés.

Exemple : aciers à usinabilité améliorée XC18F.

1.5.1.2. Quel lubrifiant ? Quel dosage ?

Les liquides de coupe sont divisés en deux grandes catégories :
- les liquides de coupe entiers à base d'huile minérale ou synthétique employés purs ;
- les liquides de coupe aqueux, composés d'une huile de base minérale ou synthétique, diluée à faible concentration dans de l'eau (le dosage), appelés également émulsions ou huiles solubles.

1.5.1.3. Quel mode d'administration ?

La lubrification peut être effectuée de différentes manières : par jets liquides, par brouillards, sur la pointe de l'outil (fluide amené par l'axe de l'outil), par micropulvérisation…

Le mode d'administration dépend en particulier de la technologie concernée.

Dans le cas des machines conventionnelles (tours, fraiseuses…), l'arrosage s'effectue en général par un jet unique ou par jet multiple. La ou les buses seront rigides et bien orientées.

Exemple : le fraisage.

Dans le cas de lubrification par l'axe de l'outil, il faut en général préciser les paramètres de lubrification (pression, débit).

1.5.2. Les conditions d'évacuation des copeaux

Le banc incliné sur un tour facilite l'évacuation des copeaux, tout en favorisant l'ergonomie.

Notons que si les copeaux ne sont pas correctement évacués, il faut en général renoncer à travailler dans des conditions optimales et à la prédétermination des paramètres.

Le fluide de coupe employé à haute pression permet l'évacuation des copeaux pour une opération de perçage en pleine matière.

Des copeaux courts et leur bonne évacuation hors du trou percé sont particulièrement importants lors de perçages profonds.

Fig. 1.18 • *Lubrification externe en fraisage à l'huile soluble*

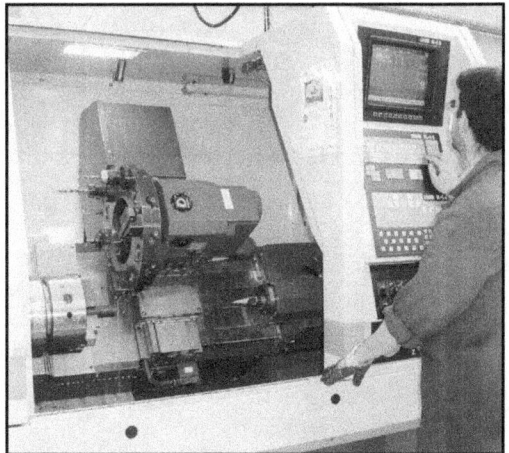

Fig. 1.19 • *Tour à commande numérique avec banc incliné*

Exemple : utilisation à haute pression du liquide d'arrosage associé à un outil adapté (voir figures 1.20, 1.21 et 1.22).

Fig. 1.20 • *Perçage en tournage avec arrosage centre outil*

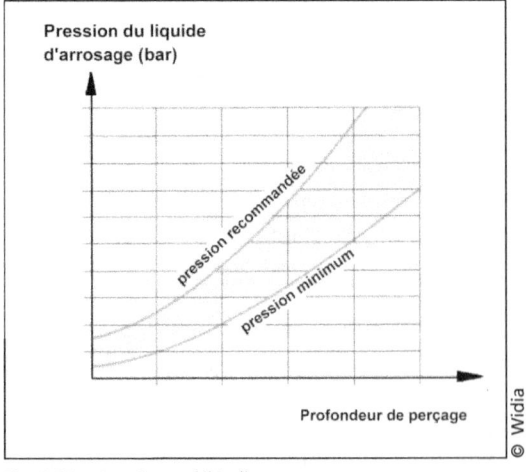

Fig. 1.21 • *Pression et débit d'arrosage en perçage*

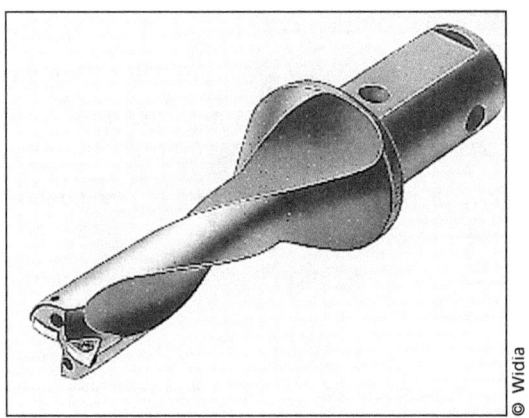

Fig. 1.22 • *Foret à plaquettes amovibles à arrosage par le centre*

1.5.3. Les modes d'attaque et de pénétration

Les modes d'attaque et de pénétration peuvent dépendre de l'accessibilité.

Premier cas : l'accès possible de l'outil.

La trajectoire de l'engagement est confondue avec celle de l'opération.

Deuxième cas : l'accès direct est impossible.

Pendant l'engagement, la largeur de coupe peut devenir excessive et disqualifier l'outil pour ce mode de pénétration.

L'engagement progressif est systématique dans le cas de taraudage à la fraise.

Analyse d'une opération d'usinage : de la maîtrise à la prédétermination

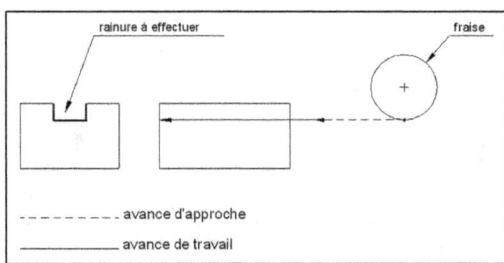

Fig. 1.23 • *Exemple d'exécution d'une rainure à l'aide d'une fraise trois tailles*

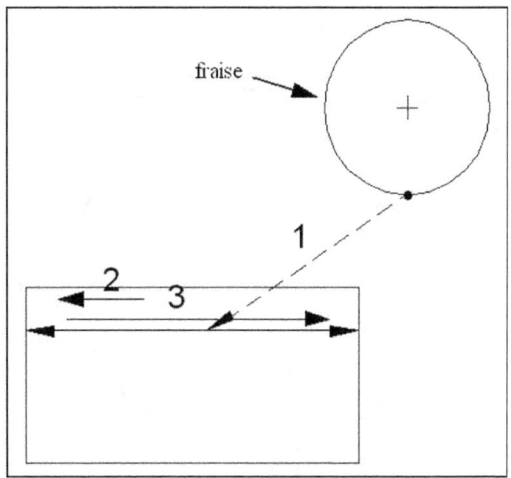

Fig. 1.24 • *Engagement progressif (1) ; avance longitudinale (2) puis balayage de la zone d'engagement en fin de travail (3)*

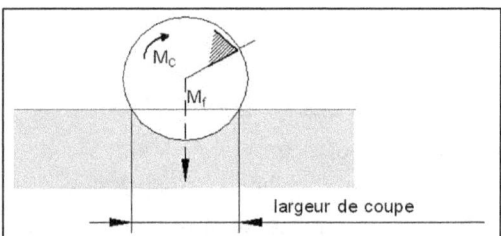

Fig. 1.26 • *La largeur de coupe augmente avec la pénétration verticale de la fraise*

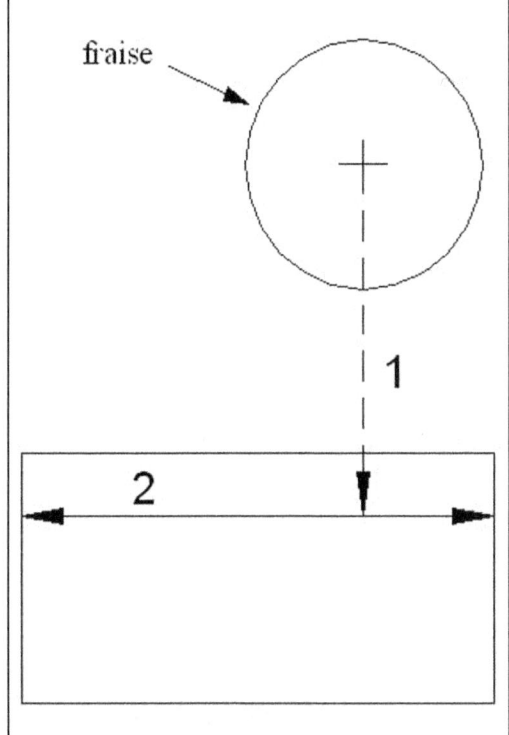

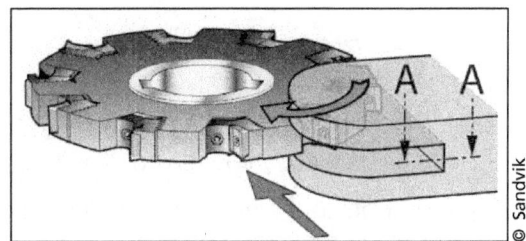

Fig. 1.25 • *Engagement perpendiculaire au sens de déplacement (1) avance longitudinale (2)*

La trajectoire de l'outil peut devenir stratégique pour l'évacuation des copeaux lors d'opérations d'usinage à grand débit de copeaux.

Exemple : trajectoire complexe. L'ensemble de l'usinage est effectué avec le même outil.

1.5.4. Les modes de travail

Dans le cas du fraisage, deux modes de travail peuvent être envisagés.

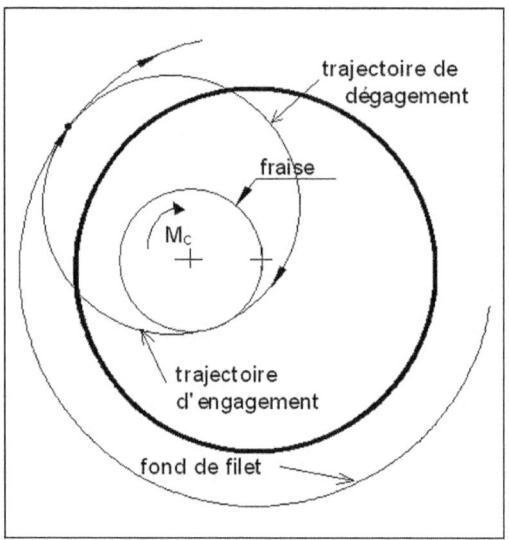

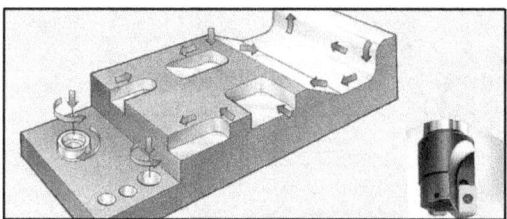

Fig. 1.28 • *Fraise à rainurer à dent perçante SANDVIK*

Fig. 1.27 • *Engagement progressif en taraudage avec fraise à fileter*

1.5.4.1. *Le fraisage en opposition*

L'effort de coupe tend :
- à s'opposer à l'avance de la pièce ;
- à soulever la pièce de la table.

L'épaisseur de coupe est nulle à l'attaque de la dent, d'où tendance au refus de coupe (fig. 1.29).

1.5.4.2. *Le fraisage en avalant*

L'effort de coupe tend :
- à entraîner la pièce dans le sens de l'avance ;
- à plaquer la pièce sur la table.

L'épaisseur de coupe est maximale à l'attaque de la dent : ce mode de travail est réservé à des machines robustes équipées d'un dispositif de rattrapage de jeu sur l'avance travail (fig. 1.30).

1.6. *Paramètres d'usinage*

1.6.1. *Les paramètres géométriques*

Exemple de paramétrage géométrique : la section coupée en fraisage A_D.

Le fraisage mixte (fig. 1.31) :
- cas théorique : section coupée $A_D = a_e \cdot a_p$

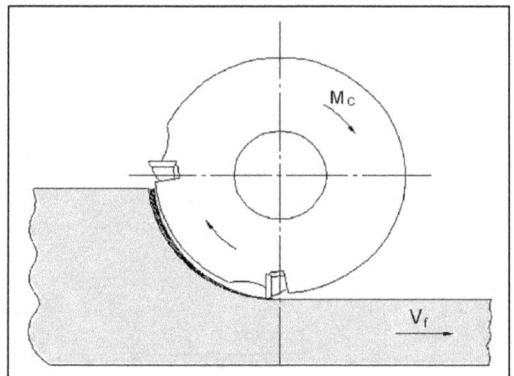
Fig. 1.29 • *Opposition : l'épaisseur de coupe est nulle.*

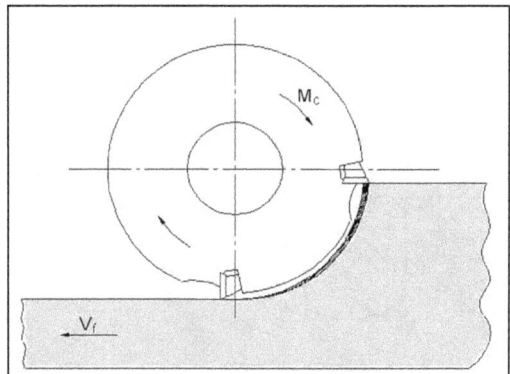
Fig. 1.30 • *Avalant : l'épaisseur de coupe est maximale.*

Pratiquement, il faut prendre en compte :

a. le rayon de raccordement R, de la fraise ou géométrie des coins de plaquette (fig. 1.32) ;

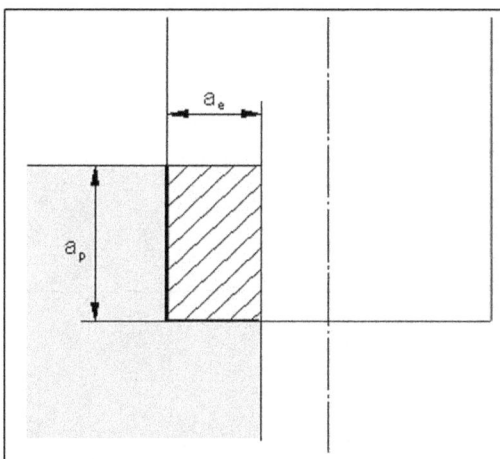
Fig. 1.31 • *Opération de fraisage mixte*

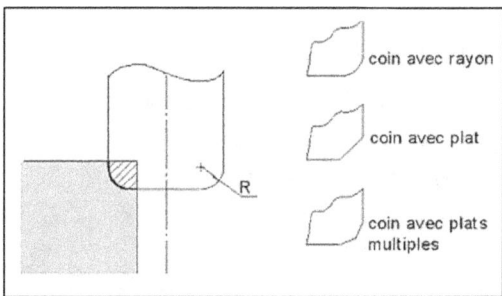
Fig. 1.32 • *Variation de section de coupe en fonction de la forme de fraise*

b. le profil de la pièce qui peut comporter des congés (pièces de fonderie par exemple), (fig. 1.33).

$AD_{prat} \neq a_e \cdot a_p$

1.6.2. Les paramètres technologiques

Exemple de paramètre technologique : le nombre Z de dents d'une fraise.

Il faut différencier deux nombres de dents Z :
- Z géométrique : le nombre de dents sur l'outil ;
- Z utile : le nombre de dents en prise avec la pièce, nombre de dents sur lequel on calcule l'avance par tour.

Usinage par enlèvement de copeaux

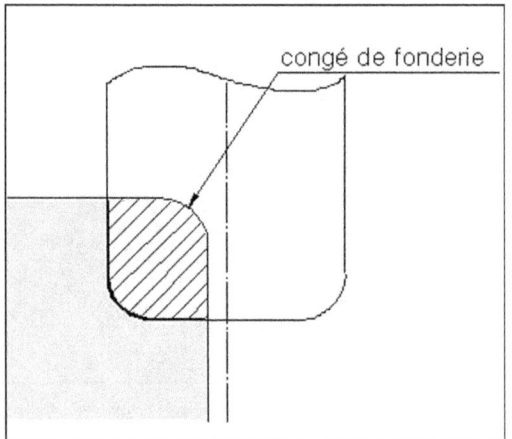

Fig. 1.33 • *Variation de section en fonction de la forme de la fraise et de l'outil*

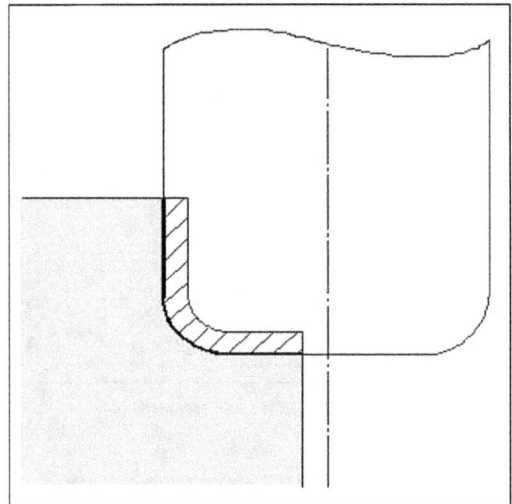

Fig. 1.34 • *Variation de section en fonction de la surépaisseur d'usinage (ébauche mixte)*

Avance par dent : $f_z = f/Z_u$ avec f : avance par tour de la fraise, exemple fig. 1.35.

Déterminer l'épaisseur de coupe e :
- avance par dent : f_z ;
- profondeur radiale : a_e ;

si $a_e < D/2$

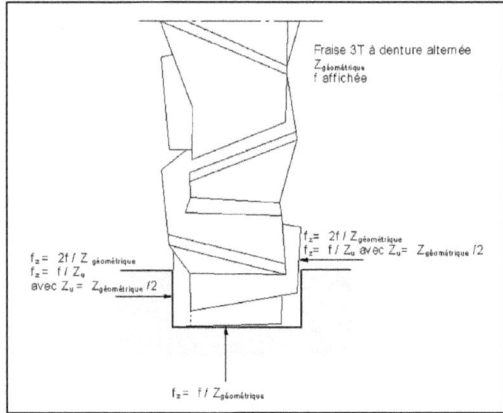

Fig. 1.35 • *Nombre de dents utiles Zu sur une fraise 3 tailles à denture alternée*

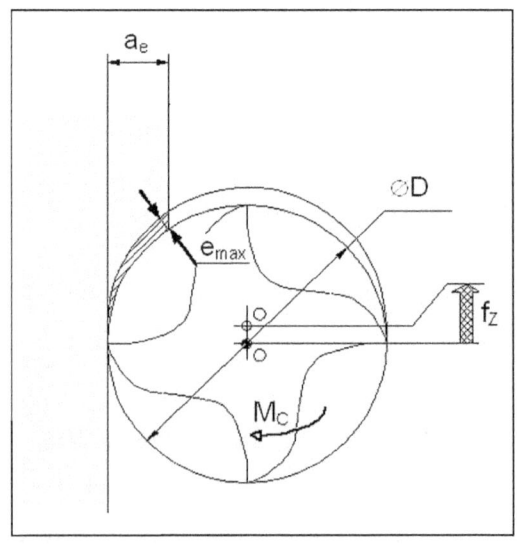

Fig. 1.36 • $e_{max} = 2f_z\,(a_e/D)\cdot\sqrt{1-a_e/D}$

si $a_e > D/2$
$e_{max} = f_z$

Épaisseur de coupe e_{max} = épaisseur de coupe radiale mesurée à son maximum.

Il faut enfin distinguer les paramètres affichés et les paramètres calculés.

Exemple : cas de la fraise « boule » (fig. 1.37).

– paramètre affiché : N (nombre de tours par minute) ;
– paramètre calculé : $V_c = D_e \cdot n \cdot \pi$;
– avec D_e : diamètre effectif de la fraise au point considéré.

$0 \leq D_e \leq D_{maxi}$

Noter que la vitesse de coupe est nulle au centre de l'outil.

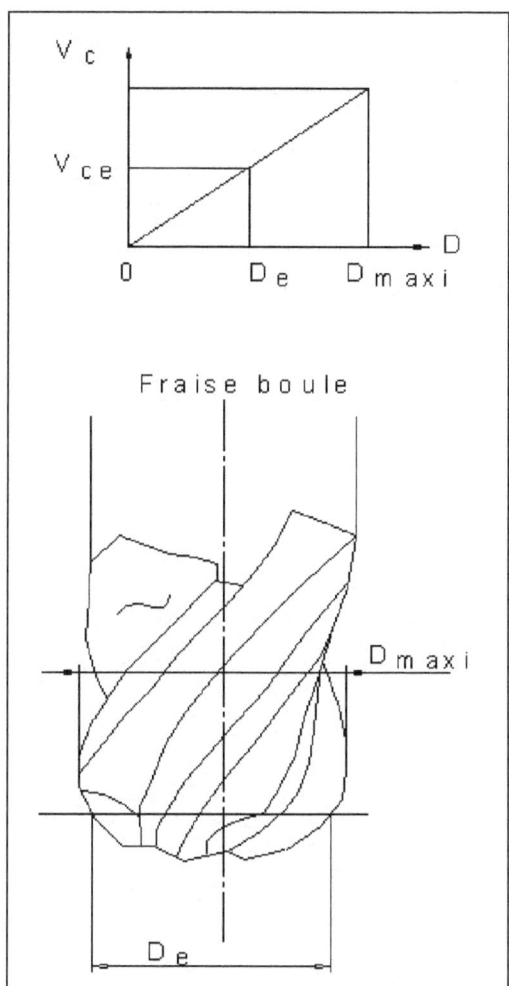

Fig. 1.37 • *Diamètre effectif de coupe sur une fraise boule*

1.7. Contraintes et caractères libres

Dans ce qui suit, nous ne parlerons plus de « données du problème ». Nous considérerons qu'une opération d'usinage est entièrement définie par un certain nombre de caractères.

Des **caractères qualitatifs** – par exemple, formes des copeaux – ou **quantitatifs** – par exemple : cadence de production par unité de temps. En tournage : vitesse de coupe, avance par tour, profondeur de passe.

Des **caractères discrets**, par exemple avec ou sans lubrification, type de lubrification (arrosage, brouillard d'huile, par le centre…), dimensions de l'outil, ou continus, par exemple vitesse de rotation de broche dans une même gamme ;

Des **caractères libres** ou liés par une contrainte, par exemple profondeur de passe x avance = section de coupe < section maximale du couple outil-matière. L'usinage d'une pièce flexible peut entraîner une autre limite à cette section maximale.

1.7.1. L'énoncé du problème

L'ensemble des contraintes constitue « l'énoncé du problème ».

Les **caractères** portent sur l'ensemble des « objets » cités plus haut.

La matière usinée

Composition chimique et caractéristiques mécaniques (voir exemple de certificat d'analyse société Thyssen, tableau 1.1).

Tab. 1.1 • THYSSEN – Certificat de Réception suivant NF A 00 – 001 de 3/88

Nuance	42CD4	Normes-Spécifications	NFA 35-552/7-86	
Traitement thermique	Exécution	Dimension en mm	N° de coulée	N° éprouvette
TRAITE	LAMINE	R140	C7154	

Analyse Chimique

C	Si	Mn	P	S	Cr	Ni	Mo	Al	Cu	Ti	V	W	Co
0,4	0,22	0,75	0,005	0,025	1,02	0,13	0,16	0,03	0,1				

Caractéristiques Mécaniques à l'état : trempé revenu

Éprouvette	Position	Temp °C	Re N/mm²		Rm (N/mm²)	A %	Z %	KCV (J/cm²)	Dureté
			0,2 %	1 %					
93082			652		836	20,1	56,5	84 84 80	

Essai JOMINY

Distance (mm)	1,5	3	5	7	9	11	13	15	20	25	30	35	40	45	50
HRc	56,5	56	55	54,5	53	51,5	49	46	40	37	36,5	36	35	33,5	33

Propreté inclusionnaire

A		B		C		D	
Fine	Épaisse	Fine	Épaisse	Fine	Épaisse	Fine	Épaisse
		0,3				1	

Grosseur grain	Résistance à la corrosion
6-8	

L'opération d'usinage

Exemple : opération d'ébauche ou de finition.

La machine-outil

Exemple : puissance disponible à la broche (voir exemple de courbe de puissance disponible à la broche sur tour Somab, fig. 1.38).

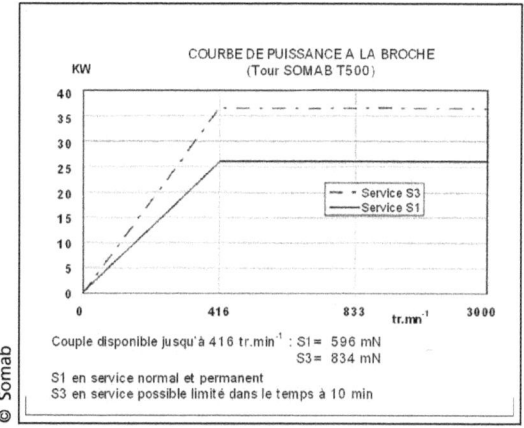

Fig. 1.38 • *Courbe de puissance à la broche sur tour Somab*

L'outil

Exemple : dimensions, nature du corps de l'outil, nombre et nature des revêtements sur les parties actives.

L'intermédiaire

Exemple : dimensions, rigidité, fréquence propre de vibration.

Les conditions d'usinage

Exemple : présence, nature et mode de lubrification.

Les paramètres d'usinage

Exemple : paramètres géométriques (quantité et répartition de matière à enlever) ; paramètres technologiques (durée de vie de l'outil).

Les contraintes peuvent porter :
– sur l'ensemble de l'objet
  - prise de pièce imposée
  - mode d'usinage imposé (ex. : filetage au peigne) ;
– sur un ou plusieurs de ses caractères
  Ex. : rayon de pointe de l'outil ≤ 1 mm.
  Ex. : outil appartenant à un standard donné (à une liste déterminée d'outils).

Ce dernier exemple rappelle qu'une étude technique comporte fréquemment des aspects organisationnels.

1.7.2. Exemple complet de description d'une opération d'usinage

La matière usinée

35 NiCrMo 16 6 trempé revenu

R_m = 1 180-1 230 MPa

La machine outil

Transmab 500, SOMAB

(documentation fournie)

Section de porte outil : 25×25 mm^2

L'opération

Chariotage paraxial sur épaulement

Diamètre initial : 120 mm

Diamètre final : 112 mm ± 0,1 mm

Longueur usinée : 85 mm

Ébauche
- Condition particulière : utilisation d'un entraîneur frontal (documentation fournie)
- Lubrification ? Non
- Accessibilité : pas de condition
- Copeaux :
  - fragmentés ou roulés courts en chariotage
  - non contrôlés en remontée d'épaulement
- Impositions sur choix d'outil :
  - P.O : PCLNR 25 × 25
  - P.A : CNMM 12 04 12
- Imposition sur trajet d'outil :
  - surlongueur d'attaque 5 mm
  - opération en une passe

2. La prédétermination

La prédétermination est aisée à définir : tous les caractères de l'opération sont définis avant toute tentative d'exécution. Les choix des caractères libres doivent être tels que l'ensemble des contraintes soient respectées.

> *Remarque*
>
> Dans les techniques d'usinage par enlèvement de copeaux, la prédétermination intégrale :
> – demeure exceptionnelle même lorsqu'elle est accessible ;
> – est loin d'être accessible dans tous les cas de figure.

3. La maîtrise et son acquisition

La définition de la maîtrise est nécessairement plus floue : nous dirons que la technique est maîtrisée si l'ensemble des contraintes sont satisfaites après un minimum de tentatives, chaque tentative étant logiquement déduite des tentatives précédentes. Les entreprises concernées ne maîtrisent pas toutes les techniques d'usinage qu'elles utilisent. Il s'en faut même de loin.

On admet généralement que l'acquisition de la maîtrise est un préalable à celle de la prédétermination. Acceptons provisoirement ce point de vue, même si, nous le verrons, la recherche de la maîtrise sans accès à la prédétermination est, sur certains sujets, une perte de temps.

Les outils de la maîtrise sont :
- les règles de l'art ;
- des bases de connaissance elles-mêmes composées de :
   - bases de choix ;
   - bases de données de coupe ;
   - règles d'amélioration.

3.1. Les règles de l'art

Les règles de l'art sont le fruit de l'expérience acquise dans la mise en pratique d'une technique. Elles ne sont ni innées ni de simple bon sens. Elles sont à la base de l'enseignement des techniques par l'apprentissage.

Le non-respect des règles de l'art a été et demeure une source de nombreux dysfonctionnements en production industrielle.

Exemples de quelques règles à exprimer sous forme de procédure

1. Changement d'une arête de coupe sur un porte-outil de chariotage à plaquettes amovibles.

2. Mise en position et ablocage d'une pièce de tournage dans le cas d'un montage mixte.

3. Choix des conditions de mise en œuvre permettant de limiter les sources d'amplification de phénomènes parasites à la coupe :
- flexion d'outil due à un grand porte-à-faux ;
- flexion de la pièce dans le cas de montage en l'air ;
- flambement de la pièce prise entre pointes.

Le respect des règles de l'art dans un atelier de production pose un sérieux problème à l'ingénieur responsable lorsqu'il ne peut pas, sur ce point, se reposer sur l'encadrement. En effet, dans de nombreux cas (surtout dans les grandes entreprises), l'encadrement est davantage choisi pour ses qualités d'animation ou d'administration qu'en fonction de ses connaissances techniques.

Dans ces cas, la solution réside dans l'écriture de procédures. Ces procédures permettent d'améliorer l'assurance de la qualité et garantir une meilleure maîtrise des savoir-faire de l'entreprise.

Exemple de procédure : éléments de procédure de changement d'une plaquette.

3.2. Les bases de choix des outils

On trouve des renseignements dans des manuels publiés par la profession (CETIM...) et par les fabricants d'outils.

Cette étude n'est pas simple du fait du nombre important de paramètres qu'il faut prendre en compte (voir section 1 de ce chapitre « Analyse d'une opération d'usinage »).

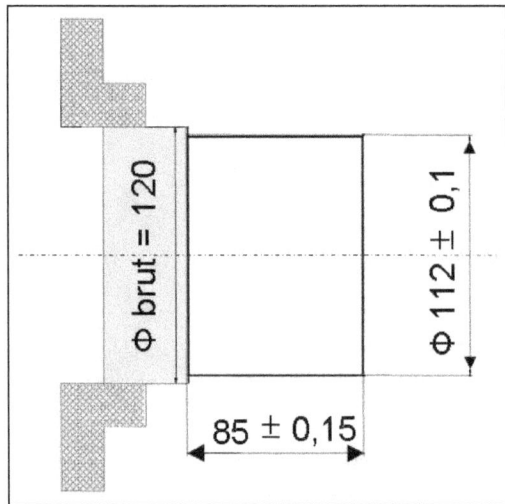

Fig. 1.39 • *Vérification du porte-plaquette*

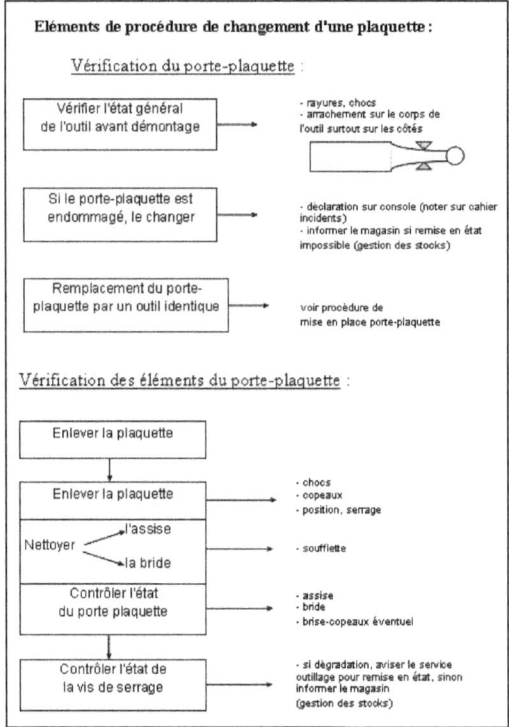

Fig. 1.40 • *Vérification des éléments du porte-plaquette*

Prenons l'exemple, simple, du chariotage en tournage et intéressons-nous au choix de la plaquette et du porte-outil qui lui est associé.

Il faut choisir (donc décider) :
– les caractéristiques de la plaquette ;
– les caractéristiques du corps d'outil.

On peut, dans ce cas particulier, utiliser la démarche décrite ci-dessous pour déterminer, en fonction des contraintes, les caractéristiques de la plaquette et du corps d'outil.

1. Incidence de la forme de la pièce à réaliser sur (fig. 1.41) :
– les caractéristiques de la plaquette :
  • sa forme générale
  • son rayon de pointe r_ε
– les caractéristiques du corps d'outil :
  • sa géométrie de mise en position de la plaquette (angle de direction d'arête) κ_r
  • la méthode de fixation de la plaquette.

Ce qui peut conduire aux tableaux de la page suivante (de façon non exhaustive) :
– pour les formes de plaquettes et leur mise en position (fig. 1.43) ;
– pour le mode de fixation de la plaquette (fig. 1.43).

2. Incidence de la qualité à obtenir sur la pièce à réaliser sur (fig. 1.44) :
– les caractéristiques de la plaquette :
  • sa précision
  • son rayon de pointe
  • son type de finition d'arête tranchante
  • son angle de direction d'arête secondaire κ'_r.

- les caractéristiques du corps d'outil :
  - sa géométrie de mise en position de la plaquette (angle de direction d'arête)
  - mode de fixation de la plaquette.

Ce qui peut nous conduire aux tableaux suivants (de façon non exhaustive) :
- pour les différents rayons de plaquette (fig. 1.45) ;
- pour les différentes formes de finition d'arête ou acuité (fig. 1.46) ;
- pour les différentes classes de précisions dimensionnelles de la plaquette (fig. 1.47 et 1.48).

3. Incidence du matériau de la pièce à réaliser sur (fig. 1.49) :
- les caractéristiques de la plaquette :
  - sa nuance (matériau de coupe) (malgré le fait qu'il existe des nuances normalisées, les fabricants de plaquettes ont créé leurs propres nuances, recouvrant parfois plusieurs nuances normalisées, il est donc nécessaire d'indiquer le nom du fournisseur et la nuance spécifique choisie dans les caractéristiques de la plaquette)
  - son rayon de pointe
  - sa forme générale
  - sa géométrie nominale (angles caractéristiques dans un repère lié à la plaquette)
  - sa géométrie de brise-copeaux (cette géométrie est le plus souvent définie par le fabricant de la plaquette, il est donc nécessaire d'indiquer le nom du fournisseur dans les caractéristiques de la plaquette)
  - sa réversibilité

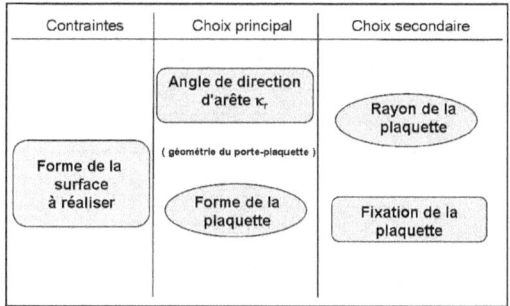

Fig. 1.41 • *Incidence de la forme de la pièce sur le choix d'outil*

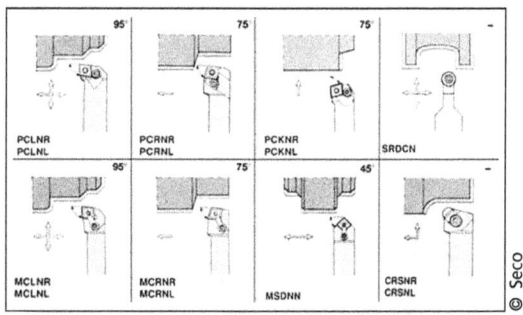

Fig. 1.42 • *Capacités géométriques d'outils de tournage extérieurs*

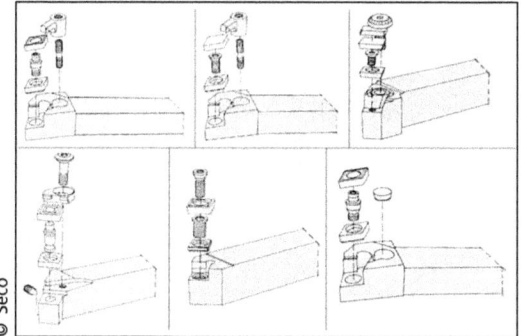

Fig. 1.43 • *Mode de fixation de plaquette*

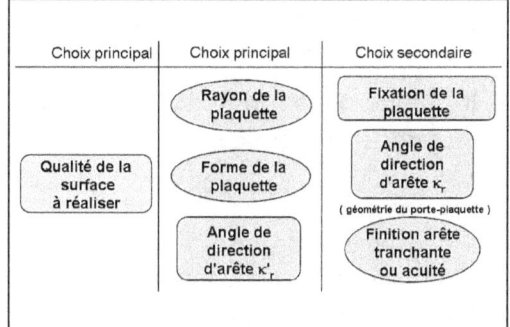

Fig. 1.44 • *Incidence de la qualité à obtenir sur le choix d'outils*

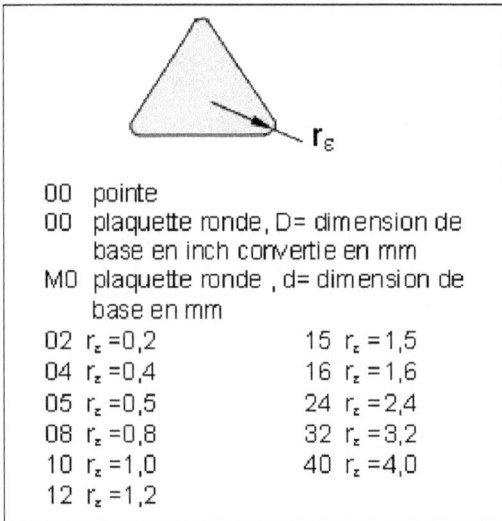

Fig. 1.45 • *Rayons de plaquettes normalisés*

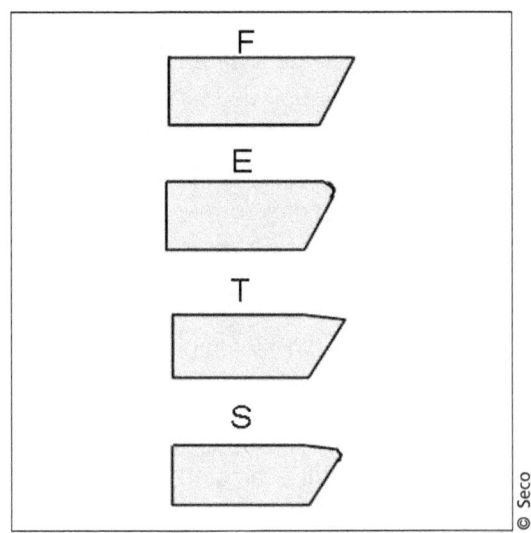

Fig. 1.46 • *Préparation d'arêtes normalisées*

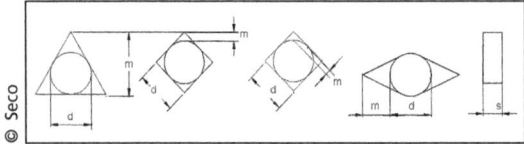

Fig. 1.47 • *Dimensions tolérées sur les plaquettes*

Classe	m	s	d
A	± 0,005	± 0,025	± 0,025
C	± 0,013	± 0,025	± 0,025
H	± 0,013	± 0,025	± 0,013
E	± 0,025	± 0,025	± 0,025
G	± 0,025	± 0,13	± 0,025
J	± 0,005	± 0,025	± 0,05 - ± 0,13
K	± 0,013	± 0,025	± 0,05 - ± 0,13
L	± 0,025	± 0,025	± 0,05 - ± 0,13
M	± 0,08 - ± 0,18	± 0,13	± 0,05 - ± 0,13
U	± 0,13 - ± 0,38	± 0,13	± 0,08 - ± 0,25

Fig. 1.48 • *Valeurs des tolérances sur les plaquettes*

- les caractéristiques du corps d'outil :
  - sa géométrie de mise en position (angle caractéristique de coupe de l'outil en travail)
  - mode de fixation de la plaquette.

Ce qui peut nous conduire aux tableaux de la page suivante (de façon non exhaustive) :
- pour la nuance de la plaquette (fig. 1.50) ;
- pour la dépouille de la plaquette (fig. 1.51) ;

4. Incidence de la forme du brut de la pièce à réaliser sur (fig. 1.52) :
- les caractéristiques de la plaquette :
  - sa nuance
  - son rayon de pointe
  - sa géométrie de brise-copeaux
  - ses dimensions (longueur d'arête, épaisseur)
- les caractéristiques du corps d'outil :
  - sa géométrie de mise en position (angle caractéristique de coupe de l'outil au travail)

Analyse d'une opération d'usinage : de la maîtrise à la prédétermination

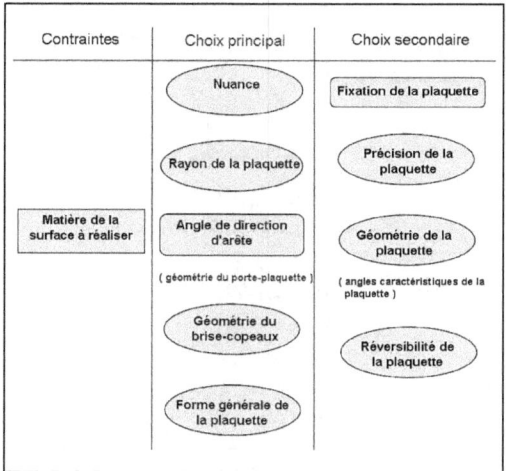

Fig. 1.49 • *Incidence du matériau à usiner sur le choix d'outil*

Nuance Iso	Revêtement	Description
GC1020	PVD de TiN de 1 à 2 µm	Grain très fin mis au point pour le filetage de haute qualité. Donne d'excellents résultats dans les groupes de matière, P, M et K.
GC1025	PVD de TiAlN-TiN de 4 µm	Tenace et résistant à l'usure, il présente les qualités requises pour des arêtes vives et une sécurité élevée. Donne d'excellents états de surface en finition des aciers inoxydables.
GC2015	CVD de TiCN-Al2O3-TiN de 9 µm	Excellente adhérence du revêtement au substrat, résistance élevée à l'usure par diffusion et à la déformation plastique à température élevée, réduction du frottement donc de la formation d'arêtes rapportées.
GC2035	PVD de TiAlN-TiN de 4 µm	Revêtement très résistant à l'usure, tenace, qui réduit le frottement et donc la formation d'arêtes rapportées. Résistance aux chocs thermiques et mécaniques. Ténacité d'arête maximum, idéale pour la coupe intermittente à grande vitesse dans le champ M25 et l'ébauche lourde avec des vitesses de coupe limitées.
GC2135	CVD de TICN4 µm, Al2O3 et TiN	Substrat tenace, très résistant aux chocs thermiques et mécaniques. Le revêtement lui confère une très bonne résistance à l'usure e dépouille, et réduit le frottement, donc la formation d'arêtes rapportées. Pour vitesses de coupe faibles à moyennes.

Fig. 1.50 • *Extrait d'une documentation commerciale*

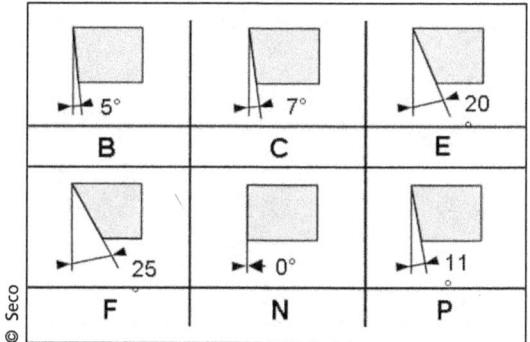

Fig. 1.51 • *Valeurs normalisées des dépouilles sur les plaquettes*

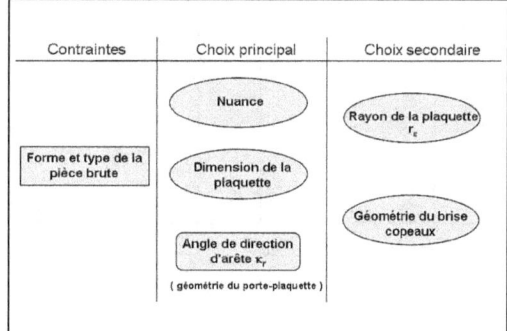

Fig. 1.52 • *Incidence du brut de la pièce à usiner sur le choix d'outil*

Ce qui peut nous conduire aux tableaux suivants (de façon non exhaustive) :
– pour la dimension de la plaquette (fig. 1.53 et 1.54) ;
– pour la forme du brise-copeaux (fig. 1.55).

5. Incidence des paramètres de coupe sur (fig. 1.56) :

– les caractéristiques de la plaquette :
  - sa nuance
  - son rayon de pointe
  - sa géométrie de brise-copeaux
  - ses dimensions (longueur d'arête, épaisseur)
  - sa réversibilité
– les caractéristiques du corps d'outil :
  - sa géométrie de mise en position (angle caractéristique de coupe-outil au travail)
  - mode de fixation de la plaquette

d	R	S	T	C	D	V	W
3,97			06				
5,0	05						
5,56			09				03
6,0	06						
6,35			11	06			04
7,94							05
8,0	08						
9,525	09	09	16	09	11	16	06
10	10						
12	12						
12,7	12	12	22	12	15		08
15,87	15	15	27	16			
16	16						
19,05	19	19	33	19			
20	20						
25	25						
25,4	25	25					
31,75	31						
32	32						

Fig. 1.53 • *Formes de plaquettes*

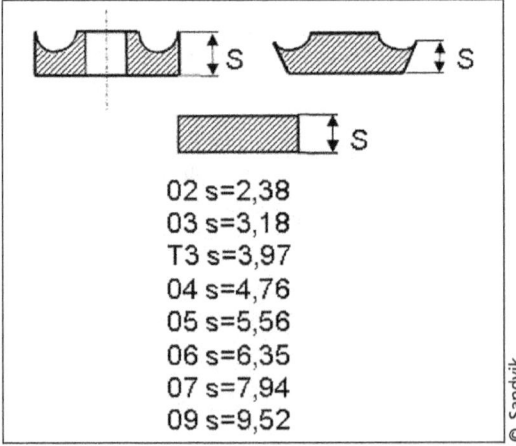

02 s=2,38
03 s=3,18
T3 s=3,97
04 s=4,76
05 s=5,56
06 s=6,35
07 s=7,94
09 s=9,52

Fig. 1.54 • *Épaisseur de plaquette normalisée*

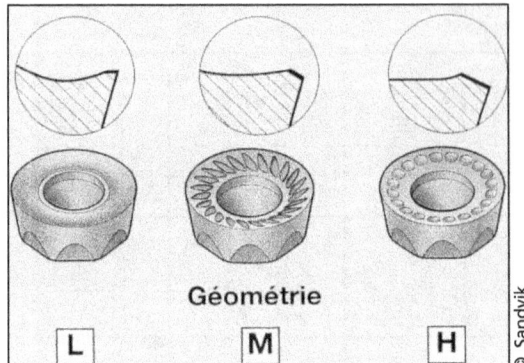

Géométrie

| L | M | H |

6. Incidence des paramètres de la machine (fig. 1.57) :

– les caractéristiques de la plaquette :
- sa géométrie de brise-copeaux
- ses dimensions (longueur d'arête, épaisseur)
- sa réversibilité

– les caractéristiques du corps de l'outil :
- sa géométrie de mise en position (angle caractéristique de coupe-outil au travail)
- mode de fixation de la plaquette

3.3. Les bases de données de coupe

Toute base de données repose sur un ensemble d'expérimentations. Les valeurs indiquées ne sont donc utilisables que si les conditions de mise en œuvre des expériences sont explicitées, c'est-à-dire l'ensemble des informations mentionnées dans la section 1 de ce chapitre.

Les informations se trouvent dans les mêmes documents ou logiciels que les bases de choix et fournissent en général des fourchettes entre lesquelles peuvent varier les paramètres de coupe d'outils spécifiés par leur nuance dans des matières partiellement spécifiées (voir exemples).

Choix de base	Vue de dessus	Vue de profil	Description
MF2			Plaquette réversible. Choix de base pour la finition et l'ébauche légère avec un bon état de surface et une fragmentation serrée des copeaux dans les aciers courants et les inox "faciles".
MF3			Plaquette réversible. Pour l'usinage à profondeur de coupe limitée des aciers forgés, des aciers "collants" et des inox d'usinabilité moyenne.
M3			Plaquette réversible. Coupe franche diminuant les efforts de coupe. Pour les opérations nécessitant un bon état de surface avec un débit copeaux élevé. Très bien adaptée pour l'usinage avec avance modérée des inox d'usinabilité moyenne et des aciers "collants". Également performante dans les aciers de construction et la fonte sur machine de faible puissance.
M4			Plaquette réversible avec brise-copeaux profond qui donne une coupe douce. Principalement pour le tournage de la fonte avec avance moyenne. Ne figure pas en général dans le diagramme des géométries Secolor.
M5			Plaquette réversible. Choix de base pour le tournage des aciers avec avance et profondeur de passe moyennes. Les micro-stries sur le brise-copeaux diminuent sensiblement la chaleur à l'arête.
MR5			Plaquette réversible avec arête robuste permettant le travail aux chocs. Usinage avec forte avance des aciers inoxydables austénitiques "difficiles", des aciers "collants" et de construction.
MR7			Plaquette réversible avec une excellente robustesse d'arête. Convient pour le tournage avec de fortes avances et profondeurs de coupe importantes où une plaquette non réversible est normalement nécessaire.
R4			Plaquette non réversible avec coupe douce pour l'ébauche légère avec avance moyenne même sur machine de faible puissance.
R6			Plaquette non réversible. Choix de base pour l'ébauche normale des aciers.
R8			Plaquette non réversible pour l'ébauche et les opérations difficiles dans les aciers inoxydables austénitiques forgés ou moulés.
RR9			Plaquette non réversible avec renfort d'arête important pour les opérations de grosse ébauche avec de fortes avances. Particulièrement adaptée pour l'usinage des pièces moulées ou forgées difficiles.

Fig. 1.55 • *Caractéristiques générales des plaquettes et applications recommandées*

Certaines entreprises utilisent des bases de données de coupe qui leur sont propres, dont les sources sont pour partie internes (essais) et pour partie externes (profession, fournisseurs).

Ces bases de données de coupe sont souvent complétées :
– d'éléments d'évaluation de la puissance consommée ;
– de données complémentaires et de règles d'utilisation permettant d'apporter des corrections à la vitesse de coupe en fonction de la lubrification, de l'avance, de la durée de vie d'arête, de la profondeur de passe, etc.

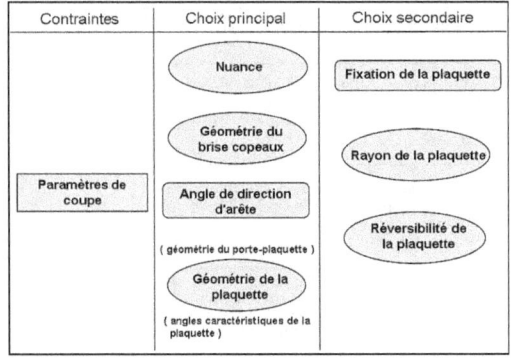

Fig. 1.56 • *Incidence des paramètres de coupe sur le choix d'outil*

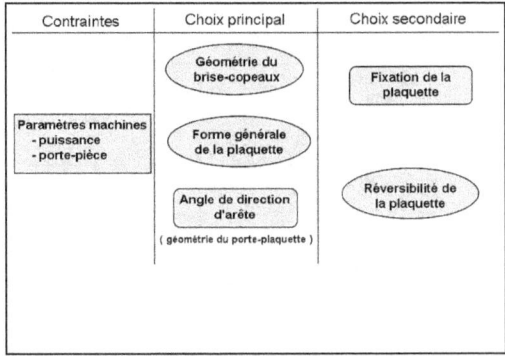

Fig. 1.57 • *Incidence des paramètres machines sur le choix d'outil*

Exemples : extrait de base de données d'un fabricant de plaquettes de tournage (Sandvik Coromant), tableau 1.2.

Tab. 1.2 • *Valeurs nominales de vitesse de coupe et d'avance*

ISO	CMC N°	Matière		Force de coupe spécifique k_c 0,4 N/mm^2	Dureté Brinell HB	Résistance à l'usure			
						Nuances de base			
						CT5015		CT 525	
						Avance, mm/tr			
						0,05-0,1-0,2		0,05-0,1-0,3	
						Vitesse de coupe, m/min, T = 15 min			
	01.1	Acier au carbone	C = 0,15 %	1 900	125	640 430	530	490 290	410
	01.2	non allié	C = 0,35 %	2 100	150	580 390	490	450 260	380
	01.3		C = 0,60 %	2 250	200	510 340	420	390 230	330
	02.1	Acier faibl. allié	Recuit	2 100	180	445 300	370	315 180	265
	02.2		Trempé et revenu	2 600	275	305 205	250	215 125	180
	02.2		Trempé et revenu	2 700	300	280 190	235	200 115	165
	02.2		Trempé et revenu	2 850	350	245 165	205	175 100	145
	03.1	Acier fort. allié	Recuit	2 600	200	400	330	280 165	235
	03.2		Trempé	3 900	325	195	160	145 80	115
	05.1		Acier inoxydable, Martensitique/ferritique recuit	2 300	200	345	285	290 180	245
	06.1	Acier coulé	Non allié	2 000	180	270	225	190	155
	06.2		Faiblement allié	2 500	200	270	225	190	155
	06.3		Fortement allié	2 700	225	220	180	150	120

Nota : k_c 0,4 signifie k_c pour une avance de $f = 0,4$ mm.tr^{-1}

Extrait de base de données fraisage du Cetim, tableau 1.3 :

Tab. 1.3 • *Base de données fraisage*

3.1 ACIERS INOXYDABLES – MARTENSITIQUES – À DURCIR PAR PRÉCIPITATION				3.2 RAINURAGE EN BOUT DÉBOUCHANT							CARBURE PLAQUETTES AMOVIBLES FRAISE À RAINURER			
Désignation INOX MARTENSITIQUE		Durée de vie d'outils : 60 à 120 mn		– Ø : diamètre de la fraise (mm) – Z : nombre de dents – p : profondeur de passe (mm)										
Groupe A (usinabilité améliorée) Z 12 CF 13 Z 30 CF 13	Groupe	État	Dureté Brinell HB	Avance par dent fz (mm)							Vitesse de coupe (m/mW)	Avance (mm/mn)	Débit (cm/mn)	Puissance à la broche (kW)
				Ø	20	25	32	40	50	63				
Groupe B Z 12 C 13 Z 20 C 13 Z 30 C 13 Z 40 C 14 Z 100 CD 17 Z 15 CN 16.02	A	Recuit	130 à 220	Z	1	2	2	3	4	5	141	380 à 900	15 à 22	1 à 5
				P 2	0,17	0,18	0,20	0,22	0,22	0,25				
				P 4	0,14	0,15	0,16	0,18	0,18	0,20	131	300 à 650	23 à 167	1 à 7
				P 6	0,12	0,13	0,14	0,16	0,17	0,18	126	240 à 550	29 à 216	1 à 9
				P 8			0,13	0,14	0,15	0,17	122	320 à 500	81 à 256	4 à 12
INOX À DURCISSEMENT PAR PRÉCIPITATION Groupe C Z 6 CNU 17.04 Z 6 CNUD 15.04 Z 8 CN 17.07 Z 8 CND 15.07 Z 12 CND 16.04	B C	Recuit	130 à 220	Z	1	2	2	3	4	5	118	260 à 600	11 à 75	1 à 3
				P 2	0,14	0,15	0,17	0,18	0,20	0,20				
				P 4	0,11	0,12	0,13	0,15	0,16	0,17	110	190 à 460	15 à 119	1 à 6
				P 6	0,10	0,11	0,12	0,13	0,14	0,15	106	170 à 400	20 à 152	1 à 7
				P 8			0,11	0,12	0,13	0,14	103	220 à 360	58 à 183	3 à 9
	B C	Recuit ou traité	220 à 280	Z	1	2	2	3	4	5	96	150 à 360	6 à 46	1 à 2
				P 2	0,10	0,11	0,12	0,13	0,14	0,15				
				P 4	0,08	0,09	0,09	0,10	0,11	0,12	90	110 à 280	9 à 68	1 à 3
				P 6	0,07	0,08	0,08	0,09	0,10	0,11	86	90 à 240	11 à 90	1 à 5
				P 8			0,08	0,08	0,09	0,10	84	130 à 210	34 à 106	2 à 5
En caractères gras : nuance recommandée par l'AFNOR (N F E 01 000)	B C	Traité	280 à 320	Z	1	2	2	3	4	5				
				P 2	0,06	0,06	0,07	0,07	0,08	0,08	76	70 à 150	3 à 19	1 à 2
				P 4			0,05	0,06	0,06	0,07	71	70 à 120	9 à 32	1 à 2
	B C	Traité	320 à 370	Z	1	2	2	3	4	5				
				P 2	0,05	0,05	0,06	0,06	0,07	0,07	58	45 à 100	2 à 13	1 à 2
				P 4					0,06	0,06	54	80 à 80	17 à 21	1 à 2

© Cetim

On peut constater que dans ces deux exemples, la description de l'opération d'usinage, de l'outil, des conditions de mise en œuvre et de la matière usinée reste très succincte.

Le domaine de validité n'étant que partiellement cerné, l'utilisation des valeurs proposées doit se faire avec prudence.

Exemple de données complémentaires et de règles d'utilisation (Sandvik Coromant) :

Sélection de la vitesse de coupe : pour des matières de différentes duretés, la vitesse de coupe recommandée doit être multipliée par un facteur de correction donné dans le tableau ci-après.

Si l'angle d'attaque est inférieur à 90°, la vitesse de coupe peut être augmentée sans que la durée de vie de l'outil s'en ressente.

Tab. 1.4 • *Facteurs correctifs des vitesses de coupe en fonction de la dureté du matériau à usiner*

N°CMC					Différence d'indice dureté (HB)				
	– 80	– 60	– 40	– 20	0	+ 20	+ 40	+ 60	+ 80
01	–	–	–	1,07	1,0	0,95	0,90	–	–
02	1,26	1,18	1,12	1,05	1,0	0,94	0,91	0,86	0,83
03	–	–	1,21	1,10	1,0	0,91	0,84	0,79	–
05	–	–	1,21	1,10	1,0	0,91	0,85	0,79	0,75
06	–	–	1,31	1,13	1,0	0,87	0,80	0,73	–
07	–	1,14	1,08	1,03	1,0	0,96	0,92	–	–
08	–	–	1,25	1,10	1,0	0,92	0,86	0,80	–
09	–	–	1,07	1,03	1,0	0,97	0,95	0,93	0,91
20	1,26	–	1,11	–	1,0	–	0,90	–	0,82
N°CMC					Différence de dureté (HR_C)				
			– 6	– 3	0	+ 3	+ 6	+ 9	
04			1,10	1,02	1,0	0,96	0,93	0,90	

© Sandvik

On peut constater que ces règles d'adaptation dépendent de données dont la connaissance est parfois partielle ou dont les valeurs proposées ne sont pas compatibles avec l'opération d'usinage envisagée.

De plus, données et règles d'utilisation se cumulent pour la prise en compte de différents facteurs de variabilité sans prendre en compte les interactions possibles entre ces facteurs.

3.4. Les règles d'amélioration

En complément des règles d'utilisation des bases de données de coupe, des règles d'amélioration permettent d'affiner les valeurs indicatives et raisonnables proposées.

Les règles d'amélioration font partie de la connaissance du métier, au même titre que les règles de l'art.

Exemples de règles d'amélioration couramment pratiquées :
– si l'état de surface n'est pas satisfaisant, augmenter la vitesse de coupe, diminuer l'avance ;
– si l'usure en dépouille est trop rapide, diminuer la vitesse de coupe ou choisir un outil plus dur ;
– si l'usure en cratère est trop prononcée, diminuer la vitesse de coupe, la vitesse d'avance ou les deux.

Autre exemple issu de la documentation Sandvik Coromant en tournage :

Finition : l'état de surface et les tolérances dépendent de la combinaison rayon de bec $r_ε$/avance ainsi que de la stabilité de la pièce, du système de fixation des plaquettes et de l'état de la machine.

Règles générales :
- l'état de surface peut souvent être amélioré par le choix de vitesses de coupe plus élevées et d'angles de coupe neutres ou positifs ;
- en cas de risques de vibrations, choisissez un rayon de bec plus petit.

On peut constater que, contrairement aux règles d'utilisation des bases de données, la plupart de ces règles d'amélioration interviennent en cours de production. Elles ne contribuent donc pas à la prédétermination des conditions de mise en œuvre d'une opération d'usinage. Leur rôle est correcteur par rapport à la prédétermination antérieure.

Ces règles sont presque toujours à caractère qualitatif.

Elles font plus appel à la mémoire, à l'expérience vécue qu'à une réelle compréhension des phénomènes en jeu.

Elles peuvent s'avérer inexactes lorsque les conditions de mise en œuvre de l'opération sont éloignées des conditions optimales.

4. Conclusions

Maîtriser les techniques a longtemps été pour les usineurs, sinon un idéal, du moins un objectif raisonnable et déjà ambitieux. Il était implicitement admis que les services chargés de l'élaboration des gammes n'avaient pas à les parachever. Ce qui arrangeait à la fois ces services qui ne disposaient pas des méthodes et données nécessaires à une véritable prédétermination et les ateliers qui se sentent dépossédés de leurs prérogatives et réduits au rôle de simples exécutants « s'il n'y a plus qu'à » exécuter les données de la gamme et les instructions techniques qui l'accompagnent.

Nous ne nous lancerons pas dans une critique plus détaillée du schéma d'acquisition de la maîtrise présenté plus haut : nous pensons en avoir suffisamment fait ressentir les faiblesses. Les enquêtes en entreprises montrent que même les meilleurs tendent vers la maîtrise sans jamais vraiment l'atteindre : la rapidité d'évolution des « objets » présentés à la section 1 de ce chapitre suffit à expliquer cette course sans fin. La maîtrise, surtout imparfaite, ne peut répondre aux impératifs de l'industrie actuelle :
- nécessité d'évolution rapide des produits ;
- concurrence très forte ;
- produits de plus en plus complexes ;
- usinage de matériaux à hautes performances mais d'usinabilité difficile ;
- matériels de production performants mais onéreux qu'il ne faut pas immobiliser pour la mise au point des gammes.

C'est la prédétermination qu'il faut atteindre. Il est aisé de comprendre qu'il ne faut pas l'atteindre d'un simple perfectionnement d'une maîtrise elle-même déficiente. Nous ne pouvons, maintenant, ouvrir un paragraphe « la prédétermination et son acquisition » : contentons-nous d'affirmer que cette prédétermination n'est pas utopique, elle est obtenue si l'on s'en donne les moyens. C'est à la description de ces moyens qu'est consacrée la suite de cet ouvrage.

Chapitre 2

Définition de l'usinage par enlèvement de copeaux

Cette étude relève des fondements de la technique (voir avant-propos). Le présent chapitre contient : les rappels indispensables à la lecture directe du présent ouvrage ainsi que les compléments correspondant au point de vue de la mise en œuvre de la technique.

Les lecteurs qui ne disposent pas du vocabulaire technique indispensable à la compréhension du présent chapitre sont invités à lire préalablement le chapitre 4, « Classification des procédés d'usinage par enlèvement de copeaux ».

1. Une classe, deux familles

Les techniques d'usinage par enlèvement de copeaux sont rangées dans la classe « Enlèvement de matière par cisaillement » et comportent deux familles :
- usinage par arêtes à géométrie définie ;
- usinage par arêtes à géométrie non définie, celle-ci couvrant les techniques d'usinage par abrasion.

Cette distinction entre les deux familles règle une première question : l'abrasion est une technique d'usinage par enlèvement de copeaux.

2. Les techniques non conventionnelles

Mais qu'en est-il des techniques « non conventionnelles » ?

Sont à ranger dans les « Enlèvements de matière par cisaillement » (même si nous les sortons du cadre de notre étude :
- l'usinage par ultrasons (USM) ;
- l'usinage par jet d'eau (MJM) ;
- l'usinage par jet abrasif (AJM).

Sont à ranger dans les techniques d'usinage mais ne procèdent plus du cisaillement :
- l'usinage chimique (CHM) ;
- l'usinage électro-chimique (ECM) ;
- les usinages électro-thermiques :
    - décharge électrique (EDM) ;
    - usinage LASER (LBM) ;
    - usinage par faisceaux d'électrons (EBM) ;
    - usinage par faisceaux d'ions (IBM) ;
    - usinage Plasma (PBM).

3. Mêmes fins, autres techniques

Le taraudage au taraud, le filetage à la filière peuvent ou non appartenir à la classe de l'usinage par enlèvement de copeaux : il existe des tarauds et filières qui travaillent par déformation pure (tarauds dits « sans goujure »).

Comparaison entre un taraud usinant par enlèvement de copeaux (fig. 2.1) et un taraud travaillant par déformation (tarauds à refouler) (fig. 2.2)

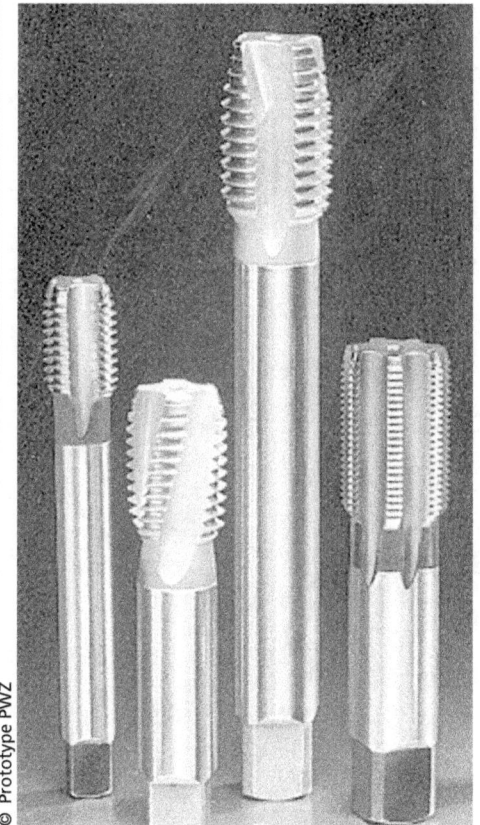

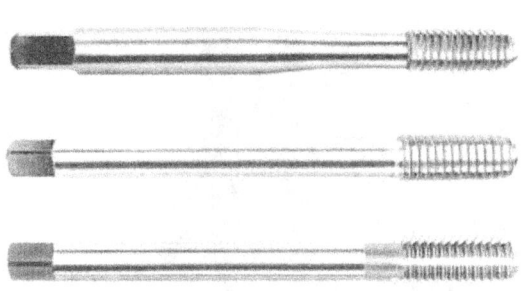

Fig. 2.1 • *Tarauds à goujures droites*   Fig. 2.2 • *Taraud à goujures hélicoïdales, filière*

Le taraud à refouler

Le cône d'entrée a une longueur de 2 ou 3 filets (correspondant à l'entrée DIN forme C) ou de 4 à 5 filets (suivant DIN forme D) pour les taraudages en trous débouchant courts.

Les taraudages sans enlèvement de copeaux sont de plus en plus utilisés. Ces tarauds conviennent à toute matière ductile.

La longueur filetée n'est pas limitée par le volume de copeaux à dégager.

Solution très avantageuse dans les trous borgnes suffisamment profonds de Ø inférieur à 4 mm.

Deux conditions fondamentales doivent être remplies : le respect du Ø de l'avant-trou est nécessaire et une lubrification optimale en quantité suffisante et de bonne qualité est indispensable afin d'améliorer le passage du liquide réfrigérant et lubrifiant.

Surtout, lors d'un usinage horizontal, les tarauds à refouler présentent des rainures de lubrification.

Une autre technique d'usinage par déformation : l'exécution de filetage par roulage.

La pièce supportée par une réglette réglable, est placée entre deux molettes cylindriques. Une des molettes dont l'axe est mobile se rapproche progressivement de l'autre sous l'effet d'une pression hydraulique.

Ce type de travail par déformation améliore les caractéristiques mécaniques (figures 2.3 et 2.4) :
–augmentation jusqu'à 100 % de la résistance à la fatigue ;
–gain de 30 % sur la dureté et la résistance à la rupture.

Fig. 2.3 • *Réalisation de filetage par déformation*

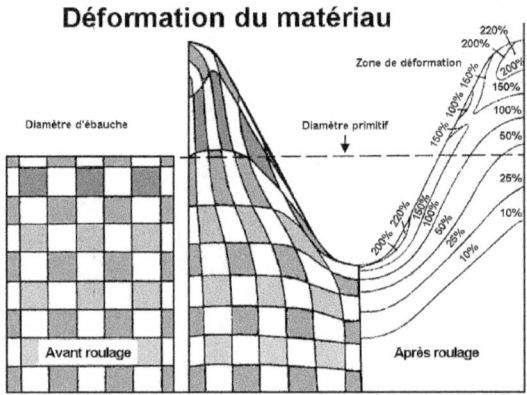

Fig. 2.4 • *Déformation en taraudage à refouler*

4. Combinaisons de techniques

Le travail d'un alésoir s'effectue d'une part par enlèvement de copeaux, d'autre part sans enlèvement de copeaux.

La formation de copeaux est effectuée par l'entrée de l'alésoir.

La partie guide ne produit pas de copeaux. Elle travaille par déformation et doit être considérée comme la partie qui détermine la dimension et la qualité de la surface désirée.

Le travail de déformation consiste en un polissage de matière qui ne peut pas être effectué par enlèvement de copeaux. L'épaisseur de cette couche ainsi travaillée dépend de différents facteurs (figures 2.5, 2.6 et 2.7) :
- la matière à usiner ;
- la forme et l'état des tranchants ;
- les conditions de coupe.

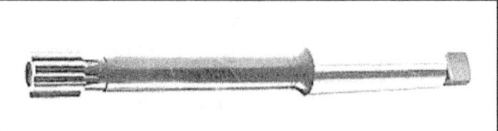

Fig. 2.5 • *Alésoir fixe à plaquettes de métal dur brasées, à queue cône morse*

Fig. 2.7 • *Tête d'alésage Dihart à plaquettes carbure. Seule la tête peut être changée.*

5. Deux modes de génération

Quelle que soit la technique par enlèvement de copeau étudiée, on est amené à considérer deux modes de génération : *la génération linéaire* pour laquelle la forme engendrée dépend de la forme de l'arête et *la génération ponctuelle* pour laquelle la forme engendrée dépend de la trajectoire de l'outil.

Distinguer le mode de génération est toujours utile voire indispensable quoique parfois complexe. Nous nous y appliquerons dans l'étude de chaque technique et d'abord dans le chapitre 4, « Classification des procédés d'usinage par enlèvement de copeaux ».

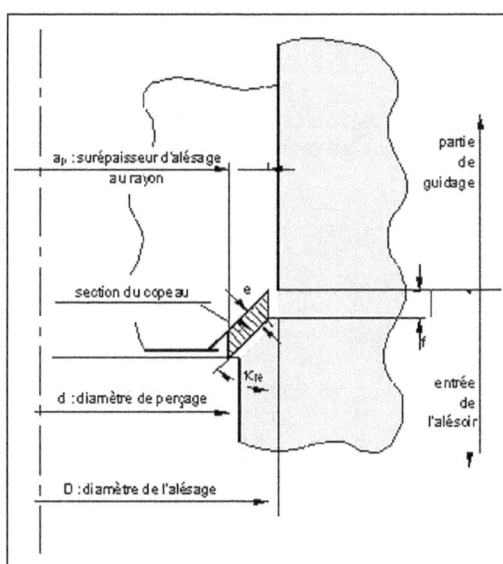

Fig. 2.6 • *Mode d'action d'un alésoir droit*

Exemples

Exemple 1 : obtention d'un plan en tournage par génération linéaire par arrêt d'avance (fig. 2.8).

Remarques

La génération du plan est ici obtenue par arrêt de l'avance.
L'épaisseur de coupe décroît puis s'annule dans le temps.
La vitesse de coupe varie de A à B.
L'ensemble de ces conditions engendre des risques de vibrations.

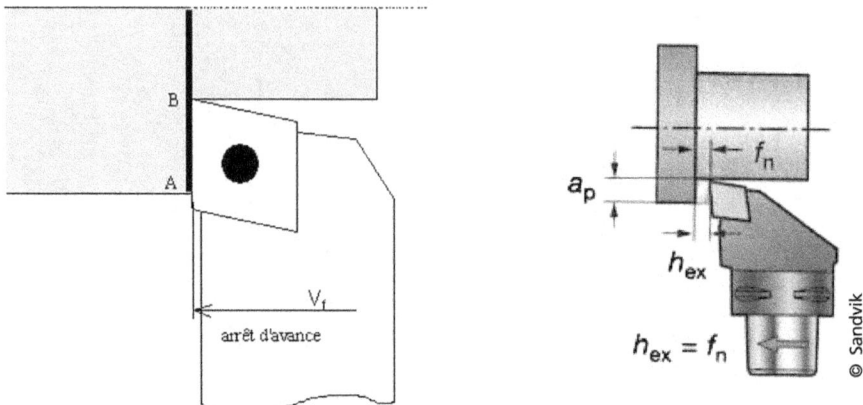

Fig. 2.8 • *Obtention d'une face plane en tournage par arrêt d'avance*

Exemple 2 : obtention d'un filetage cylindrique en tournage par arête unique (fig. 2.9).

Remarque

Il s'agit également d'une génération linéaire. L'épaisseur de coupe n'est pas liée à l'avance mais à la profondeur de passe a_p et au mode de pénétration radiale (a), oblique (b), oblique alternée (c), (fig. 2.9).

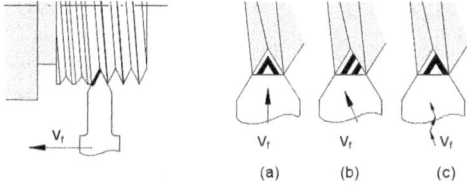

Fig. 2.9 • *Différentes stratégies de pénétration en filetage à l'outil*

Exemple 3 : obtention d'un cône en génération ponctuelle (opération de chariotage en tournage), (fig. 2.10).

Remarque

La forme dépend de la trajectoire de l'outil. L'état de surface dépend principalement de l'avance et du rayon de pointe de l'outil mais également de la vitesse de coupe.

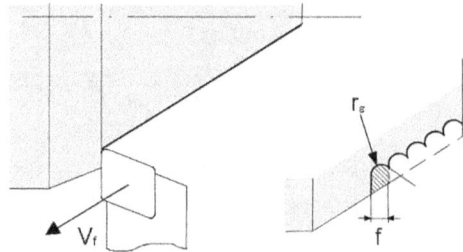

Fig. 2.10 • *Génération ponctuelle d'un cône en contournage*

Exemple 4 : obtention d'une surface en tournage par opération de fonçage (terme utilisé pour désigner une opération de décolletage en plongée ou opération de gorge).

Première variante : plongée radiale de l'outil (fig. 2.11).

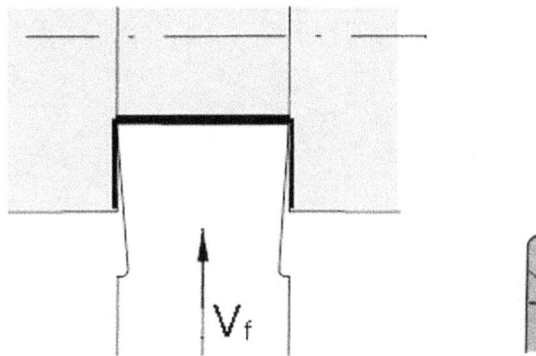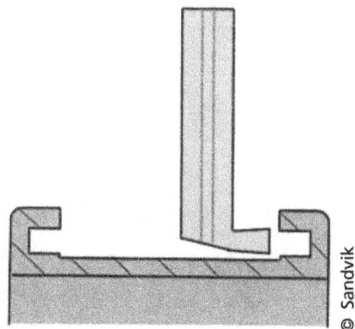

Fig. 2.11 • *Travail en plongée au tour (décolletage par exemple)*

Remarque

Cette première façon de faire démontre la réalisation conjointe de plusieurs surfaces par des modes de génération différents, génération linéaire pour le fond de gorge, génération ponctuelle pour les flancs.

Deuxième variante : plongée radiale pure ou oblique de l'outil (fig. 2.12).

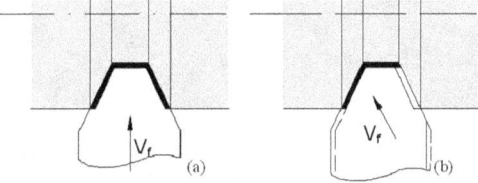

Fig. 2.12 • *Travail de forme en plongée (décolletage par exemple)*

Remarque

En (a), les trois surfaces sont engendrées linéairement.
En (b), les deux surfaces en trait gras sont engendrées linéairement, la surface en trait double est engendrée ponctuellement.

Troisième variante : plongée tangentielle radiale pure de l'outil (opération d'arasage ou skiving, courante sur tours automatiques de décolletage), (fig. 2.13).

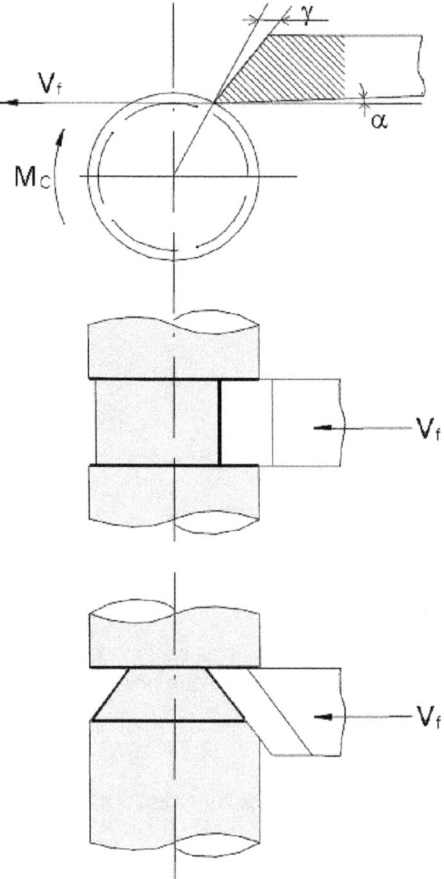

Fig. 2.13 • *Usinage par coupe tangentielle (application en décolletage)*

Remarque

Le fonçage de gorges ou de profils présente les particularités suivantes :
- l'attaque de l'outil est tangentielle ;
- l'effort de pénétration est dirigé dans l'axe de l'outil ;
- l'outil est à profil constant et son affûtage en est facilité ;
- l'attaque est progressive ;
- une difficulté : les angles de coupe en travail sont variables pendant l'opération.

6. Outils de coupe et arêtes de coupe

Il nous semble enfin nécessaire de faire la distinction entre outils et arêtes de coupe.

Cette distinction est simple dans le cas d'un outil de fraisage. Mais là, déjà, les arêtes de coupe peuvent :
- ne pas être identiques : dents de fraise à angles d'hélices alternés, dents successives d'une fraise scie ou d'une fraise 3 tailles ;
- être identiques mais travailler selon des paramètres d'usinage différents : cas des outils à pas différentiels ;
- travailler avec des techniques différentes : cas de l'arête « coupe au centre » d'une fraise 2 tailles coupe au centre.

Cette distinction doit être faite avec soin dans le cas d'outils de tournage à charioter-dresser : l'arête de chariotage et l'arête de dressage appartiennent à la même plaquette mais travaillent généralement de manières successives :
- l'arête de chariotage : en chariotage et en contournage axial ;
- l'arête de dressage : en dressage et en contournage frontal.

Il faut prendre garde à ce qu'un dressage en remontée de face (épaulement droit par exemple) soit en fait un chariotage sous très faible angle d'attaque.

Ces deux arêtes de coupe travaillent parfois simultanément dans une opération de piquage : pénétration pour ouverture d'une poche. Ou une arête dédiée à la génération ponctuelle travaille temporairement en génération linéaire : cas de l'arête de dressage exécutant une tombée de meule.

Notons encore que le travail en chariotage peut user l'arête de dressage et réciproquement : ces deux arêtes ont en commun le rayon de pointe et l'usure peut empiéter sur l'arête secondaire. Il faut savoir en tenir compte lorsque ces deux arêtes travaillent successivement lors d'une même phase d'usinage.

Cette distinction doit encore être faite pour les broches, tarauds et filières dont les arêtes successives peuvent travailler dans des conditions entièrement différentes les unes des autres en ce qui concerne la section coupée et la longueur d'arête engagée.

La distinction entre arête de coupe et outil devient particulièrement importante et délicate dans le cas des arêtes de coupe à géométrie non définie. Il est alors nécessaire de considérer deux niveaux : celui de l'outil avec sa géométrie globale (que l'on pourrait assimiler à une fraise s'il s'agit d'une meule) et celui du grain auquel se situe la formation du copeau.

Il est clair que le mode de génération (linéaire/ponctuel) doit être considéré au niveau de l'outil « global », (voir l'annexe 1 en fin d'ouvrage).

CHAPITRE 3

ÉTUDE FONDAMENTALE DE L'USINAGE PAR ENLÈVEMENT DE COPEAUX

Cette étude relève des fondements de la technique (voir avant-propos). Le présent chapitre contient : les rappels indispensables à la lecture directe du présent ouvrage ainsi que les compléments correspondants au point de vue de la mise en œuvre de la technique.

Les lecteurs qui ne disposent pas du vocabulaire technique indispensable à la compréhension du présent chapitre sont invités à lire préalablement le chapitre 4, « Classification des techniques d'usinage par enlèvement de copeaux ».

1. Modifications apportées à la pièce : aspect micro-structural

La même opération exécutée avec deux outils différents et/ou des conditions d'usinage et/ou des paramètres d'usinage différents peut avoir, de ce point de vue, des conséquences très différentes sur l'état de surface de la pièce usinée.

Les phénomènes d'écrouissage, les contraintes résiduelles, les modifications de structures (nature et dimension des grains), les atteintes à la santé de la matière usinée doivent être envisagées.

2. Modifications apportées à l'outil : transformations réversibles

Nous considérons ici les modifications d'origines mécaniques et thermiques.

Les efforts de coupe engendrent flexions et torsions sur l'outil (le porte-outil, la broche…). Il faut en envisager les conséquences sur les défauts de surface d'ordres 1 à 4 et sur les phénomènes vibratoires susceptibles d'apparaître et de perturber l'usinage.

Les déformations réversibles apportées à l'outil modifient de manière parfois sensible voire importante.

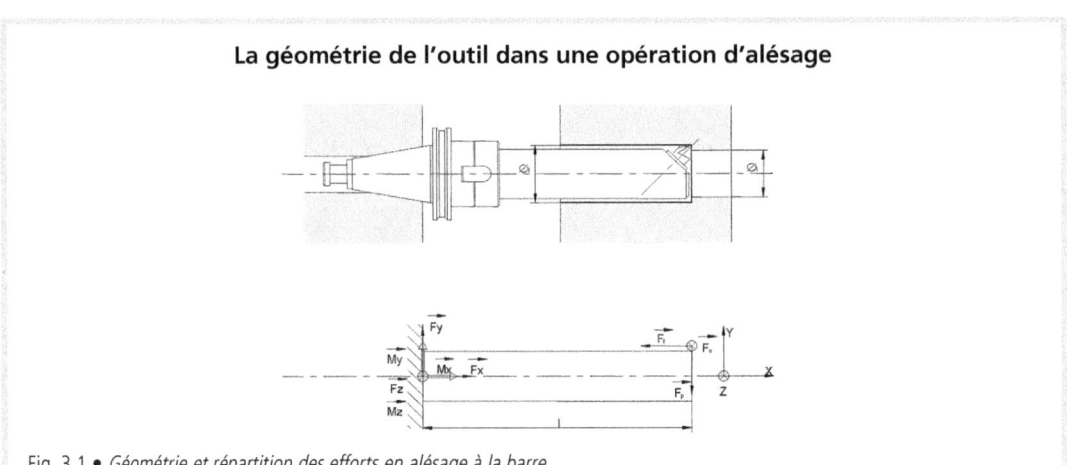

Fig. 3.1 • *Géométrie et répartition des efforts en alésage à la barre*

l : longueur du « porte-à-faux »
$\varnothing_i$: diamètre initial
$\varnothing_f$: diamètre à usiner
d'où D diamètre moyen d'usinage : $D = \dfrac{\varnothing_i + \varnothing_f}{2}$

Pendant la coupe, la barre d'alésage est soumise à des efforts dus :
à la coupe : F_c (effort tangentiel) ;
à l'avance : F_f (effort axial) ;
à la profondeur de passe : F_p (effort radial).

	X	Y	Z
F_c	T		F_3
F_f	C	F_1	
F_p		F_2	

Ces efforts induisent des sollicitations de torsion (T), flexion (F) et compression (C) que nous pouvons classer de la manière suivante :

Chaque sollicitation F_i impose une flèche f_i

$$f_1 = \frac{-F_f \cdot D \cdot l^2}{4 \cdot E \cdot I} \quad f_2 = \frac{+F_p \cdot l^3}{2 \cdot E \cdot I} \quad f_3 = \frac{+F_c \cdot l^3}{2 \cdot E \cdot I}$$

Les erreurs d'usinage se déduisent aisément.

1. erreur directe sur le rayon usiné

$\Delta R_y = f_1 + f_2$

2. erreur indirecte

$\Delta R_z = (R^2 + f_3^2)^{1/2} - R$

3. erreur totale sur le rayon

$\Delta R = (\Delta R_y^2 + \Delta R_z^2)^{1/2}$

On notera que la distance l peut varier pendant le travail suivant le cas du déplacement de la barre d'alésage ou de la pièce à usiner.

Les modifications d'origines thermiques comprennent notamment la formation d'une arête rapportée par adhésion de matériaux provenant du copeau.

Cette arête, instable, influe à la fois sur l'état de surface et l'endommagement de l'outil (fig. 3.2 et fig. 3.3).

Exemples

Formation d'un copeau adhérent dans une opération de perçage et dégradation de l'arête tranchante (fig. 3.2).

Arête rapportée sur un outil de tournage (fig. 3.3).

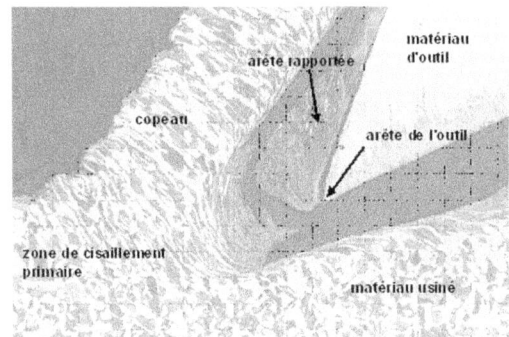

Fig. 3.2 • *Arête rapportée sur un foret en acier rapide*

Fig. 3.3 • *Arête rapportée sur un outil cBN*

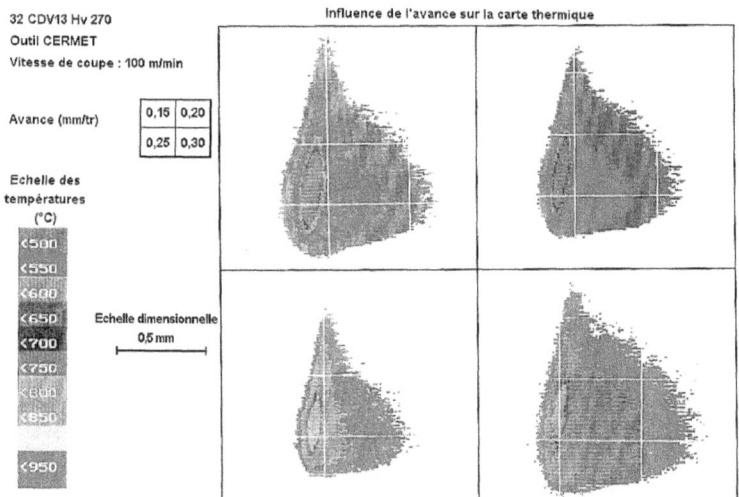

Fig. 3.4 • *Influence de l'avance sur la carte thermique d'usinage (thèse C. LE CALVEZ)*

3. Modifications apportées à l'outil : usures irréversibles

Un problème important qui se pose à l'utilisateur est celui de la maîtrise des durées de vie des arêtes de coupe. Cette maîtrise peut être obtenue dans le cas d'endommagements progressifs. Il n'en est plus de même lors d'endommagements de type « catastrophique ».

On distingue différents modes d'endommagement progressifs des outils de coupe :

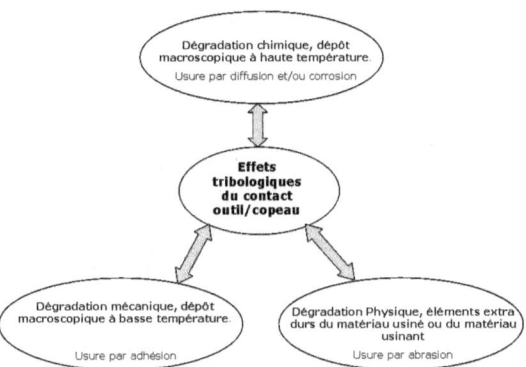

Fig. 3.4-A • *Modes d'endommagement*

D'après Optiz, Konig et Vieregge, l'évolution des divers modes d'usure peut être représentée ainsi (figure 3-5) :

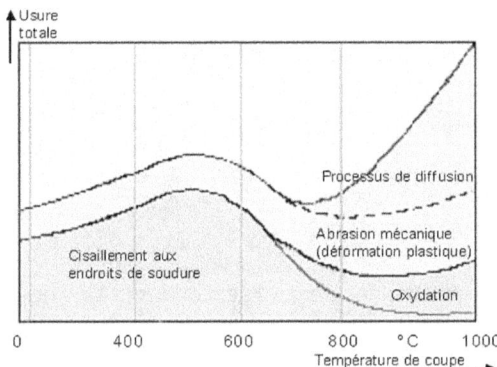

Fig. 3.5 • *Différents types d'usure des outils coupants en fonction de la T°*

S'il s'agit d'usinage par arêtes à géométries définies, il importe de maintenir le mode d'usure de l'arête de coupe dans les limites :

– de l'usure en dépouille dominante ;
– de l'usure en entaille (fig. 3.6) si ce mode d'usure ne peut absolument pas être évité par utilisation :
  • d'une nuance de matériau de coupe adaptée ;
  • d'une géométrie de coupe adaptée ($\kappa_r < 90°$ en particulier) ;
  • de parcours d'outils adaptés (ramping) ;
– de l'usure en cratère non dominante (fig. 3.7).

Remarquons qu'une usure selon un des modes ci-dessus, mais poussée trop loin, peut également entraîner une réforme catastrophique de l'arête concernée, au même titre que toute usure non maîtrisable comme les exemples (fig. 3.8).

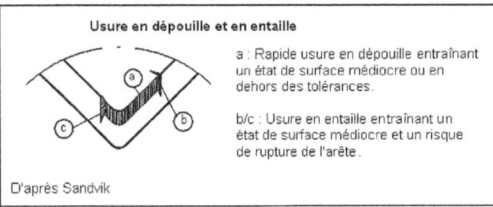

Fig. 3.6 • *Usure en entaille*

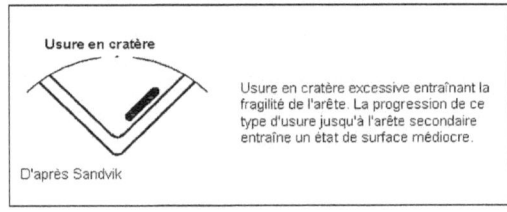

Fig. 3.7 • *Usure en cratère*

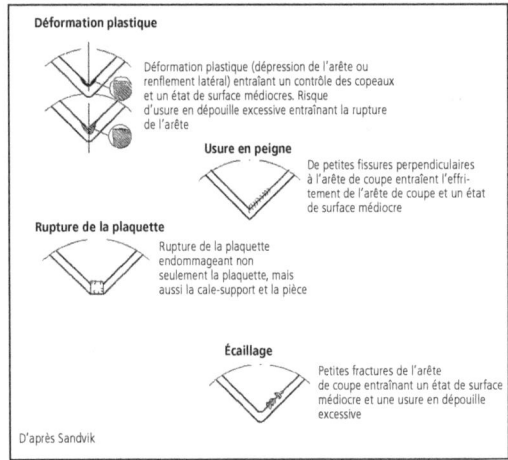

Fig. 3.8 • *Déformation plastique de l'arête, usure en peigne, écaillage et rupture de l'arête*

S'il s'agit d'usinage par arêtes à géométries non définies, le problème doit être subdivisé suivant que :

– les arêtes de coupe ne font qu'une course de coupe (jet abrasif) ;

Exemple : « usure » de jets d'eau abrasifs au fur et à mesure de l'éloignement de la buse constaté par la divergence plus ou moins rapide du jet (fig. 3.9a et 3.9b).

– les arêtes de coupe ne sont pas renouvelées sur l'outil ;

Exemple : bandes abrasives ; outil diamant à dépôt électrolytique.

– les arêtes de coupe sont renouvelées par clivage des grains (fig. 3.10) ;

– les arêtes de coupe sont renouvelées par extraction des grains hors de la matrice de la meule (fig. 3.11).

Ces deux derniers cas ne sont pas exclusifs l'un de l'autre et peuvent être obtenus par taillage et/ou auto-régénération de la meule.

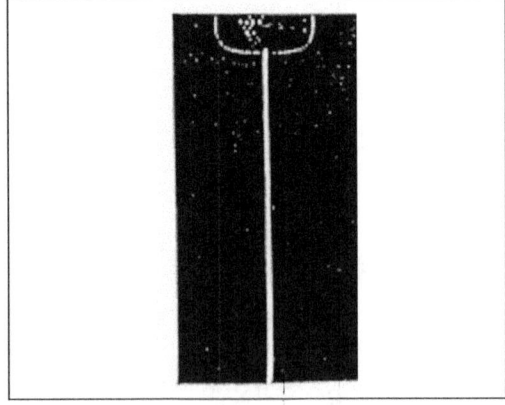

Fig. 3.9a • *À l'eau pure : selon le cas, l'eau est adoucie puis filtrée jusqu'à 1 micromètre.*

Fig. 3.9b • *Avec de l'eau additionnée de polymère : plastique permettant d'accroître les performances (cohérence du jet).*

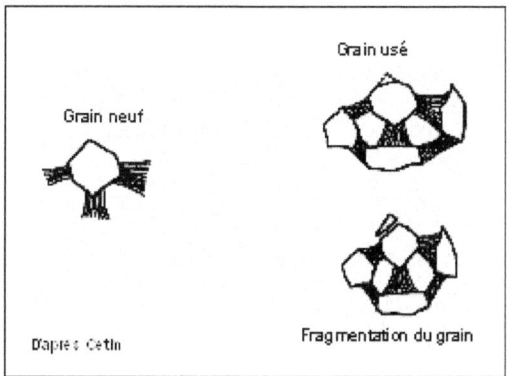
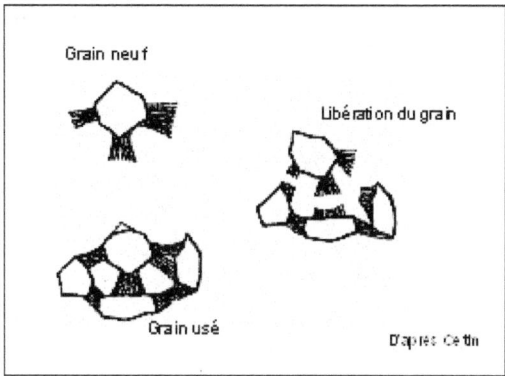

Fig. 3.10 • *Évolution et usure des grains abrasifs sur une meule*

Fig. 3.11 • *Détachement et renouvellement des grains abrasifs d'une meule*

Il est bon d'être dans le domaine de l'auto-régénération de la meule (sinon on est dans celui de l'encrassement qui entraîne des échauffements et des brûlures de la surface de la pièce). Mais cette auto-régénération ne doit pas être trop rapide sous peine d'entraîner des déformations inacceptables de la meule, déformations qui nuisent à la maîtrise dimensionnelle de la pièce usinée.

Quelle que soit la technique concernée, il est clair que les usures d'arêtes peuvent modifier de manière importante les géométries au niveau de la formation du ou des copeaux, donc les efforts de coupe.

Il s'ensuit que le problème est particulièrement complexe, et qu'il doit être étudié au niveau de chaque technique d'usinage, et parfois au niveau de l'opération dans une technique, mais que la rigueur dans cette étude dépend de la possibilité (ou non) de maîtriser la durée de vie d'arête dans le respect de la qualité requise.

4. Les forces de coupe

4.1. Les forces de coupe locales

En premier lieu, il faut distinguer le cas des outils à géométrie d'arête définie, de celui des outils à géométrie d'arête non définie.

4.1.1. Outils à géométrie d'arête définie

Le cas le plus simple paraît être celui du tournage par génération et son opération type, le chariotage. L'outil n'a en effet qu'une arête et la section coupée est constante. En fait, et pour rester proche des modèles théoriques actuellement validés, l'opération doit encore satisfaire aux critères suivants :
– l'arête de coupe doit être rectiligne dans toute sa partie active pour éviter les effets perturbateurs du rayon de raccordement ; ceci nous rapproche de la coupe orthogonale.
– l'arête doit être aussi proche que possible de l'arête vive (pas d'arêtes dites protégées).

– le brise-copeau, s'il existe, doit être de forme très simple et constant, tant en forme qu'en dimensions tout le long de la partie active.

Il est clair que ces conditions ne sont pas industrielles, ou ne le sont qu'exceptionnellement. Pour connaître le comportement pratique d'un outil dans une matière, il faut l'étudier expérimentalement (voir l'annexe en fin d'ouvrage).

> L'effort varie avec la section coupée : il est clair ici que l'arête subit l'effort de coupe résultant des forces Fi le long de L1, L2, L3.
>
> La section coupée (A_D), produit de a_p*f définit alors une épaisseur de coupe équivalente : he = A_D, avec L = L1 + L2 + L3.

Le fraisage fait intervenir plusieurs éléments supplémentaires de complexité. En particulier :
– la section de coupe varie pendant la rotation de l'outil (fig. 3.13) ;

$$R^2 = (R+e_\theta)^2 + f_z^2 - 2 \cdot f_z \cdot (R+e_\theta)\sin\theta$$
$$e_\theta^2 + 2 \cdot e_\theta \cdot (R - f_z\sin\theta) + f_z^2 - 2 \cdot f_z \cdot R\sin\theta = 0$$
$$\Delta = R^2 + f_z^2 \cdot \cos^2\theta$$
$$e_\theta = f_z\sin\theta - R + \sqrt{R^2 - f_z^2 \cdot \cos^2\theta}$$
$$\theta = \frac{\pi}{2} \Rightarrow e_\theta = f_z$$
$$\theta = 0 \Rightarrow e_\theta = -R + \sqrt{R^2 - f_z^2} = -R + \sqrt{R^2 \cdot (1 - \frac{f_z^2}{R^2})} \to 0 \, (f_z \ll R)$$

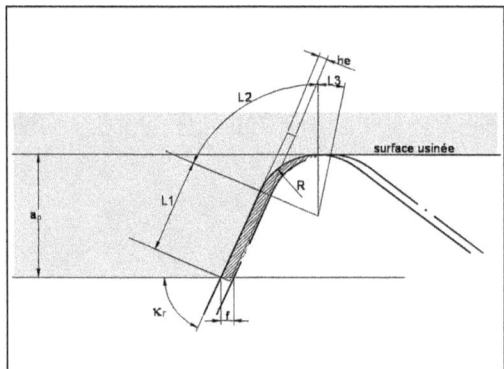

Fig. 3.12 • *Forme de la section coupée A_D en chariotage (outil avec rayon de bec $r_\varepsilon = R$)*

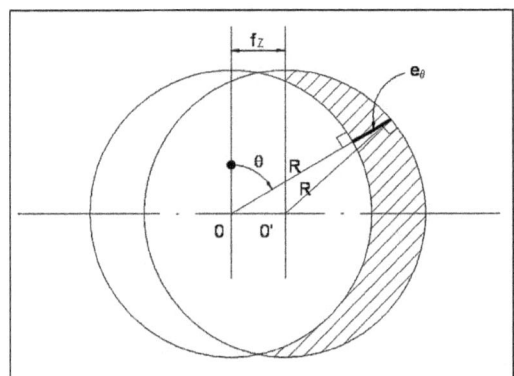

Fig. 3.13 • *Calcul de l'épaisseur instantanée (assimilation de la trajectoire d'une dent à un cercle, erreur maxi = 7 % par rapport à une trajectoire cycloïdale)*

– l'outil présente en général plusieurs arêtes de coupe ;
– les arêtes de coupe présentent en général un angle d'hélice (ou un angle d'inclinaison).

Toutefois, ces éléments ne sont pas inaccessibles au calcul et une opération telle que le contournage à la fraise hélicoïdale cylindrique profil finition, autorise un calcul assez simple des efforts de coupe, dès que l'on sait modéliser la variation de l'effort spécifique de coupe en fonction de l'épaisseur radiale de coupe (voir l'annexe en fin d'ouvrage).

Lorsqu'on aborde des opérations telles que le fraisage mixte, le rainurage (2 tailles ou 3 tailles), on cumule les difficultés du tournage et celles du fraisage.

Notons ici rapidement quelques éléments supplémentaires de complexité pour **d'autres techniques** :
– perçage dans le plein (voir figures 3.14 et 3.15) :
  • vitesse de coupe variable le long de l'arête ;
  • vitesse de coupe nulle au centre et « poinçonnage » ;
  • efforts d'évacuation de copeaux ;
  • frottement du listel.
– efforts de déformation pour toutes opérations faisant appel à la déformation de matière.
  Ex. : taraudage au taraud sans goujure.

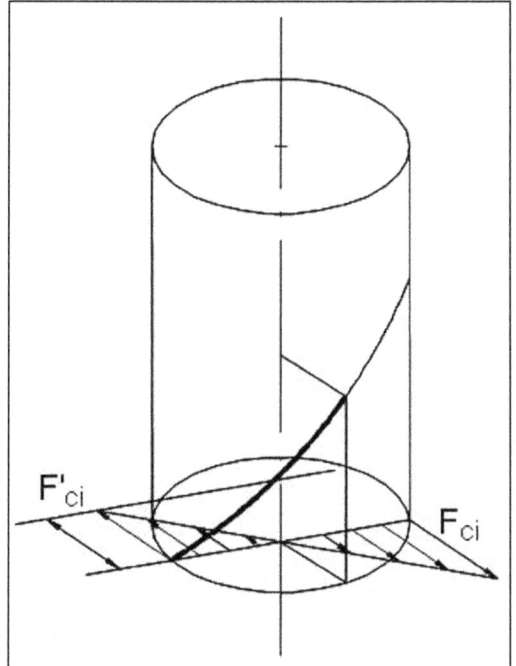

Fig. 3.14 • *Répartition des efforts tangentielles Fc*

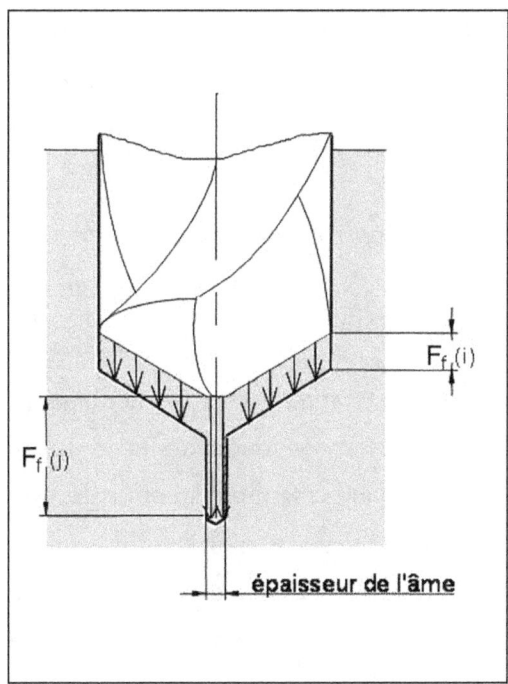

Fig. 3.15 • *Répartition des efforts Ff le long de l'arête d'un foret*

4.1.2. Outils à géométrie d'arête non définie

Ici il est clair que l'on n'a pas accès aux efforts élémentaires (forces locales).

Il peut toutefois être intéressant de raisonner sur ces efforts et leurs variations.

C'est ainsi qu'en rectification, une théorie très ancienne, mais toujours valable, part de l'idée qu'à avance pièce constante et vitesse de coupe (meule) variable, l'épaisseur de coupe, donc l'effort élémentaire sur le grain, décroît lorsque la vitesse de coupe augmente. Comme on peut attribuer à l'effort sur le grain les effets d'auto-régénération de la meule, que ce soit par clivage du grain ou par arrachement du grain hors de la matrice de la meule, et en remarquant de plus que ces efforts croissent lorsque les grains s'usent, on comprend qu'une augmentation de la vitesse de coupe à vitesse linéaire d'avance pièce constante, donne l'impression d'une meule qui s'use moins, et, à la limite, s'encrasse. On parle alors de dureté apparente de la meule et on dit qu'elle croît avec la vitesse de coupe.

Cette remarque n'est pas sans intérêt, mais il est bon que l'usineur soit conscient du fait que, en rectification, le jeu de paramètres utilisé « découple » la vitesse d'avance de la vitesse de coupe. Alors qu'en tournage, on raisonne en « avance par tour » et en fraisage en « avance par dent », ces deux paramètres contrôlant la section coupée.

Toujours est-il qu'en usinage à géométrie d'arête non définie, on est conduit à attribuer aux grains un comportement moyen présentant donc une composante aléatoire.

4.2. Les forces de coupe globales

Ces forces sont, plus que les forces locales, accessibles à la mesure.

Ces mesures peuvent être directes ou indirectes, liées à un référentiel outil ou à un référentiel machine, moyennes ou instantanées.

4.3. Mesures directes et mesures indirectes des forces de coupe

Les mesures directes utilisent des capteurs d'efforts. Le système le plus utilisé est construit et diffusé par Kistler dont les tables de mesurage d'efforts sont spécialisées soit au tournage, soit au fraisage, soit au perçage et plus récemment au couple sur broche.

La table de tournage prévoit le montage du corps d'outil.

La table de fraisage fournit des trous de fixation pour la pièce.

(Ces deux tables mesurent les efforts suivant trois axes perpendiculaires.)

La table de perçage mesure les efforts suivant trois axes perpendiculaires et le couple de coupe.

Le système de mesurage du couple sur broche est un système tournant.

Les tables Kistler sont à base de capteurs piézo-électriques. Le fournisseur propose des ensembles capteurs/amplificateurs.

Ces systèmes offrent une bonne précision, une bonne sensibilité, permettent les mesures instantanées (d'où les mesures moyennes) et sont sensibles aux accélérations de la table, perçues comme des forces. Attention donc aux entrées dans les gammes de fréquences propres de la table ! Les tables sont fragiles et onéreuses.

L'interprétation de nombreuses mesures exige une chaîne complète d'acquisition (numérisation) et de traitement.

Chaque capteur est composé en général de 3 quartz. Chaque quartz est sensible dans une des 3 directions d'un repère orthogonal lié à la table.

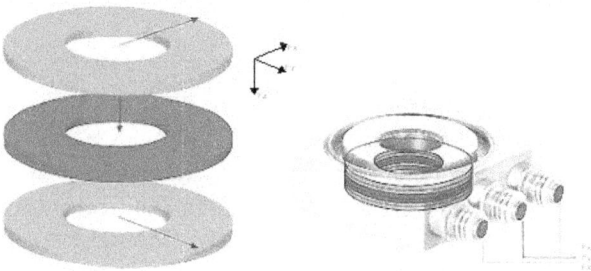

Fig. 3.16 • *Disposition des anneaux de quartz sur une table Kistler à 3 composantes*

Une table de mesure d'efforts de coupe de type « Kistler » possède un ou plusieurs capteurs à quartz du type de celui présenté ci-dessus.

Exemple : table de mesure d'efforts de coupe en fraisage (fig. 3.17).

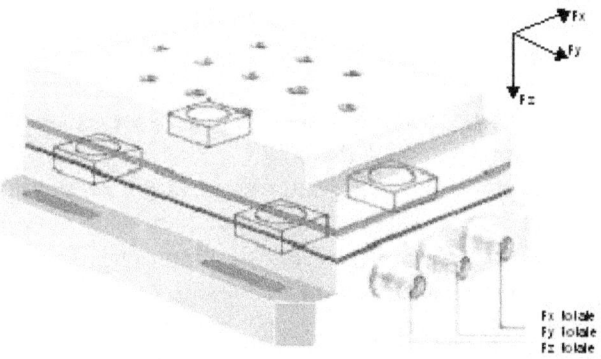

Fig. 3.17 • *Table Kistler en fraisage à 3 composantes*

Exemple de relevés d'efforts et de couple sur un forêt obtenus par une chaîne d'acquisition d'efforts de coupe : tableaux documentation Kistler.

Mesures des paramètres de force et de couple d'alimentation

Paramètres :

Outil = $\varnothing 5,5$ mm

V_c = 14 m/min

f = 0,075 mm/rev.

Matériel = 42 CrMo 4V

R_m = 1 000 N/mm^2

a_p : profondeur de la mesure de la coupe

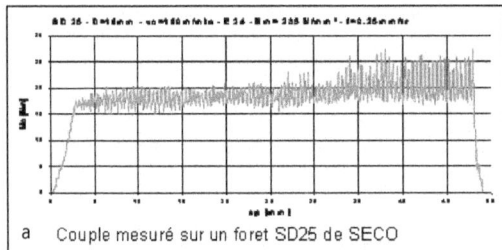
a   Couple mesuré sur un foret SD25 de SECO

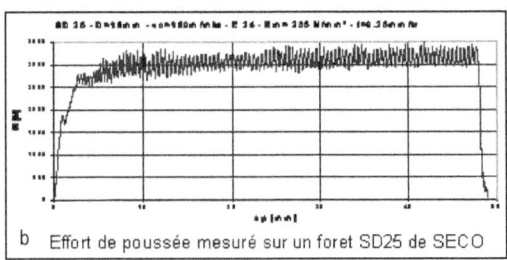
b   Effort de poussée mesuré sur un foret SD25 de SECO

Relevé d'un couple en perçage (a) relevé de l'effort de pénétration en perçage (b)

Il existe d'autres types de capteurs équipés de jauges de contrainte (principe basé sur la variation de la résistance d'un fil électrique fin collé sur le support d'outil (ou sur l'outil) pendant la déformation de celui-ci). L'inconvénient majeur de ce type de capteur est la faible rigidité de l'ensemble outil/porte-outil/pièce/montage porte-pièce.

Les **mesures indirectes** peuvent s'envisager à partir de la mesure de la puissance. D'où le couple et l'effort tangentiel.

Mais seul l'effort tangentiel est accessible.

Dès que plusieurs dents (en fraisage) sont en prise et sous des paramètres instantanés différents, les interprétations deviennent hasardeuses voire impossibles.

L'inertie des parties tournantes rend très difficile l'interprétation des variations instantanées de la puissance.

Enfin, il faut rappeler que la mesure de puissance pose elle-même d'assez nombreux problèmes, solubles mais pas toujours résolus industriellement :
- mesures de puissance à vide et en charge soumises à variations par démarrage intempestif de dispositifs annexes de la MOCN (pompes hydrauliques, variateurs…) ;
- mesure de la puissance pour fréquences élevées sur les broches à grande vitesse de rotation (plusieurs dizaines de milliers de tours par minute) ;
- sensibilité des capteurs de puissance pour les faibles puissances de coupe par rapport aux variations dues au phénomène vibratoire de la formation du copeau.

4.4. Référentiel de mesure des efforts de coupe

Avec tables de mesurage d'efforts.

Dans le cas du **tournage**, on obtient trois mesures selon F_c (effort de coupe), F_f (effort axial parallèle à la broche), F_p (effort radial perpendiculaire à la broche). Le référentiel est alors un référentiel outil (fig. 3.18).

Dans le cas du **fraisage**, on récupère trois mesures que l'on peut symboliser Fx, Fy, Fz, mais qu'il appartient à l'utilisateur d'orienter par rapport aux axes de la machine et de l'opération. Le référentiel est alors un référentiel pièce (fig. 3.19).

Dans le cas du **perçage**, on récupère un couple et un effort suivant z. Le référentiel est un référentiel pièce (fig. 3.20).

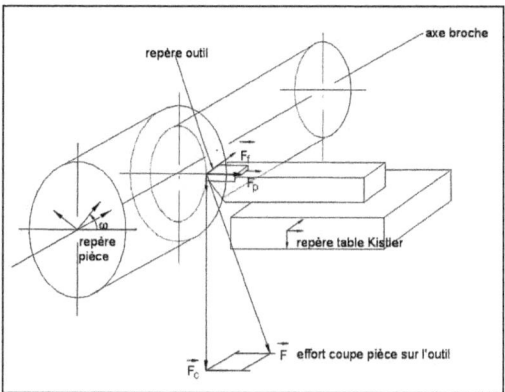

Fig. 3.18 • *Répartition des efforts en tournage*

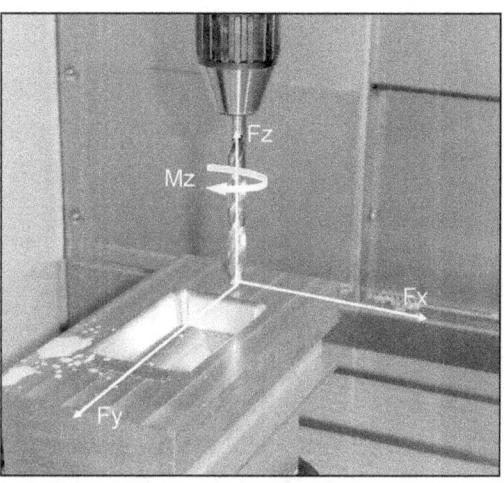

Fig. 3.20 • *Référentiel de mesure en perçage*

Nous ne connaissons pas d'installations de mesures d'efforts spécialisées aux opérations de rectification. Cela semble plus facile à réaliser en rectification plane tangentielle (référentiel pièce).

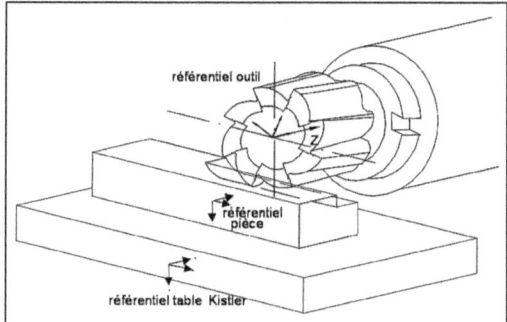

Fig. 3.19 • *Mise en place des différents référentiels de mesure*

4.5. Efforts moyens, efforts instantanés

Les mesures sont instantanées mais ont subi le lissage dû à l'inertie des appareils de mesure et/ou à la fréquence d'acquisition. Il faut quantifier ces effets en particulier lorsque les efforts de coupe sont variables et la fréquence élevée. C'est le cas en usinage à haute fréquence de rotation d'outils et plus généralement à haute fréquence de passage de dents.

4.6. Calculs d'efforts : utilité, stratégies d'obtention

La modélisation pure, c'est-à-dire sans apports expérimentaux spécifiques au cas d'usinage considéré (outil, matière, conditions d'usinage définis...) ne permet pas en pratique de connaître les efforts locaux sur l'arête de coupe, et globaux sur l'outil, la pièce et la machine.

Connaître ces efforts est pourtant indispensable si l'on veut être en mesure de vérifier :
- que les efforts locaux en certains points de l'arête ne sont pas excessifs ;
- que les efforts globaux sur l'outil sont compatibles :
  • avec sa résistance ou celle des intermédiaires entre outil et machine ;
  • avec les états de surface et les qualités requises sur la pièce ;
  • avec les caractéristiques fonctionnelles de la machine (efforts admissibles sur axes).

Usinage par enlèvement de copeaux

Mesure des efforts de coupe sur une fraiseuse (fig. 3.21)

Le temps de mesure correspond à deux révolutions de fraise.

On distingue clairement la variation de l'effort instantané autour d'une valeur moyenne de l'effort de coupe.

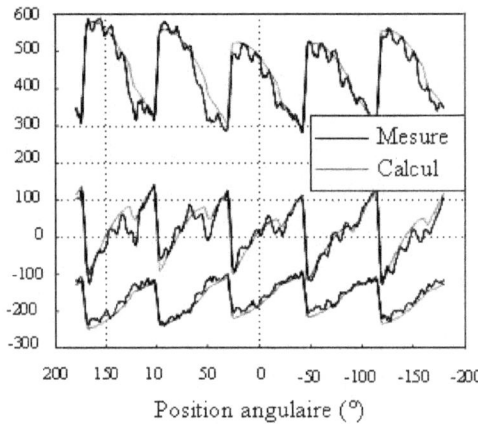

$Diamètre = 20$ mm ;
$Z = 5$ dents ;
$\lambda_s = 30°$;
$\gamma = 12°$;
$V_c = 127$ m/min ;
$f_z = 0,1$ mm/dent ;
$a_e = 15$ mm ;
$a_p = 1,5$ mm ;
Usinage en concordance et à sec.

Fig. 3.21 • *Efforts mesurés en fraisage*

On peut alors envisager deux solutions.

La première : utiliser des bases de données du commerce ou de la profession. Ces bases de données sont généralement limitées aux efforts tangentiels en tournage, aux couples moyens en fraisage, aux efforts axiaux et couples moyens en perçage.

La seconde : utiliser un logiciel spécialisé exploitant un modèle paramétré (cf. la section 5.2.5 de ce chapitre). Les paramètres seront soit des paramètres par défaut fournissant des résultats nécessairement approximatifs, soit des paramètres spécifiques au couple outil-matière concerné, ce qui nécessite des essais.

5. Les modèles d'usinage

5.1. Lois et modèles

Références :
- Encyclopædia Universalis
- *Dictionnaire des mathématiques*, par F. Le Lionnais.

Lois :
La physique s'appuie sur l'hypothèse que tout phénomène naturel obéit à une loi fixe. Cette réalité peut être décrite et les processus prédits à l'aide de représentations mathématiques, constituées par un objet mathématique plus ou moins complexe mis en correspondance avec la réalité.

Méthode d'établissement d'une loi :
Une loi s'établit en quatre étapes :
- réunion des données par l'expérience. Ces données sont empiriques et quantitatives ;
- invention d'un schéma : objet mathématique impliquant des relations entre les données. C'est l'étape de l'invention de l'hypothèse qui n'est ni rationnelle ni codifiée ;
- analyse détaillée du schéma mathématique de manière à prédire de nouvelles relations ;
- vérification par l'expérience des prédictions qui résultent de l'analyse. Cette méthode consiste à « comprendre ». L'expression mathématique est une forme privilégiée du langage.

Modèles :
Le schéma mathématique est parfois désigné sous le nom de modèle (cf. la deuxième phase de la méthode), terme qui a l'avantage de souligner son rôle de représentation mais qui suggère une « vulnérabilité ». Ce terme devrait être réservé à un schéma mathématique adéquat qui représente approximativement un nombre limité de faits, et ne devrait pas être appliqué aux lois fondamentales.

Simulation :
C'est l'expérimentation sur un modèle. Elle s'utilise dans deux situations.

Lorsqu'on ne dispose pas d'hypothèses solides et que l'on cherche à élaborer une théorie en testant les différents modèles qui sont susceptibles de la schématiser.

Lorsque disposant d'un modèle validé on veut ou doit éviter de recourir à l'expérience directe.

Algorithme :
Suite finie de règles à appliquer dans un ordre déterminé à un nombre fini de données pour arriver avec certitude, en un nombre fini d'étapes, à un certain résultat, et cela, indépendamment des données.

Commentaires :
1. Sans vouloir ouvrir une querelle de vocabulaire, il est nécessaire d'utiliser les mots dans un sens bien défini et compris de tous. Nous vous proposons de nous appuyer sur les définitions précédentes extraites d'ouvrages de référence. C'est donc dans les acceptions précédentes que nous emploierons les termes lois, modèles, simulations et algorithmes.

2. En conséquence nous ne pratiquerons pas l'assimilation parfois rencontrée entre lois et modèles, phénoménologiques. Nous laisserons au contraire au modèle son côté imparfait, provisoire, que la loi parvient à dépasser. Par exemple, nous parlerons en usinage du modèle de Taylor.

3. Les textes précédents montrent que la construction d'un modèle est d'origine phénoménologique, expérimentale. L'hypothèse vient après, permettant d'établir un modèle qui, s'il est solidement validé, prendra « force de loi ». Un modèle est toujours de nature quantitative.

Un modèle peut donc être d'essence purement phénoménologique : l'hypothèse est alors celle d'une relation entre certaines grandeurs d'entrée ou/et de sortie de l'expérience. Un modèle peut aussi être construit à partir d'autres modèles ou, mieux, de lois déjà établies.

4. Le modèle étant par essence quantitatif, nous réservons l'appellation de « théorie » à une hypothèse qui cherche à rendre compte qualitativement des phénomènes observés. Rien n'interdit *a priori* que cette théorie soit ultérieurement quantifiée et permette l'élaboration d'un modèle.

5. Il est nécessaire d'ajouter ce qui suit.

Tout modèle et la presque totalité des lois sont bornés dans leur domaine d'application et que l'étude du modèle ou de la loi comporte celle de la recherche de ces bornes.

Il est dangereux de construire un modèle, sans hypothèse, sur des bases strictement numériques : en utilisant un nombre suffisamment élevé de paramètres, on peut parvenir à un ajustement satisfaisant avec l'expérience. Mais le « modèle » sera inexploitable si ses paramètres, évoluant de manière imprévisible, sont *ad hoc* uniquement à chaque cas particulier.

Suivant les cas, un modèle peut ne nécessiter aucun recours à l'expérience... ou fournir une forme mathématique adéquate mais nécessitant dans chaque cas l'ajustement expérimental, voire la détermination de tout ou partie des paramètres du modèle.

- Lorsqu'un modèle nécessite l'ajustement expérimental de tout ou partie de ses paramètres, il est nécessaire de prendre en compte l'aspect statistique de cette détermination.
- Les algorithmes se rencontrent à deux niveaux : au niveau intérieur aux modèles pour en réaliser les calculs et au niveau des relations entre modèles élémentaires dans la construction d'un modèle plus complexe.

5.2. *Les modèles d'usinage par enlèvement de copeaux*

Nous tenterons de les classer en distinguant « Modèle global » et « Modèles élémentaires ».

5.2.1. Modèle global

Il est logique de chercher à construire un modèle global qui, partant de l'interaction entre l'outil et la matière usinée, prend en compte :
- l'interface outil-pièce ;
- les réactions de la pièce usinée ;
- les liaisons pièce-montage d'usinage ;
- les réactions du montage d'usinage ;
- les liaisons montage-machine ;
- les réactions du bâti de la machine ;
- les liaisons bâti-broche ;
- les réactions de broche ;
- les liaisons broche-intermédiaire ;
- les réactions de l'intermédiaire ;
- les liaisons intermédiaire-outil ;
- les réactions de l'outil (lui-même souvent composé : corps, assise, plaquette...) ;
- l'interface outil-copeau ;
- l'interface copeau-pièce ;

sans omettre :
- l'éventuelle intervention d'un fluide de coupe ;
- la modification de l'outil par usure de l'arête, etc.

Si complexe que soit un modèle prenant en compte l'ensemble de ces phénomènes, il est logique d'en faire l'objectif final de la modélisation de l'usinage.

Et ceci d'autant plus que les interactions parfois fortes entre les divers éléments de cette chaîne rendent suspecte leur étude séparée.

Exemple en fraisage

Les efforts de coupe engendrés par la section de copeau A_D, entraînent une flexion f de l'arbre porte fraise : $f = \dfrac{F_C \cdot l^3}{48 \cdot E \cdot I_{GZ}}$.

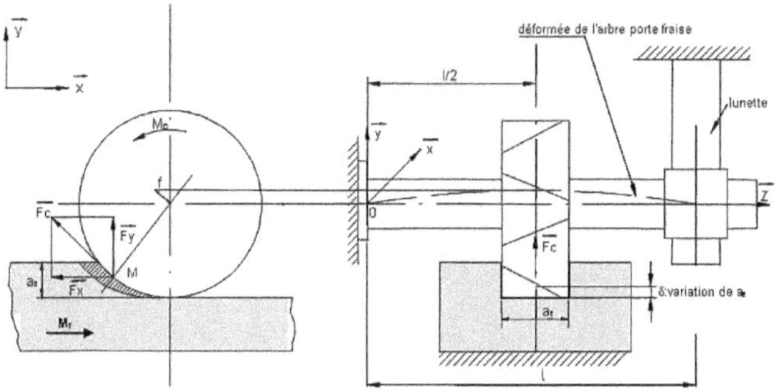

Fig. 3.22 • *Relation entre efforts engendrés et flexion de l'arbre porte fraise en fraisage*

Cette déformation engendre à son tour une diminution de la variation de la profondeur radiale a_e, qui entraîne à son tour une diminution des efforts de coupe.

Il semble que les principales difficultés théoriques se situent au niveau des interfaces pièce-outil-copeau.

Il est clair, d'autre part, que la construction du modèle global exige que l'on sache traiter chaque élément de la chaîne.

Dans la suite de cet ouvrage, nous ne reprenons pas les théories et modèles qui ne relèvent pas des fondements de la technique ; nous n'abordons pas les études qui relèvent de la mécanique des structures ; nous traitons des différentes techniques et méthodes qui permettent de maîtriser et de quantifier (en vue de prédétermination) les comportements outils, copeaux, matière, surface produite.

Dans la construction d'un modèle global, les résultats ainsi obtenus peuvent se substituer à la modélisation théorique de l'interface pièce-outil-copeau actuellement hors de portée.

L'étude des modèles correspondants à un problème commun aux différents procédés d'usinage (ex. : les modèles d'état de surface) est faite dans la section correspondante du chapitre 6, « Études communes aux différents procédés d'usinage par enlèvement de copeaux ».

Dans la suite de cette section, nous continuons l'étude générale des modèles rencontrés en usinage. Ils sont ici classés et étudiés en fonction de leur « mode de construction ».

Nous étudierons successivement : les modèles « géométriques », « phénoménologiques », dérivés de lois physiques, et enfin les modèles construits sur la base des trois types précédents.

5.2.2. Les modèles géométriques

Exemples

Exemple 1 : calcul de la contribution de l'avance par tour au défaut de rugosité en tournage par génération (fig. 3.23).

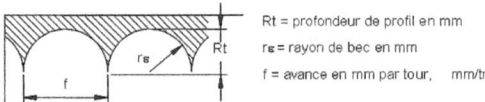

Fig. 3.23 • *Modèle géométrique : calcul du Rt défaut de rugosité en tournage*

$$Rt = r_\varepsilon(1 - \cos\alpha)$$

$$\text{avec } \alpha = \text{Arcsin}\frac{f}{2 \cdot r_\varepsilon}$$

$$Rt = r_\varepsilon(1 - \sqrt{1 - \frac{f^2}{4 \cdot r_\varepsilon^2}})$$

$$Rt = r_\varepsilon(1 - (1 - \frac{f^2}{4 \cdot r_\varepsilon^2})^{1/2}) = r_\varepsilon(1 - 1 + \frac{1}{2} \cdot \frac{f^2}{4 \cdot r_\varepsilon^2}) = \frac{f^2}{8 \cdot r_\varepsilon}$$

f étant petit devant r_ε, on peut utiliser le développement limité de $(1 + m)^x = 1 + mx$

$$Rt = r_\varepsilon(1 - (1 - \frac{f^2}{4 \cdot r_\varepsilon^2})^{1/2}) = r_\varepsilon(1 - 1 + \frac{1}{2} \cdot \frac{f^2}{4 \cdot r_\varepsilon^2}) = \frac{f^2}{8 \cdot r_\varepsilon}$$

Exemple 2 : calcul de l'épaisseur radiale du copeau mesuré à son maxi en fraisage en roulant (fig. 3.24).

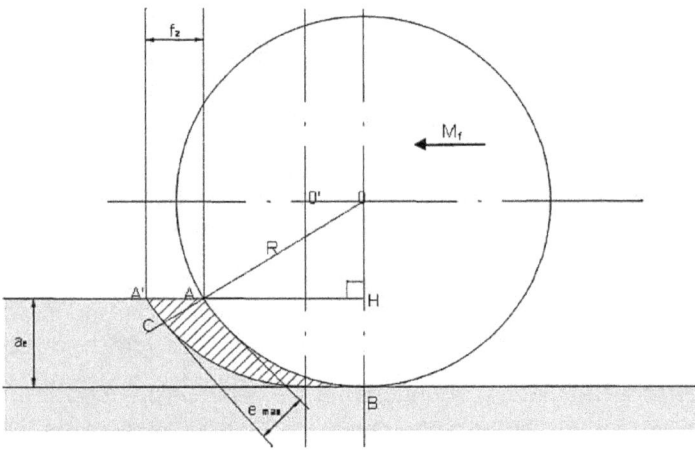

Fig. 3.24 • *Section maxi de coupe en fraisage en roulant*

$$\frac{A'A}{OA} = \frac{AC}{AH}$$

$$AH = \sqrt{R^2 - (R-a_e)^2} = \sqrt{a_e(D-a_e)}$$

$$\frac{f_z}{R} = \frac{e_{max}}{\sqrt{a_e(D-a_e)}} \Rightarrow e_{max} = \frac{2.f_z}{D}\sqrt{a_e(D-a_e)}$$

En finition, a_e est souvent faible devant $\frac{a_e}{D} \langle 0.1$

D, si alors $e_{max} \cong 2 \cdot f_z \sqrt{\frac{a_e}{D}}$.

En fonction de l'épaisseur de copeau taillé minimum, on pourra en déduire l'avance f_z minimale qui donnera ce copeau :

$$f_z = e_{max} \cdot \frac{D}{2 \cdot \sqrt{a_e(D-a_e)}}$$

Ceci montre que si a_e diminue, f_z augmente lorsque e_{max} et D restent constants. Donc, il faudra, en finition, prendre une avance par dent assez grande, afin d'éviter un bruit important au niveau de la coupe.

Exemple 3 : calcul du défaut de cylindricité en fraisage par génération linéaire avec arête rectiligne non parallèle à l'axe de la fraise (fig. 3.25).

λ_S : angle d'inclinaison d'arête

$\vec{A'A} = h.\vec{z}$

$\vec{OA} = R.\vec{x}$

$\tan\theta = \dfrac{h}{2 \cdot \tan\lambda_S \cdot R}$

$\vec{CB} = \vec{CA} + \vec{AO} + \vec{OB}$

$\begin{vmatrix} \delta_X \\ \delta_Y \end{vmatrix} = \begin{vmatrix} h/2 \cdot \tan\lambda_S \\ 0 \end{vmatrix} + \begin{vmatrix} -R \\ 0 \end{vmatrix} + \begin{vmatrix} R\cos\theta \\ -R\sin\theta \end{vmatrix}$

$\delta = \sqrt{\delta_x^2 + \delta_y^2}$

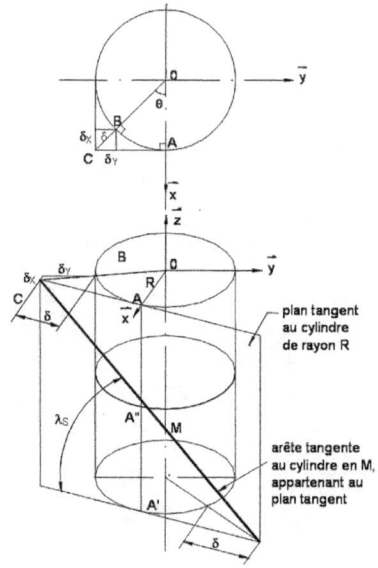

Fig. 3.25 • Évaluation du défaut de rectitude engendré en fraisage latéral avec une arête de coupe droite et inclinée

Usinage par enlèvement de copeaux

Exemple 4 : calcul des section et épaisseur de coupe aux différentes passes d'un filetage pointe unique (pénétration radiale, pénétration oblique, pénétration oblique alternée).

La profondeur de coupe est un paramètre très important en filetage. La longueur d'engagement de l'arête de coupe augmente à chaque passe, ce qui augmente la charge de l'outil. Si la profondeur de coupe reste la même durant les différentes passes, le taux d'enlèvement des copeaux peut tripler d'une passe à l'autre. Pour que le travail de la plaquette soit aussi régulier que possible, il est nécessaire d'effectuer des passes dégressives (travail à effort de coupe constant). Il est donc important de connaître l'épaisseur théorique du copeau qui ne devra pas descendre en dessous du copeau taillé minimum admis par l'arête. Ceci montre que dans le cas des opérations de filetage, il est nécessaire d'utiliser une arête vive.

Pénétration radiale (fig. 3.26) :

$$e = a_e \cdot \sin\frac{\beta}{2} = 0{,}5 a_e$$

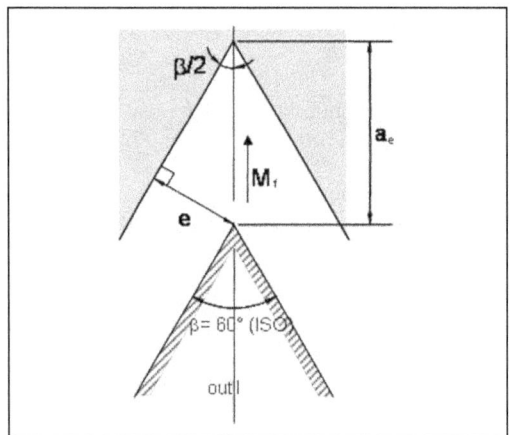

Fig. 3.26 • *Pénétration radiale*   Fig. 3.27 • *Pénétration oblique*

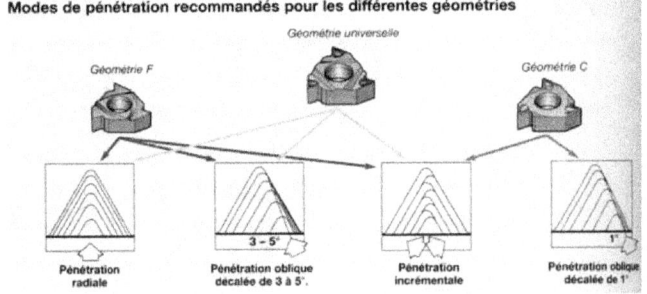

$$e = b \cdot \sin\beta$$

$$b = \frac{a_e}{\cos\dfrac{\beta}{2}}$$

$$e = a_e \cdot \frac{\sin\beta}{\cos\dfrac{\beta}{2}} = a_e$$

Pénétration oblique (fig. 3.27) :

Pour le calcul de la pénétration oblique alternée, le calcul est identique à la pénétration oblique.

Exemple 5 : fraisage. La section de coupe varie pendant la rotation de l'outil (fig. 3.28).

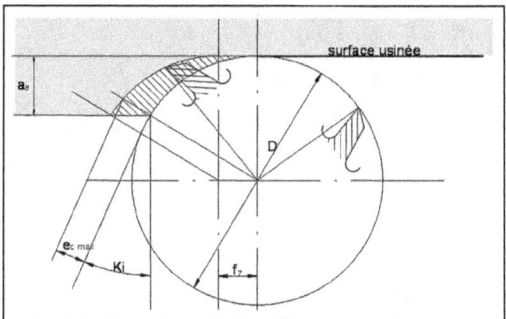

Fig. 3.28 • *Variation de la section coupée en fraisage latéral*

Exemple 6 : calcul des surfaces engendrées au cours d'une passe de finition (fig. 3.29).

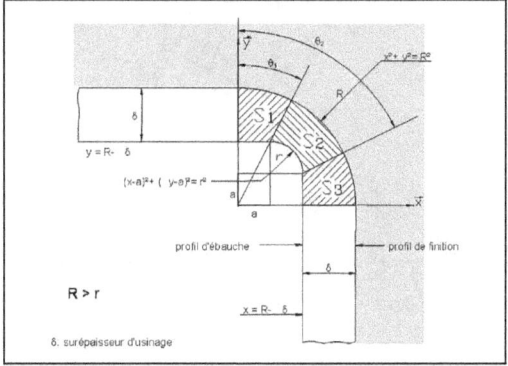

Fig. 3.29 • *Épaisseurs de coupe engendrées par le fraisage en virage*

Celle-ci définit également une épaisseur de coupe maxi :

$$e_{c_{max}} = f_z \cdot \cos(\frac{1}{\sin((R-a_e)/R)}) \quad \text{si } R > a_e$$

Une autre formulation simplifiée donne :

$$e_{c_{max}} = 2f_z \cdot \sqrt{(a_e/D) \cdot (1-(a_e/D))}$$

On peut, dans plusieurs cas, remplacer le terme de modèle par celui, plus modeste, de calcul.

Attirons l'attention sur les points suivants.

Quelle que soit la modestie de ces calculs nous en conseillons l'étude et la programmation soignée pour mise à disposition de tout service de programmation. Plusieurs d'entre eux devraient être à la charge des programmes de FAO ou des CN.

Ces calculs seront exploités soit directement, soit dans des « modèles construits sur la base des trois types précédents ». Ce sera le cas des calculs d'efforts de coupe avec prise en compte des flexions de l'ensemble outil-intermédiaire-broche.

Il peut être utile, pour certains calculs précis, de remettre en cause la définition même de certains paramètres que l'on doit calculer. Voir, par exemple, la définition sommaire d'une épaisseur de coupe maxi en fraisage radial telle qu'elle est fréquemment admise par la profession ($e_{c_{max}} \cong 2 \cdot f_z \sqrt{\frac{a_e}{D}}$).

5.2.3. Les modèles phénoménologiques (ou modèles externes)

L'exemple type est, en usinage, le modèle de Taylor utilisé au contrôle des durées de vie d'arêtes. Ou sa généralisation qui est le modèle de Gilbert (fig. 3.30).

$$V \cdot T^G \cdot a_p^F \cdot f^E = C$$

G, F, E : exposants de Taylor

C : constante de Taylor

Un autre exemple est la correction du Kc en fonction de l'épaisseur de coupe (fig. 3.31).

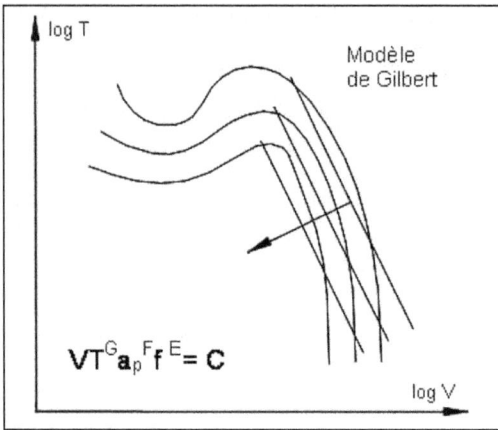

Fig. 3.30 • *Évolution de l'usure en fonction du temps et de la vitesse de coupe Vc*

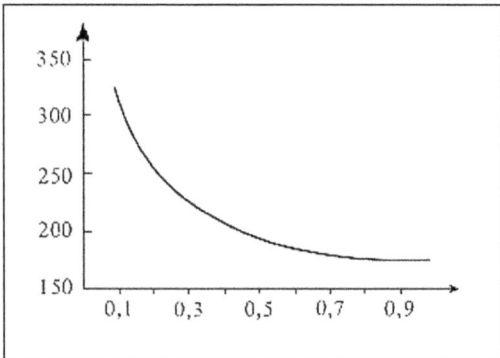

Fig. 3.31 • *Variation de Kc en fonction de l'épaisseur de coupe e_c en tournage*

Modèle (ASME)

$K_c = C \cdot (f \cdot \sin\kappa_r)^n \cdot (1 + m\theta)$

$f \cdot \sin\kappa_r$ = épaisseur de coupe

C et n : coefficients liés au matériau usiné

$m\theta$: coefficient fonction de l'angle de pente γ_0

Les modèles de Taylor, de Gilbert, de correction du K_c sont exponentiels.

Les modèles phénoménologiques doivent, par nature, être paramétrés : l'étude expérimentale de plusieurs cas permet de proposer une forme mathématique qui semble convenir à la représentation de la relation entre variables d'entrée et de sortie, dont il reste à déterminer les paramètres dans les différents cas concernés.

Par exemple, s'il s'agit du modèle de Taylor (simple), on écrit $V \cdot T^G = C$. Mais il faut déterminer G et C dans chaque cas particulier.

Nous attirons l'attention du lecteur sur les conseils suivants dont le bien-fondé sera montré dans la suite de l'étude :

a. Le paramétrage des modèles phénoménologiques doit être statistique. Il ne faut en aucun cas se satisfaire de la résolution d'un système déterminé (deux essais suffiraient mathématiquement pour déterminer G et C de l'exemple ci-dessus).
b. Il faut s'interdire toute exploitation d'un modèle phénoménologique en extrapolation. Réciproquement, les essais de paramétrage d'un modèle phénoménologique doivent couvrir tout son domaine prévu d'utilisation.

La plaquette représentée fig. 3.32 a été spécialement développée pour les opérations d'ébauche dans les aciers.

Elle dispose d'une géométrie positive, non réversible pour une combinaison optimale de sécurité et de faibles forces de coupes.

Son brise-copeaux multi-fonctions en fait une excellente plaquette en tournage.

c. De même les paramétrages par assimilation ne doivent pas être acceptés sans contrôle. Par exemple certaines bases de données de coupe sont construites sur l'hypothèse que les paramètres du modèle de Gilbert ne dépendent que de la nature du matériau usiné et de la

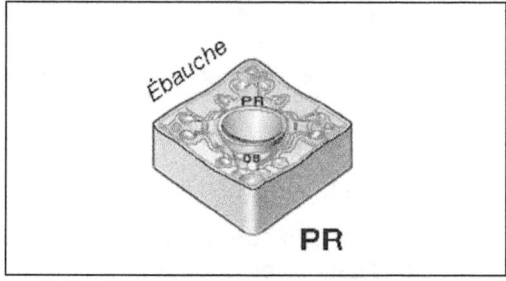

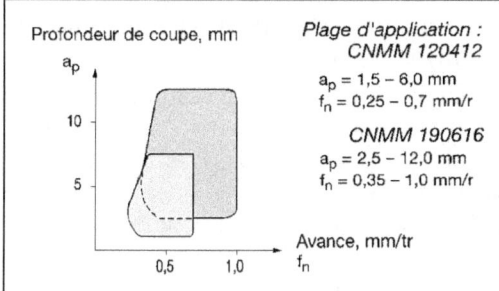

Fig. 3.32 • *Plaquette de tournage ébauche pour les aciers accompagné de son diagramme brise-copeaux*

nuance du matériau de coupe. Cette hypothèse est loin d'être toujours vérifiée.

d. Les modèles phénoménologiques, comme tous les autres modèles, doivent être présentés sous une forme homogène, respectant l'équation aux dimensions. Remarquons que ce n'est pas le cas des modèles de Taylor, de Gilbert et de correction du Kc. Le lecteur est invité à réfléchir à ce (petit) problème.

e. Il est tentant de compliquer le modèle pour en accroître la précision. Si cela peut s'avérer nécessaire dans certains cas, il faut soigneusement en peser les conséquences, et en particulier les conséquences économiques, avant de prendre une telle décision : nous verrons qu'il est parfois globalement plus économique de restreindre le domaine d'utilisation du modèle.

Modèle de Taylor

$$V \cdot T^G = C \Leftrightarrow \frac{m}{\min} \cdot \min^G = m \cdot \min^{(G-1)}$$

$$V \cdot T^G \cdot a_p^F \cdot f^E = C \Leftrightarrow \frac{m}{\min} \cdot \min^G \cdot mm^F \cdot \frac{mm^E}{tr^E} = m \cdot \min^{(G-1)} \cdot mm^{(E+F)} \cdot tr^{-E}$$

Modèle de Gilbert

Il serait préférable de présenter le modèle sous la forme suivante :

$$\left(\frac{V_c}{V_{c_{base}}}\right) \cdot \left(\frac{T}{T_{base}}\right)^G \cdot \left(\frac{a_p}{a_{p_{base}}}\right)^F \cdot \left(\frac{f}{f_{base}}\right)^E = C$$

où C est bien homogène à une constante (adimensionnelle).

Depuis les travaux de Taylor, plusieurs expérimentateurs ont proposé des modèles mathématiques représentant la durée effective de coupe T d'un outil en fonction des paramètres de coupe parmi lesquels : les modèles de Colding (1958-1960). Ce sont des polynômes de la forme :

$$k + a \cdot x + c \cdot y - z + h \cdot x \cdot z = 0 \text{ ou } k + a \cdot x + b \cdot x^2 + c \cdot y + d \cdot y^2 + e \cdot z^2 - z + f \cdot x \cdot y + g \cdot y \cdot z + k \cdot x \cdot z = 0$$

avec $x = \text{Log} f$, $y = \text{Log} V$, $z = \text{Log} T$

La complexité de ces formules augmente avec l'introduction de termes « carrés » ou « rectangles » ou d'ordre plus élevé, mais elle permet, par des choix convenables, d'améliorer la représentativité de ces lois et de rendre compte des diverses particularités du phénomène de coupe.

Ce qui fait le succès du modèle exponentiel, c'est à la fois le petit nombre de paramètres et la facilité de traitement mathématique (relation linéaire en échelle log-log, dérivation simple).

f. En particulier un « bon » modèle, phénoménologique ou non, doit être stable. Nous entendons par là qu'il doit être peu sensible à de faibles modifications de paramètres non pris comme variables. Autrement dit, il doit autoriser, (mais il faut le vérifier !), des assimilations au sens de la section c ci-dessus. Exemple : faut-il reprendre entièrement le paramétrage de Gilbert d'une plaquette dont on ne change que le rayon de pointe ?

Un couple outil-matière ayant été fait, il suffit de recaler le modèle en effectuant un seul essai et en recalculant la constante C. Et lorsque l'assimilation est impossible on doit pouvoir prévoir l'évolution du ou des paramètres concernés. Et si possible… la paramétrer Exemple : on peut en général prévoir le sens de variation du G de Taylor lorsque la dureté (ou la résistance) de la matière usinée augmente, si la nature de cette matière reste inchangée ou proche.

5.2.4. Les modèles dérivés de la physique (ou modèles internes)

On les préfère aux modèles phénoménologiques, et pas par simple purisme. Si l'on sait appréhender, dans toute sa complexité, le phénomène physique qu'il s'agit de modéliser et que l'on sait en donner une expression mathématique correcte, le modèle sera non seulement explicatif mais encore prédictif. Et ceci sans recours à l'expérimentation. Ou avec un recours réduit à un simple « recalage » du modèle pour prendre en compte les paramètres secondaires non pris en compte dans le modèle.

On préférera donc un modèle dérivé de lois physiques à un modèle phénoménologique par simple souci d'efficacité.

Il faut, bien entendu, que ce souci d'efficacité soit satisfait. Pour « faire marcher » le modèle dérivé de lois physiques, il est parfois tentant de simplifier outrageusement les données du problème. Cela peut se justifier en période de recherche, mais n'autorise pas l'exploitation industrielle du modèle. Par exemple un modèle industriel d'usinage par enlèvement de copeaux ne peut pas (ne peut plus) être restreint aux outils non revêtus et affûtés (par opposition aux outils revêtus – CVD ou PVD – et/ou à brise-copeaux frittés).

Ce qui ne veut pas dire qu'un tel modèle soit inutile (!) :
- il peut être, au moins partiellement, explicatif ;
- il peut permettre la mise en évidence de l'influence des facteurs non pris en compte, et en favoriser l'introduction dans le modèle ;
- il peut, mieux qu'une étude uniquement expérimentale, suggérer la forme idoine d'un modèle (que l'on paramètrera comme un modèle phénoménologique).

On sait, en études d'usinage sur machines-outils, traiter mécaniquement le « modèle global » (section 5.2.1 de ce chapitre) par application des lois de la mécanique générale. À l'exception des interactions matière-outil-copeau qui résistent encore à l'analyse en dehors de cas particuliers simplifiés.

5.2.5. Les modèles construits sur la base des trois types précédents

De très nombreux modèles sont construits en utilisant les trois techniques précédentes. On peut, par exemple, construire un modèle de prédétermination des puissances en fraisage sur les bases suivantes :
- calcul des épaisseurs de coupe instantanées (modèle géométrique) ;
- calcul des efforts instantanés correspondants (modèle phénoménologique, correction du K_c) ;
- modélisation des efforts de coupe, des puissances de coupe, des flexions outil-intermédiaire-broche, recalcul de la profondeur radiale de coupe, etc.

Il est évidemment essentiel, mais cela n'est pas propre à la coupe, de ne pas perdre de vue les origines des diverses entrées dans le modèle et leurs éventuelles imperfections (voir complément en fin d'ouvrage).

Calcul des épaisseurs de coupe instantanées e(θ) (modèle géométrique)

$$e(\theta) = f_z \sin\theta - R + \sqrt{R - f_z \cdot \cos\theta}$$

Calcul des efforts de coupe instantanés par arête (modèle phénoménologique)

$$F_{c_{(1dent)}} = K_c \cdot \int_S dS$$

$$K_c = K_{c_{max}} \cdot \left(\frac{f_{z_{max}}}{f_z}\right)^\gamma$$

avec

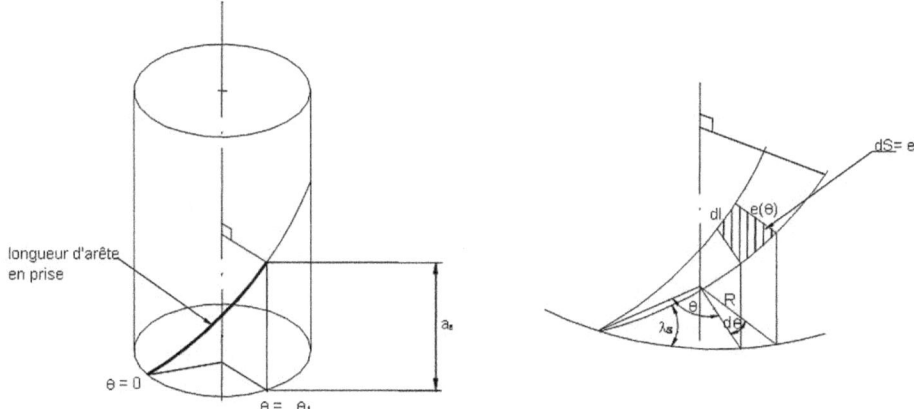

Fig. 3.33 • *Calcul des efforts instantanés par discrétisation des arêtes de coupe*

Calcul de la puissance de coupe (loi physique)

$$P_c = \sum_{z=1}^{z=n} F_{c_{(1dent)}} \cdot V_c$$

n : nombre de dents en prise

Chapitre 4

Classification des procédés d'usinage par enlèvement de copeaux

1. Cadre de classification

Ce cadre est issu de réflexions s'appuyant en particulier sur les documents suivants :
- normes DIN ;
- material Selector (volume 1, Elsevier) ;
- dictionnaires du CIRP ;
- pages spécialisées des *Techniques de l'Ingénieur* ;
- pages « Vocabulaire » des normes Afnor concernées ;
- Encyclopædia Universalis ;
- histoire des techniques de la Pléiade.

Ce cadre de classification est prévu pour s'appliquer à l'ensemble des « procédés de fabrication des pièces mécaniques ». Nous en limitons ici l'application aux procédés d'usinage par enlèvement de copeaux :
Intitulé de la classification
- Procédé
- Classe de procédés
- Famille de procédés
- Matériau (objet de la transformation)
- Genre de procédés
- Procédés
- Opérations
- Mise en œuvre

Les principes sont très simples : l'intitulé de la classification est unique, à savoir les procédés de fabrication des pièces mécaniques.

« *Procédé* » est un terme générique, commode mais imprécis qui n'est pas, directement ou non, défini dans l'Encyclopædia Universalis. On l'utilise pour désigner le « but à atteindre », dans notre cas l'**enlèvement de matière**. À ce niveau, les moyens techniques ne sont pas précisés.

La **classe de procédés** précise le phénomène physique essentiel. Nous nous limitons ici à l'enlèvement de matière par cisaillement.

Le rangement des techniques d'après le phénomène physique essentiel nous paraît particulièrement important. Noter en particulier que toute tentative de construction de modèle dérivé de lois physiques doit commencer par l'identification correcte de ce phénomène physique essentiel. Le phénomène physique essentiel peut être simple (ex. cisaillement) ou composé (ex. cisaillement et réduction de résistance mécanique par voie thermique).

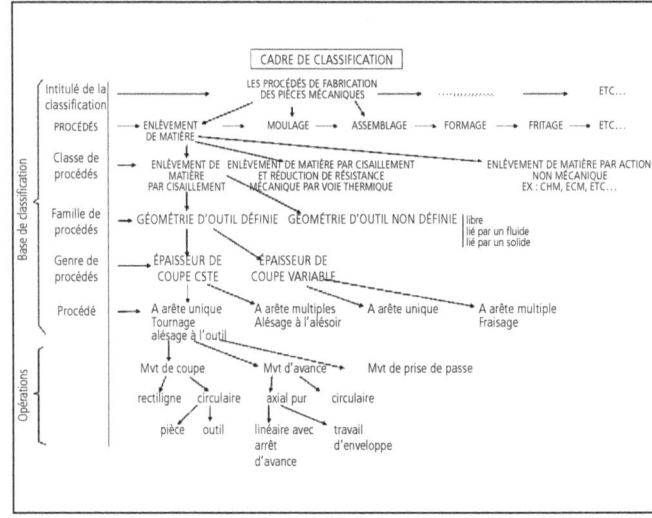

Tab. 4.1 • *Cadre de classification*

La **famille de procédés** précise le milieu dans lequel le phénomène physique est mis en œuvre. Nous en verrons l'usage dans le cas de l'enlèvement de matière par cisaillement.

Le **matériau** peut intervenir à partir de ce niveau.

Les subdivisions en **genre de procédés** puis en **procédé** ne s'appuient sur aucun critère prédéterminé. Elles permettent de faire apparaître des différences ou des points communs. Ce qui est clair, c'est qu'une technique doit être décomposable en types d'opérations élémentaires dont la liste doit être exhaustive afin d'être en mesure d'en étudier les descriptions conformes à « l'analyse d'une opération d'usinage » (géométrie, impositions de qualité, conditions particulières).

Les **types d'opérations** ou **opérations** : on recoupe, à ce niveau, le vocabulaire des gammes de fabrication.

La finalité d'une opération d'usinage par enlèvement de copeaux est soit un enlèvement de matière, soit une génération de surface.

Comme l'enlèvement de matière n'est jamais quelconque, on peut toujours décrire une opération d'usinage par enlèvement de copeaux comme une génération de surfaces.

Les surfaces générées peuvent, dans la gamme, être définitives (finition) ou temporaires (ébauche, 1/2 finition).

Elles peuvent, géométriquement, être simples (cas d'un surfaçage plan) ou complexes (cas d'un contournage, du fraisage d'une surface gauche).

Il peut s'agir d'une surface unique (cas d'un surfaçage) ou de plusieurs surfaces générées simultanément (cas d'un fraisage mixte). On peut trouver dans cette remarque une logique de classement des types d'opérations d'une technique.

On dira que deux opérations appartiennent au même type d'opérations si ces deux opérations peuvent être décrites (géométrie, impositions de qualité, conditions particulières) avec les mêmes paramètres, les mêmes critères. On conçoit donc dès maintenant que la classification comporte une part d'arbitraire. Par exemple un « fraisage mixte » peut s'exécuter à partir d'une ébauche pleine ou d'une ébauche de forme (obtenue par usinage, par matriçage, par fonderie). Un système de cotation judicieusement étudié permet de ranger les deux cas dans le même type d'opérations.

On cite, mais on range à part, la notion de **mise en œuvre** afin de la distinguer de la notion d'opération.

Précisons : pour générer une surface donnée, on va choisir un type d'opération (ex. : le surfaçage en bout), dans une technique (le fraisage), dans un genre de techniques... Pour mettre en œuvre cette opération (de surfaçage en bout), on devra exécuter une suite d'actions du genre : « montage de l'outil dans la broche de la machine ». C'est cette suite d'actions que nous rangeons dans la mise en œuvre pour les distinguer des opérations proprement dites.

Remarques

Le rangement des opérations de fabrication dans une structure par niveaux affectés d'une codification numérique se trouve dans certains systèmes. Nous avons écarté cette méthode que nous estimons inutilement contraignante et qui fait courir le risque de saturation des codes.

On conserve une logique stricte dans les premiers niveaux de la classification. C'est ainsi que la classe de techniques est choisie en fonction du phénomène physique essentiel, puis que la famille de techniques vient préciser, spécifier ce rangement en classes. La classification devient alors plus souple et le rangement en genres de techniques, puis en techniques, devient simple affaire de commodité.
Les termes classe, famille et genre sont extraits du vocabulaire de la biologie : règne, embranchement, classe, ordre, famille, genre, espèce. Les autres termes ont été écartés comme paraissant moins adaptés à la technique.

2. Classification des opérations d'usinage par enlèvement de matière

Après avoir rappelé que nous nous intéressons à la classe de techniques « enlèvement de matière par cisaillement », délaissons momentanément le cadre de classification présenté à la section précédente et, en nous plaçant directement au niveau d'une opération élémentaire d'usinage par enlèvement de copeaux, examinons les critères qui permettent d'identifier cette opération. Ces critères sont relatifs :
- à la géométrie de coupe :
  - définie (tournage, fraisage, perçage…)
  - non définie (rectification)
  - pas de cisaillement (taraudage par déformation)
  - copeau gratté (alésoir : arête dont l'angle d'attaque est de l'ordre de 5)
- au mouvement de coupe :
  - rectiligne (brochage)
  - circulaire (tournage, fraisage, rectification)
  - par la pièce (brochage pièce mobile, tournage)
  - par l'outil (brochage broche mobile, fraisage)
- aux mouvements d'avance et de prise de passe,
  mouvement d'avance :
  - axial pur (perçage)
  - axial dominant (contournage axial en tournage)
  - radial pur (surfaçage en bout en fraisage)
  - radial dominant (plongée progressive en fraisage)
  - par changement d'arêtes (brochage)
  - rectiligne (tournage paraxial)
  - circulaire (contournage en fraisage avec axe d'avance circulaire)
- au mode de génération :
  - linéaire et avance (surfaçage en roulant en fraisage)
  - linéaire avec arrêt d'avance (épaulement droit en tournage outil $\kappa_r = 90°$)
  - linéaire par coupe tangentielle (cf. chap. 2, fig. 2.13)
  - ponctuel (chariotage au tour, surfaçage en bout en fraisage)

- à l'épaisseur de coupe :
  - constante (tournage, perçage)
  - variable (fraisage, rectification)
- au nombre d'arêtes :
  - arête unique (en général), (tournage)
  - plusieurs arêtes (en général), (fraisage)
  - nombreuses arêtes indifférenciées (rectification)
  - pas d'arête ! (taraud travaillant par déformation)
- au mode de renouvellement d'arête :
  - changement volontaire (tournage, fraisage…)
  - arrachement (rectification)
  - clivage (rectification)
  - une seule utilisation (jet d'eau chargé)
- à la position de travail : extérieure, intérieure.

2.1. La géométrie de coupe

Nous considérons que la distinction entre techniques avec outils à géométrie définie et techniques avec outils à géométrie non définie est primordiale. Cette distinction apparaît d'ailleurs au premier niveau dans les normes DIN. Pour qualifier les secondes, nous employons souvent l'expression de « techniques avec outils à arêtes indifférenciées », qui rappelle que l'on ne sait jamais quelles arêtes travaillent ni combien d'entre elles.

L'expression « géométrie non définie » souligne que l'on ignore de plus comment chacune de ces arêtes travaille. Ni, d'ailleurs, si même elle travaille, car les essais effectués avec un grain unique montrent que les conditions ne sont pas toujours réunies pour que le copeau se forme. Les diverses occurrences sont :
- formation d'un copeau ;
- le grain refoule le métal (effet de charrue) sans formation de copeau ;
- le grain est arraché de la matrice de la meule ;
- le grain se clive sous l'effort ;
- le grain affleure la matrice de la meule ou lui est intérieur (pas de travail).

Dans les deux premiers cas, il y a usure du grain.

Il est clair que l'on doit être à même de tenir compte de ces diverses occurrences dont la fréquence relative d'apparition dépendra à la fois de la composition de l'outil, de sa structure, de la matière usinée et des paramètres d'usinage, dont l'apparition pour un grain donné à un instant donné est aléatoire.

Dans le cas de techniques à géométrie d'outils définie on cherche à se placer dans des conditions qui permettent de toujours maîtriser le copeau, le mode d'usure, les efforts… La composante aléatoire existe mais doit rester faible.

Dans le cas de techniques à géométrie non définie on cherchera à maîtriser statistiquement ces mêmes phénomènes. La composante aléatoire est très forte.

Nous n'avons abordé ici ces problèmes, qui relèvent de l'étude du fondement de la technique, que pour prévenir le lecteur de leurs conséquences directes dans l'étude de sa maîtrise : les modèles qui représentent l'usinage différent selon qu'il s'agit d'outils à géométrie définie ou d'outils à géométrie non définie.

Nous ne pouvons clore cette section 2.1 sans signaler deux cas particuliers : le copeau gratté et l'usinage sans cisaillement.

Le **copeau gratté** (par opposition au copeau coupé) est un copeau très mince produit avec une arête vive.

On le rencontre en outils à géométrie définie : dans certains alésoirs ; dans les grattoirs (qui ne sont plus guère utilisés qu'en réfection de machines), le copeau gratté est alors produit sous effort élevé et angle de coupe fortement négatif et c'est la direction de l'effort qui permet de lutter contre le refus de coupe par copeau minimum.

On le rencontre en outils à géométrie non définie : lorsque les conditions au niveau du grain en autorisent (aléatoirement) la production.

On reste dans le domaine du cisaillement mais il est vraisemblable que les conditions limites dans lesquelles ce cisaillement est obtenu rendent inutilisables les modèles valables en copeau coupé.

Il faut se souvenir que ce type de copeaux existe ; il faut savoir en tenir compte. Mais nous ne le trouverons pas dans le présent ouvrage comme objet d'études indépendant.

L'usinage sans cisaillement et sans enlèvement de matière, donc par déformation, sort en principe du cadre de cet ouvrage. En principe mais pas en pratique, car l'utilisateur (méthodes, préparation, atelier) fait exécuter ou exécute des taraudages avec ou sans enlèvement de matière, sur les mêmes machines, avec des outils très proches, souvent dans les mêmes matériaux. Sur les fiches d'instruction technique, il n'est pas exceptionnel de lire la vitesse de coupe d'un taraud qui travaille par déformation, donc sans coupe...

Nous ne traiterons pas du travail par déformation dans son ensemble mais nous traiterons, au niveau de l'opération, des outils qui, se substituant aux outils travaillant par enlèvement de copeaux, travaillent par déformation.

Rappelons que de nombreux outils travaillent partiellement par déformation, exemple : la partie cylindrique d'un alésoir.

Le mode de renouvellement d'arête vient en complément naturel de la géométrie de coupe.

Aux outils à géométrie de coupe définie est associé le changement volontaire d'arêtes de coupes. Que ce soit par l'affûtage, le changement d'arête d'un outil à plaquettes amovibles ou le changement de l'outil (outil « à jeter »).

Aux outils à géométrie de coupe non définie peuvent être associés :

a. le changement volontaire (dressage de meule) ;
b. le changement aléatoire (arrachement des grains usés ; clivage des grains usés) ;
c. l'usure ou l'arrachement sans remplacement du grain (bande abrasive, disques abrasifs, outils diamantés à dépôt électrolytique) ; le clivage reste possible ;

d. le grain ne sert qu'une fois (jet d'eau chargé et plus généralement abrasifs appliqués à l'aide d'un fluide).

a et b s'associent dans les mêmes techniques et en particulier celles qui utilisent des meules.

c pose des problèmes de « gestion de l'usure » ; en particulier si l'outil est cher (outils diamantés à dépôt électrolytique). Ne pose pas, en principe, de problèmes de maîtrise de la forme (qui se posent avec les meules).

Finalement, nous associerons géométrie de coupe et mode de renouvellement d'arêtes pour définir les familles de techniques par enlèvement de matière.

2.2. L'épaisseur de coupe

Nous proposons d'utiliser ce critère pour ranger les techniques d'usinage par enlèvement de copeaux en genre de techniques.

L'épaisseur de coupe peut, pendant le trajet de l'arête (et l'avance travail), être constante ou variable :
– **constante** : chariotage au tour, tronçonnage au tour, perçage, alésage à l'alésoir, chambrage d'un trou, brochage… **Exemple :** e constant dans une opération de chariotage paraxial (fig. 4.1 et 4.2) ;
– **variable** : rainurage à la fraise, rectification en plongée…

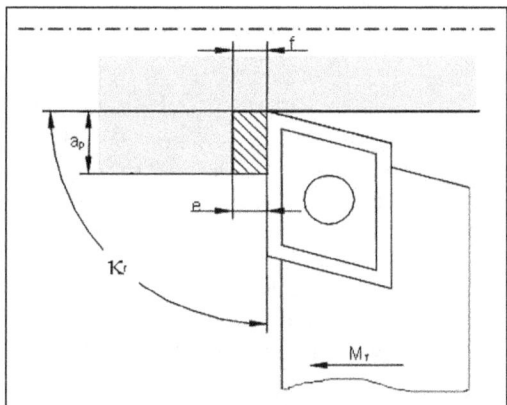
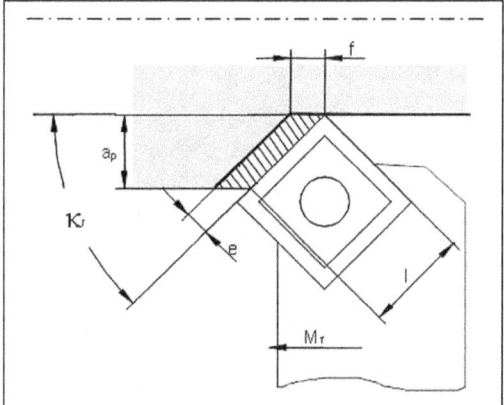

Fig. 4.1 • *Forme de la section coupée en tournage avec* κr = 90°   Fig. 4.2 • *Forme de la section coupée en tournage avec* κr = 45°

Il ne faut pas confondre la modification de la section de coupe par changement des paramètres d'entrée (fig. 4.3) – cas d'un chariotage en contournage par exemple – avec la modification de la section de coupe par principe même du travail d'usinage. Il est intéressant d'illustrer ce dernier cas en comparant le travail d'une fraise 2 tailles coupe au centre utilisée en plongée par section de coupe constante et en rainurage 2 tailles : l'épaisseur de coupe varie, pour chaque arête, pendant la rotation de l'outil.

Le cas du brochage est intéressant : il s'agit d'une technique à copeau constant pour l'arête. D'une arête à l'autre, tout peut changer, c'est affaire de la progression de dents.

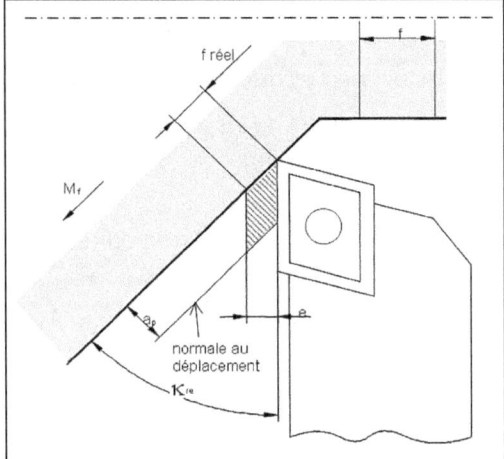

Fig. 4.3 • *Modification de la section de coupe par changement des paramètres d'entrée*

Remarquer qu'il en est de même pour un taraud. Dans un taraud, c'est l'affûtage de l'entrée, l'angle du cône d'entrée, et pas seulement sa longueur, qui conditionne la progression. Le taraudage au taraud est très proche du brochage même si celui-ci est à vitesse de coupe rectiligne et celui-là à vitesse de coupe circulaire.

Que ce soit au niveau des modèles d'efforts, de couple, de puissance, d'usure, d'états de surface, la différence entre techniques, selon que le copeau est d'épaisseur constante ou variable, est considérable.

Sans entrer maintenant dans le détail, observons que l'épaisseur de copeau variable entraîne la variation des efforts et complique le calcul de puissance et la variation du régime d'usure.

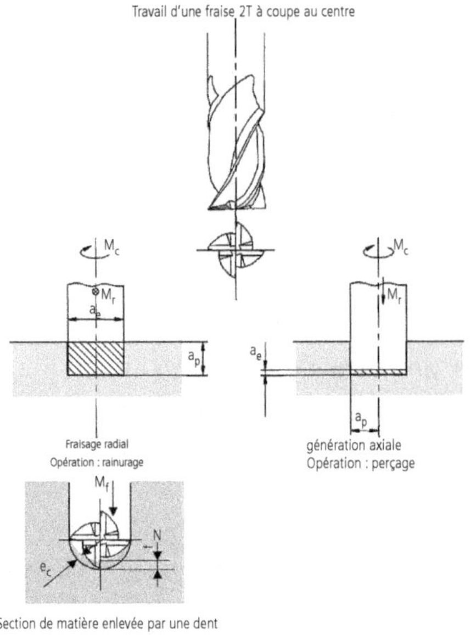

Fig. 4.4 • *Section coupée avec une fraise suivant qu'elle est utilisée en rainurage ou en plongée axiale*

On voit sur cet exemple que le même outil peut travailler selon deux genres de techniques très différentes. Mais il ne s'agit pas des mêmes arêtes. La question parfois posée par les utilisateurs : « De combien faut-il réduire l'avance d'une fraise 2 tailles coupe au centre lorsque l'on passe du rainurage à la plongée ? » est sans signification : il s'agit de deux calculs différents avec des modèles différents.

2.3. Niveau des techniques

Pour clarifier les notions de techniques et d'opérations : deux opérations qui appartiennent à la même technique doivent pouvoir se décrire avec les mêmes paramètres technologiques et deux opérations de même désignation (dans la même technique) doivent pouvoir se décrire avec les mêmes paramètres géométriques.

Pour distinguer deux techniques d'un même genre, les critères à prendre en compte dépendent du genre de technique considéré, exemple : classe (enlèvement de matière par cisaillement), famille (outil à géométrie définie) et genre (épaisseur de coupe constante). Dans ce dernier cas nous prendrons en compte le mouvement de coupe rectiligne ou circulaire, le mouvement d'avance selon qu'il est ou non axial pur, le nombre d'arêtes de l'outil.

À remarquer que le fraisage sera classé ainsi : classe (enlèvement de matière par cisaillement), famille (outil à géométrie définie) et genre (épaisseur de coupe variable) ; le mouvement de coupe est circulaire, le mouvement d'avance est radial dominant et le nombre d'arêtes de l'outil est généralement multiple.

Pourquoi « radial dominant » ? Parce qu'il faut prévoir le cas de certaines opérations de fraisage comportant une composante axiale ; exemple : génération de faux plans par passes « en remontant », technique très utilisée en aéronautique.

Par contre, le lamage, même à la fraise (!), n'est pas une opération de fraisage : l'épaisseur de coupe est constante (pendant l'avance travail).

L'utilisation du mouvement de coupe (rectiligne ou circulaire) et du mouvement d'avance sont naturels et répondent bien au critère : mêmes paramètres technologiques.

Mais nous devons répondre à quatre questions.

a L'expression en termes de vitesse de coupe, éviterait de faire la différence entre mouvement de coupe rectiligne et mouvement de coupe circulaire.
Rappelons que nous devons d'abord exprimer les paramètres technologiques en termes de paramètres affichés (nombre de tours · min^{-1}...) et non de paramètres calculés (section 1.6 du chapitre 1).

b Pourquoi ne pas prendre en compte la différence entre mouvement de coupe par la pièce et mouvement de coupe par l'outil ?
Dans de nombreuses opérations, cette différence, lorsqu'elle intervient, est secondaire. Une opération de perçage peut se faire sur une perceuse (outil tournant), ou sur un tour (pièce tournante). Une opération d'alésage à la barre d'alésage peut se faire sur un tour (pièce tournante) ou sur une aléseuse (outil tournant).
Les différences de comportement se situent aux niveaux de la lubrification, de l'évacuation de copeaux et sont prises en compte, si nécessaire, comme conditions d'usinage (section 1.5 du chapitre 1).

c Pourquoi prendre en compte le mouvement d'avance s'il est axial pur dans notre exemple, et pas dans les autres cas ?

d Pourquoi prendre en compte le nombre d'arêtes de coupe alors que ce critère manque visiblement de rigueur (généralement unique, généralement multiple) ?

Nous répondons simultanément aux questions **c** et **d**.

Un alésage au tour à la barre d'alésage n'est pas à rattacher à une technique « mouvement d'avance axial pur ». Une telle opération sera ou non paraxiale : on peut faire avec un tel outil, de l'alésage conique, voire du contournage. Un perçage, au contraire sera toujours à avance axiale pure. L'outil ne permet pas d'autre possibilité.

C'est pourquoi nous associons la notion pourtant peu rigoureuse de nombre d'arêtes. Les outils à nombre d'arêtes (généralement) multiples, lorsqu'ils sont conçus pour ne travailler qu'en axial pur ne permettent pas, par exemple, le contournage. Ces outils, s'ils restent sensibles au flambage, ne le sont pas (ou peu) à la flexion. Ils diffèrent en cela des barres d'alésage, outils à arête unique.

Finalement, dans le domaine des classes (enlèvement de matière par cisaillement), famille (outil à géométrie définie) et genre (épaisseur de coupe constante), nous distinguerons deux techniques principales en mouvement de coupe circulaire : la technique à arête unique et la technique qui recouvre les opérations axiales (à arêtes généralement multiples).

Mais en mouvement de coupe rectiligne le mouvement d'avance radial sera caractéristique de la technique du rabotage (arête unique) et l'avance par changement d'arête sera caractéristique du brochage (arêtes multiples).

Remarque

Il arrive que sur un tour plusieurs arêtes travaillent simultanément. Il s'agit alors soit d'opérations simultanées (ex. : deux outils exécutent simultanément deux chariotages étagés) soit d'une opération axiale (ex. : perçage au foret étagé), fig. 4.5.

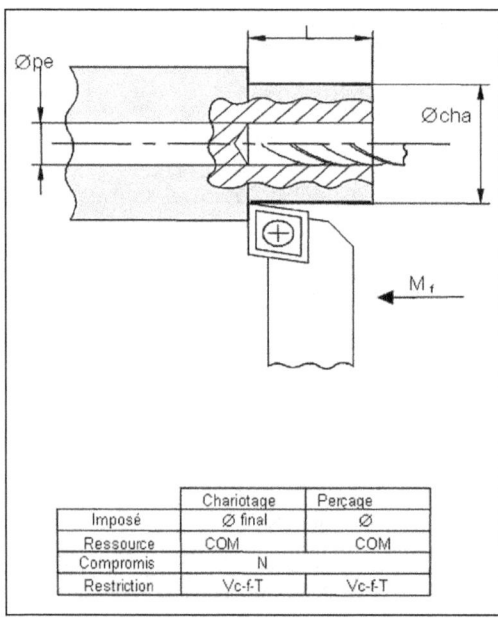

Fig. 4.5 • *Opérations simultanées : opération de chariotage combinée à une opération de perçage*

Rappelons qu'un même corps d'outil peut porter des arêtes qui travaillent selon des techniques différentes. Cas déjà évoqué de l'outil 2 tailles avec coupe au centre qui est utilisé en fraisage radial ou en opération axiale.

Remarquons enfin que les nombreuses arêtes indifférenciées correspondent aux géométries de coupe non définies ; le cas de « pas d'arête » correspond à « pas de cisaillement » (travail par déformation).

2.4. La division des techniques en opérations

Elle sera traitée au niveau de chaque technique. Nous pouvons noter dès maintenant que la différence entre opérations d'une même technique prendra en compte les critères jusqu'ici négligés :

– modes de génération : linéaire ou ponctuelle. Et plus précisément : nombre de surfaces engendrées et pour chaque surface, mode de génération ;
– mouvement d'avance : lorsque ce mouvement n'est pas déjà pris en compte pour caractériser la technique ;
– position de travail : extérieur ou intérieur.

2.4.1. Mode de génération

Il y a génération ponctuelle (fig. 4.6) lorsque la forme engendrée ne dépend que du parcours d'outil. C'est le cas du surfaçage en bout par fraisage, du contournage au tour avec outil à copier.

Il y a génération linéaire (fig. 4.7) lorsque la forme de l'arête conditionne la surface engendrée. Voir la différence entre une fraise cylindrique, une fraise conique et une fraise 1/4 de cercle convexe, une fraise 1/4 de cercle concave.

Voir la différence entre un outil à fileter un filet ISO NF E 03 001 et un outil à fileter un filet gaz avec étanchéité NF E 03 004…

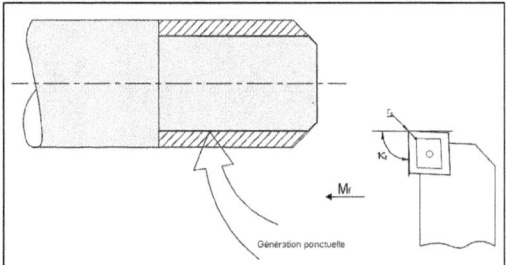

Fig. 4.6 • *Génération ponctuelle*

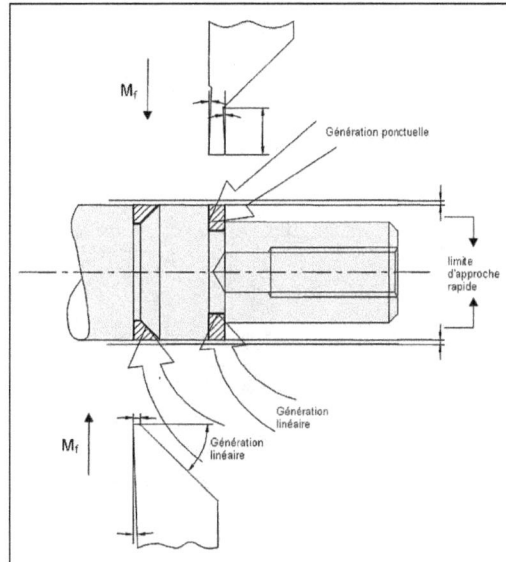

Fig. 4.7 • *Génération linéaire et génération ponctuelle*

2.4.1.1. *Génération linéaire avec arrêt d'avance*

La génération linéaire permet de réaliser :
- avec une arête unique : des gorges, des opérations de fonçage (décolletage) ;
- en fraisage : des rainures de clavettes pour clavettes disques ;
- en opérations axiales : des chambrages, fraisurages, lamages.

Dès l'arrêt d'avance, l'épaisseur de coupe (déjà variable dans le cas du fraisage), décroît et tend vers zéro.

L'inconvénient majeur de l'arrêt d'avance est que l'on atteint le copeau d'épaisseur nulle d'où les risques de vibrations et le risque d'usure accélérée de l'outil.

De plus, il faut disposer d'outils de formes spéciales en dehors des formes standards.

On évite autant que possible la génération linéaire avec arrêt d'avance, par exemple remontée de face sur épaulement en chariotage sur machine CN.

2.4.1.2. *Génération linéaire par coupe tangentielle*

Le profil à reproduire sur la pièce est inscrit sur la face en dépouille de l'outil.

L'arête de coupe peut être :
- une droite orthogonale par rapport à la direction d'avance de l'outil $\Rightarrow \psi = 0$; outil bidimensionnel ;
- une droite oblique $\Rightarrow \psi \neq 0$; dans ce cas l'outil sera dit « tridimensionnel ».

L'outil est monté selon une position excentrée et avance dans une direction tangentielle à la périphérie de la pièce à usiner (fig. 4.8).

La valeur de l'excentration est égale à la « profondeur radiale de coupe » près au rayon de la pièce (fig. 4.9).

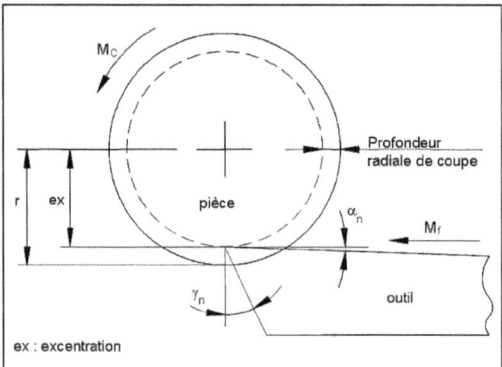 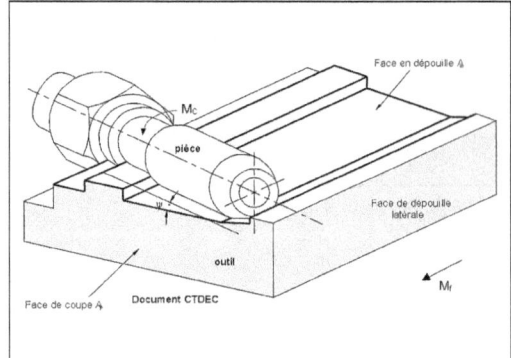

Fig. 4.8 • *Positionnement de l'outil et angles de coupe en coupe tangentielle*

Fig. 4.9 • *Exemple d'outil à coupe tangentielle*

Ce procédé vise à éviter les inconvénients de l'arrêt d'avance. Mais on engendre la variation des angles de coupe pendant toute la passe. Le matériau usiné doit être « tolérant » vis-à-vis de ces modifications.

Un fraisage mixte avec fraise cylindrique comportant un rayon de raccordement génère simultanément deux surfaces :
- latéralement, rayon de raccordement compris, une surface est générée linéairement ;
- en bout, l'opération génère ponctuellement une surface plane.

Un outil à gorge radiale travaillant en plongée sur un tour génère trois surfaces : un fond de gorge en génération linéaire, deux flancs de gorge en génération ponctuelle (fig. 4.7).

Une broche pour rainure de clavette génère linéairement trois surfaces.

La génération linéaire diffère profondément de la génération ponctuelle. En particulier s'il s'agit d'obtenir un état de surface.

Les trois modes de génération linéaire : avec avance, avec arrêt d'avance et par coupe tangentielle diffèrent entre eux pour les raisons exposées ci-dessus.

Une fraise 1 taille travaillant en contournage effectue une génération linéaire même si la forme engendrée dans le sens de l'avance dépend du parcours d'outil.

Les surfaces engendrées au cours d'une même opération ne sont pas nécessairement engendrées simultanément.

Exemples :
- engendrées simultanément : fraisage mixte 2 tailles, rainurage 2 ou 3 tailles…
- engendrées non simultanément :
  - chariotage sur épaulement, épaulement avec arrêt d'avance ;
  - gorge radiale : les flancs sont générés ponctuellement pendant l'avance, le fond généré linéairement par arrêt d'avance.

2.4.2. Mouvements d'avance et de prise de passe (non pris en compte pour caractériser la technique)

En technique par arête unique, on trouve pratiquement tous les mouvements d'avance :
- axial pur (fig. 4.10) : chariotage paraxial, gorges frontales, alésage paraxial…
- axial dominant (fig. 4.11) : contournage axial…
- radial pur (fig. 4.12) : dressage paraxial, gorges radiales…
- radial dominant : contournage frontal…

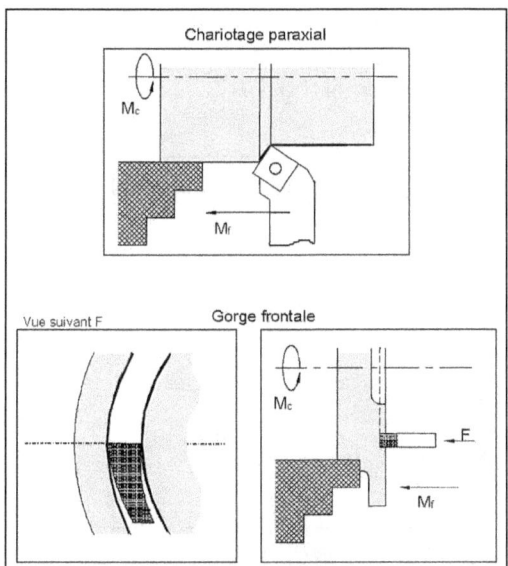

Fig. 4.10 • *Chariotage paraxial et gorge frontale*

Il convient même d'en préciser le sens :
- radial pur vers le centre : dressage paraxial ;
- radial pur vers l'extérieur : chariotage en remontant.

En fraisage, une composante axiale dont on précise le sens permet d'identifier la remontée de faux plans et la plongée progressive.

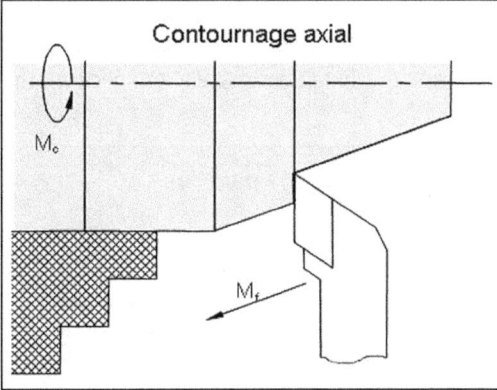

Fig. 4.11 • *Contournage axial*

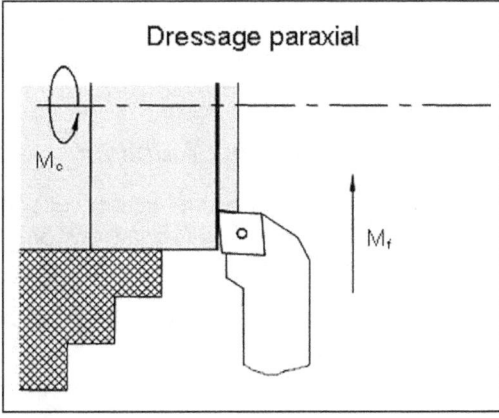

Fig. 4.12 • *Dressage paraxial*

En rectification, les mouvements d'avance rectiligne ou circulaire permettent d'identifier :
- la rectification plane (avance rectiligne, prise de passe par déplacement normal à l'avance) ;
- la rectification cylindrique (avance circulaire, prise de passe par déplacement axial) ;
- la rectification par chariotage (ou balade) : avance axiale, prise de passe par déplacement radial.

Dans tous les cas, il est essentiel de bien distinguer avance de prise de passe, et pour chacun d'eux de préciser la direction et, si nécessaire, le sens.

2.4.3. Position de travail : extérieure ou intérieure

La position de travail doit être interprétée selon la direction et le sens de l'avance travail. Prenons l'exemple d'opérations sur tour. L'intérieur concerne le plus souvent :
- avance axiale pure (fig. 4.13) : alésage paraxial ;
- avance axiale dominante (fig. 4.14) : contournage intérieur axial ;
- avance radiale vers l'axe (fig. 4.15) : remontée de face en alésage pour production d'un épaulement ;
- avance radiale pure vers l'extérieur (fig. 4.16) : dressage intérieur : s'applique dans le cas de faibles profondeurs de passes et de grandes différences de diamètres ;
- avance radiale dominante vers l'intérieur : contournage frontal (fig. 4.17).

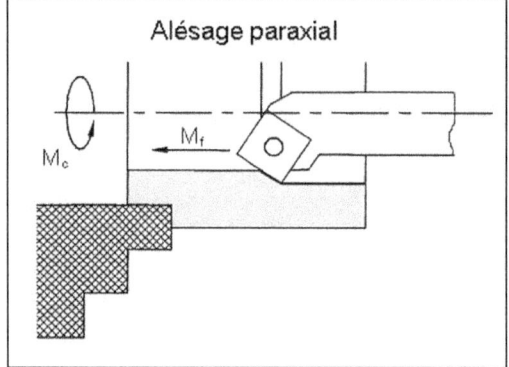

Fig. 4.13 • *Alésage paraxial*

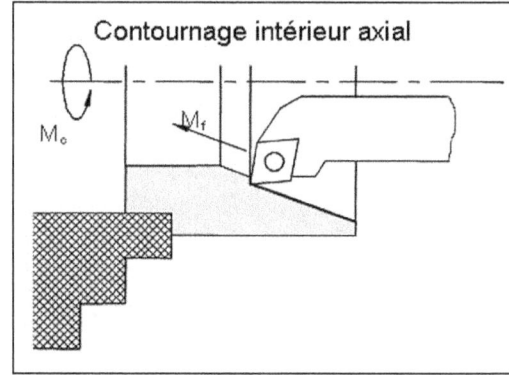

Fig. 4.14 • *Contournage intérieur axial*

2.5. Les matériaux à usiner

Dans le cadre général de classification des techniques, nous avons prévu une place qui permet de spécifier le matériau objet de la transformation. Cette spécification peut être introduite après la spécification de la famille de techniques, ou plus tard dans la classification.

Cette spécification, facultative, peut avoir deux objets.

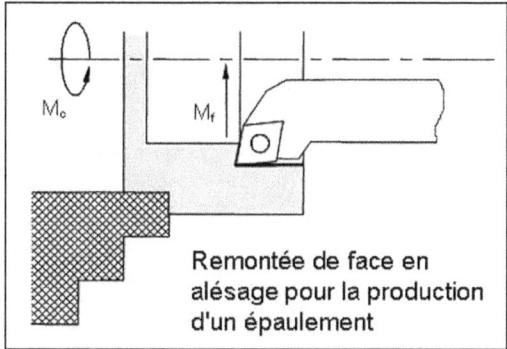

Fig. 4.15 • *Remontée de face en alésage pour production d'un épaulement*

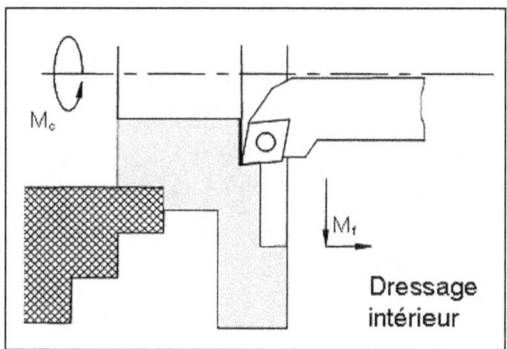

Fig. 4.16 • *Dressage intérieur*

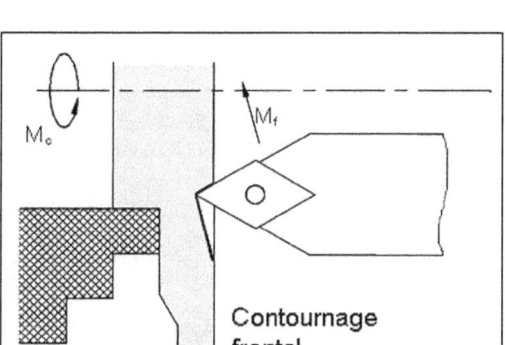

Fig. 4.17 • *Contournage frontal*

2.5.1. Scinder l'étude selon les matériaux à transformer

On pourrait envisager cette scission en Enlèvement de matière par cisaillement, dès la séparation des techniques en outils à géométrie définie et non définie.

Certains matériaux acceptent l'abrasion, d'autres non, et vice versa. Les modes d'usure en techniques avec outils à géométrie définie diffèrent selon que les copeaux sont ou non fragmentés…

Cette scission ne doit pas s'effectuer sans raisons sérieuses, car elle conduit, ensuite, à étudier chaque problème dans le cas séparé de chaque famille de matériaux à transformer. Or, en général, tous les aspects de l'étude ne changent pas avec la famille de matériaux. Exemple : l'étude du contrôle de copeaux en usinage par arête unique diffère entre aciers et fontes ; mais l'étude des efforts et énergie de coupe est identique.

Donc, et de ce premier point de vue, n'opérer de scission que si c'est nécessaire à la clarté de l'étude ; placer alors la scission le plus tard possible dans la classification.

2.5.2. Regrouper par familles les matériaux à transformer

Deux matériaux de la même famille peuvent être considérés comme identiques pour la ou les techniques considérées. On peut alors choisir un matériau, représentant de chaque famille et limiter pour la suite, l'étude à celle des « représentants ».

De ce second point de vue, le regroupement des matériaux par familles est, à condition de ne pas opérer des regroupements abusifs, une simplification de l'étude. Ce type de regroupement est à opérer le plus tôt possible dans la classification.

Les deux points de vue sont opposés et conduisent à deux méthodes d'étude très différentes. Du premier point de vue, on construit une étude arborescente. Du second point de vue, on admet d'emblée la spécificité du fondement de la technique pour chaque matériau à

> **Exemple**
>
> Des essais ont été conduits en 1990, sur deux matériaux faiblement alliés à bas soufre chacun dans deux états de dureté : 35 NiCrMo 16 6 et 35 CrMo 4 duretés HB 290 et 356 (fig. 4.18, p. 85).
>
> Le but des essais était de déterminer si pour les opérations de tournage extérieur, ces aciers pouvaient être rangés dans la même famille d'usinabilité.
>
> Les essais ont été réalisés avec des outils CNMG 12 14 08 Géométrie 95 Nuance Z200 (SIEM STELLRAM) κ_r 95°.
>
> Conditions de travail : sans arrosage.
>
> La conclusion a été positive : les deux matériaux peuvent être rangés dans la même famille d'usinabilité. Autrement dit, aux mêmes paramètres de résistance ou de dureté, ils peuvent être usinés, en tournage extérieur, avec les mêmes outils, dans les mêmes conditions et avec les mêmes paramètres d'usinage.
>
> Voir relevés des essais de fragmentation :
> – en ébauche, seuls les copeaux fragmentés ou roulés courts étaient acceptés ;
> – en finition, on acceptait de plus les copeaux roulés longs, hélicoïdaux et de profil.
>
> La zone supérieure est valide pour l'ébauche.
>
> La zone inférieure est valide pour la finition.
>
> On remarquera qu'il n'est pas utile de modifier les zones valides de fragmentation entre les bornes hautes et basses de la dureté.
>
> Les nombres inscrits sous les points d'essai sont les efforts spécifiques de coupe en $N \cdot mm^{-2}$, k_c.

transformer et l'on s'autorise des regroupements de matériaux quand cela ne nuit pas à l'exactitude de l'étude.

Nous ne nous autorisons aucune opinion générale, applicable à l'ensemble des procédés, pour choisir entre ces deux points de vue.

En usinage par enlèvement de copeaux, nous vous proposons d'adopter le second point de vue. Ce qui conduira à créer :
– des familles d'usinabilité : deux matériaux sont placés dans la même famille d'usinabilité s'ils peuvent être transformés par la ou les mêmes techniques, avec les mêmes outils et, à même indice de résistance ou de dureté, dans les mêmes conditions et sous les mêmes paramètres d'usinage ;
– des classes de choix : deux matériaux sont placés dans la même classe de choix s'ils peuvent être transformés par la ou les mêmes techniques, avec les mêmes outils, alors qu'il peut être nécessaire de faire varier de l'un à l'autre certaines conditions ou paramètres d'usinage.

Nous serons amenés à répéter et commenter ces définitions dans la suite de l'ouvrage.

Dans les deux cas, nous serons contraints de n'opérer que tardivement ces regroupements au niveau de la technique.

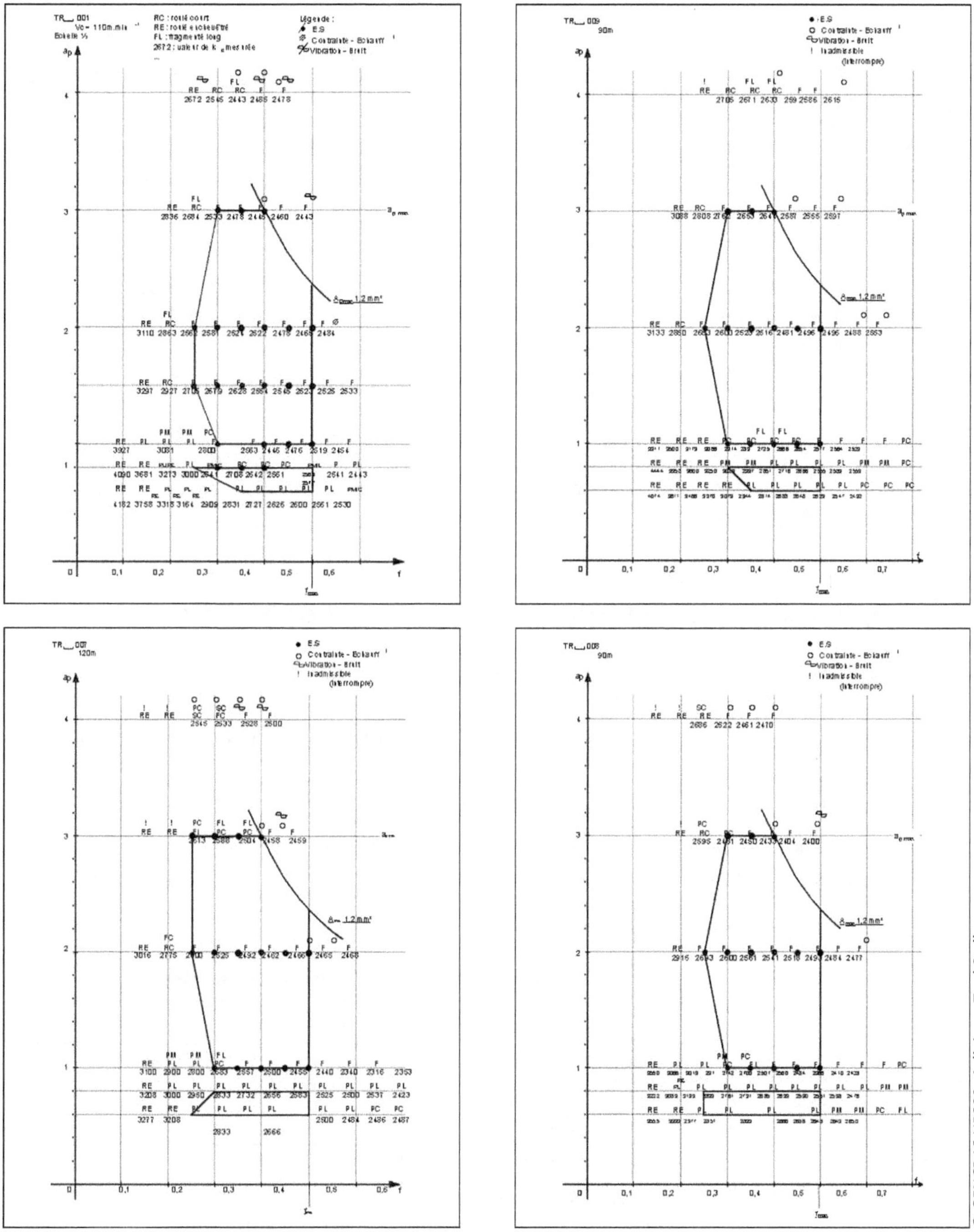

Classification des procédés d'usinage par enlèvement de copeaux

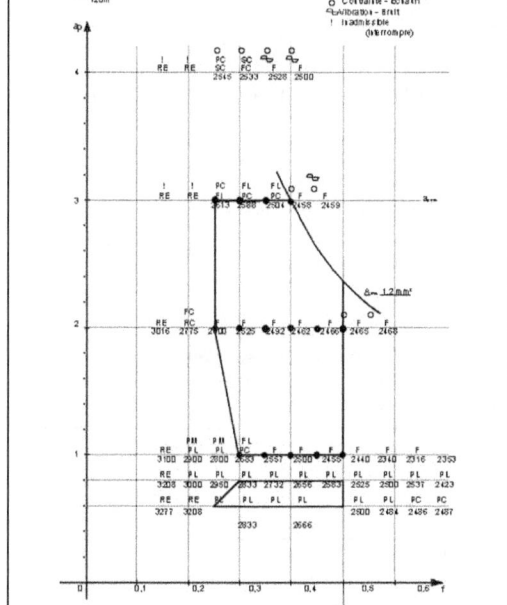
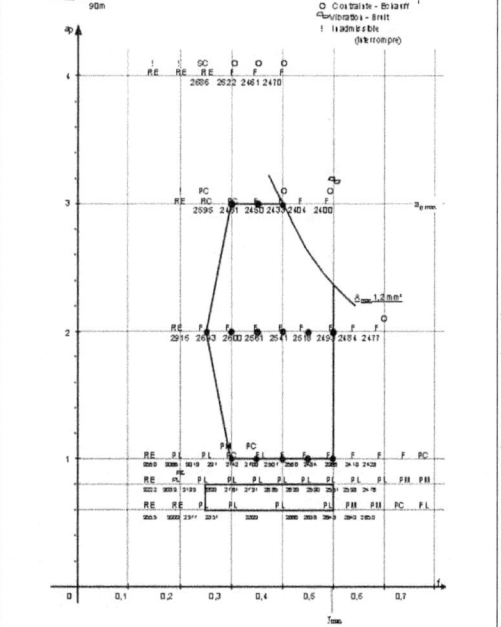

Fig. 4.18 • *Différents essais de diagrammes brise-copeaux en tournage*

> **Exemple**
>
> Des essais ont été conduits en 1994 en tournage extérieur pour vérifier l'influence du soufre et du plomb sur l'usinabilité d'aciers 42 CrMo 4.
>
> Les résultats des essais montrent qu'il faut ranger dans des familles d'usinabilité différentes :
> – 42 CrMo 4 u ;
> – 42 CrMo 4 r ;
> – 42 CrMo 4 uPb ;
> – 42 CrMo 4 rPb.
>
> car on a constaté des différences significatives sur des paramètres aussi importants que :
> – la vitesse de coupe minimale ;
> – le k_c de référence ;
> – la zone de contrôle des copeaux.

On constate que des matériaux de compositions de base différente peuvent se trouver rangés dans une même famille d'usinabilité alors que des matériaux de composition de base identique doivent parfois être rangés dans des familles de différentes usinabilités.

3. Application de ces méthodes de classement

Nous ne vous donnerons pas maintenant une classification exhaustive de tous les procédés d'usinage par enlèvement de copeaux.

Nous construirons cette classification au fur et à mesure des besoins de l'étude. Plus précisément chaque technique sera :
– définie selon les critères prévus ;
– située par rapport aux techniques déjà étudiées (elle en diffère par…) ;
– décomposée en opérations élémentaires.

Résumons les critères de classification retenus.

Intitulé	Procédés de fabrication des pièces mécaniques
	Critères de classification
Classes de techniques	Phénomène physique essentiel = enlèvement de matière par cisaillement
Familles de techniques	Géométrie de coupe Mode de renouvellement d'arête
Genre de techniques	Épaisseur de coupe (pendant le trajet de l'arête et l'avance travail)
Techniques	Mouvement de coupe : rectiligne, circulaire Mouvements d'avance et de prise de passe (partiellement) Nombre d'arêtes de l'outil
Opérations	Nombre de surfaces engendrées Mode de génération : linéaire, ponctuelle (par surface engendrée) Mouvements d'avance (si non pris en compte au niveau des techniques) Position de travail : intérieur, extérieur…

4. Utilité/nécessité d'une classification rigoureuse

Ce chapitre est délicat et le lecteur est en droit de se demander s'il est vraiment nécessaire de se donner toute cette peine pour définir une technique, la différencier d'une technique proche, la décomposer en opérations élémentaires…

Notre réponse est (vous l'aurez deviné !) positive. Plutôt que de nous lancer dans une démonstration laborieuse, nous vous proposons de vous en convaincre en faisant l'exercice suivant.

Exercice

Décrire les opérations élémentaires et leur cotation, susceptibles d'être exécutées avec les outils suivants :
1. Outil à gorges radiales pour fond droit normal muni de 2 rayons de raccordements égaux.
2. Fraise 3 tailles.

Corrigé

Avez-vous envisagé les cas suivants ?

1. Outil à gorges
- opérations monopasse et opérations multipasses ;
- gorges fermées (fig. 4.19 et 4.20), gorges ouvertes (y compris en monopasse) (fig. 4.21 et 4.22) ;
- finitions par balayages :
    a. balayages sans interruption d'avance (fig. 4.23) ;
    b. balayages avec interruption d'avance et raccordement dans un rayon (fig. 4.24).

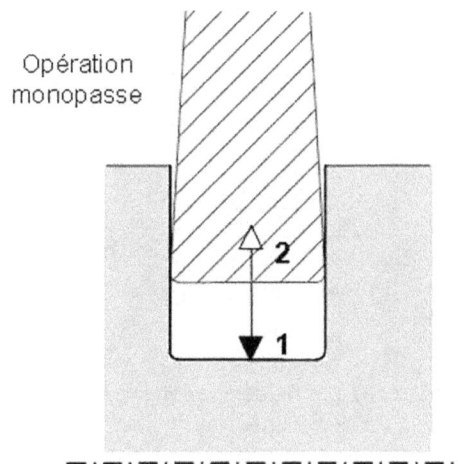
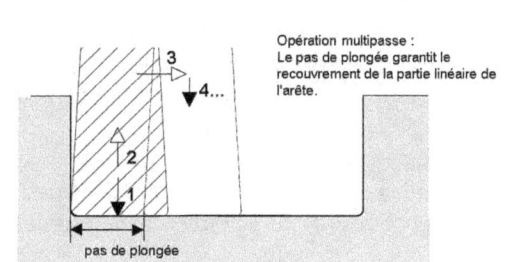

Fig. 4.19 • *Tournage en plongée*   Fig. 4.20 • *Tournage en plongée et balayage*

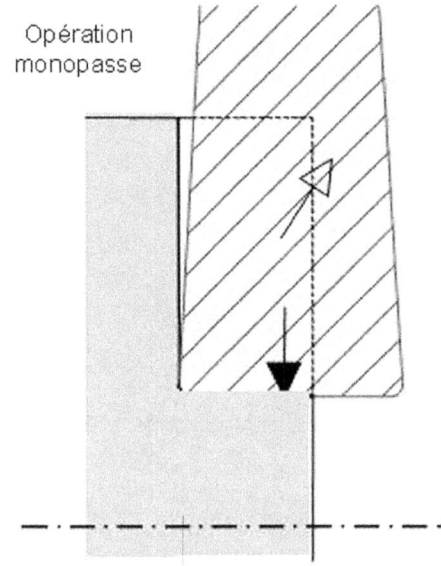
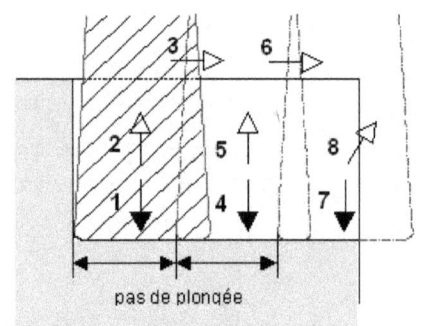

Opération multipasse :
le pas de plongée doit garantir le recouvrement de la partie linéaire de l'arête et, de préférence, équilibrer la largeur des passes qui ne sont pas dans la masse (avances travail n° 4 et 7)

Fig. 4.21 • *Opération monopasse*   Fig. 4.22 • *Opération multipasse*

Différentes opérations de tournage en opération monopasse ou multipasse (fig. 4.21, 4.22, 4.23, 4.24).

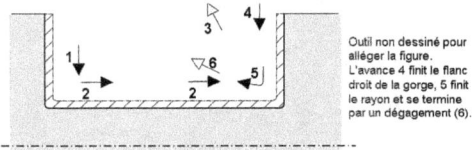
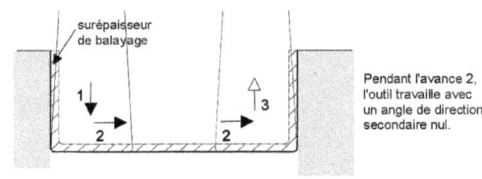

Fig. 4.23 • *Balayage avec interruption d'avance (cas d'une gorge fermée)*   Fig. 4.24 • *Balayage sans interruption d'avance (cas d'une gorge fermée)*

2. Fraises 3 tailles

– utilisation en rainurage 3 tailles (fig. 4.25) ;
– utilisation en fraisage mixte 2 tailles (fig. 4.26) ;
– plongée radiale (clavetage disque, préparation d'un rainurage 3 tailles) (fig. 4.27) ;
– plongée progressive (fig. 4.28) ;
– exécution d'une rainure de circlips dans un alésage ;
– exécution d'une chape (2 surfaces générées ponctuellement, pas de génération linéaire) ;
– influence des rayons de raccordement sur le calcul de la surface coupée.

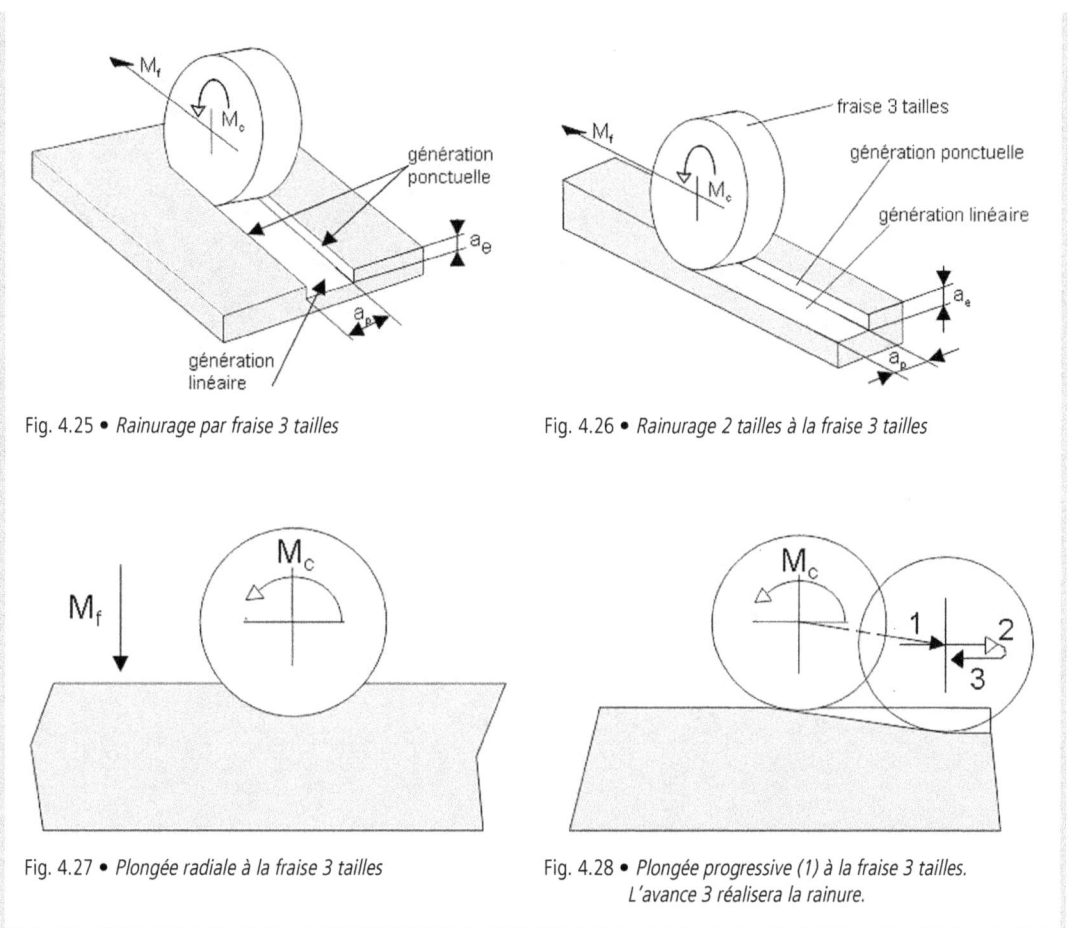

Fig. 4.25 • *Rainurage par fraise 3 tailles*

Fig. 4.26 • *Rainurage 2 tailles à la fraise 3 tailles*

Fig. 4.27 • *Plongée radiale à la fraise 3 tailles*

Fig. 4.28 • *Plongée progressive (1) à la fraise 3 tailles. L'avance 3 réalisera la rainure.*

5. Conclusion

Définir une technique avec précision, la décomposer en opérations, prévoir la description complète de ces opérations conformément aux exigences de « l'Analyse d'une opération d'usinage » est un exercice difficile qui nécessite une bonne méthode… et le concours de techniciens avertis.

C'est aussi un préalable indispensable à la bonne organisation des services de méthode, de préparation, de programmation des opérations d'usinage.

CHAPITRE 5

Études communes aux différentes techniques d'usinage par enlèvement de copeaux

1. Généralités

1.1. Du point de fonctionnement au domaine de validité résiduel

Considérons un outil bien déterminé devant effectuer une certaine opération dans une matière également bien déterminée. Les conditions d'usinage sont fixées (cf. chapitre 1 section 1.5).

Nous appellerons **point de fonctionnement** un ensemble de paramètres d'usinage incluant la durée de vie d'arête (cf. chapitre 1 section 1.6). Nous dirons que ce point de fonctionnement est valide si l'usinage est satisfaisant tant du point de vue de la surface produite, que de l'outil (mode d'usure…), du copeau, de la santé de l'opérateur, des équipements de production, de la pièce.

Précisons ces notions sur l'exemple d'une opération de chariotage :

Point de fonctionnement :
- a_p profondeur de passe radiale   mm ;
- f avance par tour $mm \cdot tr^{-1}$;
- V_c vitesse de coupe $m \cdot min^{-1}$;
- T durée de vie d'arête   min.

Le point de fonctionnement existe dès que l'on affiche les 3 premiers de ces paramètres. (Reste à constater le quatrième, la durée de vie d'arête qui peut, dans les plus mauvais cas, être rigoureusement nulle si l'on n'a pas produit la moindre surface acceptable).

Entre cet extrême et le point de fonctionnement « évidemment satisfaisant » toutes les situations intermédiaires sont envisageables.

Point de fonctionnement valide :

De ce qui précède on peut déduire que la notion de point de fonctionnement valide comporte des aspects conventionnels. Et pour ne citer que quelques exemples :
- caractéristiques des copeaux (forme, dimensions, couleur, aspect des surfaces…) ;
- durée de vie minimale voire maximale ; la mesure de cette durée de vie implique le choix préalable d'un critère de réforme d'arête et souvent le refus de l'apparition de certains modes de dégradation de l'arête (écaillages par exemple). Notons qu'une durée de vie d'arête maximale peut être imposée pour des raisons économiques ou techniques (mode d'usure) ;
- absence de vibration ; là encore des critères doivent être définis.

Il est clair que ces conventions font appel à des critères qui dépendent de la technique concernée et seront donc précisés au niveau de chaque technique.

Supposons d'abord qu'aucune contrainte extérieure ne limite le choix d'un point de fonctionnement valide : ignorons (temporairement) les contraintes apportées par la machine (cf. chapitre 1 section 1.2), les exigences de qualité (cf. chapitre 1 section 1.3.2), les conditions particulières (cf. chapitre 1 section 1.3.3). L'ensemble des points de fonctionnement valides pour le **couple outil-matière** considéré constitue son **domaine de validité**. Ce domaine de validité dépend des conditions d'usinage (voir figures 5.1 et 5.2).

Prenons maintenant en compte les contraintes liées à la machine, aux exigences de qualité, aux conditions particulières, on est amené à **restreindre** le domaine de validité du couple outil-matière. On obtient alors le **domaine de validité résiduel** (fig. 5.3).

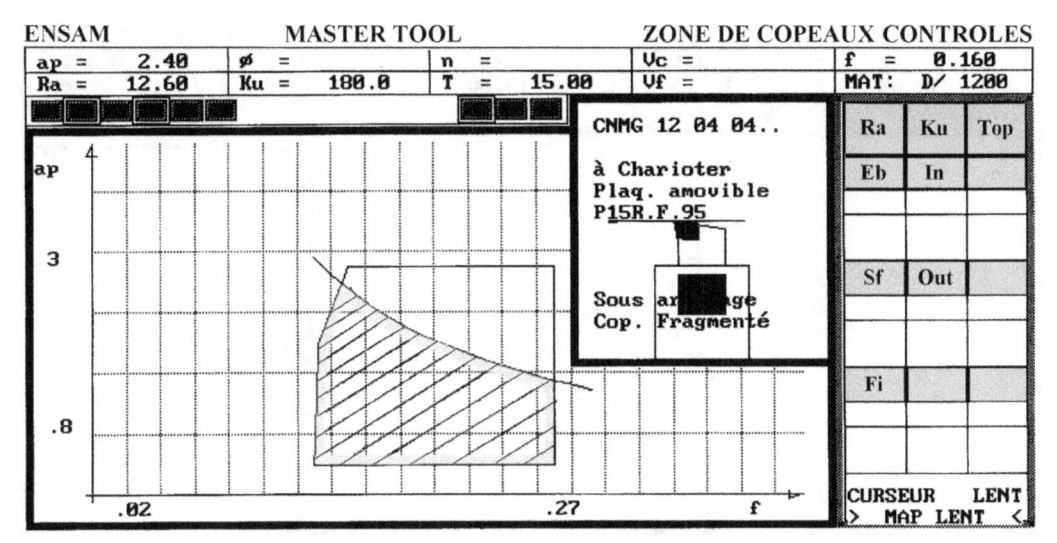

Figure 5.1

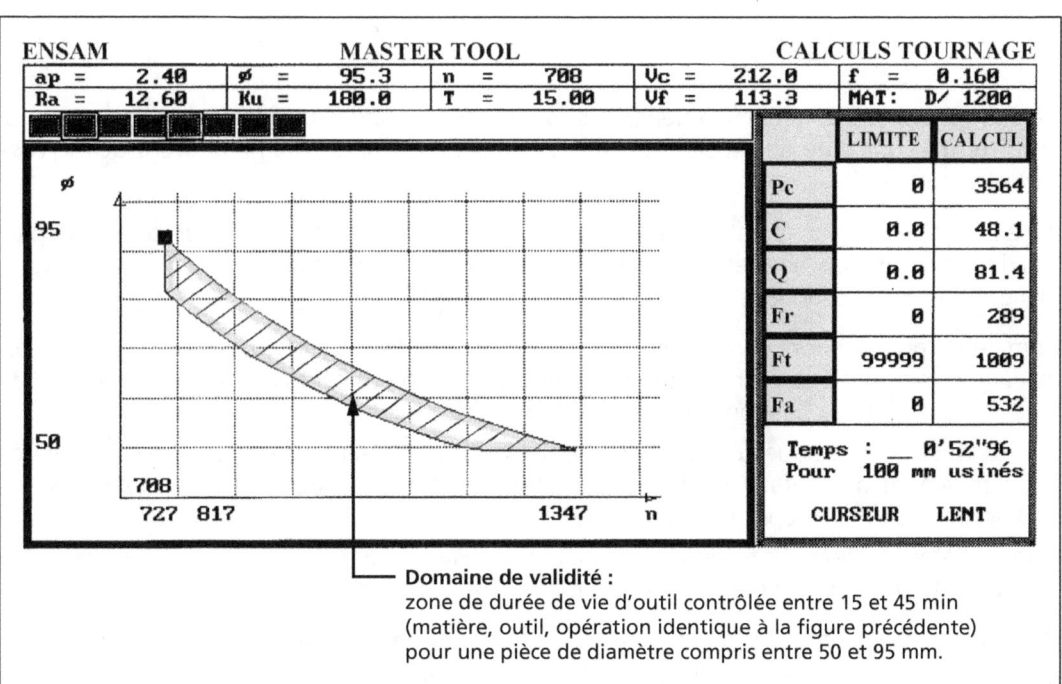

Figure 5.2

Usinage par enlèvement de copeaux

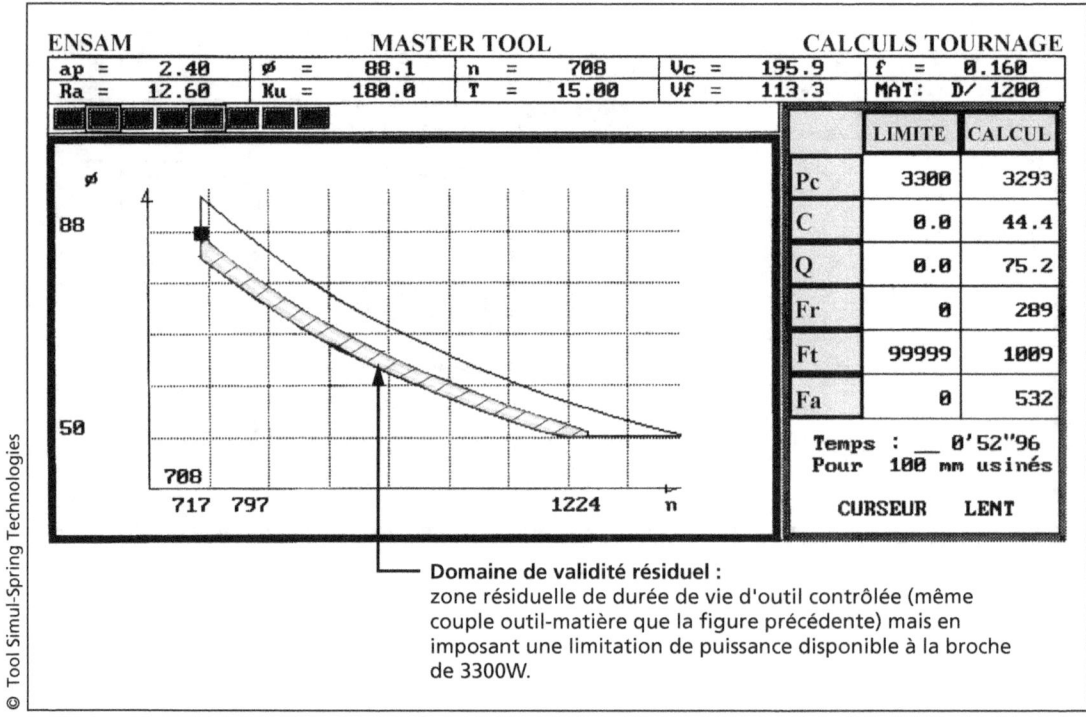

Figure 5.3

Il est important de distinguer l'influence des conditions d'usinage qui, dans le cas le plus général **modifient** le domaine de validité, de l'influence des contraintes qui ne peuvent que le **restreindre**.

Par exemple et pour un couple outil-matière donné, l'usinage sans lubrification comporte parfois des points de fonctionnement qui sont en dehors du domaine de validité du couple outil-matière avec lubrification.

Comme un point de fonctionnement prenant en compte les caractéristiques du couple outil-matière et l'ensemble des contraintes de l'opération appartient nécessairement au domaine de validité résiduel, nous pouvons affirmer dès maintenant que :
– la maîtrise implique que l'on sache trouver un point du domaine de validité résiduel « après un minimum de tentatives, chaque tentative étant logiquement déduite des tentatives précédentes » (cf. chapitre 1 section 3) ;
– la prédétermination et a fortiori l'optimisation impliquent que l'on sache trouver un tel point « avant toute tentative d'exécution » (cf. chapitre 1 section 2).

On peut chercher à obtenir la maîtrise de l'opération sans connaissance du domaine de validité :
Supposons que l'usinage soit effectué sur un point de fonctionnement extérieur au domaine de validité. Les troubles constatés peuvent guider un technicien expérimenté, l'aider à corriger dans le sens favorable le ou les paramètres en cause. Mais il se peut aussi qu'il n'y ait pas de point de fonctionnement valide, que le couple outil-matière ne soit pas qualifié pour l'opération

dans la matière (pas de domaine de validité) ou que les contraintes soient trop fortes (pas de domaine de validité résiduel).

La connaissance du domaine de validité résiduel est un *préalable indispensable à toute prédétermination* : si ce domaine est inconnu, comment savoir « avant toute tentative d'exécution » si le point de fonctionnement choisi lui est intérieur ! C'est particulièrement évident lorsque ce domaine de validité est très réduit.

À défaut du domaine de validité du couple outil-matière, les documentations de la profession, les documentations des fournisseurs d'outils ou de matières indiquent des « points de fonctionnement moyens ». Ces indications ne peuvent être considérées comme suffisantes, car rien ne permet *a priori* de savoir si ces points de fonctionnement moyens satisfont à l'ensemble des contraintes de l'opération.

Ni même, dans la plupart des cas si ces points moyens conviennent au couple outil-matière précis que l'on compte utiliser.

On peut donc considérer que si l'on sait :
– exprimer les données et contraintes des opérations ;
– obtenir les domaines de validité des couples outils-matières ;
– restreindre ces domaines de validité pour prendre en compte les contraintes de l'opération.

On saura atteindre à la prédétermination et obtenir la maîtrise des techniques concernées. Tel est notre objectif.

1.2. La condition de répétabilité

Revenons à « l'outil bien déterminé devant effectuer une certaine opération dans une matière également bien déterminée, les conditions d'usinage étant fixées ».

Supposons de plus que l'on dispose de toutes les informations désirables sur la matière et sur l'outil.

Dispose-t-on de modèles permettant de déterminer le domaine de validité du couple outil-matière ?

Si l'on exige que ces modèles soient strictement « dérivés de lois physiques » (cf. chapitre 2 section 5.2.4), notre réponse est clairement négative.

Certaines bases de données, construites à partir de modèles phénoménologiques, fournissent des éléments du domaine de validité. Ces bases de données, souvent informatiques, sont de qualité très diverse :
a. par la définition plus ou moins précise de la matière usinée ;
b. par la définition plus ou moins précise de l'outil ;
c. par la liste plus ou moins complète des éléments de définition du domaine de validité ;
d. par le degré de précision des éléments qu'elles fournissent ;
e. par l'exactitude plus ou moins satisfaisante des éléments qu'elles fournissent.

La qualité des données de sortie (c, d, e) est conditionnée par la qualité des données d'entrée (a, b).

Une condition nécessaire à la prédétermination est **la répétabilité des phénomènes de coupe**. Donc la stabilité des caractéristiques des éléments en présence.

Nous nous appuierons souvent sur ces deux remarques dans la suite de notre étude.

La condition de « stabilité des éléments en présence » doit être examinée avec le plus grand soin. Qu'un seul des éléments de « l'analyse d'une opération d'usinage » (cf. chapitre 1 section 1) vienne à varier et cette répétabilité peut ne plus être assurée.

Exercice

Reprendre point par point les éléments de l'Analyse d'une opération d'usinage chapitre 1 section 1. Envisager une modification sur chacun de ces éléments et dire en quoi cette modification peut influer sur le domaine de validité résiduel.

Corrigé

Pour chaque élément de l'Analyse d'une opération d'usinage vous avez eu le choix entre plusieurs modifications.

Pour chaque modification vous avez eu, en général, le choix entre plusieurs conséquences. Dans ces conditions, le corrigé ci-dessous n'est qu'un exemple choisi parmi les réponses possibles.

Matière à usiner :

Modifions la dureté ou la résistance à la traction du matériau.

Tous autres éléments inchangés, la durée de vie de l'arête de coupe sera modifiée.

Machine-outil :

Diminuons la puissance maximale disponible sur broche.

La nouvelle puissance disponible peut être une restriction du domaine de validité résiduel.

L'opération d'usinage :

Passons le Ra exigé de 1,2 à 0,8 µm dans une opération de chariotage paraxial.

Le diagramme de copeau subira une restriction des avances admissibles.

La modification de la profondeur de passe peut agir de différentes manières :
- diminution de a_p : l'avance minimale admissible sera souvent modifiée (dans un sens ou dans l'autre) ;
- augmentation de a_p : l'avance maximale admissible sera souvent diminuée par l'intermédiaire de la section coupée maximale (A_{Dmax}).

Conditions particulières :

Prenons l'exemple de la condition de voile mince dans une opération de fraisage latéral (ou mixte).

La diminution de l'épaisseur du voile entraîne une diminution de l'effort de coupe admissible donc de la zone de validité résiduelle.

Si l'on part d'un voile épais, la condition ne joue pas et reste longtemps sans jouer lorsque l'on diminue l'épaisseur du voile.

Lorsque la condition commence à jouer, une faible diminution de l'épaisseur du voile entraîne une restriction importante du domaine de validité et même son annulation complète.

Parmi les conditions particulières il faut compter l'exigence d'une certaine production entre deux changements d'arêtes.

Exemple : 2 000 pièces entre changement d'arêtes.

Cette condition entraîne en général une restriction sur la vitesse de coupe maximale admissible.

L'outil :

Intervient dans la définition même du couple outil-matière.

L'intermédiaire :

Peut être pris en compte de deux manières :
- dans la définition même du couple outil-matière ;
- comme restriction de la zone de validité d'un couple outil-matière sans intermédiaire (voir fig. 4, 5 et 6).

Selon les cas, on choisit l'une ou l'autre de ces deux méthodes, la première étant plus précise, la seconde plus économique.

Les conditions d'usinage :

Interviennent dans la définition même du couple outil-matière.

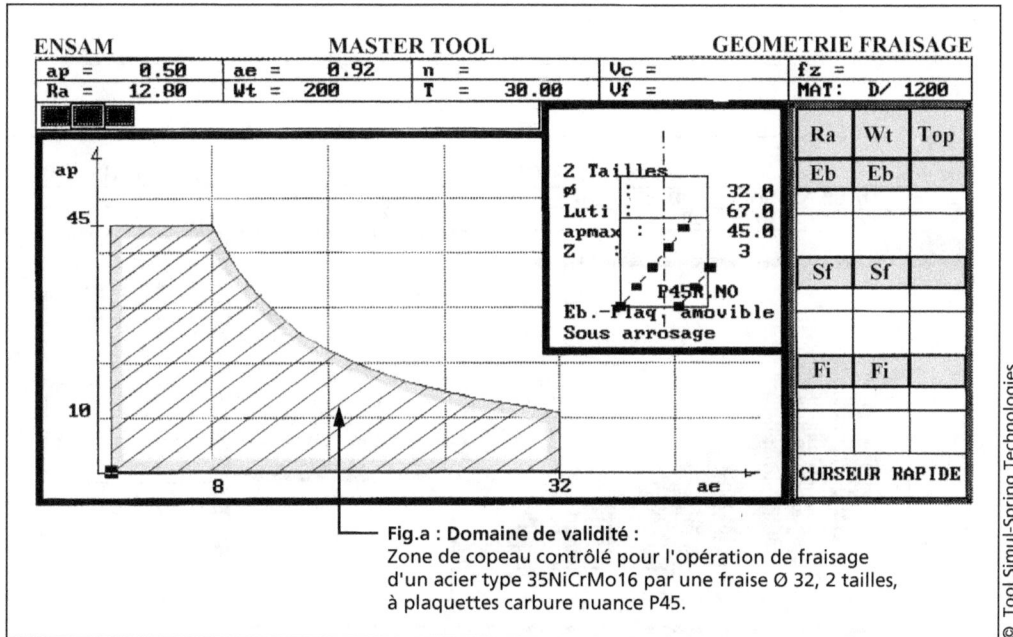

Fig.a : **Domaine de validité :**
Zone de copeau contrôlé pour l'opération de fraisage d'un acier type 35NiCrMo16 par une fraise Ø 32, 2 tailles, à plaquettes carbure nuance P45.

Figure 5.4

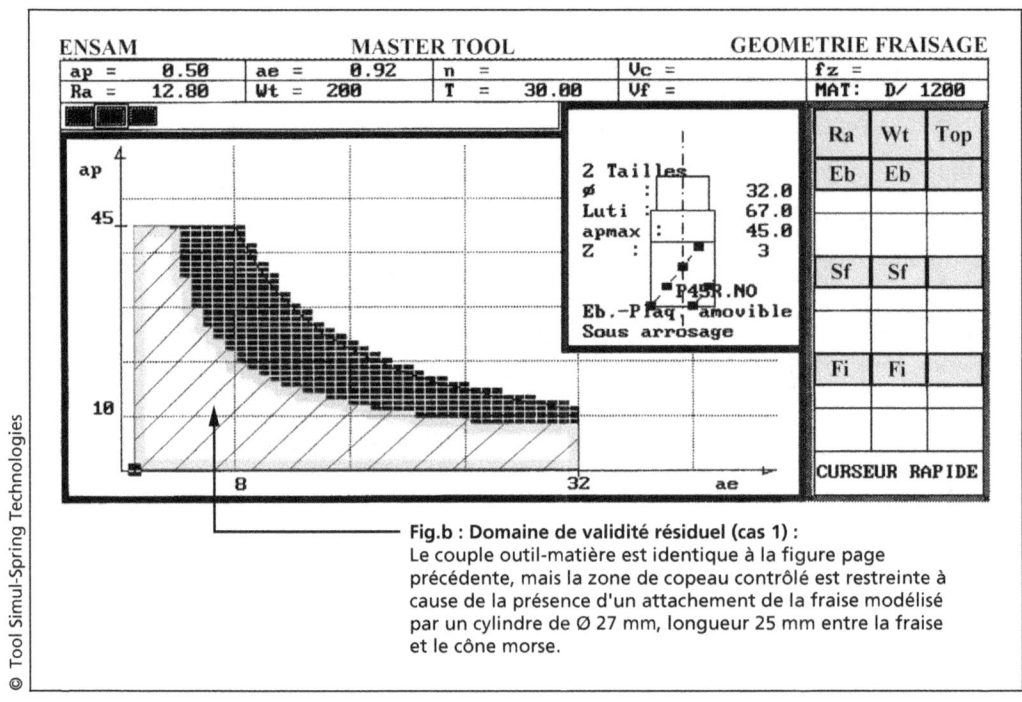

Fig.b : Domaine de validité résiduel (cas 1) :
Le couple outil-matière est identique à la figure page précédente, mais la zone de copeau contrôlé est restreinte à cause de la présence d'un attachement de la fraise modélisé par un cylindre de Ø 27 mm, longueur 25 mm entre la fraise et le cône morse.

Figure 5.5

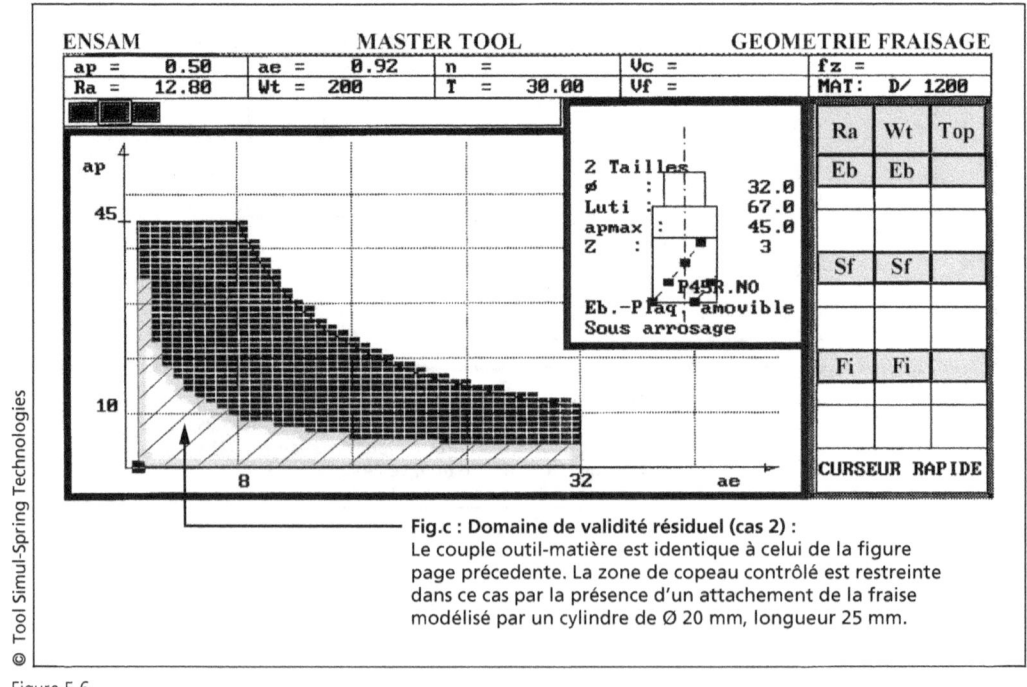

Fig.c : Domaine de validité résiduel (cas 2) :
Le couple outil-matière est identique à celui de la figure page précédente. La zone de copeau contrôlé est restreinte dans ce cas par la présence d'un attachement de la fraise modélisé par un cylindre de Ø 20 mm, longueur 25 mm.

Figure 5.6

1.3. De la prédétermination à l'optimisation

Nous pensons nécessaire d'insister sur une évidence : un point de fonctionnement optimal appartient nécessairement au domaine de validité résiduel.

Même si l'on renonce à l'optimisation, cela ne dispense en aucun cas de déterminer (prédéterminer) ce domaine de validité résiduel.

Et si l'on veut optimiser, cela passe nécessairement par la prédétermination du domaine de validité résiduel.

L'optimisation sera abordée au chapitre 8.

1.4. Et maintenant

Tout en restant dans les généralités, c'est-à-dire en ne spécifiant aucune technique (sauf parfois à titre d'exemple) nous allons aborder successivement les questions suivantes :
- les défauts de surface ;
- les matières usinées ;
- les matériaux de coupe ;
- la lubrification ;
- la classification générale des copeaux ;
- les angles des outils ;
- les paramètres et conditions d'usinage ;
- les machines-outils ;
- les usures d'outils.

2. État de surface

> **Avertissement**
>
> L'usinage d'une surface doit respecter les conditions de tolérance dimensionnelle et d'états de surface définies par le plan.
>
> Nous n'entreprendrons pas dans ce cours l'étude des tolérances dimensionnelles ni celle des états de surface :
> - ces études relèvent en général du cours de construction ou du cours de méthodes générales ;
> - de nombreux ouvrages traitent de ces questions, par exemple le *Précis Afnor Nathan de construction mécanique* écrit par R. Quatremer et J.-P. Trotignon (tome 1).
>
> Relativement aux états de surface, nous recommandons vivement l'étude de l'ouvrage *États de surface. Une mécanique de qualité au moindre coût* édité par Afnor/Cnomo.
>
> Les tolérances et ajustements font l'objet des normes NF E 02-100 à 02-118.
>
> Les états de surface font l'objet des normes NF E 05-015 à 05-018.

2.1. Les contraintes de qualité classées par nature

La tolérance dimensionnelle définit deux surfaces limites idéales correspondant au maximum et au minimum de matière admissible.

Les surfaces définies par les tolérances dimensionnelles sont implicitement d'une parfaite correction géométrique (extrait de NF E 04-009).

La norme NF E 05-015 distingue 6 ordres de défauts de surface (voir tableau 5.1) :
- Ordre 1 : les écarts de forme et de position.
- Ordre 2 : les ondulations.
- Ordre 3 : les stries et sillons (périodiques ou pseudo-périodiques).
- Ordre 4 : les arrachements d'outils.
- Ordre 5 : les défauts de structure cristalline.
- Ordre 6 : les défauts de réseau cristallin.

Il est clair que les tolérances de forme et de position (NF E 04-121) viennent compléter les tolérances dimensionnelles. Comme par définition les défauts d'ordre 1 ne comprennent pas les défauts d'ordre supérieur, les tolérances de formes concernent une surface « moyenne » ou une surface « enveloppe ».

Pour séparer les défauts d'ordre 1 des défauts d'ordre 2, il faut limiter par un maximum le pas du défaut d'ondulation ; cette limite est choisie à 2 500 µm dans les recommandations Cnomo (voir Afnor Cnomo).

Les défauts d'ordre 3 et 4 sont appelés défauts de rugosité. Pour séparer les défauts d'ordre 2 des défauts de rugosité, il faut limiter par un minimum le pas du défaut d'ondulation ; cette limite est choisie à 500 µm dans les recommandations Cnomo ; on l'appelle Longueur de coupure ou Cut off.

Les appareils commercialisés de mesure des états de surface utilisent des filtres passe-haut et des filtres passe-bas.

Les filtres passe-bas restituent les écarts du 1er et du 2e ordre perturbés plus ou moins par ceux du 3e et du 4e ordre. Ils permettent l'évaluation de l'écart du 2e ordre si la longueur limite du filtre est au plus égale au 1/10 de la longueur d'onde moyenne de l'écart considéré du 2e ordre. Les longueurs d'onde limite des filtres électriques passe-bas incorporés dans les circuits calculateurs des appareils commercialisés sont : 0,25 ; 0,75 ; 2,5 ; 7,5 mm (taux de passage 80 %).

Les filtres passe-haut restituent les écarts du 3e et du 4e ordre perturbés plus ou moins par ceux du 2e ordre. Il faut que la longueur d'onde limite du filtre soit au moins égale à 10 fois la longueur d'onde moyenne de l'écart considéré des 3e et 4e ordre. L'ISO recommande comme longueurs d'onde limite des filtres passe-haut les valeurs suivantes : 8 ; 2,5 ; 0,8 ; 0,25 ; 0,08 mm.

Les filtres atténuent plus ou moins les amplitudes. Le coefficient de restitution est fonction du pas de l'écart et de la longueur d'onde limite du filtre.

Les difficultés liées à l'exploitation des filtres ont conduit Cnomo à étudier une méthode de caractérisation des surfaces basée sur l'exploitation informatique de mesurages sans filtres (ni mécaniques ni électriques).

Tab. 5.1 • *Les ordres de la norme NF E 05-015*

N° d'ordre	Désignation	Illustration (Profils d'écarts géométriques de surface)	Surface spécifiée — Dessin d'exécution	Surface spécifiée — Signification par rapport à la fonction [1]
1	**Écart de forme** **Exemple :** écart de : – rectitude – circularité, etc.		Prescription géométrique (voir NF E 04-552)	1er et 2e ordres – influent sur : • frottement de glissement et de roulement • résistance au matage • étanchéité dynamique et statique • résultat des mesurages • etc. – créent : • usure
2	**Ondulation**			• grippage – diminuent : • durée de vie des organes • etc.
3	R U G O S I T É — **Strie, sillon** (périodique ou pseudo-périodique)		Symbolisation des écarts géométriques du 2e au 4e ordre (voir NF E 05-016)	3e et 4e influent sur : • écoulement des fluides • étanchéité dynamique • revêtement • adhésivité
4	R U G O S I T É — **Arrachement, marque d'outil et fente, piqûre**, etc. (apériodique)			• dépôt électrolytique • résistance aux efforts alternés • etc.
Somme des écarts du 1er au 4e ordre	**Profil total**		Ensemble des défauts de surface dont l'analyse permet de déterminer leur influence spécifique sur une ou plusieurs fonctions données.	Il ne sert à rien d'affiner la rugosité si l'écart de forme et l'ondulation ne sont pas réduits au niveau admissible pour une fonction donnée.
5	**Structure cristalline**		État physico-chimique : – Matériau – Traitement thermique – Procédés et conditions d'usinage	Phénomènes : – Mécaniques • usure • grippage • etc.
6	**Réseau cristallin**			– Électrochimiques : • corrosion • etc.

(1) Cette énumération n'est pas limitative : elle est donnée à titre d'exemple.

Exemples

Filtres électriques passe-bas

- Ils laissent passer les basses fréquences du signal capté et restituent les écarts du 1er et du 2e ordres perturbés plus ou moins par ceux du 3e et du 4e ordres et cela en fonction du filtre utilisé ;
- ils atténuent plus ou moins les profondeurs (amplitudes) des écarts, en fonction de leur pas par rapport à la longueur d'onde limite du filtre passe-bas désigné par λ_{Fpb} (figure ci-dessous) ;
- ils provoquent un déphasage négligeable du signal filtré par rapport au signal capté ;
- ils n'engendrent aucune augmentation locale de la profondeur (amplitude) des écarts ;
- ils restituent le signal correctement dans un système de coordonnées X_W, Y_W assurant l'évaluation, par un des circuits calculateurs, de l'écart considéré du 2e ordre lorsque la condition suivante est remplie :

$$\lambda_{Fpb} \leq 1/10 \; A_W$$

où :
λ_{Fpb} : longueur d'onde limite du filtre passe-bas (en mm),
A_W : longueur d'onde moyenne de l'écart considéré du 2e ordre (en mm) ;

- ils établissent la ligne moyenne du signal obtenu par filtrage passe-bas (profil mesuré).

Nota :
Adapter le texte et transformer la formule de la ligne moyenne obtenue par filtrage passe-haut de la figure 5 de la norme NF E 05-015 pour définir la ligne moyenne obtenue par filtrage passe-bas, comme suit : Ligne moyenne, droite menée parallèlement à l'axe des abscisses ; la position unique de la droite est telle que :

$$\int_O^L \left[(Y_W)_i - W_p\right]^2 dX_W \text{ soit minimal : pratiquement } \sum_{i=1}^{i=n}(S?)_i = \sum_{i=1}^{i=n}(S?)_i$$

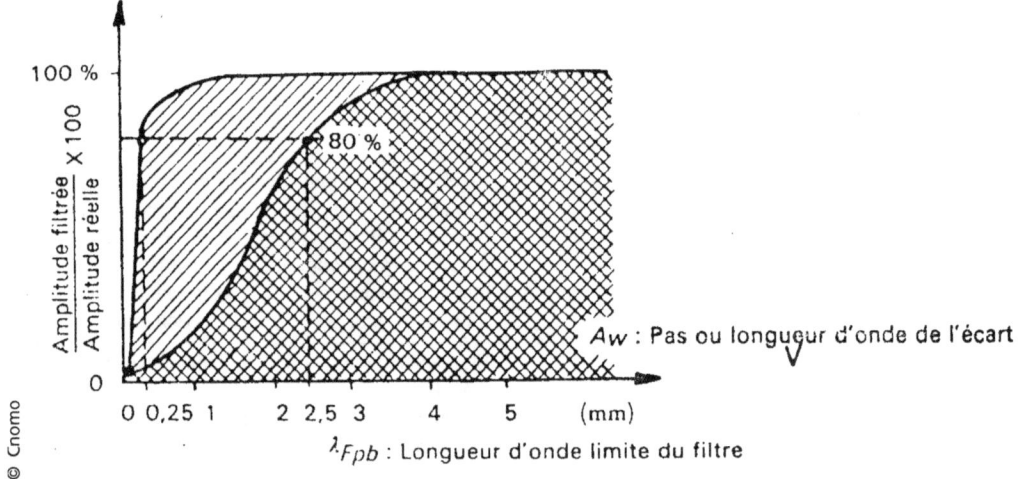

Fig. 5.7 • *Courbes de réponse de deux filtres passe-bas*

Filtres électriques passe-haut

- Ils laissent passer les hautes fréquences du signal capté et restituent les écarts du 3e et du 4e ordre perturbés plus ou moins par ceux du 2e ordre et cela en fonction du filtre utilisé ;
- ils atténuent plus ou moins les profondeurs (amplitudes) des écarts en fonction de leur pas par rapport à la longueur d'onde limite du filtre passe-haut désigné par λ_{Fph} (figure ci-dessous) ;
- ils provoquent un déphasage, en diminuant le degré d'approximation des profils mesurés par rapport aux profils réels ;
- ils peuvent engendrer des augmentations locales de profondeur (amplitude) des écarts dues au temps de réponse des circuits résistance-capacité, et cela au cours du mesurage de certains types de profils (**exemple** : pièces pierrées, polies ou rodées ; échantillons de tôle brute ou aux différents stades du revêtement par dépôts électrolytiques) ;
- ils restituent le signal correctement dans un système de coordonnées X_R, Y_R assurant l'évaluation par des circuits calculateurs de l'écart considéré des 3e et 4e ordres lorsque la condition suivante est remplie :

$$\lambda_{Fph} \geq 10\, A_R$$

où :
λ_{Fph} : longueur d'onde limite du filtre passe-haut (en mm),
A_R : longueur d'onde moyenne de l'écart considéré des 3e et 4e ordres (en mm) ;

- ils établissent la ligne moyenne du signal obtenu par filtrage passe-haut (profil mesuré, NF E 05-015, figure 15).

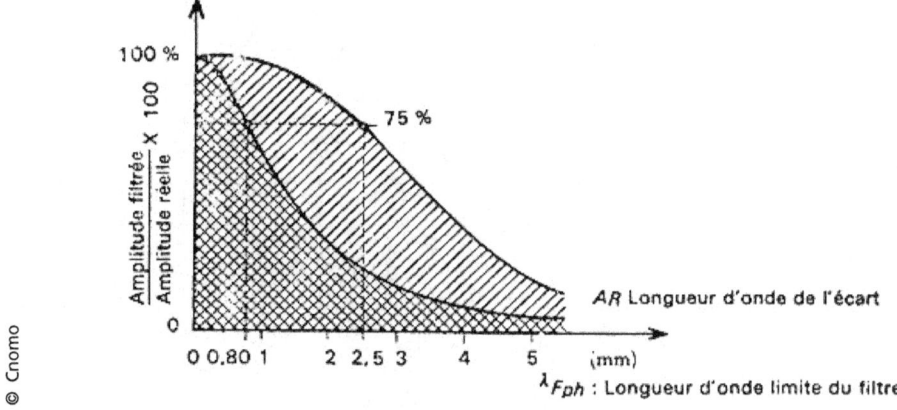

Fig. 5.8 • *Courbes de réponse de deux filtres passe-haut*

Par exemple, la restitution d'un écart de pas 0,8 mm par un filtre passe-haut de 0,8 mm est de 75 % (± 5 %). Cette restitution approcherait de 100 % avec un filtre de 2,5 mm mais risquerait d'être perturbée par des défauts d'ondulation.

De plus, CNOMO sélectionne parmi les 18 critères spécifiés par NF E 05-015, 9 critères permettant de définir l'état géométrique d'une surface.

Notons enfin que Cnomo donne à titre indicatif les valeurs de rugosité R obtenues avec différents procédés d'usinage (voir tableau 5.2).

Tab. 5.2 • *Les valeurs de rugosité des différents procédés d'usinage*

Valeurs nominales de « R » en micromètres	50	25	12,5	6,3	3,2	1,6	0,8	0,4	0,2	0,1
Ordre de grandeur de la tolérance totale d'usinage la plus serrée en micromètres	100	60	35	20	14	10	7	5	3	2

Procédés possibles de réalisation :

- Grenaillage
- Rabotage
- Sciage
- Oxycoupage
- Fraisage (en bout / en roulant)
- Tournage
- Alésage a l'outil
- Alésage a l'alésoir
- Perçage au foret
- Rectification (plane / cylindrique)
- Rodage
- Électro érosion
- Meulage main
- Limage
- Pierrage main
- Grattage

Légende : Réalisation usuelle / Réalisation exceptionnelle

© Cnomo

2.2. La position de l'usineur

L'usineur doit réaliser des pièces conformes au plan de définition lequel précise des tolérances dimensionnelles, des tolérances de forme et de position et des critères relatifs aux défauts de surface d'ordre 2 (ondulation) et d'ordres 3 et 4 (rugosité). Chaque entreprise peut établir pour son propre usage des instructions techniques relatives aux défauts d'ordres 5 et 6, mais ces critères ne font pas l'objet de normes.

L'usineur doit maîtriser ces différents défauts et dans la mesure du possible être capable de prédéterminer les choix d'outils, conditions et paramètres d'usinage qui vont permettre de satisfaire la qualité requise. Il faut comprendre que toute incertitude sur le sujet conduit soit à la production de rebuts soit à une sur-qualité moyenne ; dans les deux cas à une sous-optimisation économique.

2.3. Maîtrise et prédétermination des tolérances dimensionnelles, des défauts de forme et de position

En dehors des cas les plus simples, pour établir une procédure de contrôle dimensionnelle, la simple lecture du plan de définition s'avère insuffisante : il convient de prendre en considération les fonctions des surfaces concernées ce qui nécessite un dialogue entre le concepteur et le métrologue. De même, l'usineur ne peut établir sa gamme sans connaître les procédures de contrôle et doit pouvoir les discuter.

Justifions cette exigence par un exemple : les contraintes d'accessibilité font que les mesures sont bien souvent obtenues de manière indirecte ; or il est clair que toute mesure intermédiaire au niveau du contrôle :
- doit pouvoir être prise en compte au niveau de la procédure d'usinage ;
- restreint les intervalles de tolérances disponibles lors des opérations de finition.

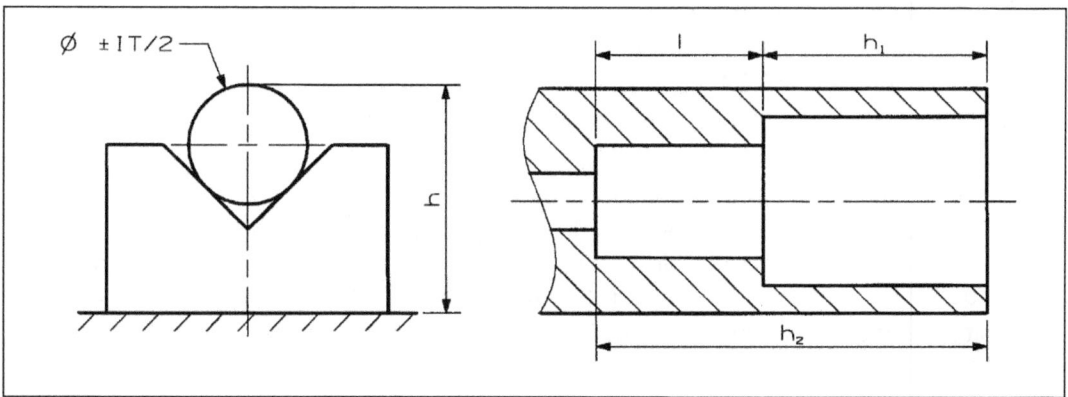

Figure 5.9

À gauche : la cote h mesurée nécessite l'utilisation d'un cylindre rectifié connu avec un IT dont il faudra tenir compte.
À droite : la cote l dont on cherche la valeur est obtenue par la différence des deux cotes $h_2 - h_1$.

Attirons l'attention sur quelques points importants :
1. Il faut proscrire les réglages décentrés par rapport à l'intervalle dimensionnel disponible : ce genre « d'astuce », destinée à pallier de manière conjoncturelle une difficulté d'usinage élude un problème plus profond. C'est ce problème qu'il faut déceler et régler rationnellement.
2. Par contre, il est judicieux de distinguer les écarts dus aux défauts d'exactitude (ou systématique), des écarts dus aux défauts de répétitivité.

Usinage par enlèvement de copeaux

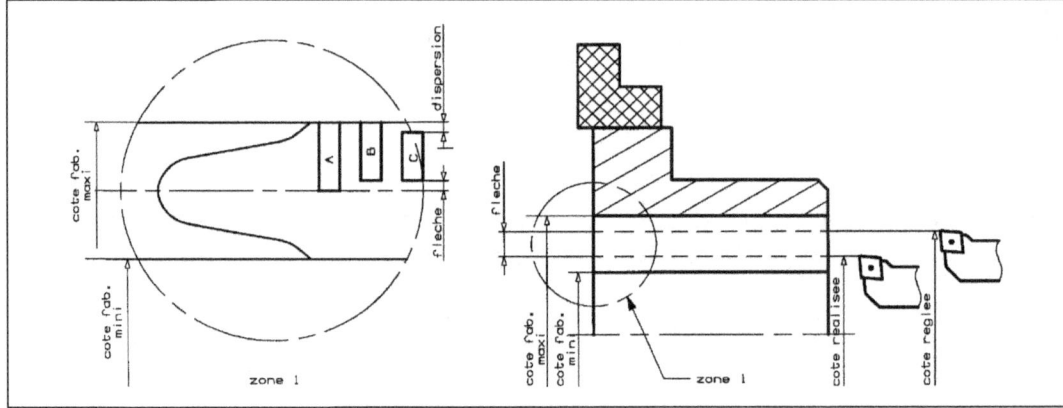

Fig. 5.10 • *Flexion d'une barre d'alésage en tournage*

Si l'on ne tient compte que de la dispersion automatique due à l'usure de l'outil, la zone de réglage est la zone A. La prise en compte de la flèche donne la zone B de réglage, la dispersion de mise en position la zone C de réglage.

3. Plus généralement, dans les cas complexes, on est conduit à analyser les causes des écarts.

 Pour respecter les tolérances dimensionnelles et géométriques, l'usineur sera conduit à :
 - limiter les écarts de répétabilité ce qui est généralement onéreux ;
 - utiliser des plaquettes amovibles de précision ;
 - limiter la durée de vie d'arête pour limiter le recul d'arête ;
 - obtenir à l'ébauche des surépaisseurs régulières en vue de la finition ;
 - …
 - limiter les causes de défaut d'exactitude ;
 - limiter les efforts de coupe ; c'est la justification principale des faibles profondeurs de passe et d'avance en finition ; mais il faut rester dans le domaine de validité du couple outil-matière. Voir aussi l'exemple du contournage intérieur latéral en fraisage ;
 - limiter l'angle d'hélice d'une fraise à surfacer-dresser à plaquette amovible (défaut de cylindricité) ;
 - utiliser des bancs de préréglage ; des correcteurs d'outils ;
 - …
 - corriger les trajectoires en fonction des erreurs d'exactitude :
 - calculées lorsque ce calcul est possible et suffisamment précis ;
 - mesurées, d'après les résultats sur la pièce : mais attention car ces mesures intègrent les erreurs de répétabilité (voir section 1 ci-dessus).
 - …

4. Un problème particulièrement délicat est celui des libérations de contraintes lors de l'usinage ; ces libérations de contraintes peuvent intervenir :
 - lors de l'usinage de la surface elle-même ;
 - lors de l'usinage d'une autre surface voisine ;
 - lors de la suppression des ablocages.

Une solution (mais ce n'est pas la seule) consiste à supprimer les contraintes dues aux opérations par un traitement thermique précédant les opérations de finition.

Dans les cas délicats :

La prédétermination complète des trajectoires incluant toutes les corrections nécessaires au respect des tolérances ne peut pas être obtenue.

L'évaluation des erreurs de répétabilité prenant en compte l'ensemble de leurs causes est indispensable et peut conduire à des mesures particulières pour les maintenir dans des limites acceptables (reprenons l'exemple de plaquettes de précision). Faute d'une analyse rigoureuse, l'usineur doit s'attendre à de graves mécomptes : déviations en cours d'une série, succès d'une série mais impossibilité de réussir une série ultérieure etc.

2.4. Maîtrise et prédétermination des défauts d'ondulation et de rugosité

Rappelons que la rugosité comprend les défauts d'ordres 3 et 4. Exemples de défauts d'ondulation et de rugosité :
- Ondulation : avance par tour de fraise
- Rugosité d'ordre 3 : avance par tour de pièce (tournage)
- Rugosité d'ordre 4 : géométrie d'affûtage de l'outil.

En fait, il est impossible de relier de manière rigide causes et effets : selon la longueur de coupure choisie, le même défaut peut être considéré comme défaut d'ondulation et de rugosité. Ces trois ordres de défauts sont donc traités simultanément.

Comme dans le cas traité à la section 2.3, l'usineur ne peut établir sa gamme sans connaître les procédures de contrôle et doit pouvoir les discuter.

Quelles stratégies va développer l'usineur pour atteindre maîtrise des défauts et prédétermination des choix d'outils, conditions et paramètres d'usinage ? Les réponses varient avec les techniques et seront traitées en détail dans les ouvrages correspondants. Donnons dès maintenant trois exemples significatifs.

Premier exemple : chariotage finition en tournage en mandrin-pointe.

La génération est ponctuelle et le défaut de rugosité d'ordre 3 dû au sillon peut être calculé ; les défauts d'ordre 4 doivent rester négligeables par rapport aux défauts d'ordre 3 et bien entendu, il convient d'éviter les défauts d'ordre 2 (voir complément du chapitre 5 en annexe de cet ouvrage).

Pour éviter les défauts d'ordre 2, vérifier l'état de la machine, la rigidité de l'outil et de son montage, le soin apporté à l'entraînement de la pièce, au montage de la contre-pointe, à la réalisation et au bon état du centre qui reçoit la contre-pointe. Il convient aussi d'éviter les balourds ; par exemple ne pas finir une portée s'il subsiste des balourds de brut sur d'autres portées… Nous sommes là dans le domaine du respect des « règles de l'art ».

Pour que les défauts d'ordre 4 restent négligeables : il faut que la coupe soit franche donc que l'outil soit qualifié pour travailler dans la matière.

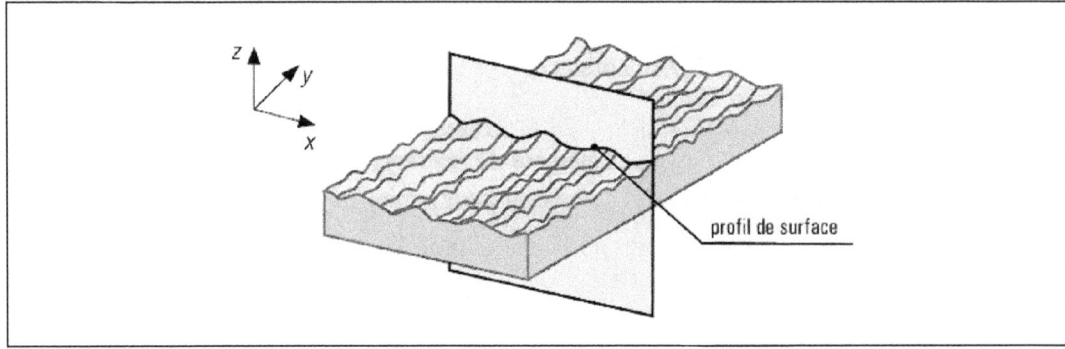

Fig. 5.11 • *Profil de surface*

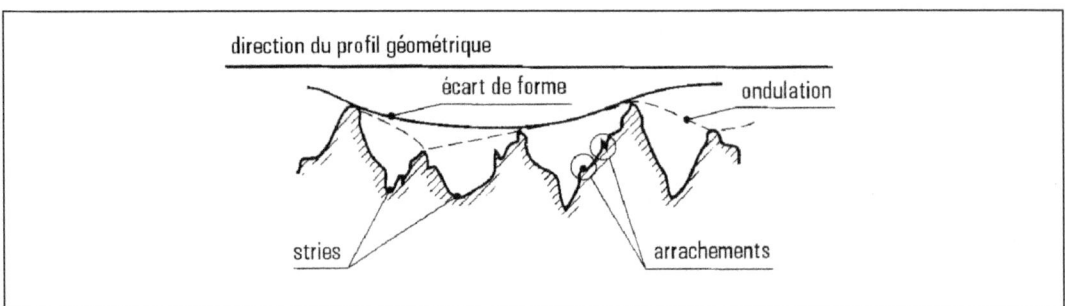

Fig. 5.12 • *Différents défauts d'ordres 1 à 4*

L'arête doit être en bon état et le rester pendant sa durée d'utilisation, ce qui implique :
- que le mode d'usure soit acceptable, donc que les paramètres d'usinage appartiennent au domaine de validité du couple outil-matière ;
- que le degré d'usure reste dans des limites (pré)déterminées donc que l'on maîtrise la durée de vie de l'arête.

Si ces conditions sont satisfaites, on peut choisir (calculer) un paramètre d'avance par tour qui laisse le défaut de sillon inférieur au défaut acceptable. Il faut prévoir une marge de sécurité pour tenir compte des défauts d'ordre 4 qui subsistent et de l'usure de l'outil. Le début d'usure peut conduire à modifier le rayon de pointe dans le sens d'un rayon équivalent plus grand que le rayon nominal donc à améliorer temporairement l'état de surface.

Deuxième exemple : surfaçage par fraisage.

La génération est ponctuelle. Mais les fraises à surfacer sont à dents multiples et il est facile de calculer que la profondeur du défaut de sillon est du même ordre de grandeur ou d'un ordre de grandeur inférieur à la précision de réglage en hauteur des dents :

$f^2/(8 \cdot R_\varepsilon) = 1,56$ µm pour $f = 0,1$ et $R_\varepsilon = 0,8$. On ne peut pas non plus prendre en compte l'avance par tour, ce qui conduirait à une erreur d'appréciation dans l'autre sens (si $Z = 6$, le défaut précédent est multiplié par 36 soit 5,6/100 µm). On ne peut pas envisager une valeur intermédiaire (laquelle ?). La stratégie utilisée en tournage ne convient pas.

Une bonne solution consiste à monter sur la fraise une plaquette « planeuse », de largeur d'arête supérieure à l'avance par tour, et montée légèrement en saillie des autres plaquettes.

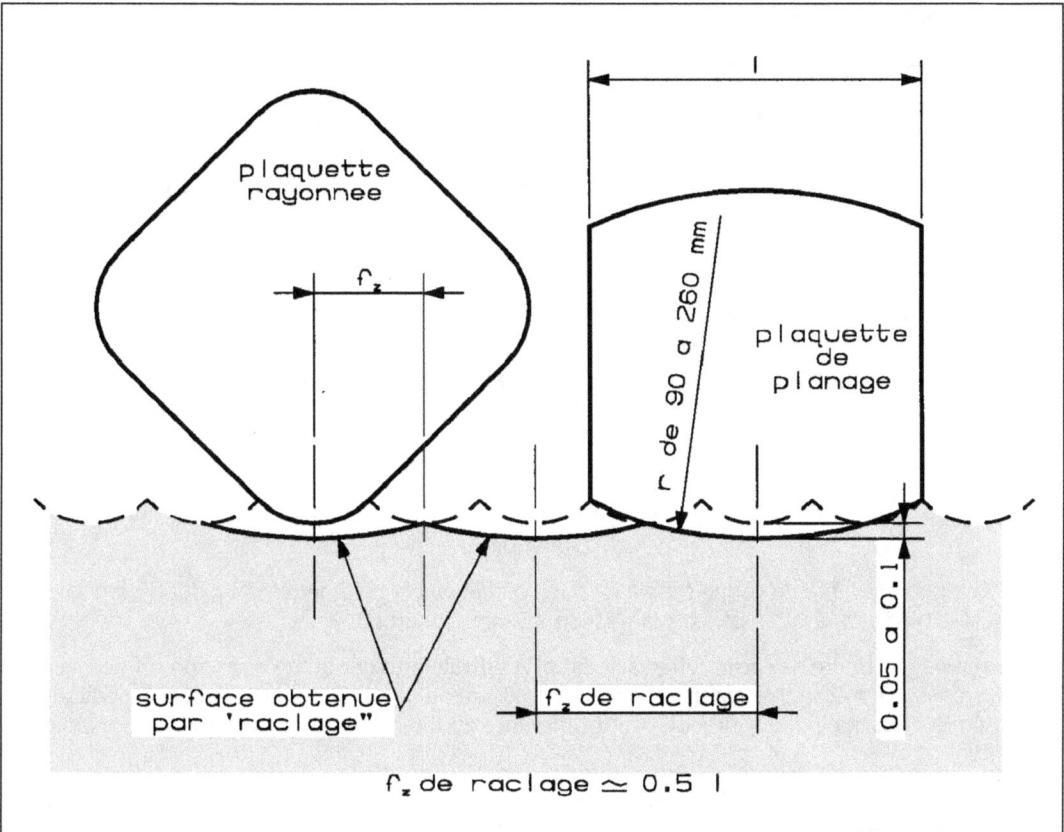

Fig. 5.13 • *Action d'une plaquette de planage*

Le très grand rayon de l'arête de planage et son positionnement (en retrait des autres arêtes de coupe) évite un profil en dents de scie ou en crête. ce type de plaquette est particulièrement utilisé dans l'usinage des matériaux à copeaux courts (fonte grise, etc.).

L'arête planeuse n'est pas en général exactement rectiligne mais présente un très grand rayon de courbure (de l'ordre du mètre). C'est maintenant le défaut d'ordre 3 qui est négligeable et ce sont les défauts d'ordre 4 qu'il faut limiter ; ces défauts peuvent rester faibles mais ne seront jamais négligeables car les conditions de travail de la plaquette planeuse ne sont pas très bonnes, l'épaisseur de coupe étant très faible. La solution pour maîtriser les défauts d'ordre 4 est de rester dans le domaine de validité du couple outil-matière (obtenu expérimentalement) et de changer l'arête de planage après un temps d'utilisation prédéterminé.

Troisième exemple : usinage d'une gorge radiale par tournage.

Les flans sont générés ponctuellement et les explications relatives au premier exemple demeurent valables. Le fond est généré linéairement avec arrêt d'avance ce qui nécessite une qualification particulière pour l'outil qui ne doit pas entrer en vibration après l'arrêt de l'avance.

2.5. Maîtrise et prédétermination des défauts d'ordres 5 et 6

Ce domaine est mal connu et l'on ne dispose sur ce sujet que de connaissances ponctuelles.

La seule solution consiste à inclure dans les critères de validation du domaine de validité d'un couple outil-matière, les exigences relatives aux défauts d'ordres 5 et 6. Rappelons l'influence que ces défauts peuvent avoir sur certaines caractéristiques des pièces et en particulier sur leur tenue en fatigue ou leur résistance aux corrosions.

3. Les matières usinées

Si la connaissance du comportement des matériaux ne permet pas la prédétermination des domaines de validité des couples outils-matières, elle en facilite la compréhension et évite bien des erreurs.

Questions

1- L'énergie spécifique de coupe est-elle, à outil, conditions et paramètres identiques, proportionnelle (sensiblement), à la résistance à la traction ? Si non : pourquoi ?

2- En usinage carbure, un acier réfractaire est plus difficile à usiner qu'un acier non réfractaire de même résistance mécanique à la traction. En particulier, à outil, conditions et paramètres identiques, la durée de vie est moindre. Pourquoi ? Cette différence est moins sensible en usinage à l'acier rapide. Pourquoi ?

3- Les réfractaires base nickel (Inconel) s'usinent au carbure à vitesse de coupe nettement inférieure à un acier pour traitements thermiques de même résistance à la traction. Par contre, on peut les usiner à très haute vitesse (400 m/min et plus), avec certaines céramiques. Comment est-ce possible ?

4- Vous voyez percer du X120Mn12 au foret hélicoïdal acier rapide, sur une perceuse à colonne à avance automatique. Vous tentez la même opération sur une perceuse sensitive, toutes conditions et paramètres identiques. Vous échouez. Pourquoi ?

Réponses

1- L'énergie spécifique de coupe n'est pas proportionnelle à la résistance à la traction. Prenons l'exemple de 2 aciers martensitiques résistants à la corrosion de nuance X30Cr13 usinés avec le même outil, dans les mêmes conditions et sous les mêmes paramètres : les énergies spécifiques de coupe ont été les suivantes :
– Rm 830 MPa   Énergie spécifique : 2 600 J·cm^{-3}
– Rm 530 MPa   Énergie spécifique : 2 060 J·cm^{-3}

La proportionnalité appliquée au premier cas pour calculer le second aurait fourni :
$$2\,600 \times (530/830) = 1\,660.$$

L'idée de la proportionnalité des efforts est assez naturelle : on enlève la même quantité de matière sous les mêmes paramètres et la force de coupe « doit être » proportionnelle à la résistance à la traction.

Mais :
- les forces de coupe aux températures de coupe ne sont pas proportionnelles aux résistances R_m mesurées à température ambiante ;
- l'énergie peut être évaluée par la surface sous la courbe de déformation-rupture (déformations en abscisse, forces en ordonnée). Et lorsque R_m croît, l'allongement à la rupture décroît.

2- Lorsque la température augmente, la résistance au cisaillement diminue. Mais moins pour un acier réfractaire. Aux températures de coupe avec des aciers rapides, la résistance au cisaillement des aciers – même non réfractaires – diminue de manière moins sensible.

3- Suite au raisonnement précédent : aux températures de coupe admissibles avec les céramiques, la résistance des réfractaires base nickel s'effondre.

4- Ce genre d'acier a une structure austénitique instable. Il y a transformation martensitique sous l'apport d'énergie par la coupe. On passe couramment de 150 à 500 HB. Pour usiner ces aciers, il faut une vitesse faible et une avance forte et régulière pour passer sous la couche transformée.

Avec une perceuse sensitive, il y a nécessairement des interruptions d'avance pour reprise manuelle du levier d'avance : il se crée une couche dure que le foret ne peut franchir au moment de la reprise d'avance.

Un phénomène analogue se produit sur une perceuse qui « s'ouvre » sans avance du foret au moment de l'attaque.

N.B. : Énergie spécifique de coupe $W_C = P_c/Q$.

Rappelons que (section 1.2 de ce chapitre) : « La qualité des données de sortie est limitée par la qualité des données d'entrée. »

Il s'en suit que :
- techniquement : les matières doivent être définies avec précision ;
- économiquement : pour réduire le nombre de domaines de validité à déterminer, il faut réduire le nombre de matières usinées à étudier et/ou les regrouper.

3.1. Les matières doivent être définies avec précision

Ce qui comprend :
- composition ;
- mode d'élaboration ;
- nature des traitements ;
- état métallurgique détaillé et dans certains cas historique du matériau ;
- caractéristiques mécaniques.

La composition s'exprime en fourchettes. Cette exigence s'applique également aux « impuretés » telles le soufre. Les matériaux de basse qualité ont des compositions comprises dans de larges fourchettes ; ils sont de ce fait d'usinabilité instable.

Le mode d'élaboration influe souvent, directement ou indirectement, sur l'usinabilité des matériaux.

Voir les différences sensibles entre un matériau forgé et un matériau coulé de même composition.

Voir la différence entre un « refondu sous vide » et un « refondu sous laitier ».

La dimension des grains, la dimension des oxydes, la nature, la forme et la répartition des sulfures et plus généralement de toute inclusion… peuvent avoir des répercutions importantes sur le comportement à l'usinage.

3.2. Réduction du nombre de matières

L'usineur en est rarement maître. Mais il doit convaincre les interlocuteurs concernés (bureau d'études, service des achats, éventuellement laboratoire…) que la quantité de problèmes d'usinage à résoudre croit avec la diversité des matières à usiner.

3.3. Regroupement de matières en classes d'usinabilité

Cette pratique est d'usage courant. Elle est en contradiction avec les remarques de la section 3.1 de ce chapitre. On y est pourtant souvent contraint pour des raisons économiques.

Remarquons déjà que cette pratique ne concerne guère les matériaux les plus nobles (et les plus chers). On étudie l'usinage de l'Inconel 718. Si l'on doit usiner de l'Inconel 625, on entreprend une autre étude. De même entre les alliages de titane Ti6A14V et T-60 (norme Air 9182). C'est finalement dans les matériaux les plus courants que l'on trouve généralement la plus grande variété. On peut se demander si cela est justifié ; ce qui renvoie à la section précédente.

Si l'on veut considérer comme identiques pour l'usinage des matériaux différents, on peut envisager deux solutions :
– la modélisation ;
– la restriction du domaine de validité au cas le moins favorable.

3.3.1. La modélisation

Elle se pratique sur certaines caractéristiques. En particulier sur la dureté ou la résistance à la traction. On peut valablement, par exemple, indexer linéairement la vitesse de coupe à la résistance à la traction d'un acier bien déterminé. Par exemple d'un 35NiCrMo16 bien déterminé (mode d'élaboration, taux de soufre…) entre 950 et 1 250 MPa. Encore faut-il que la fourchette ne soit pas trop large : la linéarité ne serait plus satisfaite.

Pour d'autres paramètres, on pourra accepter un palier suivi d'une décroissance linéaire. C'est souvent le cas pour les avances (par tour, par dent) ou les sections coupées.

Des modélisations tentées sur le taux de soufre ont confirmé l'influence de ce paramètre mais n'ont pas permis d'établir une relation fonctionnelle entre taux de soufre et vitesse de coupe à durée de vie constante (ou durée de vie à vitesse de coupe constante).

3.3.2. La restriction du domaine de validité au cas le moins favorable

S'appuie sur un raisonnement du genre suivant : « J'usine de l'acier C32 et de l'acier C45. Ces deux aciers ne doivent pas beaucoup différer l'un de l'autre du point de vue de l'usinabilité ; et si l'un est plus difficile à usiner que l'autre ce doit être C45. Je vais donc étudier l'usinage de C45 et appliquer les résultats à C32. Je ne risque rien et ne dois pas perdre grand chose en productivité sur C32. »

Ce raisonnement, plus ou moins explicitement formulé, est largement appliqué dans la pratique.

Étudions le de manière critique :
- il n'est pas certain que le domaine de fonctionnement de C32 englobe celui de C45 pour toutes les caractéristiques. A avance croissante en tournage, il est possible que C45 fragmente avant C32 ;
- plus généralement, les aciers à très bas carbone peuvent présenter des difficultés d'usinage particulières. Penser au C10 ou dans les aciers résistants à la corrosion au X2CrNi1810 ;
- dans certains cas, il est bien difficile de prévoir et même de présupposer lequel des deux matériaux présentera le plus de difficultés à l'usinage : à résistance ou dureté égale, comment classer *a priori* 35NiCrMo16 et 40CrMoV12 ?
- le classement valable pour une technique voire une opération reste-t-il valable pour les autres techniques ou opérations ? La réponse est ici négative : la difficulté d'évacuer les copeaux en opérations profondes ou le retour élastique en opération d'intérieur posent des problèmes qui n'apparaissent pas nécessairement en chariotage au tour.

3.4. Vers une solution

En dehors de la réduction du nombre de matières, hautement souhaitable mais difficile à obtenir (et qui présente de toute manière des limites !), on peut appliquer les stratégies suivantes :
- modélisation et restriction du domaine de validité au cas le moins favorable sont complémentaires : on mettra par exemple dans la même classe d'usinabilité 35CrMo4 et 42CrMo4 prétraités, on les étudiera sur le cas du 42CrMo4, et on indexera certains paramètres tels la vitesse de coupe sur la résistance à la traction comprise dans une fourchette entre 850 et 1 100 MPa. Bien entendu, ces deux matériaux devront être semblables à tous autres points de vue (élaboration, teneur en soufre...).
- on choisira un représentant de chaque classe d'usinabilité. Si l'on envisage de faire rentrer un nouveau matériau dans cette classe, on vérifiera que l'assimilation est possible pour l'ensemble des techniques et opérations concernées. Se souvenir que ce qui est valable pour certains matériaux de coupe peut ne pas l'être pour d'autres.

On voit donc déjà se dessiner l'idée d'opérations types permettant de valider ou non le rattachement d'un nouveau matériau à une classe d'usinabilité.

Il est également clair que deux matériaux peuvent appartenir à la même classe d'usinabilité pour certaines techniques ou opérations, mais pas pour d'autres.

3.5. Classes de choix

Il est fréquent que deux matériaux qui ne présentent pas les mêmes domaines de validité (et qui donc ne peuvent appartenir à la même classe d'usinabilité) soient toutefois usinables avec les mêmes outils. On dira alors qu'ils appartiennent à la même classe de choix.

Il est clair :
- qu'une bonne connaissance des caractéristiques structurelles d'un matériau liée à celle des différents modes d'usure et de dégradation des arêtes de coupe permet le plus souvent de

prévoir si un outil convient pour effectuer tel type d'opération dans tel type de matériau. Alors que ces mêmes connaissances seront insuffisantes à prédéterminer les domaines de validité de ces outils dans ces matériaux ;
– que les essais de coupe qui invalideront l'entrée d'un matériau dans une classe d'usinabilité (pour une technique ou une opération donnée) pourront valider son entrée dans une classe de choix. On peut par exemple décider que, en fraisage rainurage 2 tailles, 35NiCrMo16 et 40CrMoV12 n'appartiennent pas à la même classe d'usinabilité (pas les mêmes domaines de validité) mais appartiennent à la même classe de choix (usinables avec les mêmes outils).

3.6. Schéma de mise en place

Un nouveau matériau doit être usiné par tournage.

D'après l'ensemble de ses caractéristiques on espère pouvoir le rattacher :
– à la classe de choix représentée (par exemple) par le 35NiCrMo16 prétraité à R_m = 1 250 MPa ;
– à la classe d'usinabilité représentée (par exemple) par le 25CrMo4 prétraité à R_m = 950 MPa.

Opérations types du tournage :
– Chariotage paraxial ébauche
   choc 0   aucun choc
   choc 5   hexagonale
   choc 9   arbre cannelé

– Chariotage paraxial finition
   choc 0
   choc 9

Gorges radiales profondes – Pour chaque opération type, le schéma serait alors le suivant :
– Définition de techniques – opérations types.
– Définitions de couples : techniques – opérations/classes de matériaux de coupe.

Choix de représentants de classes d'usinabilité pour chaque couple (au départ un matériau peut être seul dans sa classe).

Choix de représentants de classes de choix pour chaque couple.

Ces réflexions peuvent sembler abstraites. Leur prise en compte est pourtant un préalable nécessaire à toute étude sérieuse de constitution d'un standard d'outils puis de détermination des domaines de validité des outils dans les matières.

Nous mettons en particulier le lecteur en garde contre deux tentations auxquelles succombent encore d'importants usineurs. La première est de considérer que l'usinabilité est indépendante de l'opération : l'usinabilité peut être excellente en tournage et détestable en perçage. La deuxième est de considérer que l'usinabilité est indépendante du matériau de coupe : l'usinabilité peut être bonne avec une céramique (judicieusement choisie) et mauvaise au carbure.

En résumé, il ne faut pas considérer que l'usinabilité est une caractéristique intrinsèque d'un matériau. Il ne faut pas penser que l'usinabilité peut s'exprimer sous forme d'un indice unique, si judicieuse que soit la définition de cet indice.

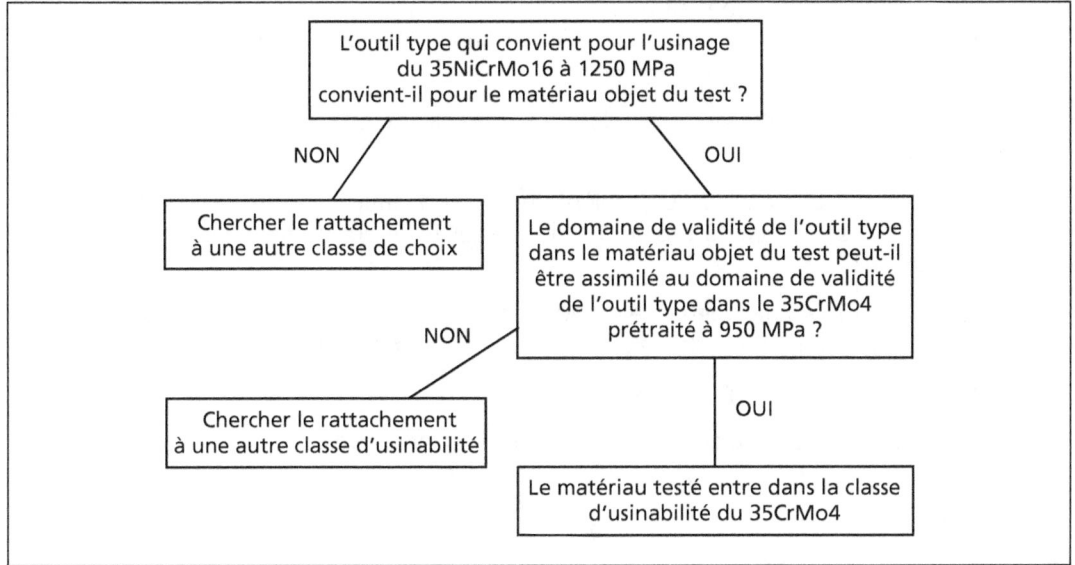

L'usinabilité d'un matériau donné, pour une opération donnée, avec une classe de matériau de coupe donnée, s'exprime par un domaine de validité. Et si l'outil utilisé pour tester le matériau est mal choisi, mal défini, l'appréciation de l'usinabilité du matériau sera erronée.

En matière d'usinabilité, il est vain de comparer un C10 et un 35NiCrMo16 prétraité à 1 250 MPa.

Les difficultés d'usinage existent dans les deux cas mais ce ne sont pas les mêmes. Et les outils convenables pour une opération ne seront en général pas les mêmes.

Et pourtant vous trouverez des tables exprimant par un même indice l'usinabilité de ces deux matériaux. Et de quelques autres dont l'Inconel.

3.7. Constitution d'un standard de matières à usiner

Dans une entreprise donnée, la constitution de ce standard est une nécessité. C'est même une des premières actions si ce n'est la première à entreprendre, lorsque l'on décide de rationaliser les techniques d'usinage.

Chaque matière doit être identifiée avec précision.

Identifier ne signifie pas nécessairement connaître toutes les caractéristiques.

Rappelons que pour chaque matière concernée, il faudrait connaître :
a. composition (avec valeurs limites) ;
b. mode d'élaboration ;
c. nature des traitements ;
d. état métallurgique détaillé ;
e. caractéristiques mécaniques (avec valeurs limites) ;

or, en pratique, on ne peut connaître que a et e avec une précision suffisante et même si on connaît b, c et d, on ne sait qu'exceptionnellement apprécier l'importance des écarts (inévitables) avec des spécifications de référence.

Il est donc clair que pour l'usineur, la solution passe par une identification sans ambiguïté et des critères d'usinabilité.

Nous ne nous étendrons pas sur le problème de l'identification. Il faut par exemple être en mesure de distinguer un acier à bas soufre d'un acier resulfuré de même composition et de mêmes dimensions.

C'est un réel problème mais qui relève du domaine organisationnel et non du domaine technique. En ce qui concerne l'usinabilité, il faut distinguer sa détermination et son contrôle.

Ces questions sont traitées au chapitre 10.

Peut-on proposer un standard type ? Notre réponse est négative.

Pour le comprendre, il suffit de réfléchir aux difficultés rencontrées lors de la construction d'un standard type.

Voici quelques éléments pour nourrir cette réflexion :

1. Un dénombrement rapide des types et marques d'acier proposées en Allemagne d'après une édition assez ancienne du Stahlschussel aboutit au nombre effrayant de 28 000.
Les alliages d'aluminium, de cuivre, de nickel... les fontes, les matières plastiques, les composites... sont à compter en plus ;
2. Un standard type établi aujourd'hui serait périmé demain ;
3. Un standard doit prévoir des regroupements par classes d'usinabilité. Ces regroupements sont spécifiques d'une entreprise, voire d'un établissement : il faut admettre que tout regroupement entraîne une perte de performances et c'est dans chaque cas particulier que l'on peut apprécier si la perte de performances est compensée par l'économie de paramétrage.

Ce que l'on peut faire c'est donner un exemple de standard. L'exemple joint a été utilisé dans des industries dites « de pointe ». On remarquera l'absence des matières plastiques et celle, provisoire, des composites (voir tableau 5.3).

Tab. 5.3 • *La constitution et l'usinabilité*

Symbole Base Désignation rapide	Usinabilité	Exemple	$R_{m\,min}$ MPa	$R_{m\,max}$ MPa
FA5 Fer F Aciers doux Aciers doux et extra doux pour Traitements Thermiques	5 Moyenne	C10	200	400
FB5 Fer F Aciers pour TT Aciers non alliés pour Traitements Thermiques	5 Moyenne	C48	400	720
FC5 Fer F Aciers pour TT Aciers faiblement alliés pour Traitements Thermiques	5 Moyenne	25CrMo4	670	950
FD5 Fer F Aciers pour TT Aciers faiblement alliés pour Traitements Thermiques	5 Moyenne	35NiCrMo16	950	1 250
FE5 Fer F Aciers pour TT Aciers faiblement alliés pour Traitements Thermiques	5 Moyenne	35NiCrMo16	1 200	1 400
FE7 Fer F Aciers pour TT Aciers faiblement alliés pour Traitements Thermiques	7 Difficile	40CrMoV12	1 200	1 400
FG5 Fer F Inox Martensitique Acier Martensitique résistant à la corrosion	5 Moyenne	Z15CN1703	640	1 100
FF5 Fer F Inox ferritique Acier ferritique résistant à la corrosion	5 Moyenne	Z08C17	400	640
FH7 Fer F Inox Austénitique Acier austénitique résistant à la corrosion très bas carbone	7 Difficile	X2CrNi1810	440	780
FV7 Fer F Maraging Acier résistant à la corrosion à vieillissement structural	7 Difficile	Marval X12	1 150	1 450
FI3 Fer F Fonte Grise Fontes Grises à graphite lamellaire	3 Facile	FT26	100	400
FJ5 Fer F Fontes GS Fontes à graphite sphéroïdal	5 Moyenne	FGS600-2	370	800
CN3 Cuivre C Laiton Laiton courant	3 Facile	UZ39Pb2	400	500
CO5 Cuivre C Bronze Bronze courant	5 Moyenne	UE9P	400	500
GP3 Magnésium G Magnésium/Alu Alliage Magnésium/Aluminium	3 Facile	GA6Z3	180	300
LK5 Aluminium L Alu Gras Alliage aluminium comportement gras	5 Moyenne	5 754	140	360
LL3 Aluminium L Alu normal Alliage aluminium bas silicium	3 Facile	7 075	250	610
LM5 Aluminium L Alu au silicium Alliage d'aluminium de fonderie à haut silicium	5 Moyenne	AS10G	160	420
NS7 Nickel N Inconel 625 Super alliage réfractaire base nickel Inconel 625	7 Difficile	Inconel 625	1 150	1 300
NR7 Nickel N Inconel 718 Super alliage réfractaire base nickel Inconel 718	7 Difficile	Inconel 718	1 250	1 400
TT5 Titane T Titane TA6V Alliage de titane type TA6V	7 Difficile	TA6V	800	1 100
TU5 Titane T T60 Alliage de titane type T60	5 Moyenne	T60	400	600

Note : L'indice d'usinabilité utilisé ici va de 1- Très facilement usinable à 10- Très difficilement usinable voire inusinable.

4. Les matériaux de coupe

Nous articulerons notre propos autour du matériau de coupe, mais serons conduits à de nombreuses incidences relatives à l'outil complet.

Questions

1- Certains aciers rapides contiennent du cobalt. Quel est le rôle de cet élément ?

2- Les carbures frittés contiennent du cobalt. Quel est le rôle de cet élément ?

3- Certaines nuances de carbure contiennent du ruthénium. Quel est le rôle de cet élément ?

4- On peut considérer la friabilité comme une qualité opposée à la résilience. La friabilité est-elle toujours un défaut pour un matériau de coupe ?

5- Pourquoi le nitrure de bore cubique est-il utilisé de préférence au diamant en rectification des aciers traités ?

Réponses

1- Le cobalt ne forme pas de carbure par lui-même mais augmente la température à partir de laquelle la dureté de l'acier diminue.

2- Le cobalt est un liant pour les carbures.

3- Le ruthénium augmente la résilience de la matrice.

4- La friabilité est une qualité quand, en rectification on cherche le renouvellement d'arête par fragmentation.

5- Il y a affinité chimique entre le diamant et les alliages ferreux. Cette affinité chimique n'existe pas avec le nitrure de bore cubique

---

4.1. Les bases de classification

On peut classer les matériaux de coupe en fonction de leur nature et de leurs caractéristiques.

La nature des matériaux (tab. 5.4) est souvent complexe. Penser aux matériaux revêtus et aux outils à caractéristiques évolutives dans la masse.

Les matériaux de coupe utilisés dans la construction d'outils à géométrie définie sont :
– les aciers rapides ;
– les carbures frittés ;
– les céramiques de coupe ;
– les cermets ;
– le nitrure de bore cubique.
– le diamant.

Les matériaux de coupe utilisés en rectification sont :
– les alumines ;
– le carbure de silicium ;
– le nitrure de bore cubique ;
– le diamant.

Les caractéristiques des matériaux (tab. 5.4) de coupe se définissent par :
- la dureté et dureté à chaud ;
- la ténacité ;
- la conductibilité thermique et chaleur spécifique ;
- l'inertie chimique avec le matériau de coupe et les fluides de coupe ;
- la facilité de mise en œuvre ;
- le prix et abondance.

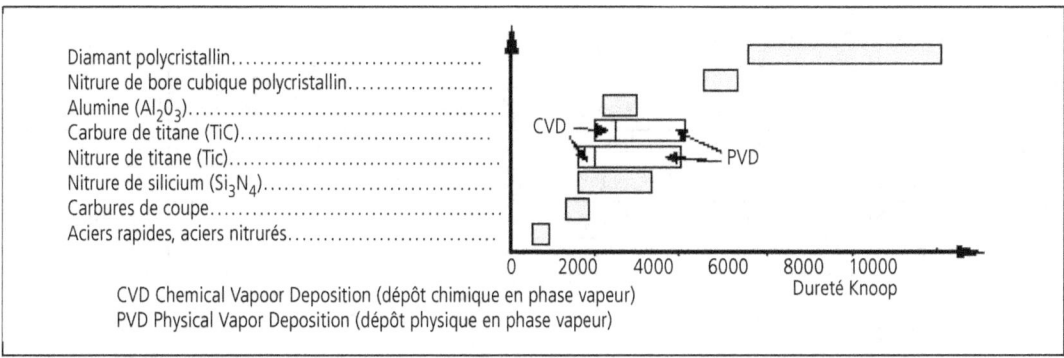

Fig. 5.14 • *Échelle de dureté Knoop à 20 °C*

Les fabricants d'outils cherchent et trouvent d'excellents compromis entre ces qualités difficilement conciliables.

Les problèmes se posent différemment aux fabricants d'outils et aux utilisateurs. Dans ce cours, nous nous plaçons du point de vue de l'utilisateur. Ce dernier, à de rares exceptions près, ne connaît du matériau de coupe que ce que les fabricants veulent bien lui en dire, ce qui est de toute manière insuffisant pour prédéterminer le comportement des matériaux de coupe dans les matières à usiner. Ajoutons que le fabricant lui-même ne découvre souvent que progressivement et par l'expérience, le domaine d'application d'une nouvelle nuance... ainsi que ses limites. Ne voyez pas dans cette remarque une critique du travail des fabricants d'outils : l'usinage est un phénomène extrêmement complexe, il est souvent difficile d'interpréter ce que l'on constate et pratiquement impossible de le prévoir dans le détail.

Certes il y a des règles qui évitent de faire ou de tenter n'importe quoi. Énonçons les plus courantes.

4.2. *Les aciers rapides*

Généralités :

HV10 de 700 à 900 ; TRS (Transversal Rupture Straingh) 3 000 à 4 000 MPa ; température limite d'utilisation de 500 à 600 °C.

Éléments d'alliage : W, Mo, V, Cr, Co et C. Les traitements thermiques assez complexes utilisent le phénomène de durcissement par précipitation. Les températures de revenu restent en dessous de 650°.

Variantes :

Aciers rapides frittés, aciers rapides revêtus.

Cas d'utilisation :

Vitesses de coupe faibles (relativement). **Ex.** : fraisage d'alliages légers avec fraises de faible diamètre sur machines conventionnelles (ie hors UGV).

Si N_{max} = 6 000 tr · min⁻¹ et D_{fraise} = 12 mm, $V_{c\ max}$ # 226 m · min⁻¹, insuffisante pour l'usinage au carbure.

Formes d'outils complexes. **Ex.** : fraises de forme.

Nécessité de tranchants d'arêtes très vifs.

Tab. 5.4 • *Nature et influence des constituants*

	Cr Chrome	**W** Tungstène	**Mo** Molybdène	**V** Vanadium	**Co** Cobalt
Dureté	Bénéfique	Bénéfique	Bénéfique	Bénéfique	Excellent
Ténacité (Résilience)	Nocif	Néant	Bénéfique	Néant	Nocif
Résistance à l'usure	Bénéfique	Bénéfique	Bénéfique	Excellent	Bénéfique
Résistance à T°	Nocif	Bénéfique	Bénéfique	Bénéfique	Excellent

Avertissements :

– dans les aciers rapides, le cobalt a pour fonction la stabilisation des carbures à haute température. Il entraîne par ailleurs une fragilisation de l'acier. Il est donc inutile à basse vitesse de coupe. On peut par exemple s'étonner de trouver du cobalt dans certains tarauds à main ;
– les revêtements sur aciers rapides sont obtenus par procédé de déposition physique en phase vapeur (PVD) et quelquefois par procédé de déposition chimique en phase vapeur (CVD) à basse température (< 550°). L'arête est arrondie. Attention donc si l'arête doit présenter des arêtes vives (**ex.** : taraudage) ;
– les fabricants d'outils revêtus ont longtemps défendu la thèse suivant laquelle l'affûtage, même s'il diminuait l'effet bénéfique du revêtement, conservait à l'outil un net avantage par rapport à l'outil non revêtu. Mais on avait alors affaire à un outil instable dans le temps ce qui rendait impossible son utilisation rationnelle. Il est maintenant admis que l'outil doit être à nouveau revêtu après affûtage.

4.3. *Les carbures frittés*

Généralités :

HV_{10} de 1000 à 2000 ; TRS de 28 000 à 17 000 MPa ; température de ramollissement # 1 100 °C (P10)

Ils sont constitués d'une phase dure (WC), de carbures d'addition, TiC, carbures mixtes de Ta et Nb… et d'un liant métallique, le Co (voir aussi exercice, question 3).

En augmentant le % de Co, on diminue la dureté, on augmente la ténacité.

En affinant la granulométrie, on augmente la dureté, on diminue la ténacité. La granulométrie moyenne va de 7 à 0,5 μm.

Variantes :

Pour une granulométrie de l'ordre de 1μm, on parle de micrograins et en dessous de submicrograins.

Tab. 5.5 • *Classification des carbures suivant la norme NFE 66-304*

Matériaux usinables	Nuance	Résistance à l'usure	Ténacité
Métaux ferreux à copeaux longs	P01 P10 P20 P30 P40	↑	↓
Aciers au manganèse, fonte alliée, inox austénitiques, aciers de décolletage	M10 M20 M30 M40	↑	↓
Métaux ferreux copeaux courts (fonte) autres matériaux	K01 K10 K20 K30 K40	↑	↓

Les revêtements, CVD, CVD basse température, PVD, ont pour fonctions :
– d'améliorer les conditions des contacts (frottements et usures) pièce-outil et copeau-outil ;
– de constituer une barrière thermique ;
– de constituer une barrière de diffusion.

Les revêtements sont classiquement composés de TiC, Al_2O_3, TiN, TiCN, TiAlN en couches successives mais on voit apparaître des revêtements de diamant (pour l'usinage des alliages légers) et de nitrure de bore cubique.

Même en dehors du revêtement, les plaquettes sont généralement hétérogènes dans leur masse, le substrat et les parties coupantes ne devant pas présenter les mêmes caractéristiques (fig. 5.16).

Cas d'utilisation :
Le domaine d'utilisation des carbures frittés est extrêmement vaste et concerne pratiquement tous les alliages courants. Mais il existe d'autres matériaux de coupe :
– l'acier rapide dont nous avons vu plus haut les cas d'utilisation ;
– les céramiques et cermets, le diamant et le nitrure de bore que nous vous présentons maintenant.

4.4. Les céramiques de coupe

4.4.1. Généralités

Matériaux frittés sans liant métallique. Plusieurs familles caractérisées par le constituant de base, les éléments d'addition. Nous distinguerons : les céramiques oxydes, les céramiques mixtes oxydes – non oxydes, les céramiques mixtes renforcées, les céramiques base TiC, les céramiques base Si_3N_4.

4.4.2. Céramiques oxydes

Céramique « blanche » constituée d'Al_2O_3. Céramiques mixtes oxydées par addition de ZrO_2 dites à dispersion.

HV_{10} # 1 700-1 800 ; TRS # 750-650 MPa température d'amollissement # 1 500 °C.

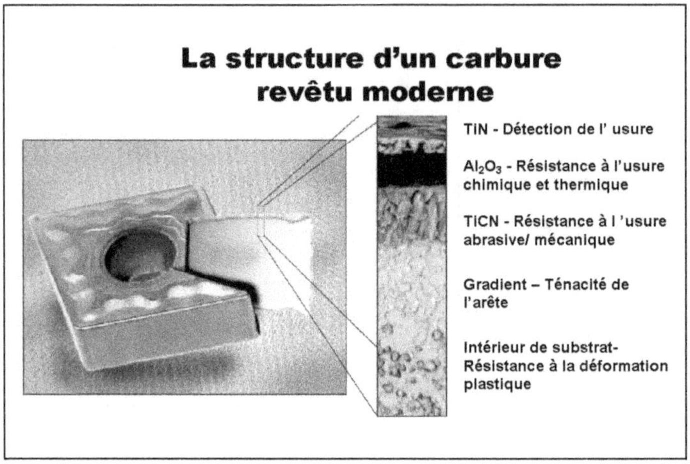

La structure d'un carbure revêtu moderne

- TiN - Détection de l'usure
- Al₂O₃ - Résistance à l'usure chimique et thermique
- TiCN - Résistance à l'usure abrasive/ mécanique
- Gradient – Ténacité de l'arête
- Intérieur de substrat - Résistance à la déformation plastique

© Sandvik

Fig. 5.15 • *Photomicrographie d'une plaquette moderne*

Sensibilité aux chocs mécaniques et thermiques.

Les céramiques à dispersion ont un grain très fin, on peut produire des plaquettes à trou central et brise-copeaux fritté.

Domaine d'utilisation : 1/2 finition et finition dans la fonte grise à haute vitesse de coupe.

Avertissements :
– machine-outil rigide et puissante ;
– travail à sec et sans choc mécanique important ;
– plaquettes négatives pour les faire travailler en compression.

Note

Les premiers carbures frittés ne pouvaient travailler qu'en compression, donc en coupe négative. À ce moment, la littérature technique a découvert à la coupe négative de nombreuses vertus et en particulier la production de meilleurs états de surface. Lorsque les carbures ont progressé, on a redécouvert progressivement les nombreux avantages de la coupe positive. La littérature technique est parfois victime d'intoxication.

4.4.3. Céramiques mixtes oxydes – non oxydes

$$Al_2O_3 + TiC,\ Al_2O_3 + TiC + TiN,\ Al_2O_3 + WC/TaC$$

Domaine d'utilisation : 1/2 finition et finition des fontes blanches et des aciers jusqu'à 65 HRc. Concurrencent la rectification dans ces domaines.

Par rapport aux céramiques oxydes : plus résistantes aux chocs, moins résistantes aux hautes températures.

4.4.4. Céramiques mixtes renforcées (Whiskers)

Céramique oxyde renforcée d'addition de fibres de SiC destinées à freiner la propagation des fissures et améliorer la conductibilité thermique (donc la résistance aux chocs thermiques).

Domaine d'utilisation : usinage à haute vitesse des réfractaires base Nickel et base Cobalt.

Céramiques base TiC :
Constituant principal, le TiC (HV 3 200).
Parfois utilisées à la finition des fontes.

Céramiques base Si_3N_4 :

$Si_3N_4 + Al_2O_3$ + parfois Y_2O_3. On les appelle les SiAlON (Silicium Aluminium Oxygène Azote) ou SiYAlON si l'Yttrium entre dans la composition.

La dureté HV_{10} est limitée à 1 350-1 600 mais la tenue à haute température est bonne. La résistance aux chocs mécaniques et thermiques est très supérieure aux céramiques classiques. Accepte l'arrosage.

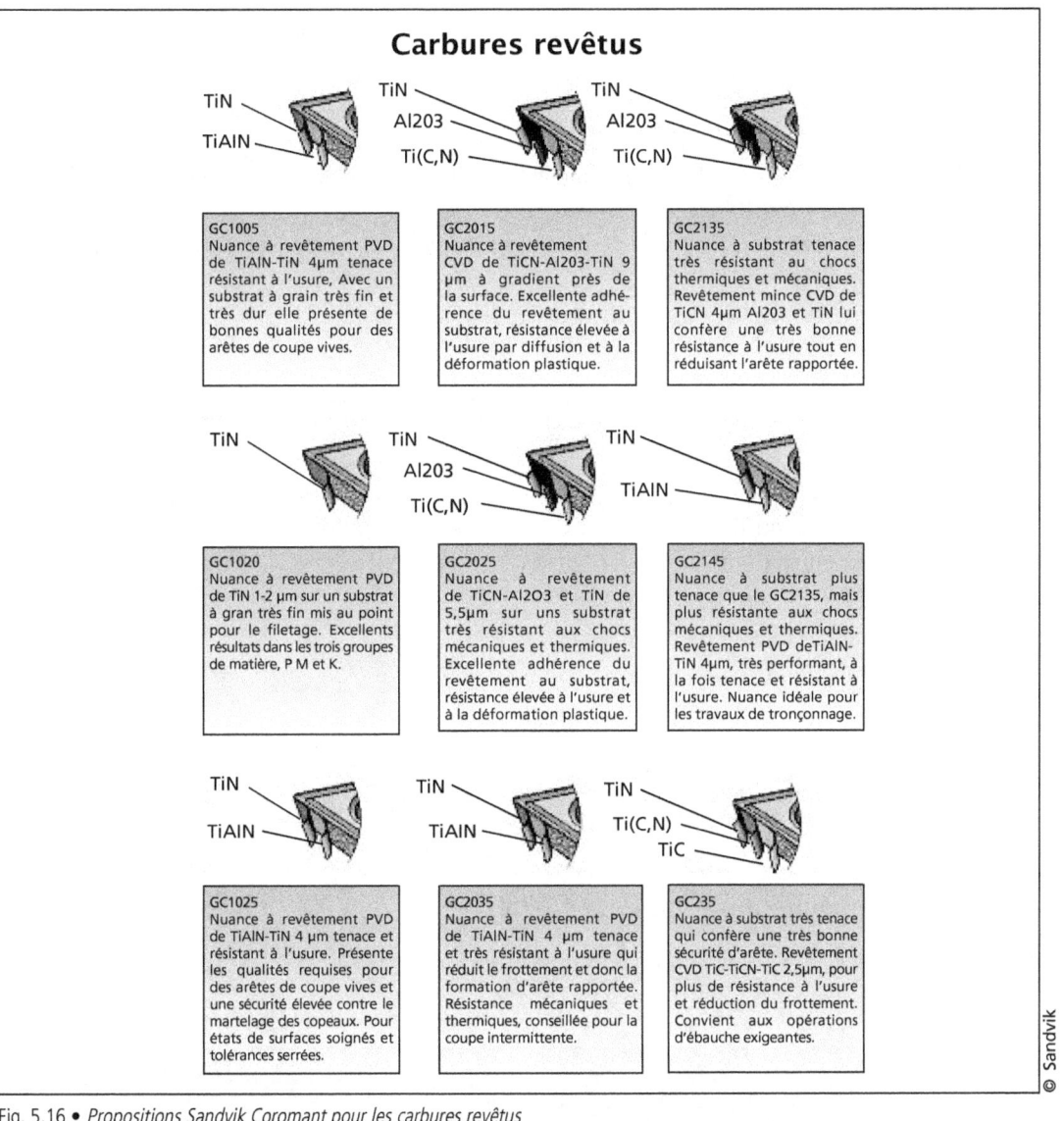

Fig. 5.16 • *Propositions Sandvik Coromant pour les carbures revêtus*

Cette nuance réagit mal avec les aciers à hautes températures.

Domaine principal d'utilisation : dégrossissage des fontes non alliées.

4.5. Les cermets (CERamique - METal)

Il s'agit généralement de carbures, de nitrures et de carbonitrures liés par un liant métallique : le Nickel.

En particulier : TiC – TiN – Ni.

Les cermets ont connu un développement parallèle à celui des carbures métalliques et 4 générations peuvent être distinguées.

> **Le développement des cermets (document Hertel)**
>
> 1re génération : TiC-Mo$_2$ C-Ni (Co, Cr) – Titanit-S – 1931
>
> 2e génération : TiC (Ni, Mo) – Alliage Ford – 1960
>
> 3e génération : (Ti, Mo)(C, N)(Co, Ni, Mo) – Alliage à transformation spinodale (deux solutions solides séparées apparaissent au frittage) – 1970
>
> La création du TiN a remplacé favorablement le TiC en accroissant les propriétés thermiques, la finesse de la structure, la dureté et l'élasticité.
>
> 4e génération : (Ti, W, Ta, Nb, Mo) (C, N) - (Ni, Co, Mo) – 1975

Un important facteur de l'évolution des cermets au Japon est la volonté stratégique de remplacer le Cobalt par le Nickel et le Tungstène par le Titane.

Il convient donc de comparer les cermets aux carbures frittés :
- meilleure tenue à chaud ;
- meilleur tranchant d'arête ;
- coefficient de frottement plus faible ;
- réactivité chimique plus faible avec les aciers ;
- grande adaptabilité aux vitesses de coupe ;
- fragilité aux chocs thermiques et mécaniques ;
- moindre résistance aux pressions de coupe importantes.

Ces deux derniers points limitent l'utilisation des cermets, au moins actuellement, aux travaux de 1/2 finition et finition dans les aciers (fig. 5.24).

4.6. Le nitrure de bore cubique (CBN)

Très dur, 7 500 HV. Résiste aux hautes températures, aux pressions de coupe élevées. Sensible aux vibrations et aux chocs thermiques (fig. 5.4).

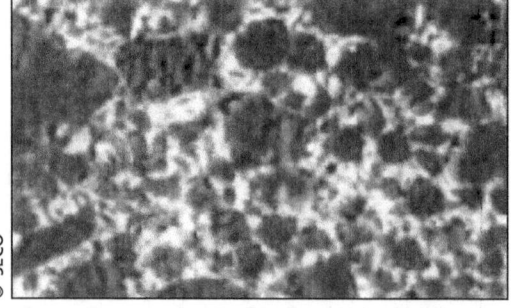
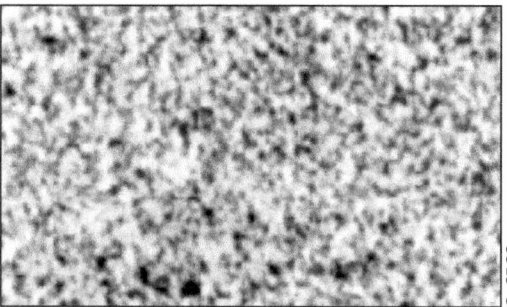

Fig. 5.17 • *Deux nitrures de bore de chez SECO CBN 10 ET CBN 300*

Les plaquettes CBN10 sont généralement destinées à la finition d'aciers trempés en coupe continue ou légèrement interrompue (ap < 0,5 mm). On les trouve sous forme brasée ou frittée.
Le CBN 300 est employé à l'ébauche des aciers traités, à l'ébauche et à la finition des aciers au manganèse ainsi qu'à l'ébauche et finition des fontes perlitiques, trempées et blanches. On le trouve sous forme Monobloc revêtu ou non.

Domaines d'application : fontes et aciers trempés ; alliages et rechargements durs et réfractaires.

Très coûteux, environ 20 fois le prix du carbure fritté.

Présentation : plaquettes brasées, plus récemment, dépôt en couches (fig. 5.18)

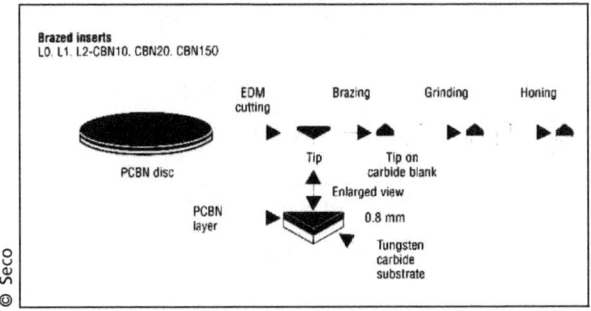

Fig. 5.18 • *De la matière première à l'outil de coupe*

4.7. Le diamant

Utilisé dans les outils à géométrie définie sous forme polycristalline relativement isotrope.

Rappelons que c'est le plus dur des matériaux (9 300 à 10 150 HV). Il est sensible aux chocs.

Domaine d'application : finition à haute vitesse des alliages de Al, Cu, Mn, Pb, Zn et des carbures préfrittés.

Avertissement : impropre à l'usinage des métaux ferreux et base nickel (affinité chimique).

Très coûteux, 15 à 20 fois le prix du carbure fritté.

4.8. Conclusions

Les particularités des matériaux et outils de rectification seront étudiées dans le volume consacré à cette technique.

À l'issue de cette revue très rapide des matériaux de coupe existants, il est nécessaire de conclure que les possibilités d'évolution sont considérables, et que le choix d'un matériau de coupe implique des contraintes constructives sur l'outil complet, par exemple :
– pas d'arête vive si carbure revêtu ;
– pas de fixation centrale d'un insert en diamant polycristallin ;
– coupe négative si céramique oxyde, etc.

Il faut d'autre part insister sur le fait que le choix de la géométrie est tout aussi important que celui de la nuance. Un bon exemple est celui du travail au choc en tournage : l'utilisateur pense toujours à choisir une nuance adaptée au travail au choc. Ce qui est bien. Il pense moins souvent à choisir la géométrie et les dimensions de l'outil autorisant ce type de travail. Ce qui est source de nombreux mécomptes.

Rappelons que si l'outil complet – donc en particulier le matériau de coupe – est adapté au travail à réaliser dans la matière concernée, cet outil ne produira un résultat correct qu'utilisé dans le domaine de validité du couple outil-matière.

Finalement, si les considérations précédentes constituent un guide utile dans le choix d'un matériau de coupe, elles ne dispensent en aucun cas l'utilisateur des procédures de qualification puis de paramétrage de l'outil complet dans la matière concernée.

Usinage par enlèvement de copeaux

Céramiques

CC650
$Al_2O_3 + ZrO_2$
(Fonte, matières trempées et superalliages)

Céramique mixte à base d'alumine, contient du carbure de titane. Recommandée pour l'usinage finition continue dans les fontes, l'acier trempé, la fonte trempée, les réfractaires pour une bonne résistance à l'usure et de bonnes propriétés thermiques.

CC670
$Al_2O_3 + SiC$
(matières trempées et superalliages réfractaires)

Céramique mixte à base d'alumine, renforcée de fibres de carbure de silicium. Excellente ténacité, recommandée pour le tournage de pièces dures ou en alliages réfractaires en conditions défavorables.

CC690
$Al_2O_3 + SiC$
(Fonte)

Céramique à base de nitrure de silicium recommandée pour la semi finition des fontes en coquille avec des vitesses de coupe moyennes.

Céramiques

CC6080
Sialon
(Fonte, matières trempées et superalliages)

Céramique Sialon offrant une grande stabilité chimique et une usure régulière, contrôlée. Elle convient pour la semi finition des superalliages réfractaires pré-usinés avec des vitesses élevées. Doit être utilisé avec un arrosage abondant.

CC6090
Si_3N_4
(Fontes)

Nuance de céramique pure à base de nitrure de silicium. Bonne résistance à l'usure à températures élevées. Recommandée pour l'ébauche et la finition des fontes à grande vitesse en conditions favorables. Supporte quelques coupes intermittentes.

Polycristallins

CB7020 et CB20
cBN- TiN
(Aciers trempés et Fontes)

Nuance de nitrure de bore cubique additionnée de nitrure de titane. Résistance à l'usure et stabilité chimique exceptionnelle. Conseillée pour les opérations de finition dans l'acier et la fonte trempée.

CB7050 et CB50
cBN
(Matières trempées et Fontes)

Nuance de nitrure de bore cubique pur. Résistance à l'usure exceptionnelle principalement conseillée pour l'usinage de la fonte et des matériaux trempés dans des conditions difficiles.

CD10
(Matières non ferreuses et non métalliques)

Nuance de diamant polycristallin composée de cristaux à grains fins/moyens (7µm environ), recommandée pour la finition et la semi-finition des métaux non ferreux et des matières non métalliques.

Fig. 5.19 • *Propositions Sandvik Coromant pour matériaux modernes de coupe*

Tab. 5.6 • *Exemples d'utilisation des diamants polycristallins*

Plaquettes d'outillage diamant Compax. Indications d'utilisation						
Matériaux	Opération	Qualité	Vitesse de coupe : $m \cdot min^{-1}$	Profondeur de coupe : mm	Avance : $mm \cdot tour^{-1}$	
Aluminium et alliages d'aluminium						
< 12 % Si > 12 % Si	Tournage ébauche	Compax 1 300/1 500 Compax 1 300/1 500	1 000-3 000 300-800	.1-3.0 .1-3.0	.1-.4 .1-.4	
< 12 % Si > 12 % Si	Tournage finition	Compax 1 600/1 300/1 500 Compax 1 600/1 300/1 500	1 000-3 000 300-800	.1-1.0 .1-1.0	.1-.2 .1-.2	
< 12 % Si > 12 % Si	Fraisage	Compax 1 300/1 500 Compax 1 300/1 500	1 500-3 500 400-900	.1-3.0 .1-3.0	.1-.3 $mm.dent^{-1}$ .1-.3 $mm.dent^{-1}$	
Cuivre/Zinc/Laiton	Tournage ébauche Tournage finition Fraisage	Compax 1 300/1 500 Compax 1 600/1 300 Compax 1 300/1 500	600-1 000 700-1 200 700-1 200	.5-2.0 .1-.5 .1-3.0	.1-.4 .1-.4 .1-.3 $mm.dent^{-1}$	
Plastiques renforcés	Tournage ébauche Tournage finition Fraisage	Compax 1 300/1 500 Compax 1 600/1 300 Compax 1 300/1 500	200-800 300-1 500 300-1 500	1.0-2.0 .1-2.0 .1-3.0	.1-.4 .1-.4 .1-.3 $mm.dent^{-1}$	
Carbure de tungstène fritté	Tournage ébauche Tournage finition	Compax 1 300/1 500 Compax 1 600/1 300	20-40 20-40	.1-.5 .1-.2	.1-.3 .1-.3	
Bois et dérivés	Sciage Détourage	Compax 1 600 Compax 1 600	2 000-5 000 2 000-5 000		.5-1.5 $mm.dent^{-1}$ .5-1.5 $mm.dent^{-1}$	

5. Lubrification de coupe

Posons-nous les questions suivantes.

1- Une machine est mise à l'arrêt pour 15 jours. L'émulsion de coupe vient d'être changée. Quelle précaution faut-il prendre pour éviter la dégradation de ce fluide ?

2- Quels fluides de coupe sont à écarter pour l'usinage d'alliages de magnésium ? Pourquoi ?

Usinage par enlèvement de copeaux

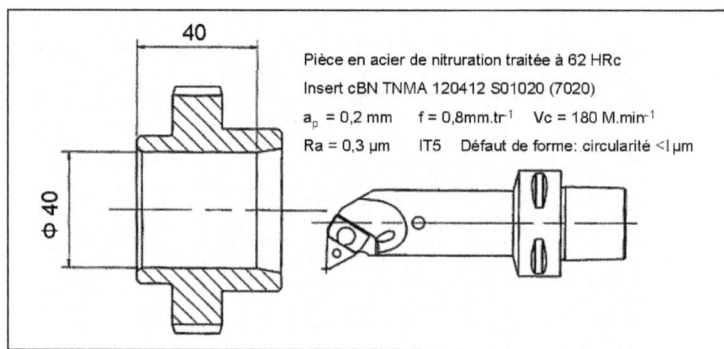

Figure 5.20

3- Le refroidissement de l'outil par un liquide aqueux a pour fonction principale l'augmentation de la durée de vie de l'outil. À quelles conditions cette fonction est-elle effectivement remplie ?

Réponses :

1- Faire fonctionner la pompe de circulation assez fréquemment pour éviter la prolifération des micro-organismes anaérobie.

2- Les fluides aqueux qui entretiennent la combustion du magnésium.

3- Pour répondre brièvement :
– il faut déjà que le matériau de coupe autorise la lubrification ;
– il faut que l'arrosage soit abondant et régulier pour ne pas engendrer de chocs thermiques ;
– il ne faut pas qu'en diminuant la température à l'interface outil-matière, on fasse entrer l'outil dans un régime d'usure par adhésion. En fait, cette question mérite d'importants développements.

Mais il faut de suite régler un problème de vocabulaire. Le terme de « lubrification » convient mal car on peut « arroser » dans le seul but de refroidir, sans idée de lubrification. Mais le terme « d'arrosage » ne convient pas mieux car certaines méthodes d'application des fluides de coupe ne sont pas de l'« arrosage ». Et nous préférons éviter les circonlocutions du genre « application de fluides de coupe ». De plus l'expression « fluide de coupe » écarte les lubrifiants solides... Conservons donc le terme de « lubrification » en gardant en mémoire qu'il ne se limite pas... à la lubrification.

Ce qui conduit à poser de suite une question de fond : lubrifier, dans quels buts ?

5.1. Les fonctions de la lubrification en usinage

Nous connaissons huit raisons de lubrifier lors d'une opération d'usinage par enlèvement de copeaux :
1. refroidir la pièce, fig. 5.21 ;
2. refroidir l'outil, fig. 5.22 et 5.23 ;
3. évacuer le copeau hors du champ de coupe ;
4. évacuer le copeau loin du champ de coupe ;
5. nettoyer pièce, outil, montage, machine ;
6. faciliter le glissement de l'outil sur la pièce ;
7. faciliter le glissement du copeau sur l'outil ;
8. faciliter la coupe.

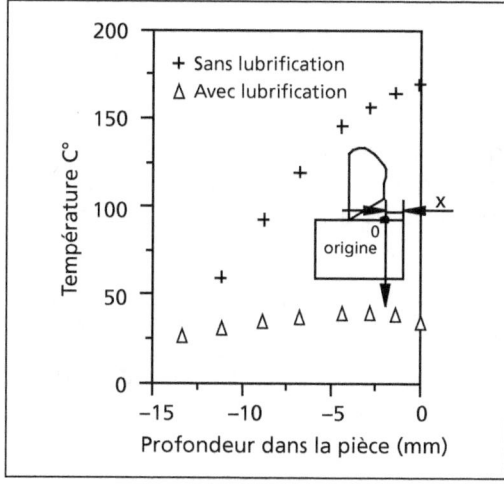

Fig. 5.21 • *Température en profondeur dans la pièce*

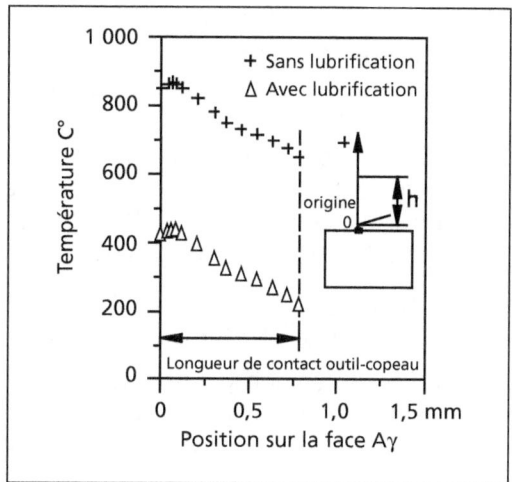

Fig. 5.22 • *Température en profondeur dans l'outil*

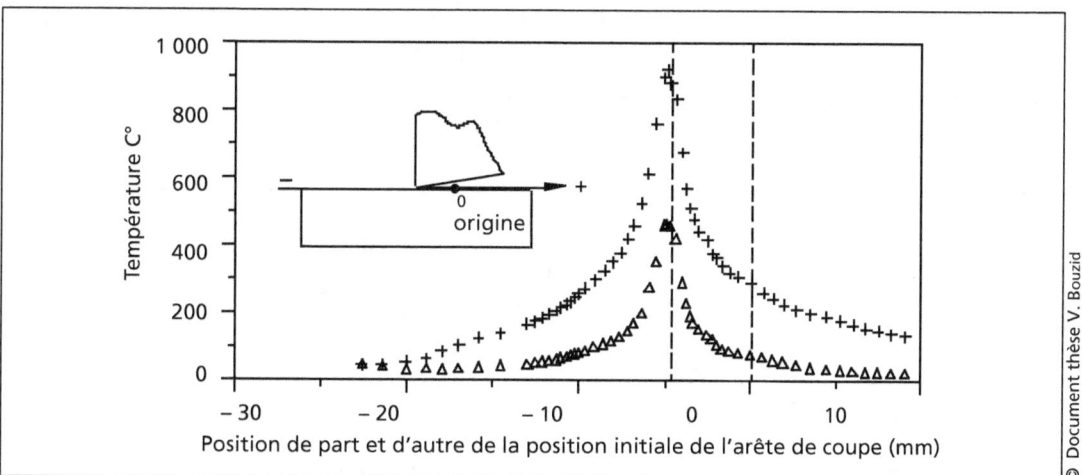

Fig. 5.23 • *Répartition de température dans la pièce de part et d'autre de l'arête de coupe*

5.1.1. Refroidir la pièce

En particulier lors des opérations de finition pour faciliter l'obtention d'une cote précise.

Les fluides qui conviennent le mieux sont les fluides aqueux, l'arrosage pour être efficace doit être abondant.

5.1.2. Refroidir l'outil

Pour maintenir l'outil en dessous de la température critique à laquelle il perd ses caractéristiques mécaniques. Là encore, ce sont les fluides aqueux qui conviennent et l'arrosage doit être abondant.

Il faut ici prendre deux risques en considération :
- le risque de faire entrer l'usinage dans le régime « d'usure par adhésion ». Ce phénomène se rencontre si les paramètres d'usinage sont proches de leurs limites basses pour le couple outil-matière ;
- le risque d'endommager l'outil par chocs thermiques. Certains matériaux de coupe sont particulièrement sensibles aux chocs thermiques (céramiques oxydes par exemple). Il est clair qu'un arrosage irrégulier, insuffisant ou mis en œuvre après le début de la coupe augmente considérablement le risque de chocs thermiques.

Noter aussi qu'en refroidissant l'outil, on refroidit également la pièce près du champ de coupe et que, comparé à l'usinage « à sec », on modifie les caractéristiques du matériau usiné.

Appliqué correctement, le refroidissement de l'outil est en général favorable et largement utilisé dans les fabrications de série où il autorise une augmentation des performances de coupe ou/et l'augmentation de la durée de vie de l'outil.

5.1.3. Évacuer le copeau hors du champ de coupe

En usinage par rectification, le copeau vient se loger dans la meule pendant le contact meule-pièce.

Structure ouverte (fig. 5.24) : volume (pores) entre les grains d'abrasif suffisamment important pour stocker le copeau durant le contact meule/pièce.

Structure fermée (fig. 5.25) : restriction du volume, ce qui impose une diminution de la section coupée par la meule.

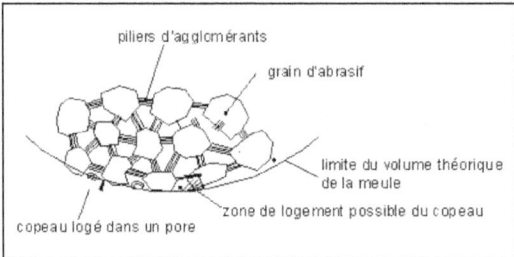
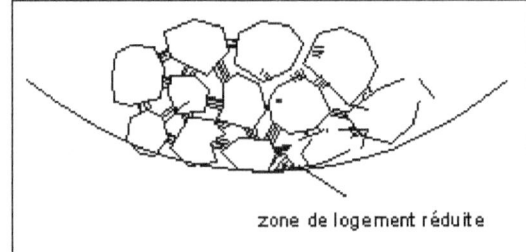

Fig. 5.24 • *Structure ouverte*
Fig. 5.25 • *Structure fermée*

Une des fonctions de la lubrification est de « déloger les copeaux ». La pression et l'orientation du jet ont ici une influence prépondérante sur le résultat.

Le décrassage des meules est à rapprocher de cette fonction d'évacuation des copeaux mais fait appel aux qualités détergentes du lubrifiant (fig. 5.26).

5.1.4. Évacuer le copeau loin du champ de coupe

Le problème se pose en particulier, mais pas uniquement, en opérations profondes (exemples : perçage, taraudage, gorges, alésage à l'aléseur, alésage au grain, etc., autres exemples : fraisage de rainures, de poches…).

Pour les travaux de surfaçage à sec à la fraise avec grande production de copeaux, certains fabricants d'outils ont développé des systèmes de capotage efficaces reliés à des aspirations très puissantes.

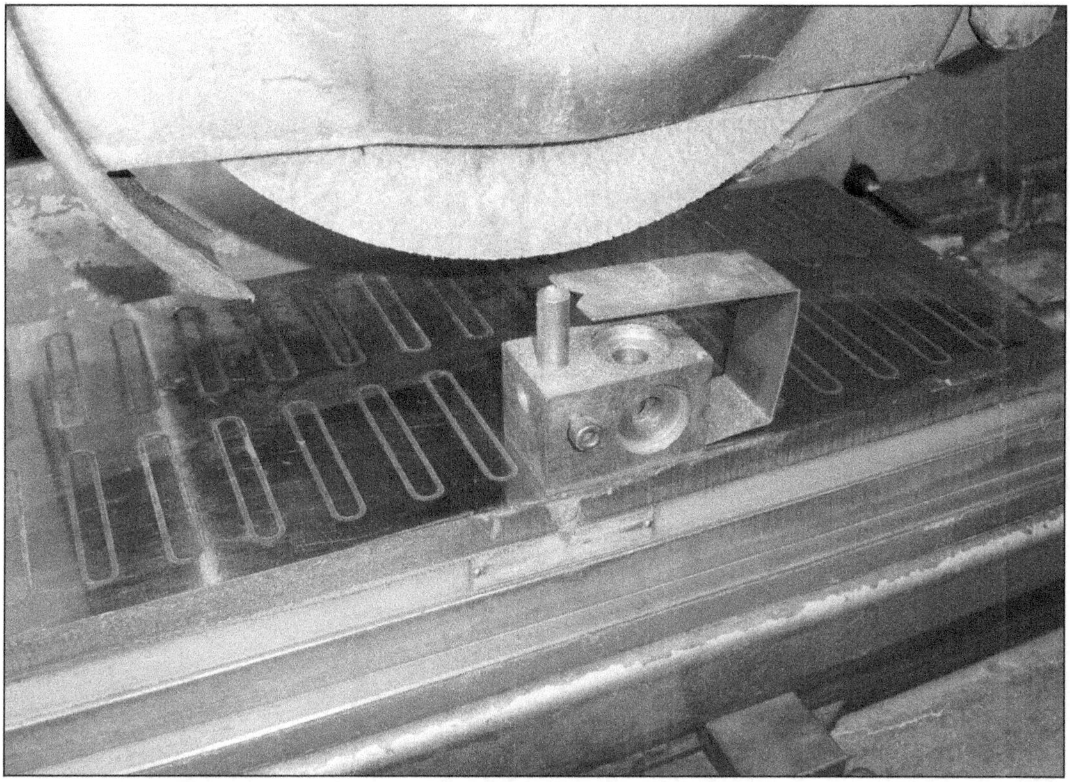

Fig. 5.26 • *Décrassage des meules*

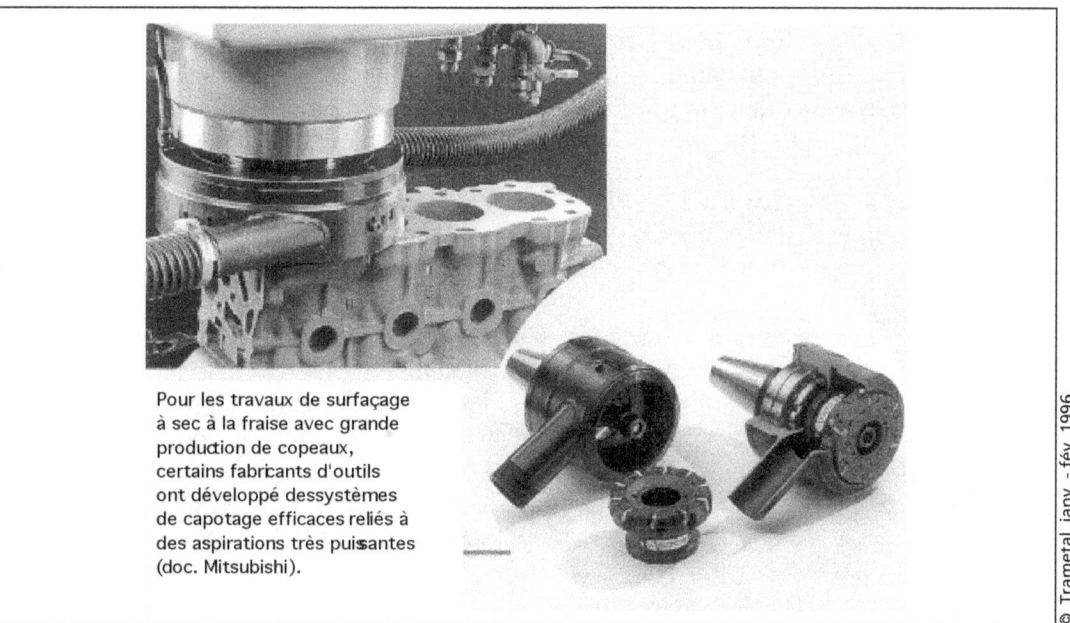

Pour les travaux de surfaçage à sec à la fraise avec grande production de copeaux, certains fabricants d'outils ont développé des systèmes de capotage efficaces reliés à des aspirations très puissantes (doc. Mitsubishi).

© Trametal, janv. - fév. 1996.

Fig. 5.27 • *On montre sur la gauche la fraise sortie de son capotage. À droite vue en coupe de l'ensemble.*

La lubrification participe ici à combattre deux risques : le bourrage des copeaux et le recyclage des copeaux par l'outil.

En perçage profond, par exemple, on doit éviter le bourrage des copeaux. Un arrosage sous pression par forêt à trou d'huile est ici plus efficace qu'un arrosage extérieur.

5.1.5. Nettoyer pièce, outil, montage, machine...

Se rapproche de la fonction précédente mais intervient plutôt hors temps d'usinage, et souvent entre deux montages de pièces. Cette fonction est particulièrement importante en cas de montages/démontages automatiques de pièces et d'outils.

5.1.6. Faciliter le glissement de l'outil sur la pièce

Ce qui permet à la fois de réduire l'usure en dépouille et d'éviter la dégradation de la surface usinée par le frottement en dépouille.

5.1.7. Faciliter le glissement du copeau sur l'outil

Remplir la fonction 7 implique que l'on interpose un film lubrifiant entre le copeau et la face d'attaque.

5.1.8. Faciliter la coupe

Remplir la fonction 8 implique que les lubrifiants, ou plutôt les additifs qu'ils contiennent, agissent sur le matériau à couper et modifient, par exemple, l'effort nécessaire à son cisaillement.

5.2. Choix d'un lubrifiant et d'un mode de lubrification

Nous vous conseillons de procéder comme suit :

1. Bien choisir le couple outil-matière : la lubrification est un complément qui peut être indispensable. Mais elle ne doit pas servir à compenser une inadéquation du couple outil-matière à l'opération à réaliser. Par exemple en perçage, la lubrification sous pression par le centre facilitera l'évacuation des copeaux loin du champ de coupe. Mais il faut d'abord choisir un forêt adapté à la matière à percer.
Le choix du couple outil-matière doit impérativement prendre en considération l'intention de lubrifier : certains couples outils-matières sont incompatibles avec la lubrification et/ou le mode de lubrification.
2. Définir la ou les fonctions de la lubrification dans le cas considéré. Ce qui permet de choisir à la fois un lubrifiant et un mode de lubrification adaptés.
3. Opérer le choix du lubrifiant et du mode de lubrification parmi des lubrifiants connus de l'entreprise et des modes de lubrification maîtrisés. Car si la lubrification est souvent un « plus », elle peut poser plus de problèmes qu'elle n'en règle si elle n'est pas correctement appliquée et maîtrisée. L'utilisation correcte d'un lubrifiant implique le respect de procédures précises, certaines sont d'ordre général, d'autres spécifiques du lubrifiant considéré. Penser en particulier aux points suivants :
   - contrôle des produits ;
   - stockage des produits ;

- confection et maintenance des bains : surveillance de la concentration, de la pollution, filtrage, aération ;
- vidange et désinfection des bacs ;
- évacuation des lubrifiants usés.

4. Le paragraphe précédent implique que l'entreprise dispose :
- d'un standard de lubrifiants ;
- d'équipements adaptés à leur utilisation ;
- de procédures précisant les cas et modalités d'utilisation des lubrifiants.

5. Le couple outil-matière doit être utilisé dans sa zone de validité. Cette zone de validité est en dépendance des conditions de lubrification (nature et conditions d'application du lubrifiant). Il faut écarter les règles générales du genre : « sous lubrification, augmenter la vitesse de coupe de 20 % ».

5.3. Propriétés des lubrifiants

Les propriétés fonctionnelles directes doivent satisfaire à une ou plusieurs des huit fonctions énumérées plus haut :
- propriétés réfrigérantes ;
- propriétés lubrifiantes ;
- propriétés détergentes…

Le point d'interrogation signifie que l'on est loin de tout savoir sur le mode d'action des lubrifiants de coupe, en particulier lorsqu'il s'agit de remplir les fonctions 7 et 8 : faciliter le glissement du copeau sur l'outil, faciliter la coupe.

Outre ces propriétés fonctionnelles directes, un lubrifiant doit présenter des propriétés qui permettent ou facilitent son utilisation :
- propriétés d'anticorrosion ;
- stabilité chimique et physique ;
- miscibilité et neutralité vis-à-vis des huiles de graissage de la machine ;
- pas de formation de mousses ;
- facilité de préparation (cas des eaux dures) ;
- résistance aux attaques bactériennes ;
- facilité de rejet ou/et de traitement avant rejet (cassage) ;
- ne pas provoquer de troubles physiologiques chez les utilisateurs (fumées, odeurs, allergies) ;
- neutralité vis-à-vis des matériaux usinés ;
- neutralité vis-à-vis des matériaux et peintures de la machine ;
- température d'inflammation élevée ;
- transparence (permet l'approche visuelle de l'outil sous arrosage ; affûtage manuel par exemple) ;
- coût le plus bas possible.

Ce dernier point, le coût, rappelle que la lubrification est décidée soit pour des raisons technologiques (on ne sait pas faire sans lubrification), soit pour des raisons d'hygiène, soit, et c'est le cas le plus fréquent, pour des raisons économiques. Il faut alors prendre en compte l'ensemble des facteurs constitutifs des coûts.

5.4. Classification des lubrifiants

Nous nous limiterons à une classification très sommaire : l'utilisateur se doit de connaître un vocabulaire minimum mais n'a pas besoin de se perdre dans une classification trop fine, rapidement obsolète. Et, en écartant les produits solides, nous reprendrons (en la simplifiant encore) la classification proposée par le Cetim (Guide d'emploi des fluides de coupe 1989) :
- huiles de coupe entières ;
- avec ou sans additifs d'onctuosité ;
- avec ou sans additifs EP (Extrême Pression) ;
- fluides aqueux ;
- émulsions avec ou sans additifs EP ;
- pseudo-solutions (émulsions colloïdales) (avec ou sans additifs EP ;
- solutions (fluides synthétiques).

Les huiles de coupe sont essentiellement minérales ; les huiles grasses, végétales ou animales présentent d'excellentes qualités d'onctuosité mais de nombreux défauts : oxydabilité, dégagements de fumées... elles ont été employées mélangées aux huiles minérales (huiles compoundées) puis comme additifs. On leur préfère généralement des additifs chimiques mieux maîtrisés.

Les pseudo-solutions sont en fait des émulsions très fines.

Les émulsions sont d'aspect laiteux, les pseudo-solutions sont translucides et les solutions transparentes ou presque.

Les additifs sont nombreux et de fonctions variées :
- colorants ;
- agents mouillants ;
- émulgateurs ;
- inhibiteurs de corrosion ;
- anti-moussants ;
- bactéricides ;
- fongicides ;
- agents EP (Extrême Pression) souvent classés en non-actifs et actifs, les seconds contiennent du soufre libre et tachent les alliages de cuivre.

Les additifs Extrême Pression sont réputés agir à l'interface copeau-outil. Ils sont actifs dans des fourchettes limitées de température et en dessous de limites de pression et de vitesse. Vu dans notre optique mise en œuvre du procédé, ils sont donc susceptibles de modifier le domaine de validité des COM concernés.

Ce qui est d'ailleurs, plus généralement, le cas du travail sous lubrification.

5.5. Constitution d'un standard de lubrifiants

L'utilisateur se voit proposer une très large variété de lubrifiants de coupe par les différentes marques. Il n'a guère la possibilité de choisir sur la base de la composition de ces produits :
- les fabricants sont très discrets sur leurs formules précises ;
- pour tenir compte de l'ensemble des qualités requises d'un lubrifiant de coupe, ces formules sont très complexes et sans signification sauf pour quelques spécialistes.

En opposition avec cette grande variété de produits proposés, on constate que les grandes entreprises limitent strictement le nombre des lubrifiants de coupe qu'elles utilisent et ne les acceptent dans leur standard qu'après vérification sévère des caractéristiques :
- respect de la réglementation en vigueur (de plus en plus contraignante) tant en ce qui concerne l'hygiène que l'obligation de traitement des rejets des produits usagés ;
- tests relatifs à :
  - moussage ;
  - odeur ;
  - vaporisation ;
  - gommage ;
  - pollution ;
  - corrosion ;
  - contact avec huiles de graissage des machines.

Cette liste n'est pas exhaustive.

5.6. Conclusions

La lubrification de coupe est proscrite pour certains couples outil-matière (voir matériaux de coupe). Elle est parfois, au contraire, absolument indispensable.

Souvent, elle est facultative mais rentable. Rentable si elle est bien appliquée, peu ou pas rentable voire nuisible si elle est mal appliquée, mal organisée.

De ce fait on constate à son égard une méfiance certaine des fabricants d'outils : dans une documentation récente d'un grand carburier, relative aux outils de tournage, nous avons trouvé une seule fois mention de la lubrification. Dans un chapitre consacré aux « Problèmes et solutions », on peut lire :
- problème : usure en peigne
- cause :
  - une application irrégulière du liquide de refroidissement ;
  - solution : pratiquez l'arrosage abondamment, ou sinon pas du tout.

Le lecteur ne doit pas voir dans cette remarque une hostilité vis-à-vis de la lubrification de coupe, mais une vive incitation à l'organiser méthodiquement. Et le rappel que la lubrification (entièrement spécifiée : nature précise du lubrifiant, mode et conditions d'application…) modifie le domaine de validité des COM concernés.

Notons enfin que trois réflexions sont à l'ordre du jour :
- l'usinage à sec ;
- l'usinage sous micro-lubrification ;
- l'usinage sous réfrigération par jet d'air sous pression.

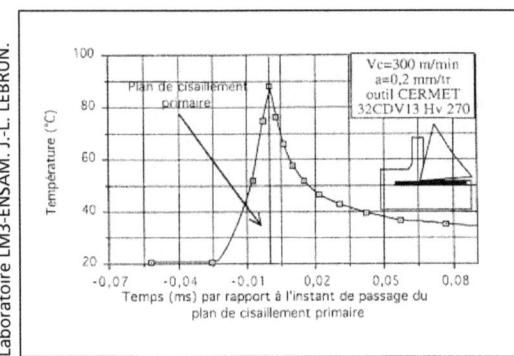

Fig. 5.28 • *Évolution de la température d'un point situé après usinage en surface de pièce.*

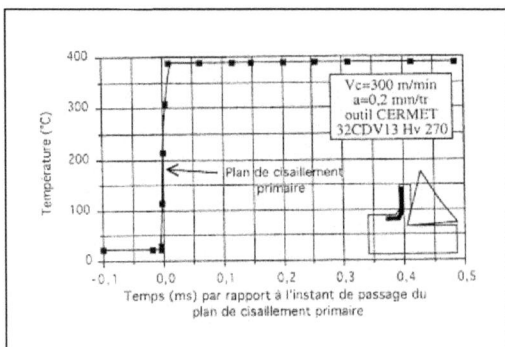

Fig. 5.29 • *Évolution de la température d'un point situé après usinage sur la face libre du copeau*

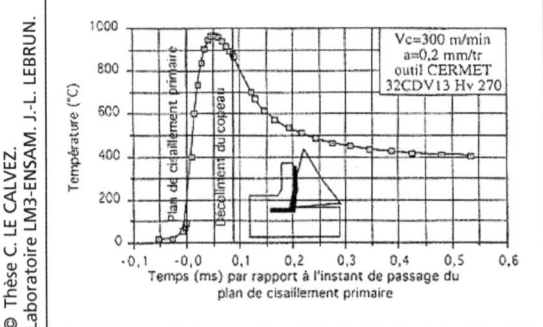

Fig. 5.30 • *Évolution de la température d'un point situé sur la face frottante du copeau après usinage*

Remarque

Le point de température maximale se trouve sur la surface Aγ en retrait de l'arête de coupe (0,8 mm dans notre exemple). La valeur de cette température dépend du couple outil-matière et des paramètres d'usinage. Dans notre cas, elle atteint 900 °C.

L'étude montre que l'évolution de la température dans l'outil est la même en tout plan parallèle au plan de coupe.

La température dans la pièce est maximale en extrême surface de la pièce (170 °C). Elle décroît en profondeur dans la pièce pour atteindre la température ambiante Ta (27 °C). Une évolution identique est notée sur la surface de coupe Aγ de l'outil. La température est maximale en un point situé sur la longueur de contact outil-copeau, elle décroît pour atteindre 27 °C.

6. Les copeaux

Nous sommes ici pour faire des pièces ; nous ne sommes pas ici pour faire des copeaux. Cette remarque énergique, proférée par plus d'un responsable de production, est une incitation à travailler à partir d'ébauches de fonderie, de matriçage, au plus près de la cote. Ce n'est pas une incitation à se désintéresser des copeaux.

Résultats obtenus par analyse à partir d'un enregistrement par caméra CCD

Modélisation thermique

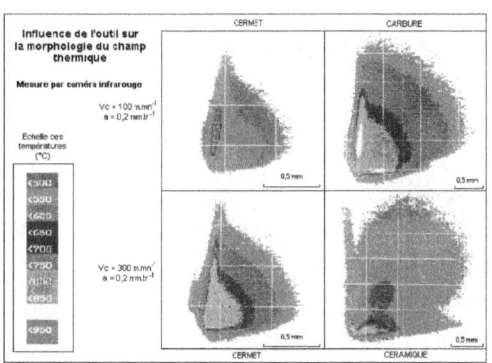

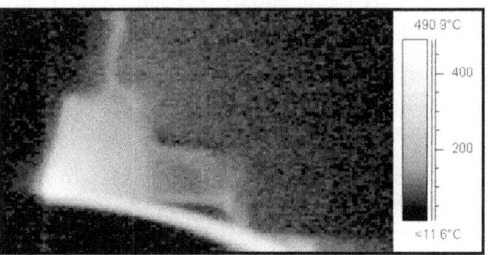

Fig. 5.32 • *Image thermique d'un essai de tournage dans 42CrMo4*

Fig. 5.31 • *Influence de l'outil sur la morphologie du champ thermique (mesure par caméra infrarouge)*

Thèse Christian LE CALVEZ du 21/12/1995, Labo LM3-Ensam, J-L LEBRUN

La production de bons copeaux n'entraîne pas nécessairement la production de bonnes pièces. Mais la production de mauvais copeaux entraîne, de manière presque inéluctable, la production de mauvaises pièces. Ou, tout au moins, l'arrivée d'incidents qu'il conviendrait d'éviter.

Si vous n'êtes pas convaincus de la nécessité de faire de « bons copeaux » et que vous êtes tentés de ne pas étudier ce chapitre, réfléchissez aux questions suivantes.

Questions

a- Pourquoi, en tournage, doit-on proscrire les copeaux filants ?
 – sur machine couverte ?
 – sur machine découverte ?

b- Pourquoi, en tournage ébauche d'extérieur, faut-il proscrire les copeaux roulés longs ?

c- Les copeaux fragmentés sont-ils recommandés en alésage profond de matériaux durs ? Pourquoi ?

d- En fraisage, pourquoi doit-on évacuer les copeaux et ne pas les laisser stagner sur la surface en cours d'usinage ?

e- Est-il possible de fragmenter les copeaux de perçage ?

f- Un copeau fin est-il une garantie de qualité et d'état de surface (passe à vide) ?

Éléments de réponses

a- La manipulation de copeaux filants est toujours difficile ; le rapport volume/masse des copeaux filants est élevé. De plus, sur machine découverte, le copeau filant est extrêmement dangereux.

b- D'une part, le copeau roulé long, qui reste en contact avec la pièce, lui transmet des calories. D'autre part, ce copeau très résistant tend à s'enrouler autour de la pièce et du mandrin ; on a observé, dans ces conditions, des éjections de pièces et des blocages de machines.

c- Les copeaux fragmentés ont tendance à se coller à l'intérieur de l'alésage sous l'action de la force centrifuge. Ils rencontrent et endommagent l'outil. On préfère en général, malgré ses inconvénients, un copeau roulé long dégagé vers la contre-pointe.

d- D'une part les copeaux se refroidissent au détriment de la température de la pièce ; d'autre part, ils rencontrent et endommagent l'outil (on dit que les copeaux sont « recyclés »).

e- Il est souvent possible et judicieux de produire des copeaux fragmentés en perçage. Il faut alors s'inquiéter de leur évacuation hors du trou. L'arrosage central est une bonne solution à ce problème.

f- La « passe à vide » est déconseillée pour au moins trois raisons :
- elle engendre de nombreux refus de coupe qui sont incompatibles avec la maîtrise de la cote ;
- les refus de coupe entraînent une usure accélérée de l'arête de coupe ;
- le copeau engendré est en général, s'il s'agit d'un copeau continu, du type enchevêtré (voir plus loin) ; il se forme un écheveau incontrôlable qui dégrade aléatoirement par frottement la surface fraîchement usinée.

6.1. Classification des copeaux

Voir figure 5.33.

Nous nous référons à la norme ISO DIS 3685 et la commentons :
1er chiffre ISO
- 1 : ruban ;
- 2 : tubulaire ;
- 3 : spirale ;
- 4 : hélicoïdal « en rondelle » (ou « de profil ») ;
- 5 : hélicoïdal conique ;
- 6 : en arc (ou fragmenté) ;
- 7 : élémentaire ;
- 8 : aiguille.

2e chiffre ISO
- pour le 1er chiffre :
  - 1 : long 1-2-4-5 ;
  - plat 3 ;
  - attaché 6 ;
  - exprime l'idée de continuité « ordonnée » ;
  - 2 : court 1-2-4-5 ;
  - conique 3 ;
  - détaché 6 ;
  - exprime l'idée de discontinuité ;

- 3 : enchevêtré 1-2-4-5 ;
- exprime l'idée de discontinuité « désordonnée ».

3e chiffre ISO
- Pour le 1er chiffre 1-2-3-4 : Direction du copeau :
  - 1 : vers l'extérieur de la pièce, dans la direction de l'avance ;
  - 2 : vers la pièce, dans la direction de l'avance ;
  - 3 : vers la pièce, dans la direction opposée à l'avance ;
  - 4 : vers l'extérieur de la pièce, dans la direction opposée à l'avance.
- Pour les copeaux de type 6-2 et 7 :
  - 5 : brisé contre la surface de coupe principale ;
  - 6 : brisé contre la surface de dépouille ;
  - 7 : brisé contre la surface de travail ;
  - 8 : brisé contre la surface engendrée.

6.2. Méthode d'observation des copeaux

Voir figure 5.34.

Observer la production des copeaux pour obtenir le 3e chiffre de la norme ISO DIS 3685.

Cette observation est parfois difficile voire impossible (machine couverte sous arrosage puissant).

Récolter les copeaux pour obtenir les deux premiers chiffres de la norme ISO DIS 3685.

Partant, par exemple, d'un copeau 2.2 en tournage (tubulaire court) et en diminuant l'avance par tour, on pourra successivement obtenir des copeaux :
- 2.1 : tubulaire long ;
- 2.3 : tubulaire enchevêtré.

Le passage de 2.2 à 2.1 est souvent progressif : la longueur du copeau tubulaire court augmente.

Il en est de même du passage de 2.1 à 2.3 : le diamètre du tube augmente, le copeau se relâche et commence à s'enchevêtrer.

Il convient donc d'enregistrer les diamètres et longueurs des copeaux dits courts. La mesure de la section du copeau autorise parfois l'évacuation du rapport de coupe (section de coupe constante, section de copeau simple et régulière).

Une autre observation est que, en particulier lors des transitions d'un type de copeau à l'autre, on obtient un mélange de divers types de copeaux. La production de mélanges de copeaux doit être enregistrée car elle signe une irrégularité des phénomènes de coupe dont on pourra chercher l'origine dans :
- des variations des paramètres d'usinage : **exemple :** variation de la profondeur de passe par excentration de l'ébauche ;
- des variations des caractéristiques de la matière ;

1) La direction du copeau est caractérisée par le troisième chiffre comme suit :

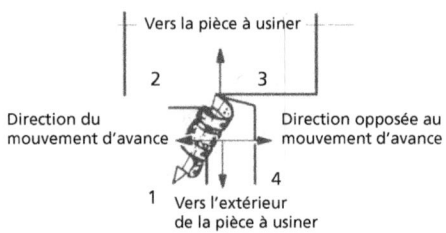

1 Vers l'extérieur de la pièce à usiner et dans la direction du mouvement d'avance (montré sur le schéma)
2 Vers la pièce à usiner et dans la direction du mouvement d'avance
3 Vers la pièce à usiner et dans la direction opposée au mouvement d'avance
4 Vers l'extérieur de la pièce à usiner et dans la direction opposée au mouvement d'avance

2) Les subdivisions suivantes sont caractérisées par le troisième chiffre comme suit :

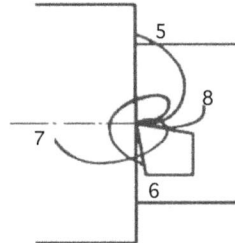

5 Brisé contre la surface coupée
6 Brisé contre la face de dépouille de l'outil
7 Brisé contre la surface de travail
8 Brisé contre la surface engendrée

Fig. 5.33 • *Direction d'évacuation du copeau*

- des modifications de l'outil : création d'un cratère, apparition et disparition périodique d'un copeau adhérent…

L'examen des copeaux ne doit pas se limiter à leurs formes, dimensions, direction, et emplacement de la brisure :

- la couleur du copeau est importante, car elle dépend de sa température à la production ;
- les défauts de la formation de copeau. Il convient de localiser ces défauts, ce qui implique que l'on soit capable « d'orienter » le copeau par rapport à l'arête de coupe qui l'a produit :
  - quelle est la surface du copeau qui frottait sur la face d'attaque de l'outil ?
  - quelle est l'extrémité du copeau qui a été produite en premier ? en dernier ?
  - quelle tranche du copeau correspond à la surface de la pièce avant usinage ? après usinage ?
- la contrainte subie par le copeau. En particulier le faible rayon de courbure de copeaux de type 6.2 (Arcs courts), ou l'évolution vers les copeaux élémentaires lors de l'usinage de matières « à copeaux longs » ;
- les « blessures » subies par le copeau au moment de sa rupture (en chercher également les traces sur la pièce, sur l'outil ; voir 3e chiffre de la norme ISO DIS 3685), ou après sa production (recyclages).

Il est souvent difficile de tirer des conclusions de l'examen de copeaux isolés. Il est conseillé de classer les copeaux et d'en faire un examen global.

Par exemple, lors du paramétrage d'un couple outil-matière en chariotage par tournage, lorsqu'on parcourt les points de fonctionnement envisagés afin de déterminer le domaine de validité, il est bon de présenter les copeaux dans une série de cases, les avances croissant en abscisse et les profondeurs de passe en ordonnées. À vitesse de coupe constante, on remarque que la contrainte et la température (voir couleur) augmentent lorsque les avances et les profondeurs de passe augmentent simultanément.

L'instabilité des copeaux produits (forme dimension…) doit être particulièrement surveillée lorsqu'elle est causée par la variation d'un paramètre qui risque de varier en cours d'utilisation industrielle. C'est le cas de la profondeur de passe qui peut évoluer en cours de travail pour des raisons déjà évoquées : variation des paramètres d'usinage, des caractéristiques de la matière ou de la géométrie de l'outil.

L'étude des copeaux doit être rapprochée :
- de l'analyse des efforts et énergies spécifiques de coupe (sections 5.1.1 et 5.1.2 du chapitre 6 : Étude générale des modèles en usinage) ;
- de l'observation du mode d'usure d'arête et de dégradation de l'arête (section 10 du chapitre 5 et 6 du chapitre 6) ;
- de l'observation de dégradations du corps d'outil, de parties d'outils qui ne sont pas en travail, si le 3e chiffre de la norme ISO DIS 3685 est 5 ou 6, ou bien en cas de recyclages de copeaux ;
- de l'état de la surface produite ou de la surface en cours de travail, si le 3e chiffre de la norme ISO DIS 3685 est 7 ou 8 ou bien lorsque la coupe procède plus du refoulement de matière que du cisaillement.

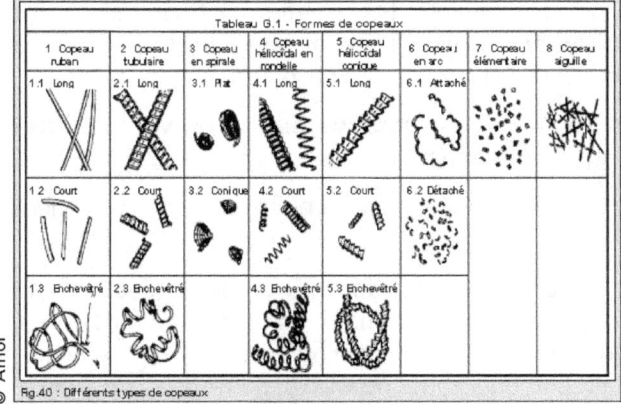

Fig. 5.34 • *Différents types de copeaux*

6.3. Définir les bons copeaux

Voir figures 5.35 et 5.36.

Les caractéristiques du copeau fournissent un indice important pour décider si un point de fonctionnement est ou non valide. Précisons les caractéristiques d'un point de fonctionnement valide :

a. la coupe est franche, régulière, exempte de vibrations ;
b. les copeaux produits sont sans danger pour l'opérateur, la pièce, l'outil, la machine ;
c. l'outil s'use régulièrement et la durée de vie d'arête peut être maîtrisée ;
d. le résultat produit sur la pièce satisfait au cahier des charges ; il est répétitif ;
e. les copeaux sont faciles à manipuler et évacuer.

À peu de choses près, ces conditions peuvent se résumer de la manière suivante :
- « L'usinage doit être automatisable et pouvoir se dérouler sous surveillance réduit. »
- Cette condition, qui doit absolument être satisfaite si le processus est automatisé, reste bonne à prendre en compte dans le cas contraire.

Détaillons ces différents points.

a. La coupe doit être exempte de vibrations : les vibrations nuisent à l'état de surface produit, à la durée de vie de l'arête de coupe, à la tenue dans le temps de la machine et de ses accessoires. Et une coupe non franche (la matière est partiellement refoulée et non cisaillée) ou même seulement irrégulière, sont des facteurs d'apparition des vibrations. Il est donc logique d'associer ces trois conditions. On peut objecter que la coupe n'est jamais un phénomène parfaitement continu (observer la face intérieure d'un copeau), que la condition de régularité ne peut pas être interprétée de la même manière pour un chariotage finition au tour et un fraisage à la « ravageuse 2 tailles ». C'est vrai. Mais :
- c'est là qu'intervient la connaissance d'un métier, les « règles de l'art » qui permettent d'apprécier si les conditions sont bonnes ou mauvaises ;
- il est toujours possible de substituer au jugement subjectif des mesures objectives de vibrations.

b. Les copeaux peuvent être un danger :
- pour l'opérateur sur machine découverte ;
- pour la pièce ;
- pour l'outil ;
- pour la machine, que cette dernière soit couverte ou découverte.

c. Tous les phénomènes qui sont susceptibles d'engendrer un endommagement accidentel (aléatoire) de l'arête de coupe **doivent être évités**.

d. On retrouve le critère de répétabilité. Donc de régularité. **Les copeaux de forme aléatoire ou susceptibles d'endommager aléatoirement la pièce doivent être évités**. Le recyclage de copeaux, par exemple, risque d'endommager l'outil mais aussi la pièce.

e. Les copeaux courts ou fragmentés occupent, par unité de masse, un volume inférieur. Ils sont de manipulation plus aisée et moins dangereuse.

On voit à quel point la relation est étroite entre « copeaux » et « points de fonctionnement valides ».

Il n'est pas possible d'établir *a priori* une liste de « bons copeaux ». Un copeau peut convenir dans un cas d'emploi et pas dans un autre. Lorsque l'on paramètre un couple outil-matière, il faut préalablement à l'essai décider des critères d'acceptation de copeaux. Il est parfois nécessaire de découper le couple outil-matière en plusieurs zones de validité correspondant à différents cas d'utilisation. Par exemple :
- zone de validité opérations d'ébauche et 1/2 finition ;
- zone de validité opérations de finition.

Il faut aussi prendre en compte le fait que l'on ne peut pas obtenir n'importe quel copeau pour n'importe quelle opération et n'importe quelle matière (on ne produit pas de copeaux tubulaires dans la fonte grise !).

Études communes aux différentes techniques d'usinage par enlèvement de copeaux

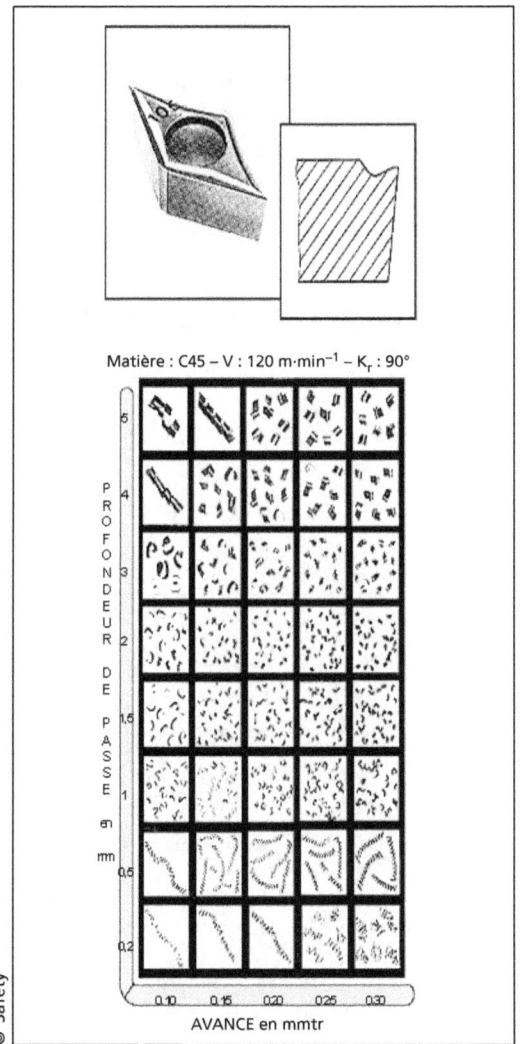

Fig. 5.35 • *Exemple de zone de fragmentation, origine Safety : DCMM 11T304 - 20*

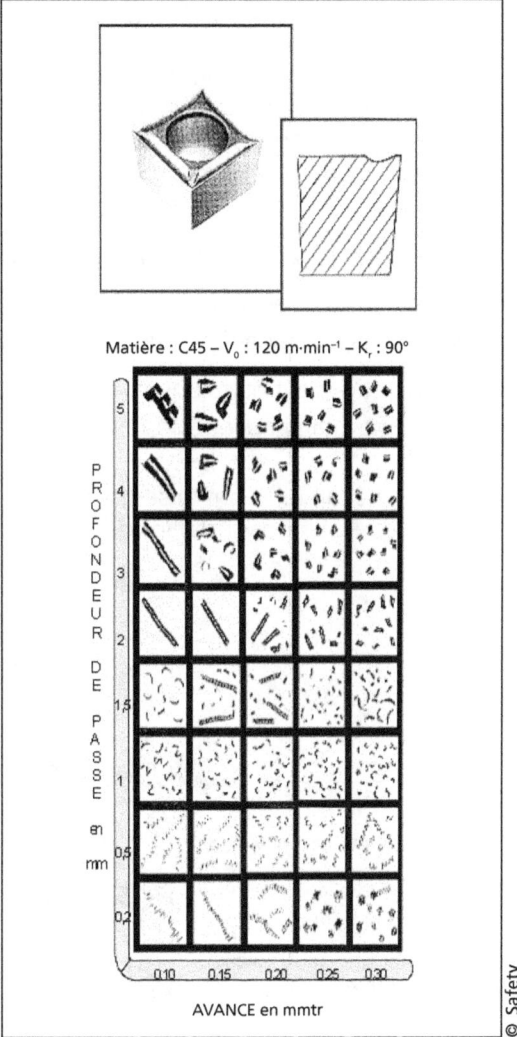

Fig. 5.36 • *Exemple de zone de fragmentation, origine Safety : SCMM 09T304 - 23*

Exercice

Indiquer une matière et une opération pouvant correspondre à chacune des illustrations de la norme ISO DIS 3685.

Par contre il y a des copeaux qui sont toujours mauvais :
– 1.1, 1.2, 1.3, 2.3, 4.3 ;
– copeaux recyclés ;
– copeaux brisés sur la surface engendrée.

143

7. Les angles des outils

Ce paragraphe concerne la géométrie des outils coupants ; largement diffusée dans d'autres ouvrages concernant la technologie, elle sera reprise dans le développement relatif à chaque technologie. Il semble pourtant important d'y consacrer quelques pages et de se reporter aux normes NF E 66-502/503/505 pour les détails descriptifs des outils coupants.

7.1. Constitution d'un outil coupant

Un outil coupant est constitué d'un corps d'outil et peut comporter une ou plusieurs parties actives, intersection de deux surfaces ($A\alpha_1$, $A\gamma_1$ par exemple).

La partie active peut être constituée :
- du même matériau que le corps, on parle alors d'outils monoblocs (carbures et aciers rapides) ;
- d'un matériau différent (inserts rapportés ou plaquettes pour les carbures, les cermets, les céramiques, les polycristallins de bore ou de diamant).

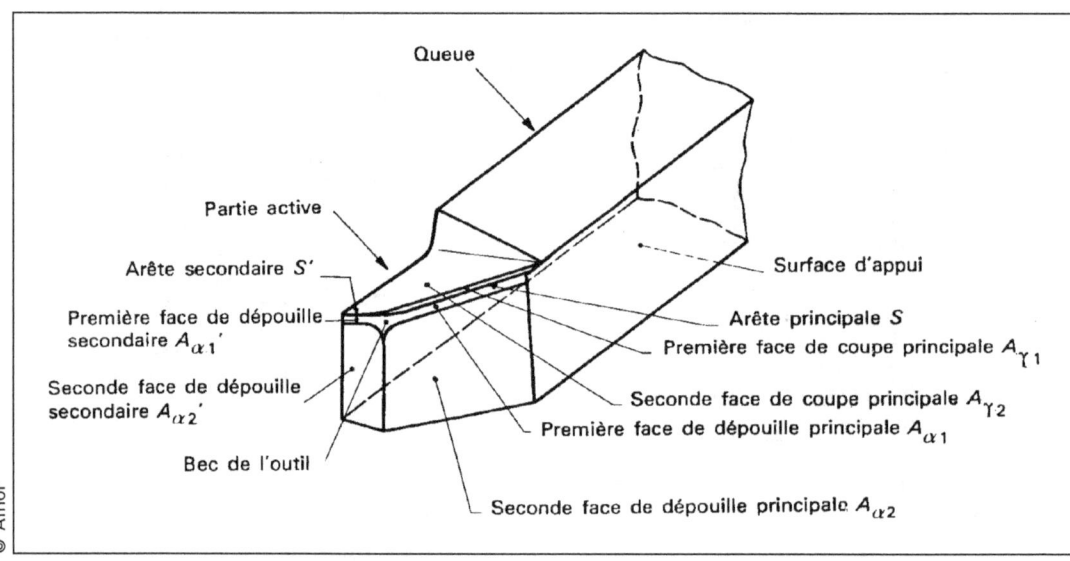

Fig. 5.37 • *Éléments constitutifs d'un outil de coupe*

7.2. Outils monoblocs

7.2.1. Outil en position de travail

Généralement on trouve cette configuration avec un mouvement de l'outil composé de :
- un mouvement de coupe ;
- un mouvement d'avance.

De cette composition résulte un vecteur vitesse V_e qui servira d'élément de base à la définition de l'outil pendant son travail.

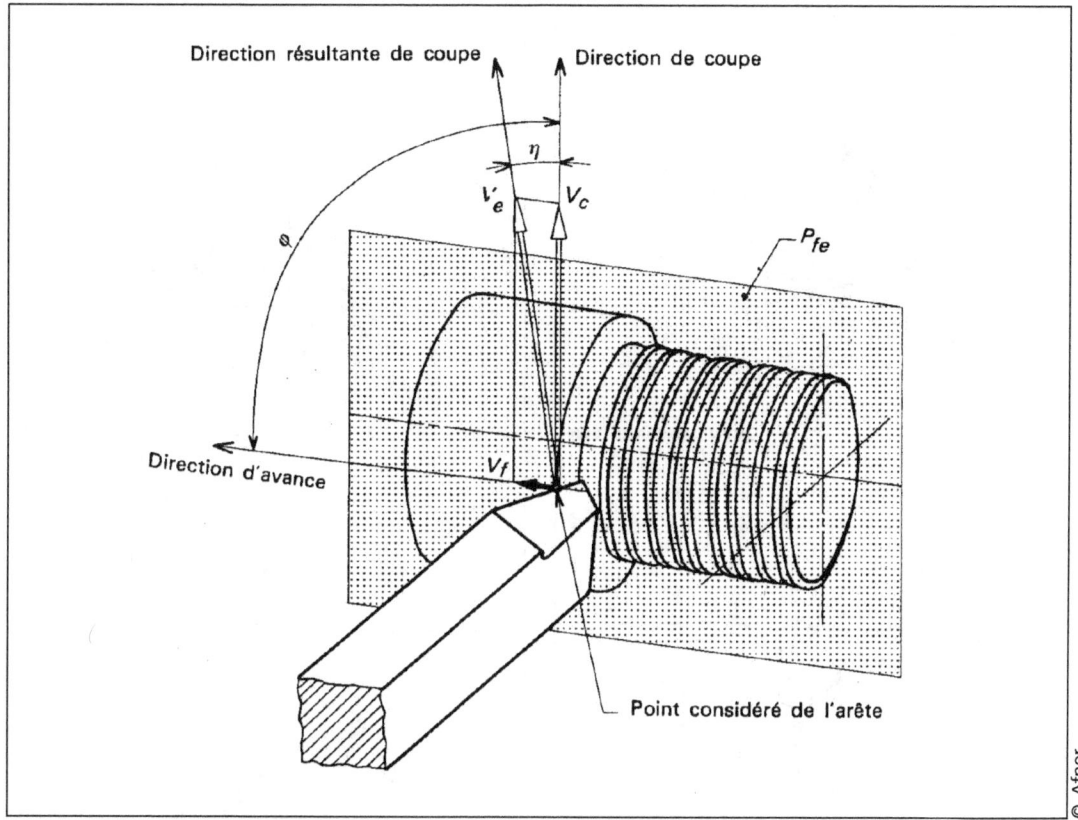

Fig. 5.38 • *Norme NF E 66-502 : Mouvements de l'outil et de la pièce – Outil de tournage*

7.2.2. Système de référence

Les angles sont définis par deux systèmes de référence :
– système d'outil en main (nécessaire à sa fabrication et son mesurage) ;
– système d'outil en travail (nécessaire à la spécification de sa géométrie en cours d'usinage).

7.2.3. Comparaison outil en main/outil en travail

Voir figure 5.41.

7.2.4. Cas des fraises et des forets

Dans ce cas, les arêtes de coupe sont les intersections de deux surfaces complexes et ne sont pas rectilignes. Les définitions s'appliquent en chaque point de l'arête, à la tangente de celle-ci, intersection des plans tangents en ce point à la face de dépouille et à la face de coupe. Voir figure 5.42.

Usinage par enlèvement de copeaux

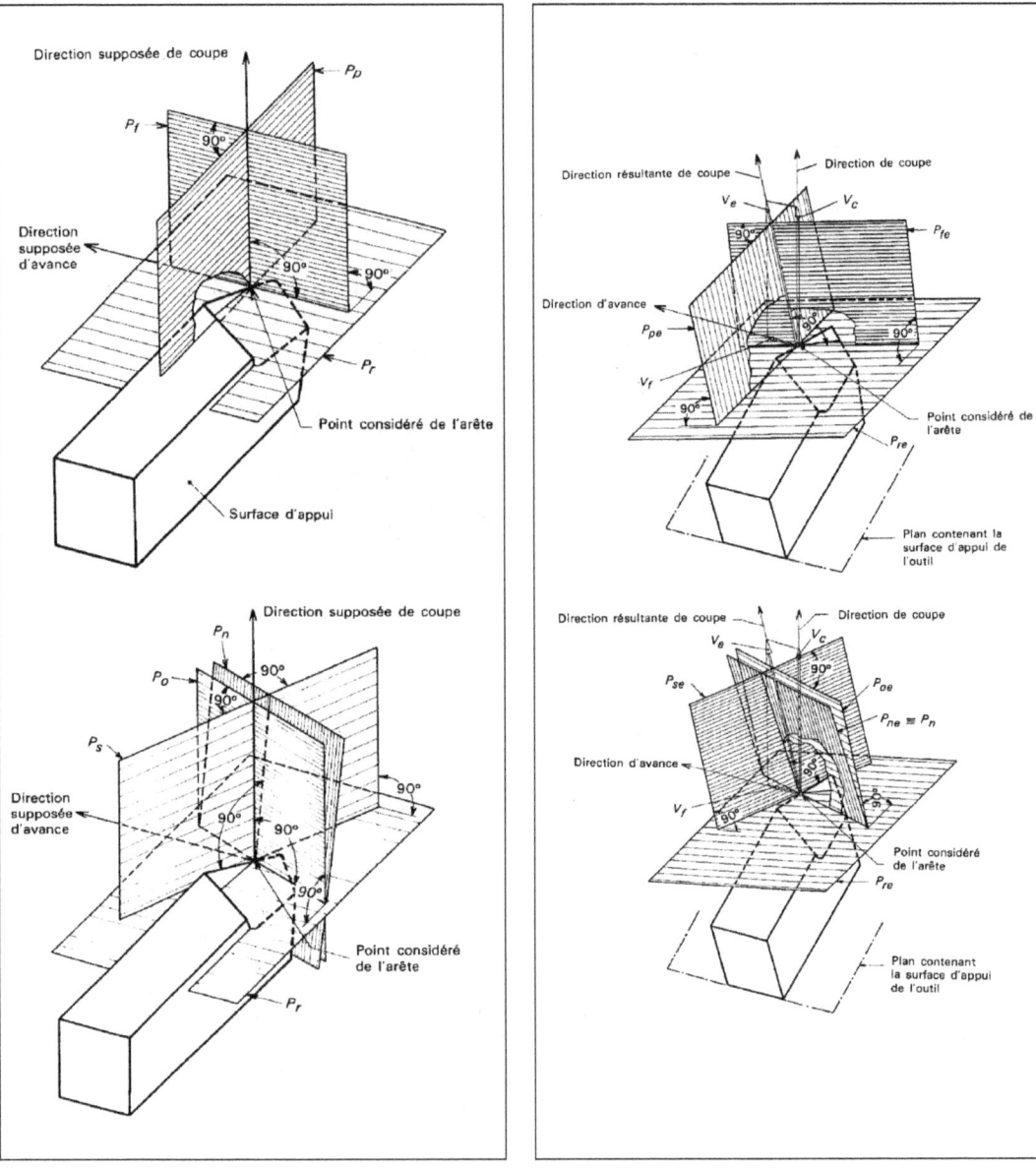

Fig. 5.39 et 40 • *Plans dans le système de l'outil : plans dans le système de l'outil en travail en mains. Norme NF E 66-502*

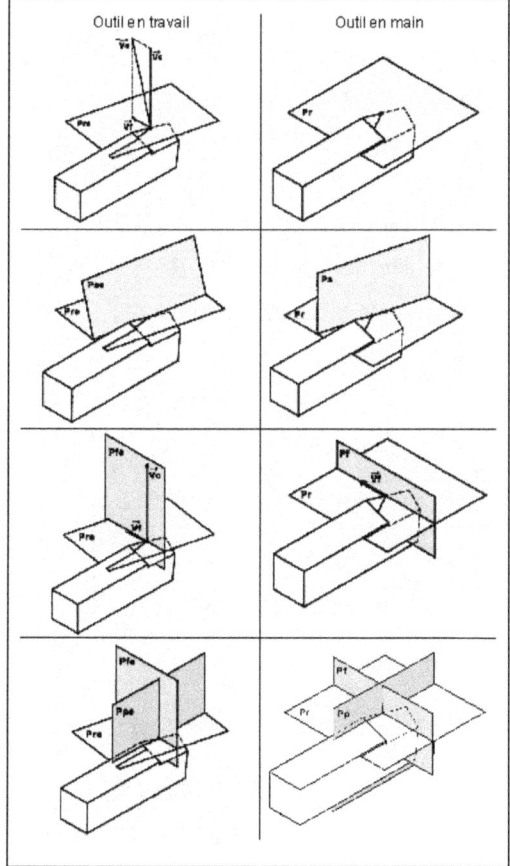

Fig. 5.41 • *Comparaison outil en travail/outil en main*

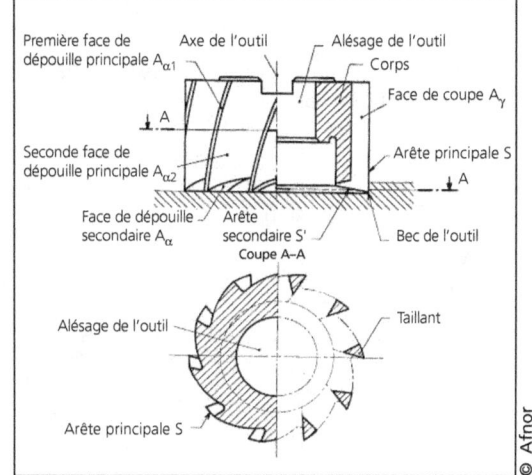

Fig. 5.42 • *Norme NF E 66-502 (fig. 5.3) : arêtes et surfaces de la partie active d'une fraise 2 tailles*

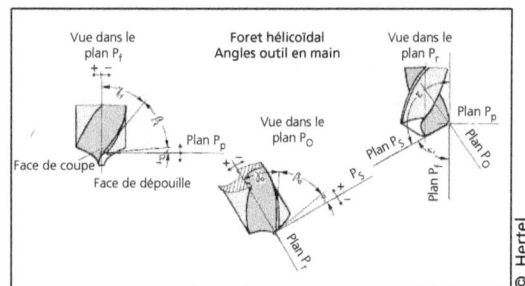

Fig. 5.43 • *Angles et symboles du foret hélicoïdal*

7.3. Outils avec inserts

Dans le cas des outils constitués d'une plaquette et d'un porte plaquette, les angles d'outil en travail ou en main dépendent du couple porte plaquette/plaquette, mais les définitions s'appliquent comme pour les outils monoblocs.

7.4. Évolution des géométries en travail

7.4.1. Évolution en fonction des grandeurs cinématiques

- γ_{fe} : angle de coupe effectif ;
- γ_f : angle de coupe affûté ;
- α_{fe} : angle de dépouille effectif ;
- α_f : angle de dépouille affûté ;
- η : angle de la direction résultante de coupe.

$$\eta = \text{arctg}\frac{f}{\pi D}$$

$$\alpha f_e = \alpha f - \eta$$

Usinage par enlèvement de copeaux

Exemples

Exemple 1 : plaquette seule (extrait de ISO 1832-1991) (fig. 5.44)

Exemple 2 : plaquette montée sur porte plaquette

Plaquette TNMM ou TNMG ou TNGA ou TNMA montées sur porte plaquette.

Angle de coupe $\gamma_f = -6°$

Angle d'inclinaison d'arête $\lambda_s = -6°$

Angle de direction d'arête $\kappa_r = 93°$

Porte plaquette MTJNR/L (voir fig. 5.45).

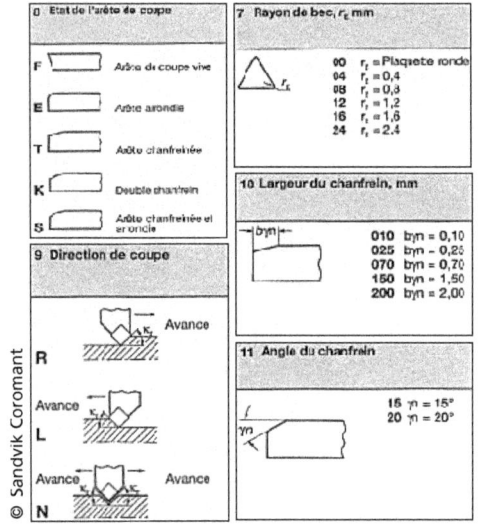
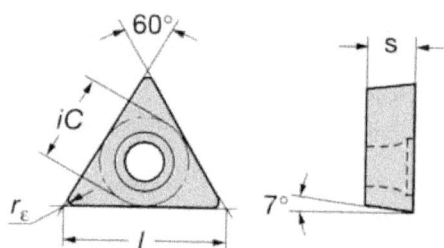

Fig. 5.44 • *Désignation des plaquettes*

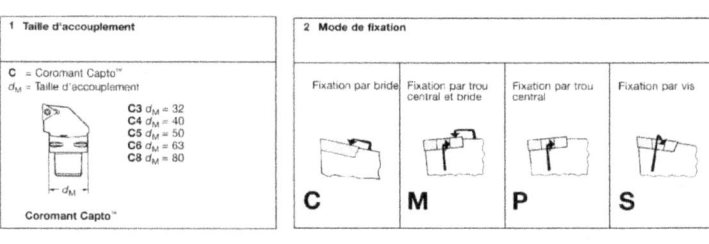
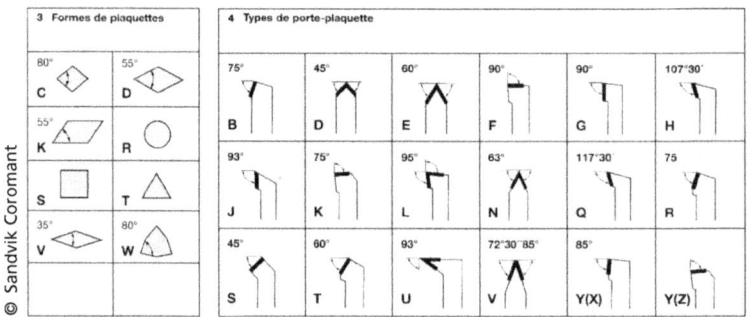
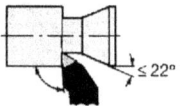

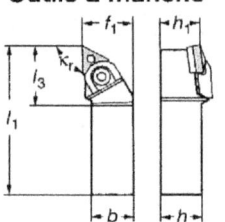

Fig. 5.45 • *Outils de Tournage*

Études communes aux différentes techniques d'usinage par enlèvement de copeaux

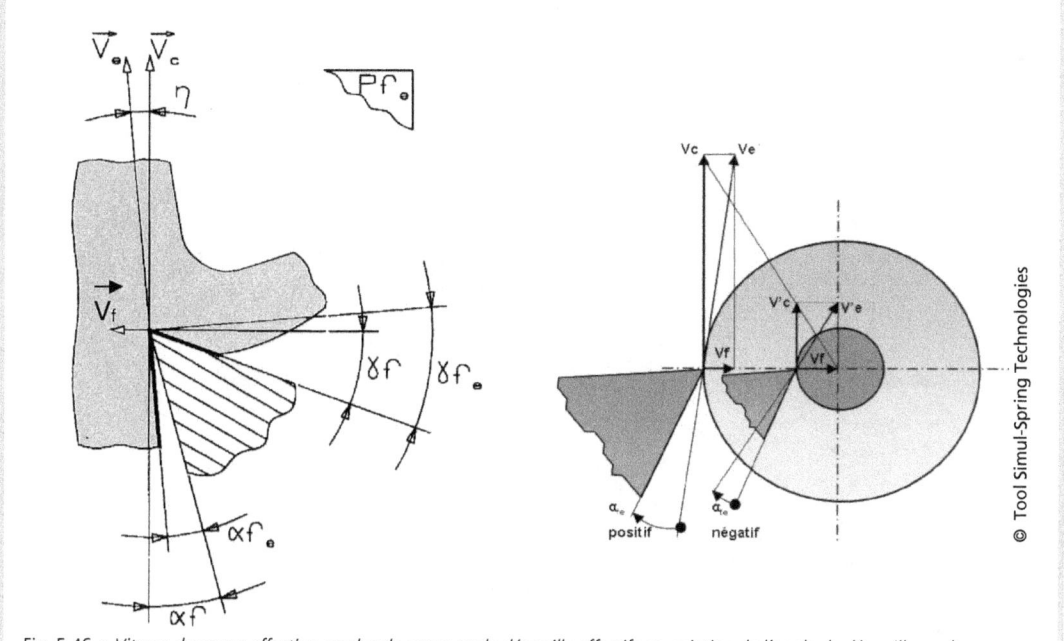

Fig. 5.46 • *Vitesse de coupe effective, angles de coupe et de dépouille effectifs et variation de l'angle de dépouille en dressage à vitesse de rotation η = cste*

7.4.2. Cas de l'outil à saigner ou à tronçonner

7.4.2.1. Différence de diamètres sur la pièce

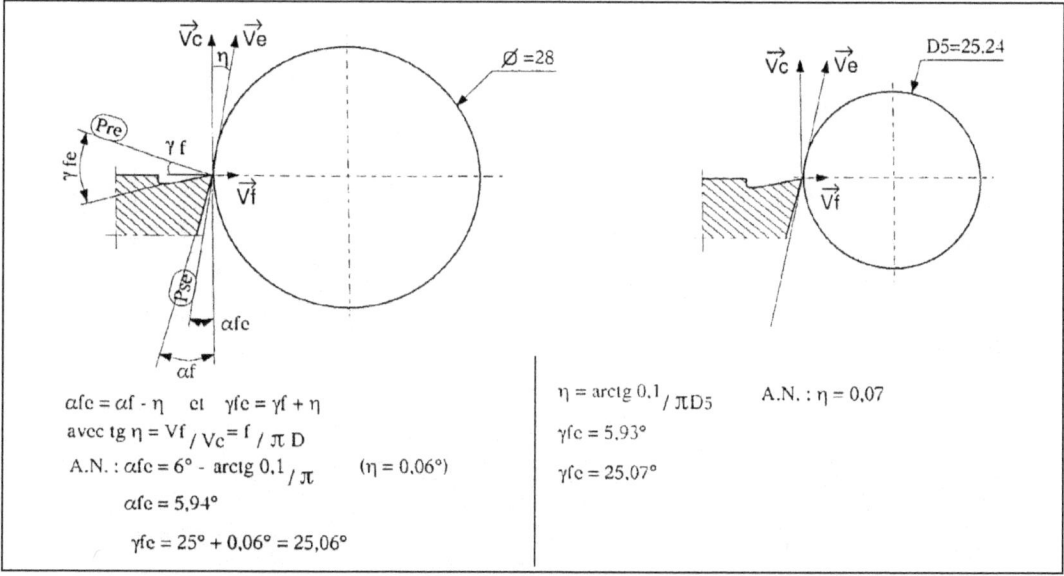

Fig. 5.47 • *Réalisation d'une gorge avec un outil à saigner, Ø départ = 28, Ø fin de gorge = 25,24, influence négligeable de la variation α_f et γ_f*

149

7.4.2.2. Variations de hauteur de l'outil par rapport à l'axe de la pièce

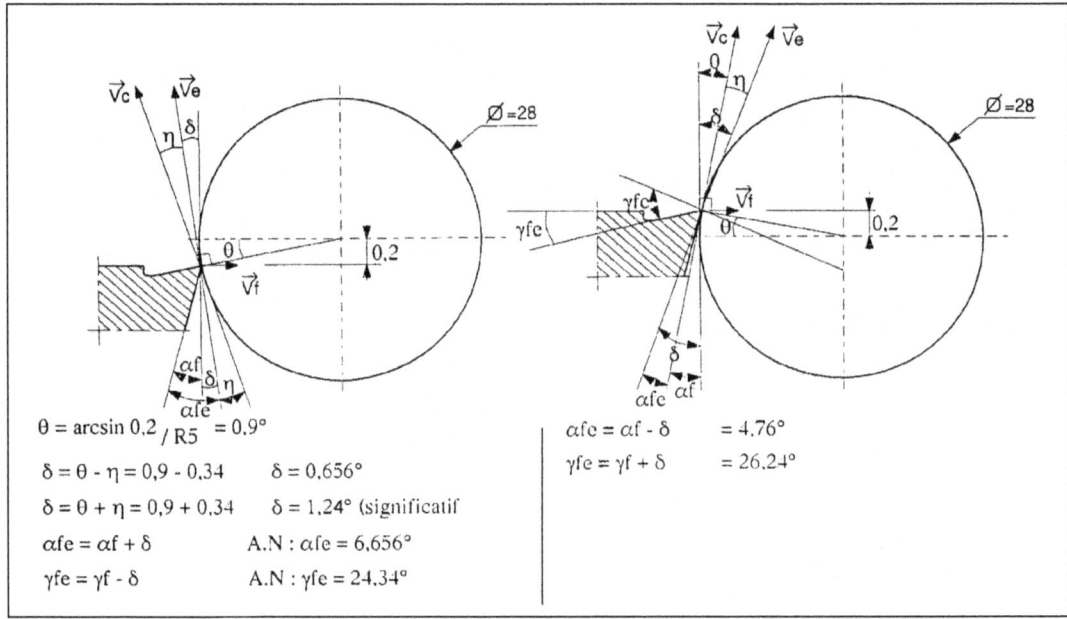

Fig. 5.48 • *Même exemple que précédemment mais la dispersion de ± 0,2 sur la hauteur de pointe d'outil peut entraîner une variation de α_f et γ_f significative*

7.4.3. Variation de l'angle κ_{re} dans une opération de contournage

Voir figure 5.49.

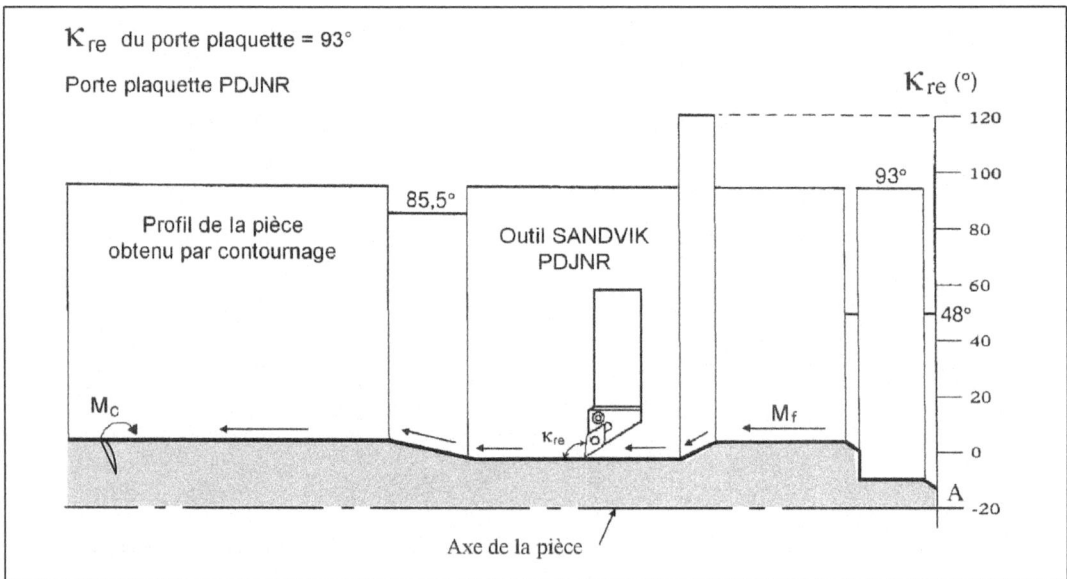

Fig. 5.49 • *Variation de κ_{re} en fonction du profil à usiner*

7.4.4. Cas de l'outil fraise

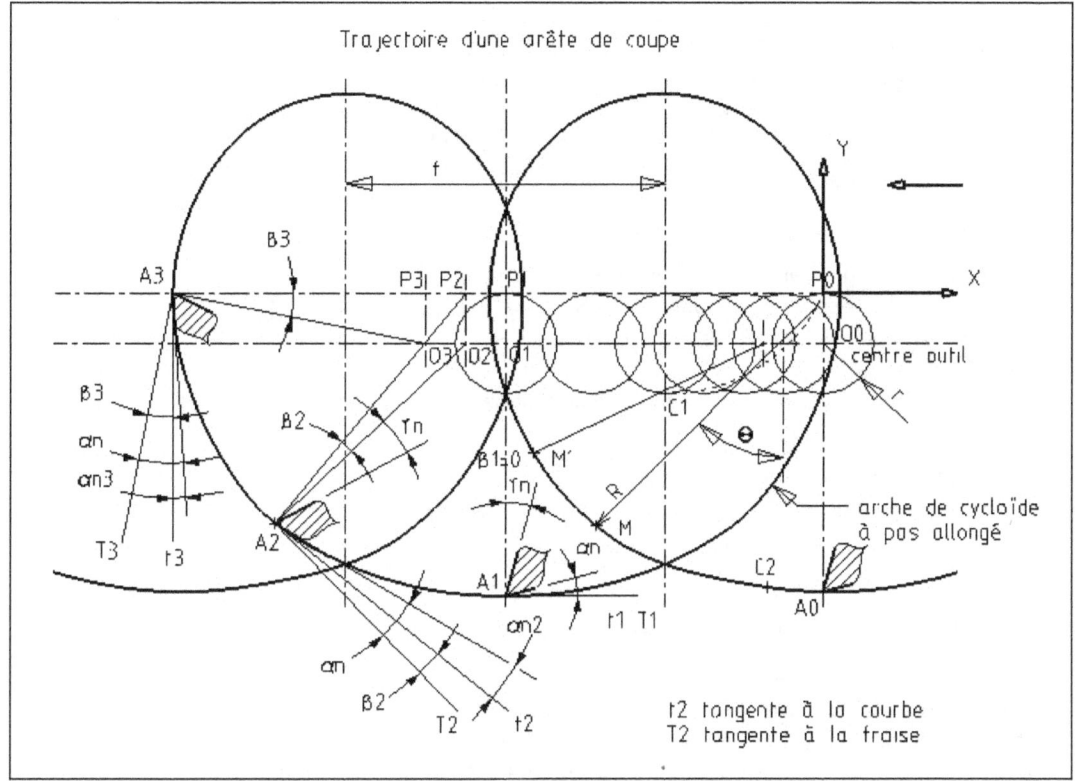

Fig. 5.50 • *Variation de l'angle de dépouille α_{ne} en fonction de la trajectoire de l'arête de coupe*

8. Généralités sur les paramètres et conditions d'usinage

Ce chapitre reprend et détaille l'étude amorcée aux sections 1.5 et 1.6 du chapitre 1.

Notre but est de définir correctement un point de fonctionnement.

Les paramètres et conditions d'usinage décrivent une opération. Elles sont nécessaires à sa mise en œuvre. Elles sont également nécessaires pour renseigner correctement une base de données.

8.1. Paramètres et conditions d'usinage

Certains auteurs rangent les paramètres d'usinage dans la catégorie plus large des conditions d'usinage.

Bien qu'à notre connaissance, la distinction entre conditions et paramètres d'usinage ne fasse l'objet d'aucune convention précise, nous préférons réserver l'appellation de paramètres d'usinage aux données quantitatives comme une profondeur de passe, une avance ou une vitesse de broche, et l'appellation de conditions d'usinage aux données qualitatives comme le travail sous lubrification.

> **Questions**
>
> Donnez une liste complète de paramètres d'usinage :
> 1- pour une opération de fraisage mixte.
> 2- pour une opération d'alésage paraxial au tour sur épaulement.
>
> **Éléments de réponses**
>
> Avez-vous pris en compte ?
>
> 1- Fraisage mixte :
> - la possibilité d'une avance partiellement axiale (fig. 57) ;
> - l'utilisation de fraises non cylindriques, fraises à surfacer par exemple ;
> - les profils d'ébauche particuliers et par exemple :
>   • profil brut matricé ou moulé ;
>   • profil de semi-finition parallèle au profil de finition.
>
> 2- Alésage au tour sur épaulement :
> - la longueur de sortie de barre ;
> - le mode de production de l'épaulement (arrêt d'avance ou remontée de face) (fig. 58).

8.1.1. Étudions d'abord les paramètres

Il peut être utile de distinguer :
- **paramètres géométriques** : ils décrivent le résultat à obtenir indépendamment des impositions de qualité. En technique de tournage, opération de chariotage paraxial, les paramètres géométriques sont par exemple le diamètre avant opération, la profondeur radiale et la longueur axiale à usiner ;
- **paramètres technologiques** : dans le même exemple ce sont l'avance par tour et la vitesse de broche ;
- **paramètres de durée de vie** : nombre de pièces entre 2 changements d'arête de coupe.

Il est toujours important de distinguer :
- **paramètres affichés** ; exemple : vitesse de broche en fraisage ;
- **paramètres calculés** ; exemple : une vitesse de coupe en tournage si l'on affiche la vitesse de broche, mais la vitesse de broche si l'on affiche une vitesse de coupe constante.

Paramètres constatés, exemples :
- nombre de pièces usinées lorsque la puissance de coupe est augmentée de 15 % par rapport à l'outil neuf ;
- puissance de coupe mesurée outil neuf ;
- usure en dépouille sur arête réformée lorsque la puissance de coupe atteint 115 % de la puissance mesurée avec outil neuf.

Note

Remarquons que si l'usage des paramètres affichés est obligatoire, il n'en est pas de même des paramètres calculés ni des paramètres constatés.

8.1.2. Les conditions d'usinage sont relatives

a. Aux modes d'attaque (fig. 5.51) :
- pénétration avant rainurage à la fraise 3 tailles ;
- plongée verticale avant rainurage à la fraise 2 tailles coupe au centre.

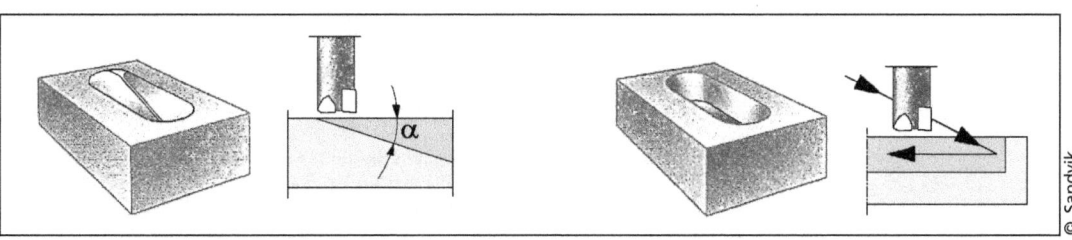

Fig. 5.51 • *Mode d'attaque : plongée oblique avant rainurage avec fraise 2 tailles coupe au centre*

b. Aux conditions de fin de passe (fig. 5.52) :
- production d'une surface secondaire par remontée de face ;
- production d'une surface secondaire par arrêt d'avance.

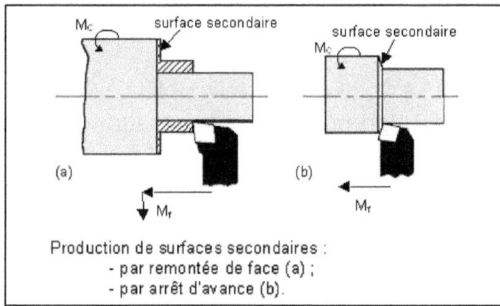

Fig. 5.52 • *Conditions de fin de passe*

c. Aux conditions d'évacuation des copeaux :
- stagnation des copeaux sur la face usinée en fraisage ;
- évacuation des copeaux en perçage profond.

d. À la lubrification :
- existence ;
- définition précise du lubrifiant (nature, concentration) ;
- mode d'application et si possible paramètres d'application (pression, débit).

Une condition peut donc elle-même être paramétrée.

e. Au mode de travail :
- opposition, avalant en fraisage ;
- plongée partielle avec outil à gorges en tournage.

f. Au mode d'avance (fig. 5.53) :
- avance radiale, oblique ou oblique alternée en filetage pointe unique.

Disons ici quelques mots – pour les distinguer des conditions d'usinage – des « conditions particulières ». Nous rangeons les conditions particulières dans les « contraintes de l'environnement » ; nous les étudierons plus loin dans cet ouvrage.

Nous réservons l'appellation de « conditions particulières » aux conditions qui peuvent conduire à limiter les paramètres d'usinage. Ces conditions concernent le plus souvent des particularités

Usinage par enlèvement de copeaux

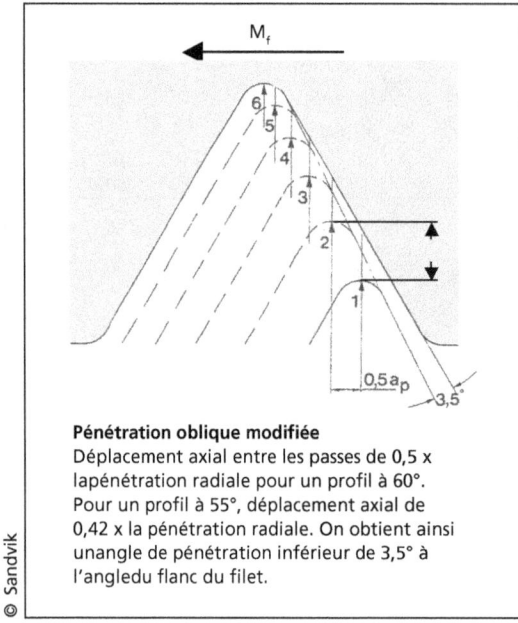

Pénétration oblique modifiée
Déplacement axial entre les passes de 0,5 x la pénétration radiale pour un profil à 60°. Pour un profil à 55°, déplacement axial de 0,42 x la pénétration radiale. On obtient ainsi un angle de pénétration inférieur de 3,5° à l'angle du flanc du filet.

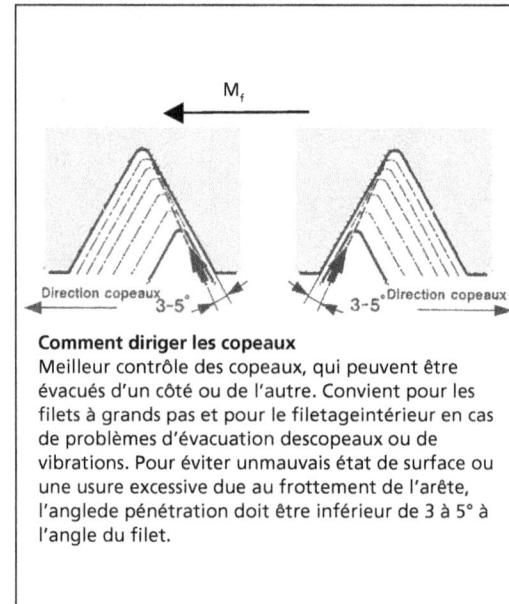

Comment diriger les copeaux
Meilleur contrôle des copeaux, qui peuvent être évacués d'un côté ou de l'autre. Convient pour les filets à grands pas et pour le filetage intérieur en cas de problèmes d'évacuation des copeaux ou de vibrations. Pour éviter un mauvais état de surface ou une usure excessive due au frottement de l'arête, l'angle de pénétration doit être inférieur de 3 à 5° à l'angle du filet.

Fig. 5.53 • *Pénétration oblique.*

morphologiques de la pièce ayant des conséquences sur sa rigidité, son accessibilité, son ablocage, son entraînement ou sur des anomalies dans l'exécution normale de l'opération :
- rigidité
  - pièce flexible en tournage ;
  - voile mince ou fond mince en fraisage.
- accessibilité
  - nécessité d'un élément intermédiaire en fraisage ;
  - sortie d'une barre d'alésage en tournage.
- ablocage
  - ablocage précaire en fraisage ;
- risque de basculement d'une pièce montée en l'air en tournage
- entraînement
  - entraînement précaire en tournage.
- anomalies
  - dressage au centre (vitesse de coupe nulle) ;
  - coupe interrompue (choc).

On peut, d'une autre manière, dire que les conditions d'usinage précisent la signification des paramètres d'usinage en spécifiant le contexte dans lequel ils sont utilisés, tandis que les conditions particulières limitent éventuellement ces mêmes paramètres et influent éventuellement sur la qualification de l'outil à l'opération.

8.2. Importance d'une connaissance précise des paramètres et conditions d'usinage

Nous ne dirons jamais avec assez de force qu'une condition nécessaire à la maîtrise et a fortiori à la prédétermination est la répétabilité. Cette répétabilité ne peut être obtenue que si l'ensemble des données opératoires sont stables. Ce qui est vrai de la définition de la matière et de l'outil l'est évidemment de la définition de l'opération. Mais il n'est pas toujours facile de définir rigoureusement paramètres et conditions.

Donnons quelques exemples de difficultés pratiques concernant les **paramètres** :
- **Paramètres géométriques** : la profondeur de passe radiale est un paramètre géométrique du fraisage. En virage intérieur, cette profondeur de passe radiale est variable et peut devenir très supérieure à la surépaisseur radiale nominale.

Exemples

1er cas : surépaisseur radiale nominale constante

1- Le centre de fraise est en C_1.

La fraise tangente le profil usiné en T_1.

La fraise coupe le profil ébauché en E_1.

La profondeur de passe radiale instantanée N_1T_1 est égale à la surépaisseur radiale nominale constante, s.

2- Le centre de fraise est en C_2.

La fraise tangente le profil usiné en T_2.

La fraise coupe le profil ébauché en E_2.

La profondeur de passe radiale instantanée N_2T_2 est très supérieure à la surépaisseur radiale nominale constante, s.

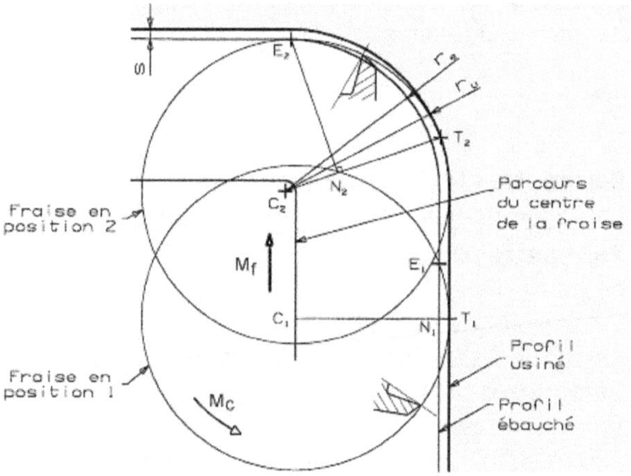

Fig. 5.54 • *Surépaisseur radiale nominale constante*

Le préparateur choisit pour sa rigidité une fraise dont le demi-diamètre est proche du rayon de virage du profil usiné r_u. Le rayon de parcours du centre de fraise est alors faible et NT prend des valeurs très supérieures à s.

2e cas : surépaisseur radiale variable

On rencontre par exemple ce cas en finition lorsque l'ébauche a été réalisée avec une fraise de 1/2 diamètre supérieur au rayon de virage de finition.

Sur la figure (échelle 4/1) :

L'ébauche a été réalisée avec une fraise de Ø 32 mm et le rayon de virage en ébauche est de 17 mm.

La finition est réalisée avec une fraise de Ø 25 mm et le rayon de virage en finition est de 14 mm.

La surépaisseur nominale (hors virage) est s = 0,5 mm.

Lorsque le centre de fraise est en C_2, la surépaisseur radiale instantanée N_2T_2 est de 5,75 mm environ (lecture sur graphique) soit 11,5 x s !

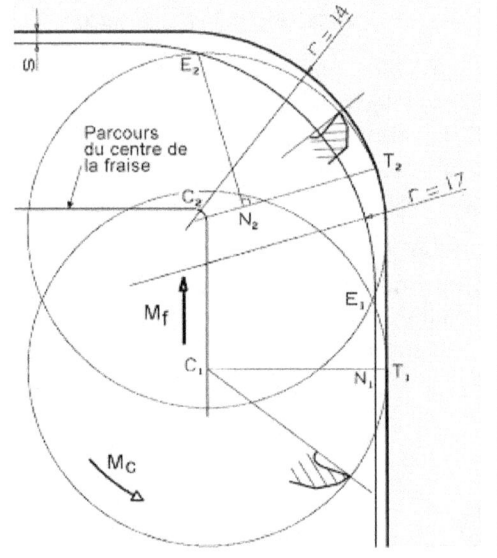

Fig. 5.55 • *Surépaisseur radiale nominale variable*

- **Paramètres technologiques** : avec une fraise 2 tailles rayonnée, la vitesse de coupe n'est pas la même aux 2 extrémités du rayon ; elle est nulle dans l'axe d'une fraise boule.
- **Paramètres de durée de vie** : on utilise souvent le temps effectif de coupe entre deux changements d'arête.
  De ce point de vue, on est amené à considérer que 60 passes de 100 mm de long valent 6 passes de 1 000 mm. Ce qui n'est pas toujours vrai.
- **Paramètres affichés** : affichons sur un tour, la vitesse de coupe constante de $120\ m \cdot min^{-1}$. Effectuons un dressage jusqu'au centre. La vitesse de coupe affichée ne sera pas respectée en fin de passe.
- **Paramètres calculés** :
  - **1er exemple** : chariotage paraxial. La vitesse qui sert de base aux calculs n'est pas la même à la pointe de l'outil et à la périphérie de la pièce. Cette différence peut être importante en usinage de faibles diamètres.
  - **2e exemple :** dressage en remontant avec arête de chariotage. Exemple d'un κ_r de 93 ou 95 degrés. Il faut calculer l'engagement d'arête et vérifier qu'il est admissible pour l'arête de l'outil utilisé (fig. 5.56).

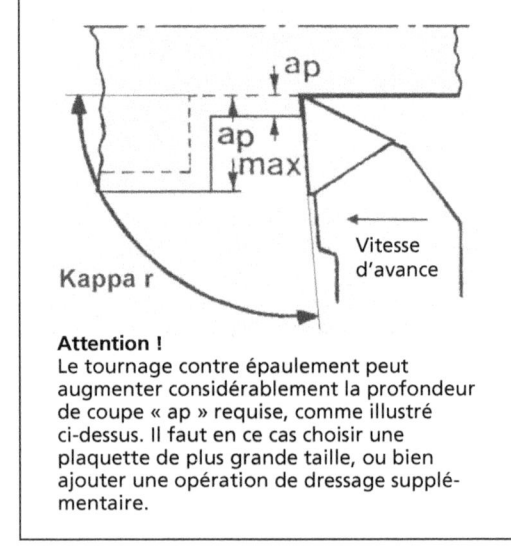

Attention !
Le tournage contre épaulement peut augmenter considérablement la profondeur de coupe « ap » requise, comme illustré ci-dessus. Il faut en ce cas choisir une plaquette de plus grande taille, ou bien ajouter une opération de dressage supplémentaire.

Fig. 5.56 • *Tournage contre épaulement*

– **Paramètres constatés** :

Nombre de pièces entre deux changements d'arête.

Changement suivant critère de réforme. Quel critère choisir ? Le V_B est un paramètre pratiquement inutilisable en atelier. Mais c'est un bon paramètre de laboratoire (pas nécessairement le meilleur). Il faut penser à le corréler à un paramètre utilisable en atelier ; par exemple la puissance de coupe (pour des paramètres géométriques et technologiques donnés).

Changement après un nombre de pièces donné. Il faut s'attendre à ce qu'un pourcentage élevé des arêtes réformées soient encore utilisables !

Passons aux **conditions**. Il faut ici établir une hiérarchie entre les différentes conditions.

Les modes d'attaque (section 8.1.2.a de ce chapitre) constituent en fait un changement d'opération.

Une « pénétration » en fraisage est une opération à largeur de coupe croissante et l'épaisseur de copeau max est égale à l'avance. Ce qui n'est pas le cas du rainurage 3 tailles.

Le cas de la plongée avec fraise 2 tailles est encore plus caractéristique. On utilise le même outil « corps » mais plus le même outil « arête » (fig. 5.57).

Les conditions de fin de passe (section 8.1.2.b de ce chapitre) peuvent entraîner une disqualification de l'outil :

Tous les outils ne sont pas qualifiés pour effectuer une remontée de face ou pour produire un épaulement par arrêt d'avance.

Les conditions d'évacuation des copeaux (section 8.1.2.c de ce chapitre) doivent impérativement être maîtrisées.

La stagnation des copeaux sur la face usinée en fraisage entraîne leur « recyclage » par l'outil dont les arêtes sont endommagées de manière aléatoire.

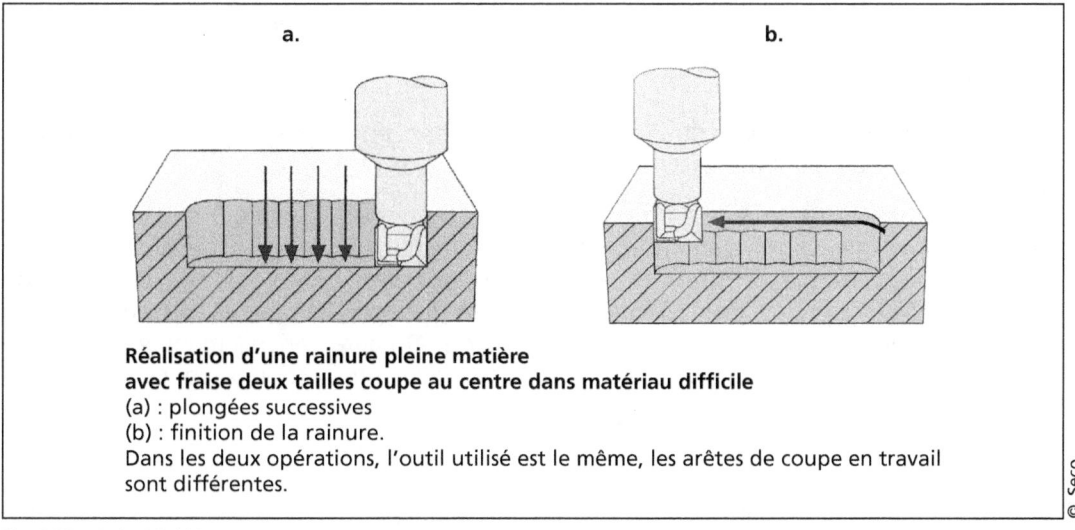

**Réalisation d'une rainure pleine matière
avec fraise deux tailles coupe au centre dans matériau difficile**
(a) : plongées successives
(b) : finition de la rainure.
Dans les deux opérations, l'outil utilisé est le même, les arêtes de coupe en travail sont différentes.

© Seco

Fig. 5.57 • *Fraise Mini Master*

Les méthodes d'évacuation des copeaux en perçage mettent en jeu :
- la conception et la réalisation de l'outil ;
- la lubrification : mode et paramètres d'application ;
- les paramètres de coupe.

Elles seront étudiées en détail avec cette technique.

La **lubrification** (section 8.1.2.d de ce chapitre) lorsqu'elle est utilisée, doit convenir au couple outil-matière concerné. Elle fait partie intégrante de la définition du couple outil-matière. Donc si un outil effectuant une opération dans une matière peut l'effectuer sans lubrification ou avec lubrification (entièrement spécifiée), on doit disposer de deux paramétrages différents.

Les règles expertes du genre « si lubrification, augmenter la vitesse de coupe de 20 % » signifient seulement que le couple outil-matière admet la fonction lubrification de refroidissement de l'outil et permet alors une vitesse de coupe supérieure (de combien ?) à celle qui serait pratiquée à sec toutes autres conditions égales.

Le **mode de travail** (section 8.1.2.e de ce chapitre) peut être :
- Imposé pour certains couples outils-matière ; par exemple : travail en avalant seulement.
- Préconisé ; par exemple : travail en opposition recommandé. Dans ce cas, il est à prévoir des différences de paramétrage selon le mode de travail.
- Libre ; par exemple : travail en avalant ou en opposition. Dans ce cas le couple outil-matière doit avoir été étudié sous les deux modes et le paramétrage fourni correspondre à leur intersection logique.

Les plongées partielles avec outil à gorges radiales engendrent un effort en Z inacceptable par certains outils.

Les **modes d'avance** (section 8.1.2.f de ce chapitre) ; dans l'exemple donné plus haut : avance radiale, oblique ou oblique alternée en filetage pointe unique, à chaque mode d'avance correspond un paramétrage particulier, non du couple outil matière mais de l'opération ; on devra en particulier calculer les efforts sur la pointe de l'outil en tenant compte de la section coupée et de l'épaisseur radiale de coupe : à sections coupées égales, ces efforts seront différents d'un mode à l'autre.

Les **conditions particulières** entraînent des restrictions – en général calculables – à la zone de validité du couple outil-matière.

Prenons l'exemple du tournage en mandrin-pointe avec prise extérieure 3 mors doux d'une pièce en alliage léger. La pièce autorise un serrage énergique mais la contrainte doit rester inférieure à la limite élastique de l'alliage léger. On connaît par ailleurs la force maximale de serrage du mandrin. La force centrifuge diminue cet effort de serrage. On peut calculer le couple de coupe admissible en fonction de la vitesse de broche… On aura généralement le choix entre une vitesse de coupe élevée et une section coupée faible, ou une section de coupe forte et une vitesse de coupe faible.

On voit apparaître ici l'idée de recherche de stratégies optimales.

Les conditions particulières sont à ranger dans la catégorie plus large des contraintes de l'environnement, dont les caractéristiques fonctionnelles de la machine-outil utilisée.

Les conditions particulières peuvent intervenir au moment du choix de l'outil (et intermédiaire) et au calcul des paramètres d'usinage. C'est ainsi que :
- la condition de dressage au centre qui exige un matériau de coupe tenace intervient dans le choix de l'outil ;
- l'accessibilité intervient comme condition particulière dans le choix de l'ensemble outil-intermédiaire. L'inertie de l'outil monté intervient ensuite dans le calcul des paramètres d'usinage ;
- la condition particulière de choc intervient dans le choix de l'outil (géométrie et nuance) et une seconde fois dans le calcul des paramètres d'usinage : il faut en particulier tenir compte de la rigidité de la machine ;
- la condition de chariotage débouchant interdit l'emploi simultané d'un κ_r supérieur à 90 degrés et d'une profondeur de passe supérieure au rayon de pointe (effet de rondelle).

Remarquons que certaines conditions doivent être à la fois déclarées comme condition et comme condition particulière.

C'est le cas du chariotage au choc qui, comme condition particulière, influe sur le choix de la nuance, de la géométrie et parfois sur le paramétrage. Et qui, comme condition influe (généralement) sur le paramètre constaté de durée de vie.

Ce n'est pas le cas d'un ablocage précaire qui restreint le domaine de validité mais laisse ensuite inchangés les paramètres constatés.

8.3. Discussion

L'idée générale d'utilisation des notions précédentes peut s'exprimer comme suit.

On paramètre les couples outils-matières en précisant dans quelles conditions sont effectués ces paramétrages. On utilise ces paramétrages en prenant garde à ce que les conditions correspondent. Les domaines de validité sont restreints en tenant compte des contraintes de l'environnement parmi lesquelles on compte les conditions particulières.

Par exemple on utilise :
a. la plaquette Sandvik CNMM 12 04 12-PR GC4015 montée sur PCLNL 25 25 M12 ; longueur sortie 35 mm ;
b. dans un acier 25CrMo4 d'usinabilité moyenne prétraité à 900 MPa ;
c. opération : chariotage paraxial ;
d. épaulement avec remontée de face en fin de passe ;
e. usinage à sec ;
f. a_p = 4 mm ;
g. f = 0,45 mm · tr^{-1} ;
h. D = 120 mm (Diamètre avant usinage) ;
i. n = 600 tr · min^{-1}.

a précise l'outil, b, la matière, c, l'opération, d et e, les conditions, f à i, les paramètres affichés.

Usinage par enlèvement de copeaux

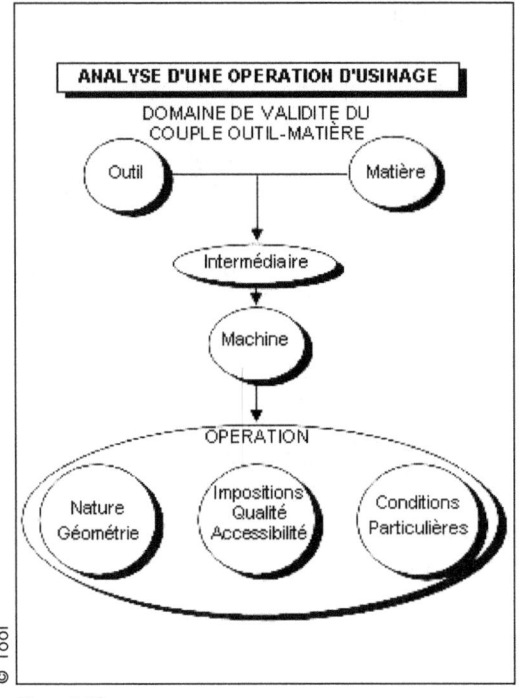

Figure 5.58

Nous aurions pu, de la même manière, définir une opération comportant plusieurs passes.

Remarquons que nous ne disons pas si les paramètres sont limités par des contraintes de qualité, des contraintes de l'environnement, qu'il s'agisse de limitations dues à la machine-outil ou des conditions particulières.

Mais l'opération est complètement définie et nous sommes à même de **calculer** des paramètres comme une vitesse de coupe (en un point défini de l'arête) ou un débit de matière. Nous pouvons également **mesurer** d'autres paramètres comme la puissance ou les efforts de coupe si nous disposons des moyens de mesure appropriés.

Nous n'avons pas dit si le point de fonctionnement ainsi défini est ou non valide, si, par exemple les copeaux ou le mode d'usure sont jugés acceptables. Mais nous sommes à même d'en faire l'essai et notre essai sera reproductible car l'opération est correctement définie par ses paramètres et conditions.

8.4. Conclusions

Un point de fonctionnement est correctement défini par :
– l'outil ;
– la matière ;
– l'opération ;
– les conditions d'usinage ;
– les paramètres d'usinage affichés.

Pour une opération donnée (dans une technique), la liste des conditions et paramètres est assez difficile à établir. Il est donc prudent de la prédéterminer et de ne pas se fier à son bon sens pour la définir au dernier moment lors d'un essai.

9. Les machines-outils

On choisit une machine-outil en fonction :
a. des opérations qu'elle est susceptible de réaliser ;
b. des familles de matières à usiner ;
c. de ses capacités (dimensions, débattements, charges admissibles sur table...) ;

d. de ses caractéristiques mécaniques fonctionnelles ;
e. de son coût d'utilisation.

Ce chapitre a pour objet de préciser le point « d ».

En fait, les caractéristiques d'une machine nous concernent principalement en ce qu'elles sont susceptibles de limiter (en min. ou en max.) les paramètres d'usinage. Nous examinerons successivement :
– les broches ;
– les axes de travail ;
– les accessoires.

9.1. Les broches

9.1.1. Les gammes de vitesses

Il est essentiel de distinguer les gammes discrètes des gammes continues.

9.1.1.1. Les machines conventionnelles disposaient en général de boîtes mécaniques, le rapport entre 2 vitesses successives étant de l'ordre de 1,20. Un dispositif harnais-volée permettait de doubler le nombre de vitesses disponibles.

Exemple d'un tour conventionnel

Les vitesses de broche exprimées en tr · min^{-1} sont :
– au harnais : 16, 20, 24, 29, 36, 43, 49, 60, 73, 86, 103, 128 ;
– à la volée : 160, 200, 290, 360, 436, 490, 600, 730, 1035, 1280.

Le rapport entre 2 vitesses successives varie de 1,14 à 1,25. Sa moyenne géométrique est de 1,208 sur l'ensemble de la gamme.

Remarquons qu'un rapport de 1,25 entre 2 vitesses peut conduire à s'écarter de la vitesse calculée dans un rapport de 1,118 ($1,25^{0,5}$). Si l'on admet un exposant de Taylor (voir plus loin, modèles d'usure) de la durée d'arête de 0,25, le rapport des durées de vie est de 1,56. Si l'exposant de Taylor descend à 0,12, le rapport des durées de vie atteint 2,53.

9.1.1.2. Les machines CN sont en général dotées de variateurs de vitesses avec 2 gammes mécaniques.

Exemple d'un tour CN

Les vitesses de broche exprimées en tr · min^{-1} sont :
– Gamme lente : variation continue de 20 à 700 tr · min^{-1}
– Gamme moyenne : variation continue de 40 à 1 400 tr · min^{-1}
– Gamme rapide : variation continue de 80 à 2 800 tr · min^{-1}

Attention ! Sur tour CN, lors d'un dressage au centre, l'affichage d'une vitesse de coupe constante ne dispense pas du contrôle des vitesses disponibles dans la gamme.

9.1.2. Les puissances et couples disponibles

9.1.2.1. Nous déconseillons d'appliquer la formule :

puissance disponible = puissance moteur × rendement

car le rendement varie en général avec la vitesse de broche.

Comme il est difficile de mesurer directement la puissance disponible à la broche, nous conseillons d'appliquer la formule :
puissance disponible = puissance moteur – puissance à vide (fonction de la vitesse de broche)

La puissance à vide est mesurable au même titre que la puissance en travail (fig. 5.59).

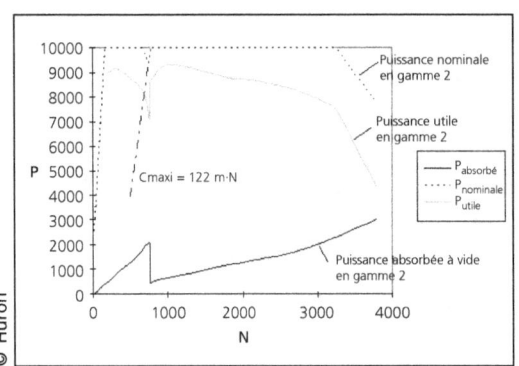

Fig. 5.59 • *Diagramme vitesse-puissance de la fraiseuse ALCERA-GAMBIN (puissances nominale, à vide et utile)*

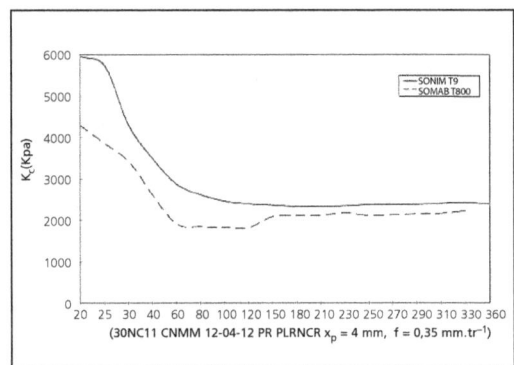

Fig. 5.60 • *Comparaison de k_c sur un tour SOMAB et sur un tour SONIM dans un acier 30NiCr11 (mesures faites à l'aide d'un wattmètre), voir chapitre 6*

Cette formule est critiquable car on objecte que la puissance absorbée par la chaîne cinématique n'est pas la même à vide et en charge. Toutefois :
- Cette formule reste largement préférable à celle qui utilise un rendement fixe.
- Des tests de « portabilité » d'un couple outil-matière d'une machine à l'autre ont montré sa validité.

Voir figures 5.60 et 5.61

Attention

Les constructeurs de machines fournissent parfois la puissance moteur pour une utilisation à, par exemple, 80 % du temps. Exiger de connaître la puissance moteur pour une utilisation à 100 % du temps.

Le diagramme ci-contre montre, pour le moteur triphasé de broche 1PH6, 1PH4 et 1PH2 la relation typique entre la vitesse du moteur et la puissance d'entraînement dans les services type (selon VDE 0530) :

- S1 : service continu ;
- S6 : service ininterrompu à charges intermittentes et un facteur de marche de 60 % (S6-60 %) ou de 40 % (S6-40 %) pour une durée de cycle maximale de 10 min.

1. Valeurs valables pour une alimentation stabilisée. En cas d'une alimentation non stabilisée, procéder selon instructions de conception.

Un renseignement éventuellement utile est la fonction qui relie la surpuissance demandée à sa durée admissible (sans disjoncter).

Études communes aux différentes techniques d'usinage par enlèvement de copeaux

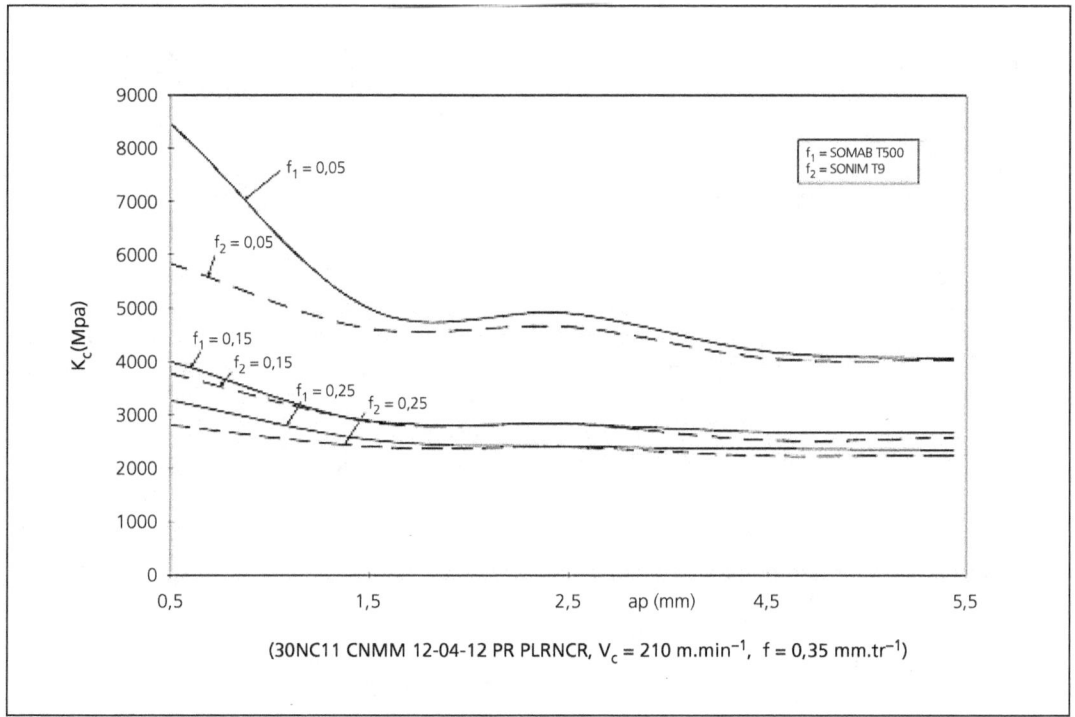

Fig. 5.61 • *Réseau de courbes $k_c = f(ap)$ sur deux machines différentes pour l'élaboration d'un COM dans un acier 30NiCr11 (mesures faites à l'aide d'un wattmètre), voir chapitre 6*

Moteur triphasé de broche principale	Vitesse nominale	Vitesse maximale pour service type (selon DIN VDE 0530)		
	n_N	n_{max} S1 1)	S6-60 % 1)	S6-40 % 1)
Type	tr/min	tr/min	tr/min	tr/min
Moteur 1PH6				
1PH6 103	1 500	9 000	8 100	7 100
1PH6 107	1 500	9 000	8 250	7 300
1PH6 135	1 500	7 700	6 500	5 500
1PH6 138	1 500	5 700	5 300	4 500
1PH6 161	1 500	6 000	5 300	4 400
1PH6 167	1 500	4 500	4 300	3 800
1PH6 186	1 250	5 000	4 300	3 600
1PH6 206	1 250	5 000	4 800	4 000
1PH6 226	1 500	5 000	4 500	4 500

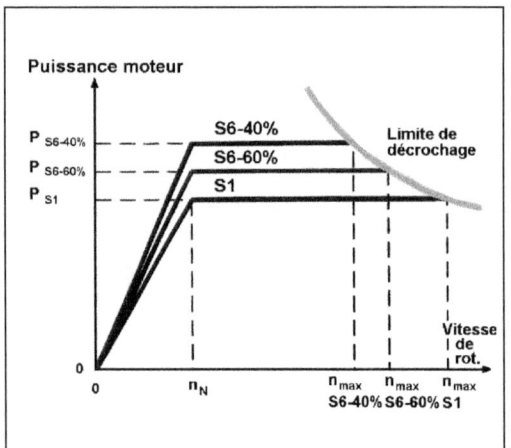

Figure 5.62

Exemple d'utilisation : tournage/chariotage, exécution d'une tombée de meule en fin de passe par plongée de l'arête secondaire (fig. 5.63).

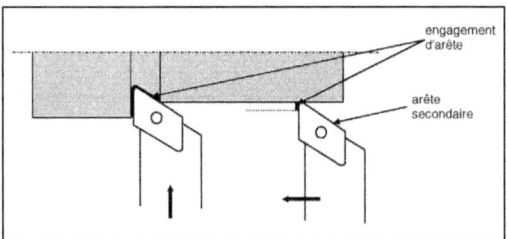

Figure 5.63

9.1.2.2. Dans les machines à boîte de vitesses mécaniques discontinues, la broche dispose d'une puissance pratiquement constante. Ce qui peut conduire à appliquer sur la broche des couples inadmissibles. À 16 tr·min^{-1}, le tour conventionnel pris pour exemple (§ 9.1.1.1) disposait d'un moteur de 18,4 KW. Le couple correspondant est de :

$$30 \times 18\,400/(16 \times 3{,}14) \sim 11\,000 \text{ m·N}$$

couple inadmissible pour une machine de cette catégorie.

Dans les machines conventionnelles, il faut impérativement limiter le couple sur broche. Le problème se pose en particulier lors de l'usinage de pièces de faible longueur et de grand diamètre passant sur un banc « rompu ».

Faute de données constructeurs sur le couple limite admissible sur broche, on peut appliquer la règle empirique suivante :

« Considérer que le couple max sur broche est atteint lorsque l'on utilise la puissance maximale à la plus faible vitesse de volée ».

Supposons que pour la même machine (18,4 KW), la plus faible vitesse à la volée soit 320 tr·min^{-1}. Le couple correspondant devient :

$$30 \times 18\,400/(320 \times 3{,}14) \sim 550 \text{ m·N}$$

Nous ne pensons pas utile de nous attarder sur les cas particuliers du genre « moteurs à 2 puissances »…

9.1.2.3. Dans les machines à variateur continu de vitesses, les cas les plus fréquents sont :

a. Machines à variateur et 2 ou 3 gammes mécaniques.

Pour chaque gamme, il faut considérer 2 plages :
- une zone à couple constant : on obtient la puissance totale en multipliant le couple disponible par la vitesse de broche (en radians·seconde$^{-1)}$;
- une zone à puissance constante qui commence lorsque ce produit atteint la puissance max.

Les puissances max. disponibles sont généralement communes aux différentes gammes (voir section c page suivante) (fig. 5.64).

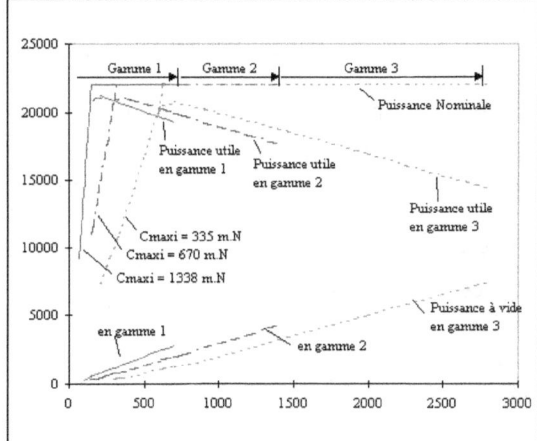

Fig. 5.64 • *Diagramme vitesse-puissance du tour T9 Innovations Mécaniques*

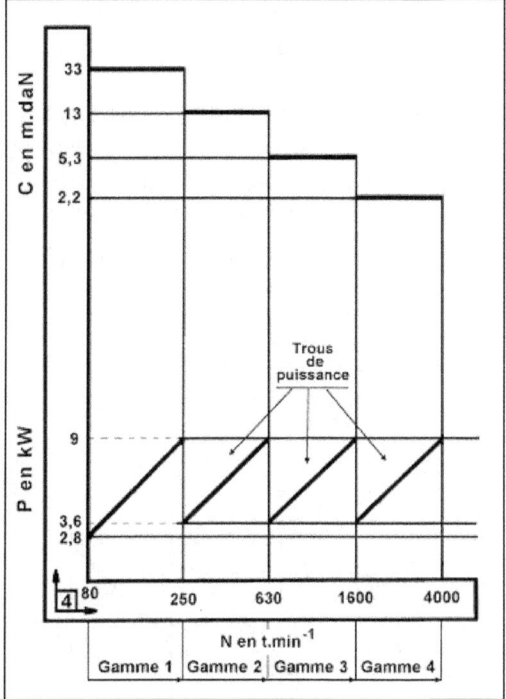

Fig. 5.65 • *Gamme de puissance d'un centre d'usinage non désigné*

Nous attirons l'attention de l'utilisateur sur deux points très importants.

Il faut vérifier que le couple « constant » est effectivement disponible aux plus basses vitesses de broche (de chaque gamme mécanique).

Il faut tracer soigneusement, pour chaque gamme mécanique, les graphes puissance = f (vitesse de broche) en coordonnées linéaires et inspecter le « trou » éventuel de puissance au raccordement entre les gammes. Sur certaines machines, ce trou présente des proportions inadmissibles qui nuisent à l'utilisation rationnelle des machines concernées (fig. 5.65).

Mesurer les puissances à vide sur les différentes gammes. Ces puissances à vide peuvent être très importantes aux plus hautes vitesses de broche (de la gamme). Elles peuvent atteindre 25, 30, voire 50 % de la puissance nominale (fig. 5.64) !

b. Électrobroches

Pas de chaîne cinématique. Les couples sont plus faibles, les puissances à vide également (moins de 10 % de la puissance nominale). Contrôler les couples disponibles aux basses vitesses de broche. Les changements de vitesses de broche sont lents et peuvent conduire à la notion de **séquence**, groupe d'opérations successives conservant la même vitesse de broche.

c. Nous n'avons abordé que les cas les plus courants. On rencontre des machines qui présentent un nombre important de gammes, d'autres pour lesquelles la puissance disponible varie d'une gamme mécanique à l'autre…

d. Il existe des machines à large variation de vitesse dans une gamme unique (mais qui ne sont pas des électrobroches).

e. On est parfois confronté à des moteurs qui présentent des courbes P = f(N) très différentes. C'est le cas des moteurs hydrauliques et pneumatiques. Mais le principe d'étude reste le même.

9.1.2.4. Puissance et couples sont liés par la relation $P = C \cdot \omega$. Il est pourtant souvent utile de vérifier que les puissance et couple de coupe sont au plus égaux aux puissance et couple disponibles à la broche :
- les deux limitations peuvent avoir des origines différentes : par exemple, couple limite admissible par un attachement ou un mandrin ;
- lorsqu'il y a recouvrement partiel entre gamme lente et gamme rapide on peut être amené à « forcer » la gamme qu'il convient d'utiliser :
  - vers la gamme lente pour obtenir un couple élevé ;
  - vers la gamme haute pour minimiser la puissance à vide pour une vitesse de broche donnée, fig. 5.66.

Ajoutons que l'on raisonne sur des puissances et des couples moyens. En usinage, la variation des couples absorbés est partiellement régulée par l'inertie des parties tournantes.

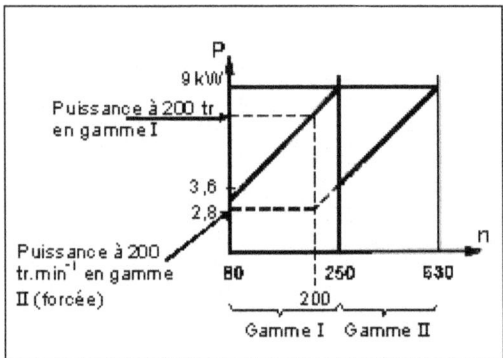

Fig. 5.66 • *Zoom sur le diagramme vitesse-puissance d'un CU non désigné*

9.1.2.5. Un reproche souvent formulé à l'encontre des méthodes de prédétermination des paramètres d'usinage est que ces méthodes conduiraient à faire travailler les machines près de leurs limites maximales. Bien que non fondé, ce reproche est psychologiquement pernicieux car il trouve écho près des partisans du choix « par expérience » des paramètres d'usinage. Nous pensons donc utile de le réfuter :
- le calcul prend en compte des limites souvent ignorées par « l'expérience ». Exemple du couple max. sur broche des machines à boîtes de vitesses ;
- rien n'interdit de fixer comme limites, des puissances et couples inférieurs aux puissances et couples nominaux. Rappelons à ce sujet notre remarque de la section 9.1.2.1 de ce chapitre : « Exiger de connaître la puissance moteur pour une utilisation à 100 % ».

Car dans de nombreux cas, les mécomptes rencontrés lors de l'utilisation d'une machine à sa puissance maximale viennent d'une ambiguïté sur le taux d'utilisation correspondant à cette puissance max.

Il faut ici soigneusement distinguer les limites par la puissance des limites par le couple. Examinons (sommairement) trois cas :

a. Cas des machines à boîtes de vitesse et moteurs asynchrones (cas des machines conventionnelles).
Les dépassements de puissance sont sanctionnés par une disjonction et n'ont pas de grave conséquence du point de vue de la machine.
Les dépassements de couple sont « silencieux » et peuvent avoir de graves conséquences.

b. Cas des machines dont la broche est entraînée par groupe moto-variateur + chaîne cinématique (cas général des CU).
Si la machine est bien conçue, les dépassements de couple comme de capacité n'affectent que le groupe moto-variateur et sont efficacement protégés.

Le risque principal en cas de mauvaise conception est l'utilisation au couple max. de la gamme lente.

c. Cas des électrobroches

Les couples sont relativement faibles. Le risque principal est l'échauffement de la broche en cas de travail prolongé à la puissance maximale.

9.1.3. Les efforts axiaux sur broches

Ils seront étudiés en même temps que les axes de travail.

9.1.4. Les efforts radiaux sur broches

Ils doivent être limités en fonction des caractéristiques et parfois de la position des éléments de la machine.

Les efforts radiaux maximaux admissibles sur la broche sont généralement bien déterminés par les constructeurs car les fabricants de roulements fournissent sur ce sujet des données fiables. On les prendra en compte lors d'opérations engendrant d'importants efforts radiaux ; par exemple :
– tournage : génération de formes en plongée radiale ;
– rectification en plongée ;
– fraisage : outils montés courts, matériaux durs, grandes profondeurs radiales et grandes avances.

Sur les machines de fraisage munies de « coulants », l'effort max. radial admissible diminue avec la sortie du coulant. Mais il faut que les fabricants fournissent le modèle de l'effort max. en fonction de la longueur de sortie, fig. 5.67 et 5.68.

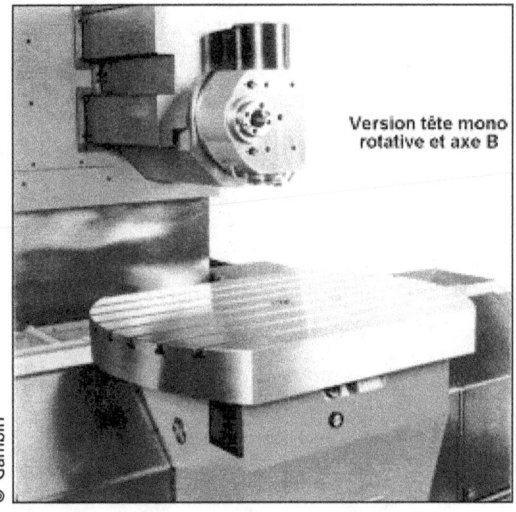

Fig. 5.67 • *Machine à coulant GAMBIN 120 CR*

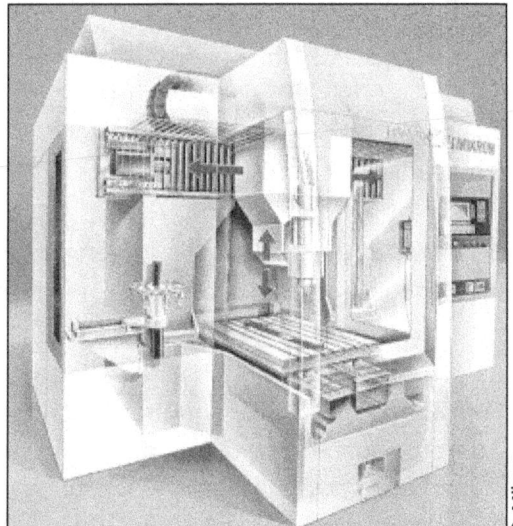

Fig. 5.68 • *Machine à portique SM 700*

9.1.5. Un arrosage par le centre

Il doit préciser les pressions et débits maximaux. Noter que la connaissance de ces paramètres est nécessaire à l'utilisation rationnelle des outils correspondants.

9.2. Les axes de travail

9.2.1. Les gammes de vitesses

Là encore, il faut distinguer les gammes discrètes des gammes continues. Les unités employées sont : $mm \cdot tr^{-1}$ (tournage), $mm \cdot min^{-1}$, $m \cdot min^{-1}$, $tr \cdot min^{-1}$ (axes rotatifs).

Dans le cas d'usinages à grandes avances, il faut prendre en compte l'accélération/décélération des axes (détermination des surlongueurs à vide).

En contournage CN, il faut connaître la valeur des incréments (précision des contours).

Il faut, ou plutôt il faudrait connaître les vitesses maximales en fonction du rayon de parcours. Il nous est désagréable de devoir écrire que, dans la plupart des cas, l'utilisateur ne connaît pas cette limitation ce qui conduit à de graves distorsions entre la vitesse d'avance programmée et la vitesse d'avance réelle.

Sur les anciennes machines, il fallait connaître les avances rapides. En général, les machines modernes ne font plus la distinction entre gamme d'avances travail et avances rapides (mais les instructions CN ne sont pas les mêmes).

9.2.2. Les efforts admissibles sur axes

Les forces sur axes linéaires, couples sur axes rotatifs.

En nous bornant aux machines de conception moderne, passons en revue les principaux problèmes.

En perçage, il suffit de considérer l'effort en Z, mais cet effort peut être important. Même s'il est admissible pour l'axe d'avance, il faut contrôler qu'il est admissible pour la broche. Ce qui n'est pas nécessairement le cas si l'on perce sur machine à fraiser, souvent prévue pour supporter des efforts axiaux plus faibles que les perceuses.

En tournage, les efforts sur axes sont rarement limitatifs. Le travail à section de coupe constante facilite le calcul des efforts (mais il reste le cas de la coupe interrompue). La cinématique d'avance est plus simple que celle d'un centre de fraisage multi-axes.

En rectification en plongée, les efforts peuvent être importants :
- la longueur de la ligne de contact meule-pièce est souvent importante,
- une excentration de l'ébauche risque de provoquer une forte prise de passe au moment de l'attaque.

En fraisage multi-axes simultanés, on cumule les difficultés :
- efforts variables sur un tour d'outil et assez difficiles à calculer ;
- machines complexes ;
- données constructeurs très souvent insuffisantes.

Les efforts admissibles sont différents selon que l'axe est bloqué ou en avance travail.

On constate que les efforts sur axes sont une cause très fréquente de limitation des paramètres de coupe.

Ces différents points seront approfondis lors de l'étude spécifique des techniques concernées.

9.3. Les accessoires

Ils peuvent modifier ou limiter les caractéristiques mécaniques fonctionnelles.

Modifier : cas des multiplicateurs/réducteurs de vitesse de broche qui modifient les gammes de vitesse mais aussi les couples, puissances, efforts admissibles.

Limiter : c'est le cas le plus fréquent.

Exemples
Tour : mandrin. Voir la vitesse de rotation maximale (tab. 5.7).

– fraisage : renvoi d'angle. Voir vitesse de rotation max., couple max., puissance max.

La dégradation rapide de l'accessoire correspondant est fréquemment due à la non prise en compte de ces limitations.

L'utilisation d'autres accessoires tels : pointes entraîneuses, embarreurs, lunettes fixes ou à suivre… doit être prise en compte. Nous traiterons ces problèmes en étudiant les conditions particulières correspondantes.

10. Les usures d'outils

Ce chapitre concerne les outils à géométrie de coupe définie.

On désigne les usures d'outils de plusieurs manières :
– par leur situation sur l'outil :
  - usure en dépouille ;
  - usure sur la face d'attaque ;
  - recul d'arête.
– par l'aspect de l'usure :
  - usure en cratère ;
  - usure en entaille ;
  - écaillage ;
  - fissures en peigne ;
  - effondrement d'arête ;
  - déformation plastique.
– par le mécanisme de l'usure (cf. section 3.3 de ce chapitre) :
  - abrasion ;
  - diffusion ;
  - adhésion.
– voire par leur mesure : VB pour l'usure en dépouille, KT pour l'usure en cratère…

Usinage par enlèvement de copeaux

© Gamet

Tab. 5.7 • Planche des caractéristiques des mandrins à ouverture normale 2 mors-3 mors fixation type A (ISO 702/I)

Mandrin Ø	105	130		160			215		250		280		350		450		500	550
Fixation	3"	4"	5"	4"	5"	6"	5"	6"	6"	8"	6"	8"	8"	11"	11"	15"	15"	15"
Course	15	20		20			25		30		35		45		45		45	45
Ouverture au rayon	2	2.5		2.5			3		4		4.5		5.5		6.4		6.4	6.4
Vérin correspondant	20/30	25/50		35/80			45/110		65/140		65/140		90/175		120/250		120/250	
3 MORS — Pression maxi d'utilisation (bar)	15	15		22.5			22.5		22.5		22.5		22.5		22.5		22.5	22.5
3 MORS — Effort maxi de commande (daN)	420	750		1 800			2 500		3 250		3 250		3 900		5 600		5 600	5 600
3 MORS — Effort maxi total statique de serrage (daN)	1 575	3 000		7 200			10 500		12 200		12 600		16 000		19 800		19 800	19 800
3 MORS — Perçage type	I	I		I			II		II		II		III		II		III	III
2 MORS — Pression maxi d'utilisation (bar)	10	10		15			15		15		15		15		15		15	15
2 MORS — Effort maxi de commande (daN)	280	500		1 200			1 700		2 150		2 150		2 600		3 750		3 750	3 750
2 MORS — Effort maxi total statique de serrage (daN)	1 050	2 000		4 800			7 000		8 100		8 400		10 700		13 200		13 200	13 200
2 MORS — Perçage type	V	V		V			IV		IV		IV		VI		IV		VI	VI
* Vitesse maxi du mandrin (tr/mn)	5 350	5 250		5 000			4 500		3 500		3 000		2 400		1 450		1 350	1 350
A	64	70	74	73		77		95		109		117		145		182	182	182
B	53.975	63.513	82.563	63.513	82.563	106.375	82.563	106.375	106.375	139.719	106.375	139.719	139.719	196.869	196.869	285.775	285.775	285.775
D	70.6	82.6	104.8	82.6	104.8	133.4	104.8	133.4	133.4	171.4	133.4	171.4	171.4	235	235	330.2	330.2	330.2
E	12	12	12	12	14	14	12	14	14	17	14	17	17	21	21	23.5	23.5	23.5
F	17	17	17	17	20	20	17	20	20	25	20	25	25	31	31	35	35	35
G	19	20		23			29		29		32		37		72		72	72

Études communes aux différentes techniques d'usinage par enlèvement de copeaux

Tab. 5.7 • Planche des caractéristiques des mandrins à ouverture normale 2 mors-3 mors fixation type A (ISO 702/I)

© Gamet

Mandrin ⌀	105	130		160		215	250	280	350	450	500	550
H	18.5	21	25		26	31	33.5	39	46	45.5	45.5	45.5
L	18.5	25.3	22	40.5		45.5	66.5	66.5	90.5	121	171	221
M	8	8		8		12	18	18	22	22	22	22
N (H7)	28	36		50		62	87	87	109	139	189	239
O	2.6	3.2		3.2		5.2	6.2	6.2	6.2	6.2	6.2	6.2
P	23	30.5		45		54	75	75	100	130	180	230
Q (H7)	42	50		66		80	105	105	140	170	220	270
R	M4	M5		M6	**	M8	M8	M8	M10	M10	M10	M10
S	48	58		76		90	120	120	156	186	236	286
T	20	25		32		40	52	58	72	87	112	137
U	32.5	40		48		67	73	80	103	138	138	138
V	12	14		16		20	26	26	28	40	40	40
W	M8	M8		M8		M10	M12	M12	M16	M20	M20	M20
X	3.5	3.5		3.5		3.5	4.5	4.5	5	6	6	6
Y (H8)	10	11		11		14	20	20	21	30	30	30
Z	21	26		27		34	44	44	49	69	69	69
a						10	10	10	17	17	17	17
b						10	10	10	15	15	15	15
d						16	16	16	22	22	22	22
e						24	24	24	35	35	35	35
g						35	50	35	63	50	73.5	83.5	103.5	103.5	103.5
Poids (kg)	3.2	5.5		9		21	35	47	87	187	215	245
PD² (kg · m²)	0.03	0.07		0.16		0.65	1.6	2.3	6.5	16.5	33.5	44

* À la vitesse maxi, il reste au moins 1/3 de l'effort maxi total statique de serrage lorsque l'on utilise les mors durs standards situés à l'intérieur du diamètre du mandrin.
** Pas de centrage, pas de trous taraudés sur la face avant.

Tab. 5.8 • *Caractéristiques des têtes accessoires renvoi d'angle comparées aux têtes principales montées sur fraiseuses Forest Line*

	FIMAX 150	GIMAX 200
Puissance Vitesse de rotation maxi Couple	50 kW 3 000 t · min^{-1} 3 000 Nm	90 kW 1 500 t · min^{-1} 9 200 Nm
Tête renvoi d'angle Puissance Vitesse de rotation maxi Couple	40 kW 3 000 t · min^{-1} 2 400 Nm	63 kW 1 500 t · min^{-1} 3 760 Nm

On cherche ensuite :
- à relier causes et effets en montrant, par exemple, que le mécanisme principal de l'usure en dépouille est l'abrasion (fig. 5.69) ;

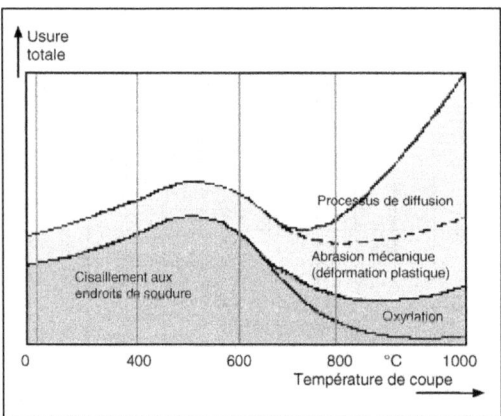

Fig. 5.69 • *Processus d'endommagement des outils de coupe*

- à déterminer les principaux facteurs qui influent sur le mécanisme concerné afin d'influer qualitativement sur l'usure (fig. 5.70) ;

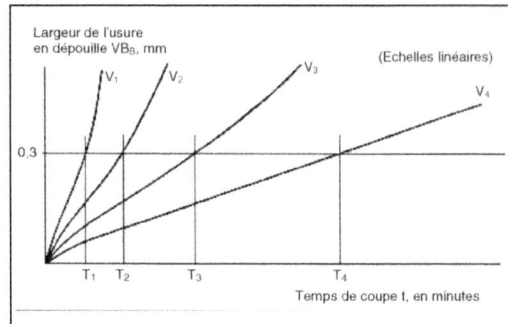

Fig. 5.70 • *Réseau de courbes d'usure en dépouille*

- à modéliser l'influence de ces facteurs, par exemple, pour un couple outil-matière donné, de prévoir VB en fonction de a_p (profondeur de passe), f (avance par tour), V_c (vitesse de coupe), T (durée d'utilisation) : $t = C \cdot VB^k \cdot a_p^l \cdot f^m \cdot V_c^n$

Cette démarche est bien connue et, sans nous attarder sur l'aspect physique des phénomènes, nous la reprendrons plus loin lors de l'étude des modèles.

Nous nous attacherons plus particulièrement dans ce chapitre à clarifier deux notions, importantes à notre avis, et trop souvent négligées. Pour cela nous allons :
- établir la différence entre usures progressives et endommagements catastrophiques (ex. : usure en dépouille et effondrement d'arête) ;
- poser une distinction nette entre motifs de réforme et critères de réforme des arêtes de coupe (ex. : état de surface et usure en cratère).

10.1. Usures progressives et endommagements catastrophiques

L'usure progressive croît en fonction du temps et son évolution à court terme est prévisible.

L'endommagement catastrophique intervient alors que l'outil qui semblait fonctionner normalement est brusquement mis hors d'usage (mort d'outil).

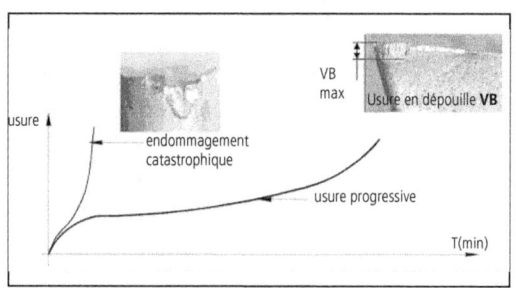

Fig. 5.71 • *Endommagement non maîtrisé et maîtrise d'un outil*

10.1.1. L'usure en dépouille

C'est un exemple typique de l'usure progressive. Celle-ci entraîne une variation, également progressive de la grandeur de l'effort de coupe et, ce qui est un peu moins connu, de son orientation. Ce dernier phénomène peut, dans une certaine mesure, masquer l'augmentation de la grandeur de l'effort, en particulier si cet effort est « mesuré » par la puissance absorbée (emploi des moniteurs de puissance en surveillance des outils coupants).

Si l'on fait travailler un outil à paramètres et conditions constantes et que l'on trace le graphe $VB = f(t)$, on obtient une morphologie de courbe bien déterminée mais dont la partie droite peut ne pas apparaître si l'on arrête l'essai à un VB prédéterminé (par exemple 0,4 mm).

Mais si l'on pousse l'utilisation de l'outil dans la partie droite de la courbe, la pente augmente et la situation devient incontrôlable. Et surtout statistiquement incontrôlable car les dispersions seront d'autant plus fortes d'un outil à l'autre que la pente est importante (fig. 5.71 et fig. 5.72).

D'où la remarque suivante : une usure progressive peut, poussée trop loin, devenir catastrophique.

En particulier, fixer l'usure maximale à $VB = 0,4$ mm, sans autre contrainte, peut conduire à de graves mécomptes :
- réforme prématurée = mécompte économique. À titre indicatif, des plaquettes d'ébauche d'épaisseur et de dimensions d'arêtes importantes (16 et plus) supportent des VB qui atteignent et dépassent 1 mm en restant dans un régime de fonctionnement tout à fait correct ;
- réforme tardive : le mécompte peut également être économique. Prenons le cas de fraises 2 tailles ébauche profil rond qui s'affûtent sur la face d'attaque. Il est facile de comprendre qu'une bonne gestion de l'outil implique que l'outil soit mis en affûtage au plus tard à la fin de la période rectiligne de croissance du VB. Noter que le non-respect de cette règle a conduit certaines entreprises à abandonner l'utilisation de ces outils (remplacés par des profils semi-finition qui s'affûtent en dépouille).

Dans de nombreux cas, c'est techniquement que la réforme devait intervenir plus tôt.

Voici quelques exemples :
- problème de tenue de cotes. Le recul d'arête est trop important ; ce cas se présente en particulier avec des plaquettes dépouille P (11°) et E (20°) ;
- problème de tenue de cote en alésage (augmentation de l'effort radial) ;
- ruptures d'arête, surtout s'il s'agit de plaquettes de faibles épaisseurs ;

– non respect d'état de surface : une usure de VB = 0,4 mm est rarement compatible avec une avance de 0,15 mm · tr^{-1} (voir complément du chapitre dans l'annexe de cet ouvrage).

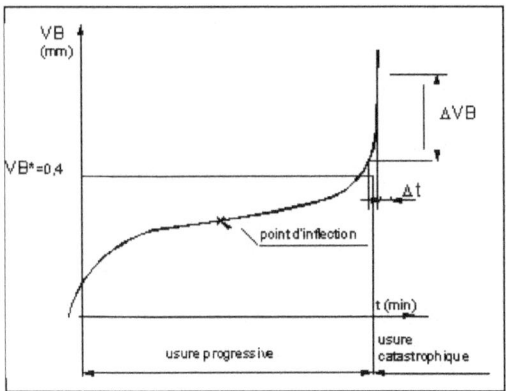

Fig. 5.72 • *Dans cet exemple, la réforme à VB = 0,4 mm est trop tardive.*

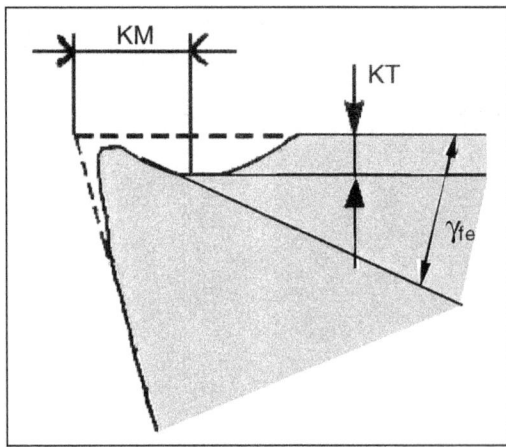

Fig. 5.73 • *Usure en cratère*

10.1.2. L'usure en cratère

C'est également une usure progressive.

Cependant le phénomène est plus complexe et l'abrasion se combine à la diffusion dans la formation du cratère.

D'autre part la formation du cratère peut entraîner des modifications jugées inacceptables dans la formation du copeau. Par exemple en tournage, on peut passer brusquement d'un copeau fragmenté à un copeau roulé long, voire produire un copeau filant.

Enfin la formation du cratère peut, en progressant vers l'arête en provoquer la destruction.

Notons que l'usure en cratère en augmentant l'angle de coupe effectif peut masquer l'augmentation d'effort due à l'usure en dépouille. On observe même parfois des diminutions de la puissance absorbée alors que l'usure de l'outil est très prononcée.

10.1.3. L'usure en entaille

Cette usure est à prendre en considération lors de l'usinage de certains matériaux, en particulier des matériaux réfractaires. Elle est attribuée, selon les cas, à l'action de la couche superficielle écrouie ou à l'action de micro-copeaux poussés par l'arête de coupe. Les remèdes sont les mêmes :

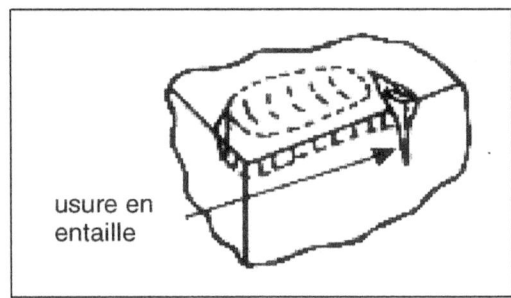

Fig. 5.74 • *Usure en entaille*

– Diminuer l'angle d'attaque ce qui a pour effet d'augmenter la longueur d'arête en travail, donc de diminuer la pression spécifique linéaire sur l'arête et de tendre à l'éjection des éventuels microcopeaux.
Mais la pression spécifique linéaire n'est pas inversement proportionnelle à la longueur d'arête en travail, car en augmentant la longueur d'arête en travail, la pression spécifique de coupe Kc augmente (à section de copeau constante).

- Freiner la propagation de l'entaille (whiskers).
- Il est des cas dans lesquels on ne peut éliminer l'usure en entaille. Il faut alors la gérer. Ce qui est possible car c'est une usure progressive, du moins tant qu'elle ne progresse pas trop rapidement. Certains utilisateurs sont donc conduits à étudier l'évolution de l'entaille (profondeur, largeur…) en fonction du temps. Au même titre que le VB et parfois en même temps que le VB.
- Faire varier le point de contact entre l'arête et la surface à usiner (ramping), fig. 5.76.

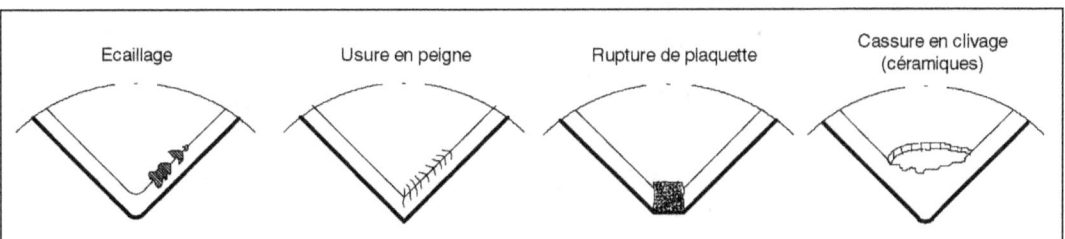

Fig. 5.75 • *Différents faciès d'endommagement des plaquettes*

10.1.4. Les endommagements catastrophiques

Quel que soit le ou les mécanismes en cause, les usures catastrophiques sont à attribuer à :
a. l'inadéquation de l'outil à l'opération ou à la matière ;
b. l'inadéquation des conditions ou paramètres ;
c. une usure progressive poussée trop loin.

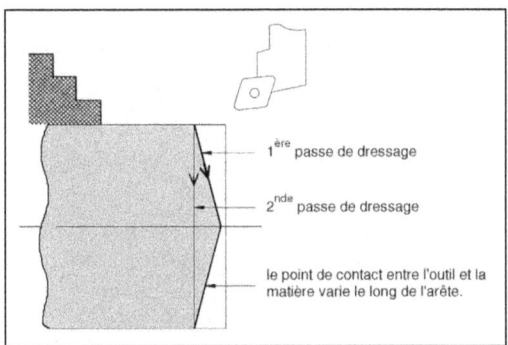

Par exemple, l'utilisation dans l'acier, à haute vitesse et forte avance, d'une nuance non protégée contre la cratérisation aura pour conséquence une cratérisation rapide qui se propagera jusqu'à l'arête entraînant sa disparition (mort d'arête).

Autre exemple, l'utilisation de l'arrosage en usinage avec une céramique blanche entraînera des écaillages pouvant aller jusqu'à la rupture de la plaquette.

Fig. 5.76 • *Utilisation du ramping en dressage de face*

Dire que l'endommagement est « catastrophique » ne signifie pas l'absence de signes avant-coureurs. Cela signifie, soit :
- que ces signes ne sont pas facilement détectables en utilisation industrielle (micro-fissures par exemple) ;
- que l'évolution est trop rapide pour être contrôlée :
  • par l'observation, visuellement ou par un système de surveillance automatique ;
  • en prévoyant un changement systématique de l'arête, lorsque la dispersion statistique est trop forte.

10.1.5. La stratégie de l'utilisateur

Elle est maintenant très facile à prononcer :

a. La qualification des outils aux opérations doit permettre de trouver des conditions d'usinage et des points de fonctionnement pour lesquels l'usure est progressive pendant une durée économiquement acceptable.

b. Le paramétrage des couples outils-matières correspondants doit définir des zones de points de fonctionnement valides pour lesquels, en particulier, l'usure est progressive pendant une durée économiquement acceptable.

c. Les critères de réforme, qu'ils soient basés sur la mesure d'un ou plusieurs paramètres, ou sur un changement systématique d'arête après un temps d'utilisation ou un certain nombre de pièces produites, doivent être tels que les points de fonctionnement (qui incluent le temps d'utilisation d'arête) restent à l'intérieur du domaine de validité.

Cette « stratégie » semble tellement évidente que de nombreux lecteurs jugeront sans doute qu'il était inutile de l'écrire. Nous l'écrivons et insistons sur son importance.

Car en dehors des fabrications en grandes séries répétitives et de leur corollaire, les machines travaillant sans surveillance ou sous surveillance réduite, cette stratégie est très loin d'être appliquée. Pour s'en convaincre, il suffit d'effectuer des prélèvements sur outils réformés ou mis à l'affûtage : dans de très nombreuses entreprises on trouve jusqu'à 80 % de réformes « catastrophiques ».

10.2. Les causes de réformes d'arêtes

Nous dirons que l'arête(s) est réformée si l'outil est jeté ou mis à l'affûtage, la plaquette changée ou tournée.

Il faut distinguer le laboratoire de coupe et l'atelier utilisateur. Mais ce qui est étudié par le premier doit répondre aux besoins du second. Ce qui nous conduit d'abord à distinguer motifs de réforme et critères de réforme.

Utilisons une arête « jusqu'au bout ». En supposant que l'outil s'use d'abord normalement, progressivement, sa fin sera bien souvent « catastrophique ». La coupe ne se fait plus, l'arête a disparu, cassée ou fondue. La réforme est obligée. Ce critère par mort d'outil a un avantage : il est incontestable et, pour cette raison, il a longtemps été utilisé dans les essais de coupe. Mais il a plusieurs inconvénients si on l'applique à l'atelier. Car, bien souvent :
- L'outil n'est plus affûtable ou les arêtes de coupe non utilisées de la plaquette sont perdues car les dégâts vont beaucoup plus loin que l'arête en service.
- La pièce en cours d'usinage est perdue ou à retoucher.
- Le montage, la machine ou certains accessoires sont endommagés.

Envisageons d'autres causes de réforme. Elles sont nombreuses :
- relativement à l'opérateur :
  - production de copeaux dangereux ;
  - nuisances diverses (vibrations…).
- relativement à la pièce :
  - cote non respectée en finition ;

Exemples

Fraisage latéral

Augmentation du VB, augmentation corrélative de l'effort de coupe, de sa variation pendant la rotation, de la variation de la flexion pendant la rotation et finalement des défauts d'ordre 3 (ou 2) ;
- rayon de raccordement entre deux surfaces non respecté.

Tournage sur épaulement avec remontée de face : modification du profil du rayon de pointe ;
- production de copeaux pouvant endommager la pièce.

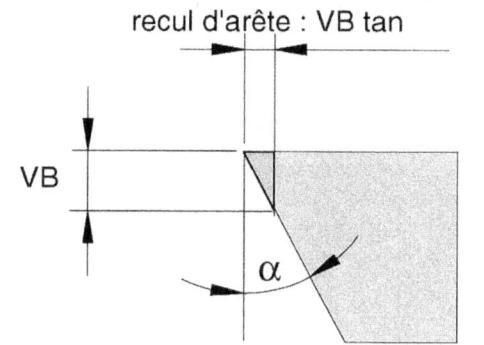

Fig. 5.77 • *Recul d'arête corrélatif à l'usure en dépouille*

$$\Delta\Phi = 2VB \cdot \tan\alpha$$

état de surface non respecté.

- relativement à la machine :
  - dépassement de la puissance ou du couple disponibles, fig. 5.79 ;
  - production de copeaux pouvant endommager la machine (feux de copeaux…) ;
  - vibrations d'amplitude inadmissible.
- relativement à l'outil :
  - production de copeaux pouvant endommager l'outil ;
  - usure entraînant un coût excessif de renouvellement d'arête.

Ces listes ne sont pas exhaustives.

Relisons-les ligne par ligne. Mettons provisoirement à part la cause munie d'un « * ».

Exemple

Forte usure en VB sur un outil affûté sur sa face d'attaque tels fraises à profil constant, fraises d'ébauche profil rond (fig. 5.78)

usure risquant d'entraîner une réforme catastrophique.

Certaines causes sont détectables en cours de passe. Mais il est exceptionnel que l'on puisse, sans dommage, interrompre une passe en cours.

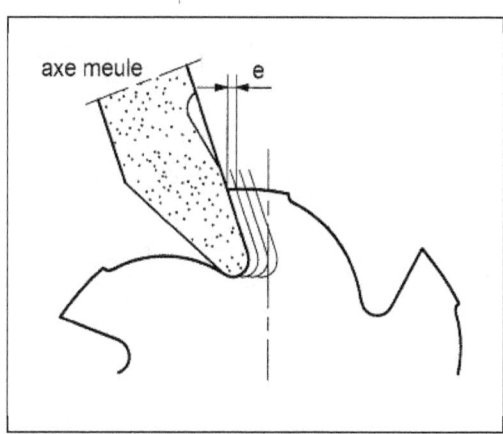

Fig. 5.78 • *Affûtage d'une fraise de forme sur la face de coupe. La succession de pans d'affûtage finit par affaiblir la denture.*

Usinage par enlèvement de copeaux

Les autres ne sont directement détectables que machine à l'arrêt ou outil au repos (changeur d'outil). Dans la majorité des cas, l'opérateur n'est pas en mesure de contrôler l'état de l'outil tant que les usures, justement, restent dans le domaine des « usures progressives sans risque immédiat de réforme catastrophique ».

Quelles solutions utilise-t-on dans les ateliers ? Quelles solutions peut-on envisager ?

Toutes les solutions consistent, plus ou moins directement, à se fixer un critère de réforme. Étant entendu que si une cause de réforme est détectée avant apparition du critère, elle prend (logiquement) le pas sur le critère ; cette occurrence n'est évidemment pas sans risques (pour l'opérateur, la pièce, la machine…).

Il reste à voir comment le critère est choisi, quantifié, appliqué.

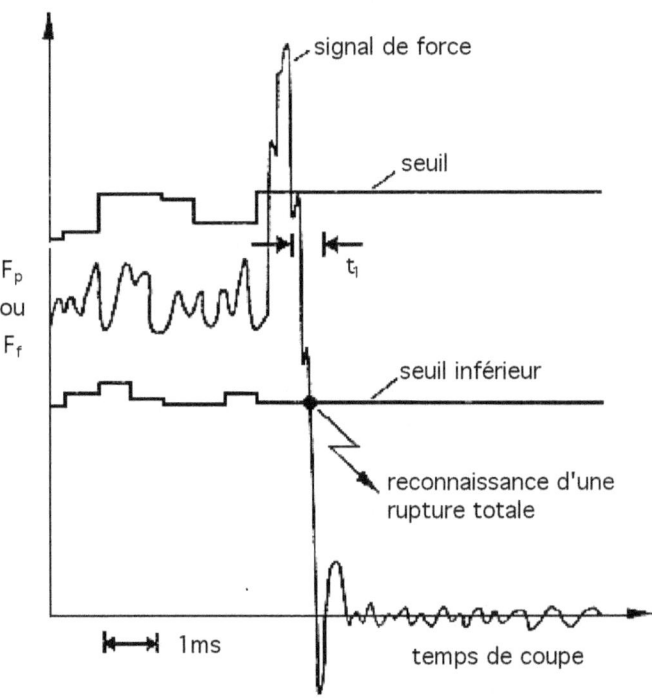

Fig. 5.79 • *Signal de dépassement du seuil de puissance*

Notons que l'évolution de la puissance de coupe (cause *) peut être observée pendant la coupe. À condition de s'en donner les moyens, fig. 5.79.

Autre exemple : le critère de réforme est l'augmentation de puissance de 12 %.

Risque : Supposons une usure en cratère non négligeable, l'usure en dépouille restant toutefois, normalement, dominante. Les pièces sont en sur-dureté ce qui augmente la cratérisation (augmentation de la température de coupe). La cratérisation augmente l'angle de coupe effectif γ_f, ce qui limite l'augmentation de puissance mais affaiblit l'arête dont la température augmente. La mort d'outil survient par effondrement d'arête.

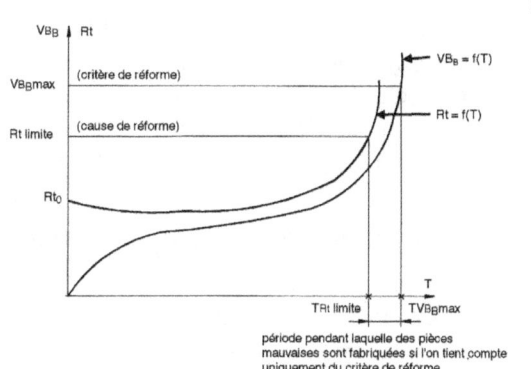

Fig. 5.80 • *Différence entre critère de réforme et cause de réforme*

10.3. Les critères de réforme d'arête

Il faut distinguer le cas du laboratoire et le cas de l'atelier. Excluons le cas où l'atelier s'équipe comme un laboratoire (il remplit alors successivement les deux fonctions). L'étude du problème peut être confiée au laboratoire (voir plus loin), ou être traitée par l'atelier avec des moyens d'atelier.

10.3.1. Étude par l'atelier

L'étude sera généralement conduite in situ et dans les conditions précises de l'exploitation.

L'outil et son point de fonctionnement étant convenablement choisis, les causes de réforme sont examinées et relevées avec soin :
– relevé des cotes et états de surface ;
– examen de copeaux ;
– examen du mode d'évacuation des copeaux ;
– mesures des puissances absorbées ;
– analyse des vibrations (éventuellement) ;
– mesure des usures progressives ;
– surveillance de l'apparition d'endommagements de type catastrophique.

Ces observations sont menées sur un nombre suffisant d'arêtes pour être en mesure de déterminer leurs fluctuations.

Le critère est choisi en tenant compte :
– de sa facilité d'observation ou mesure en production ;
– de la fidélité de sa corrélation avec les autres critères (de réforme) en commençant par les plus déterminants.

Le premier point est en général le plus contraignant. On utilise :
– dans des cas qui restent exceptionnels, des dispositifs de surveillance sophistiqués (signatures de vibrations…) ;

- la mesure de puissance : wattmètre ou assimilé (moniteurs de puissance). Se souvenir qu'une augmentation significative de la puissance n'est pas toujours un bon critère, voir plus haut ;
- le temps d'utilisation qui reste le critère le plus utilisé est un excellent critère s'il a été choisi en respectant la méthode que nous venons de décrire. Mais il n'est pas sans inconvénient, voir plus loin ;
- les mesures d'usure de VB en travail restent, le plus souvent, du domaine expérimental.

Avantages et inconvénients de l'étude par l'atelier

Avantages :
   a. Le cahier des charges est parfaitement respecté.
   b. Il permet de régler presque tous les cas complexes.

Inconvénients :
   c. On immobilise le matériel de production.
   d. On règle le problème outil par outil.
   e. Les études sont peu ou pas transposables aux mêmes couples outils-matières effectuant d'autres opérations.
   f. Il ne permet pas de régler le cas d'outils affectés à des pièces différentes dans des conditions ou/et des paramètres différents sur machines flexibles.
   Le point « d » est fondamental. Cette solution n'est valable que dans les productions en grande série ou pour des pièces cruciales en moyenne série. On renonce en fait à la prédétermination.

10.3.2. Études en laboratoire

Les causes de réforme d'arête sont nombreuses ; la hiérarchie de leur importance varie suivant les cas d'utilisation, les conditions d'utilisation, les contraintes d'utilisation, les utilisateurs... Par exemple, les copeaux admissibles ne sont pas toujours identiques selon que l'on travaille sur machine couverte ou découverte (copeaux filants, copeaux rouges).

Les résultats publiés sont obtenus par les laboratoires de fabricants (outils, matières) ou de la profession. Pour que l'utilisateur puisse comparer (2 outils, 2 matières), il ne faut pas changer sans cesse de critère de réforme.

Tout ceci milite en faveur du choix d'un seul critère, simple, peu contestable. C'est ainsi que le VB s'est pratiquement imposé. Et même bien souvent le VB = 0,4 mm.

Donc nous comprenons ce choix. Mais nous le désapprouvons. Voici nos raisons.

La valeur de VB = 0,4 mm ne convient pas dans tous les cas. D'ailleurs et en fait, les études d'usure sont pratiquement limitées au tournage et un peu au perçage. Les études d'usure en fraisage, très longues et onéreuses sont exceptionnelles et l'utilisation du VB peu satisfaisante, certaines arêtes s'usant plus rapidement que d'autres.

VB = 0,4 mm convient en moyenne pour une plaquette de tournage de grandeur 12 mm. Très mal pour une plaquette TCGR 06 01 02 ou une plaquette SPUN 25 06 20.

Si, dans certains cas, l'usure en VB est très régulière le long de l'arête, dans d'autres, le profil de l'usure en dépouille est de forme complexe et l'on peut alors douter de la signification d'un VB moyen et même de celle d'un VB max, fig. 5.81.

Figure 5.81

Mais, de manière plus fondamentale, le VB (valeur mesurée) n'est que très exceptionnellement une cause de réforme (il peut l'être, par exemple, dans le cas d'une fraise affûtée sur face d'attaque). Dans la majorité des cas, VB est un **indice** de l'état d'usure. Il peut, mais pas toujours, être utilisé comme **critère** de réforme. À condition d'être mis en relation avec les **causes** de réforme.

Dans certaines techniques on n'envisage guère son utilisation. Penser par exemple au taraudage, technique dans laquelle il est pourtant crucial de décider la réforme d'arête avant l'endommagement catastrophique qui se traduit bien souvent par la casse du taraud dans le trou.

La production d'essais de laboratoire, exploitables pour l'utilisateur, doit donc se rapprocher des essais d'atelier décrits plus haut. Avec les différences suivantes :
- il ne suffit plus d'étudier un point de fonctionnement. Il faut choisir plusieurs points de fonctionnement dont certains sont dans le domaine de validité et d'autres à ses limites ;
- il faut enregistrer tous les paramètres, qualitatifs ou quantitatifs, susceptibles d'être causes de réforme ou d'être ultérieurement utilisés comme critère ;
- il faut fournir les corrélations entre les critères (qui peuvent aussi être des causes) et l'ensemble des causes envisageables, afin que dans chaque cas particulier l'utilisateur puisse choisir et au besoin quantifier le critère convenable.

Exemples

Opération de finition qualité 8 et Ra ≤ 0,8 mm.

L'examen des essais montre que c'est le Ra qui est le premier mis en défaut et qu'au seuil de confiance de 1 %, l'outil doit être arrêté à 22 min, avant que le Ra ne soit plus respecté. Le critère est le temps de coupe et ces 22 min peuvent être traduites en nombre de pièces entre changement d'arête. C'est là un critère utilisable en atelier de production. Ce qui n'est pas le cas du Ra.

Ceci est un bon exemple de distinction entre cause (Ra) et critère (durée de coupe ou nombre de pièces).

Mais pour une autre utilisation du couple outil matière, il faudra sans doute modifier le seuil. Ou même choisir un autre critère, par exemple, en ébauche légère, le taux d'augmentation de puissance, la cause étant cette fois un début de refoulement de matière en épaulement.

Certains critères qui peuvent paraître au premier abord compliqués ou artificiels font l'objet d'études prometteuses. Par exemple :
- évolution des efforts radiaux instantanés en perçage au foret hélicoïdal ;
- évolution en fraisage de l'angle entre la tangente à la fraise et la résultante de l'effort sur dent.

Il faut bien souvent éviter de conduire les essais jusqu'à mort d'outil. Tant par respect du matériel que de la sécurité : penser aux conséquences possibles de la rupture d'un outil en fraisage grande vitesse.

Mais alors on peut envisager qu'un outil, réformé à la suite d'une évolution régulière vers des conditions inacceptables, soit en fait tout proche d'une réforme catastrophique. Et que la prudence exige en fait sa réforme anticipée.

> **Exemples**
>
> - le cratère est tout proche de l'arête ;
> - microfissures permettant de prédire un écaillage prochain ;
> - l'arête opposée (autre face) a été endommagée à la suite d'une modification non observée de la formation du copeau.
>
> Donc l'outil doit être observé avec soin après arrêt de l'essai qui doit parfois être repris avec surveillance accrue de certains symptômes.

Remarques

a. Orientation des copeaux. Voir norme ISO DIS 3685. Parfois impossible à observer directement. Très importante. Si l'orientation est incorrecte :
– risque d'endommager la surface produite ;
– risque d'endommager l'outil : cas assez fréquent d'endommagement par le copeau, de l'arête en travail ou d'une arête qui n'est pas en travail.

b. Durée de vie ; ou, ce qui revient au même, longueur usinée (tournée, fraisée, percée…). On suppose que ce temps, cette longueur est indépendante du nombre d'attaque. Ce n'est pas toujours vrai et des études en cours font entrer fréquences et durées des interruptions de coupe dans les modèles d'usure.

c. Une des conséquences du VB est le recul d'arête qui peut devenir une cause de réforme en finition. Si l'usure en VB est régulière, on peut envisager d'établir une corrélation simple entre VB et recul d'arête.

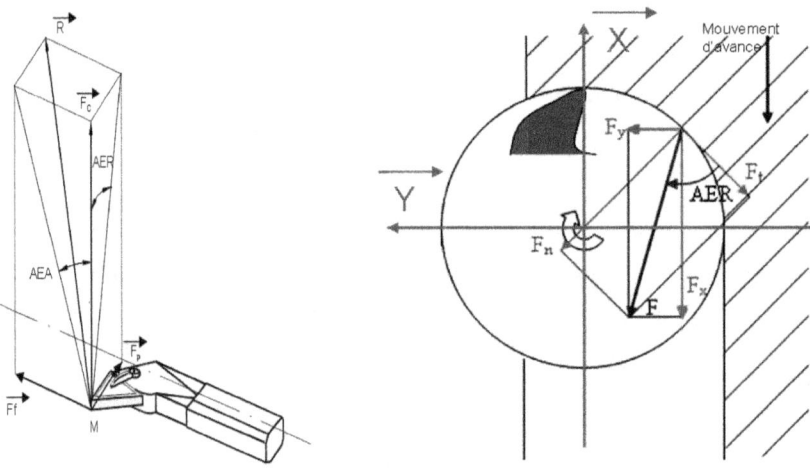

Fig. 5.82 • *Angle équivalent radial en tournage et en fraisage*

d. Comme en fraisage, on constate en tournage, que l'angle AER (fig. 5.82) entre l'effort tangentiel et la projection de l'effort résultant de coupe croît avec l'usure. Ce phénomène peut participer à la perte de cote en alésage finition.

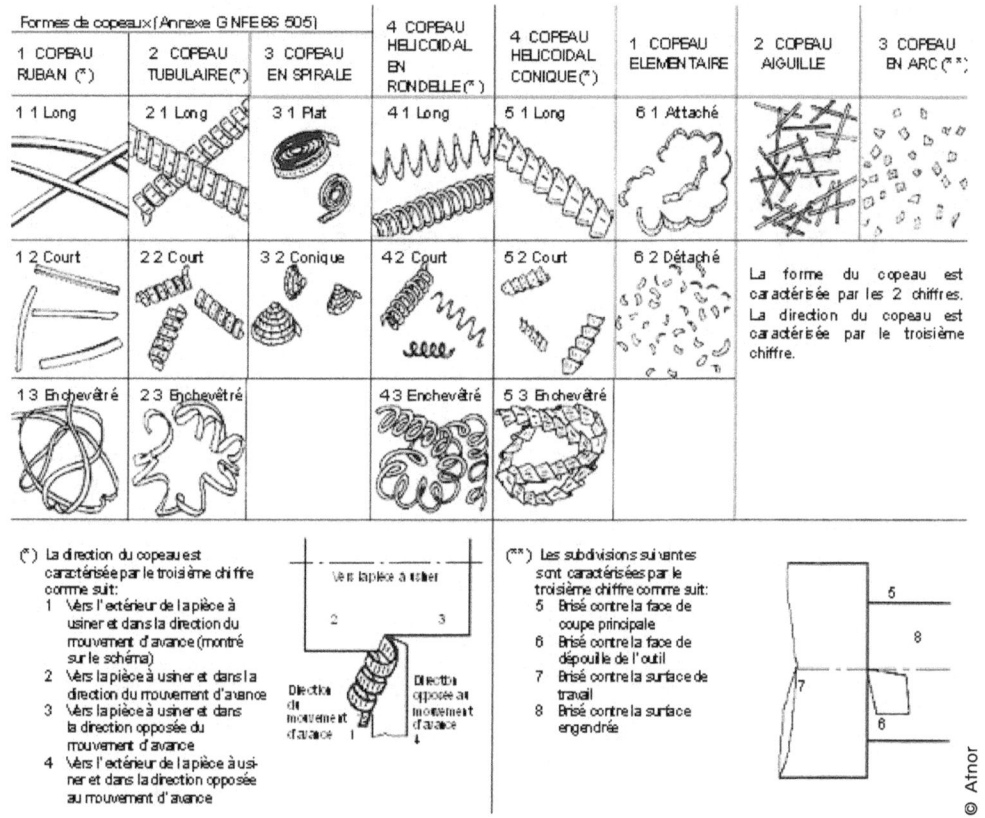

Fig. 5.83 • *Extrait de la norme NFE66 505*

Ces différents points, qui montrent la complexité du problème, seront repris lors de l'étude des techniques concernées.

Avantages et inconvénients de l'étude en laboratoire

Avantages :
a. Il est plus facile d'effectuer des essais rationnels hors atelier de production :
– disponibilité d'équipements et appareils de mesures spécialisés ;
– possibilité d'utiliser certains appareils inadaptés à la production (tables de mesurage des efforts) ;
– personnels formés aux techniques d'essais et de mesurage ;
– disponibilité des personnels et matériels.
b. On règle le problème au niveau du couple outil matière. L'étude est donc exploitable dans plusieurs cas.

Inconvénients :

c. Les essais d'usure ne sont qu'une partie des essais de qualification et paramétrages : dans l'étude des essais d'usure en atelier nous avons supposé réglée la détermination d'un point de fonctionnement valide.

d. Convient mal dans les cas complexes, rebelles à la modélisation. Exemple d'outils travaillant successivement sur plusieurs arêtes dont les usures se chevauchent.

e. Essais délicats donc onéreux dont il faut limiter le nombre, en particulier par une politique rigoureuse de standardisation.

10.4. Conclusions

Comme bien souvent, il ne s'agit pas de trancher entre la solution laboratoire et la solution atelier, mais de donner des éléments de décision permettant de choisir la meilleure solution dans chaque cas particulier.

ant
Chapitre 6

Étude générale des modèles en usinage

Questions (adaptées de cas réels)

a. Un logiciel d'assistance aux choix d'outils et paramètres d'usinage peut procéder de la manière suivante :
- choix de la technique : l'utilisateur ayant choisi fraisage ;
- choix d'un type d'outil y compris ébauche/finition, et d'une gamme dimensionnelle ;
- choix d'un corps puis d'un assemblé (intermédiaire) ;
- choix d'une nuance d'outil et de la géométrie de coupe ;
- choix de la matière usinée dans la liste générale et indication de sa résistance ;
- choix des paramètres géométriques dans des limites indiquées ;
- choix de l'avance et de la vitesse dans des limites indiquées. Limites inexistantes si la nuance ne convient pas ;
- ajustage en fonction de la durée de vie souhaitée par l'utilisateur et de la puissance disponible.

Qu'en pensez-vous ?

b. Une documentation technique relative au tournage avec outil à plaquettes amovibles indique que pour un matériau de coupe précisé travaillant dans une famille de matière donnée, les paramètres de chariotage sont liés par la relation :

$$a^{0,10} * f^{0,25} * T^{0,22} * V_c = 390 \text{ avec } 1 \leq a \leq 11 \; ; \; 0,16 \leq f \leq 1,1 \; ; \; 5 \leq T \leq 32.$$

Qu'en pensez-vous ?

Éléments de réponses

a. Ce processus ne convient que si l'on est déjà assuré que l'outil (géométrie, nuance) convient dans la matière. Sinon on ne s'aperçoit de la non-qualification de l'outil qu'à l'affichage de limites inexistantes pour les paramètres technologiques. Il faut filtrer les matières acceptées par l'outil ou faire choisir la matière d'abord et filtrer les outils qualifiés.

b. Ce modèle présuppose :
b1. que les exposants sont indépendants de la géométrie et des dimensions de la plaquette ;
b2. que la constante (390) est indépendante de la géométrie et des dimensions de la plaquette.

L'expérience : confirme en gros b1 mais infirme b2.

Revenons au projet de prédétermination des paramètres d'usinage. Nous voulons déterminer le domaine de validité propre du couple outil-matière puis le restreindre en prenant en compte :
 a. la géométrie de l'opération ;
 b. le montage de l'outil ;
 c. les contraintes de qualité ;
 d. les contraintes d'état de surface ;
 e. les contraintes de durée de vie ;
 f. les conditions particulières ;
 g. les caractéristiques fonctionnelles de la machine.

Commentaires

- « a » ne pose aucun problème : si l'on doit enlever une profondeur axiale de 3 mm avec une fraise susceptible d'enlever en une passe une profondeur axiale comprise entre 0,4 et 5,5 mm, la restriction pour cette opération réduira cette plage à 0,4-3 mm. Il faut aussi vérifier que la passe requise n'est pas inférieure au minimum du couple outil-matière ;
- la prise en compte de « b » nécessite la connaissance de forces, couples et puissances de coupe, moyens ou instantanés. Les intermédiaires sont l'objet de flexions et torsions que l'on sait calculer.

Le plus difficile est souvent d'en fixer les limites. Des risques plus subtils concernent les vibrations mais il suffit souvent de s'écarter des modes propres. Remarquons ici que, au plan des principes, on peut envisager une autre solution : intégrer l'intermédiaire dans la définition du couple outil-matière. Cette solution, bien qu'onéreuse car elle multiplie le nombre de paramétrages à effectuer, est à utiliser dans les cas difficiles, lorsque la modélisation est impuissante à rendre correctement compte de la présence de l'intermédiaire ;
- la prise en compte séparée de « c, d, e » revient à sortir les « paramètres constatés » de la description de la zone de validité et de les traiter comme des impositions ;
- les conditions particulières « f » sont très spécifiques de la technique concernée :
  - entraînements insuffisants, flexions de pièces longues en tournage ;
  - ablocage précaire, voiles minces en fraisage ;
  - flambage en perçage profond…

Leur étude est nécessairement rattachée à celle de la technique. Mais il est clair que, là encore, la connaissance des forces, couples et puissances de coupe sera souvent nécessaire ;
- la prise en compte des caractéristiques fonctionnelles de la machine « g » nécessite à nouveau la connaissance des forces, couples et puissances de coupe.

1. Définition du couple outil-matière

Nous disposons d'une définition claire du domaine de validité : ensemble des points de fonctionnement valides, les conditions d'usinage étant précisées. Un point de fonctionnement est décrit par l'ensemble des paramètres affichés ou un ensemble de paramètres strictement équivalent.

Exemples

Exemple en chariotage longitudinal pur
–paramètres affichés : a_p, f, V_c ;
–paramètres calculés : a_p, f, N, pièce.

En général, la présence d'un intermédiaire :
–restreint le domaine de validité ;
–intervient dans la qualité et l'état de surface produits ;
–est en première approche sans influence sur la durée de vie ;
–est en première approche sans influence sur les forces, couples et puissances de coupe.

Ce qui revient à dire que la définition du couple outil-matière doit comprendre :
a. la définition du domaine de validité ;
b. les éléments nécessaires à la prise en compte d'un intermédiaire (s'il n'est pas intégré dans la définition de l'outil)
c. et pour chaque point du domaine de validité « outil – intermédiaire – matière » : les éléments de connaissance des forces, couples, puissances.

Exemple en tournage
–évolution du coefficient spécifique de coupe k_c ;
–zone de contrôle du copeau : forme des copeaux en fonction de l'avance f et de la profondeur de passe a_p ;

Usinage par enlèvement de copeaux

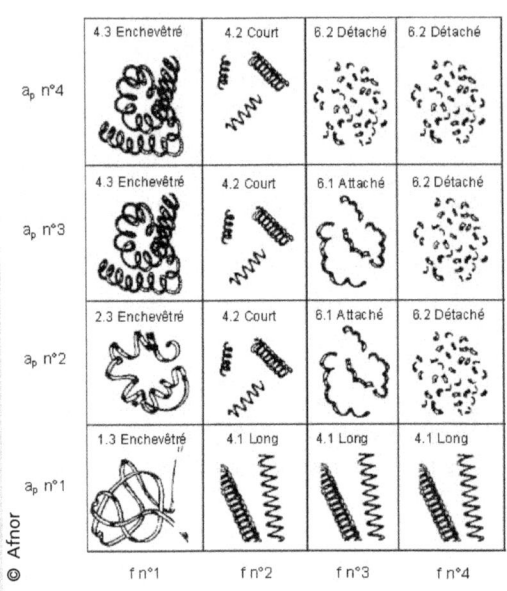

Fig. 6.1 • *Contrôle du copeau – Exemples de relevés*

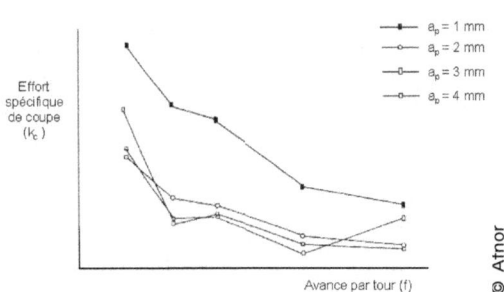

Fig. 6.2 • *Modèle mathématique représentatif de l'évolution du coefficient spécifique de coupe :*

$$k_{c_f} = k_{c_{ref}} \left[\frac{f_{ref}}{f} \right]^{m_c}$$

Évolution du coefficient de coupe k_c en fonction de la vitesse de coupe V_c (extrait de la norme NF E 66-520), (fig. 6.3).

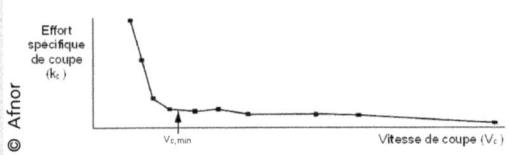

Fig. 6.3 • *Allure générale du coefficient spécifique de coupe en fonction de V_c (Extrait de la norme NF E 66-520)*

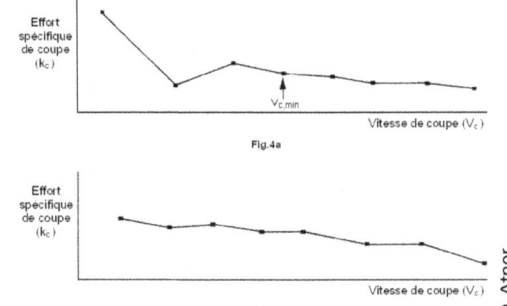

Fig. 6.4 • *Courbe à « double bosse » (4a) et Courbe sans décrochement significatif du K_c (4b) (Extraits de la norme NF E 66-520)*

Puissance de coupe, exemple :
Détermination du modèle
Puissance de coupe = Effort de coupe × Vitesse de coupe

Paramètres de puissance : $k_c = k_{c,ref} \cdot (f_{ref}/f)^{m_c}$ mathématique du coefficient spécifique de coupe par la mesure de la puissance de coupe.

k_c = 2 727 MPa

m_c = 0,5 f_{ref} = 0,2 mm · tr^{-1}

Essais de puissance : $P_c = k_c \cdot a_p \cdot f \cdot V_c/60$

Étude générale des modèles en usinage

a_p (mm)	f (mm·tr⁻¹)	V_c (m·min⁻¹)	P_c (W)
0,6	0,2	280	1 690
0,7	0,1	380	1 755
0,7	0,1	320	1 420
1,2	0,1	300	2 090
1,2	0,2	350	3 070
0,8	0,15	310	1 270
1,4	0,15	180	2 080

c2. Les éléments de connaissance des durées de vie et de détermination des exposants du modèle représentatif :
en tournage, exemple d'essai de durée de vie et détermination des exposants du modèle représentatif :

Exposants de Taylor (facultatif) :

$V_c T^G f^E a_p^F = C$

Nombre d'essais : sept essais
E = 0,190   F = 0,042   G = 0,357
C = 498,37   Sigma sur C = 0,0393

a_p (mm)	f (mm·tr⁻¹)	V_c (m·min⁻¹)	T (min)	Type d'usure	Critères de réforme	P_c Fin de durée de vie (W)	N°	Valid*
0,6	0,2	280	13,27	VB	VB : 0,21	1 690	1	0
0,7	0,1	380	8,38	VB	VB : 0,20	1 755	2	0
0,7	0,1	320	11,07	VB	VB : 0,20	1 420	3	0
1,2	0,1	300	14,34	VB	VB : 0,23	2 090	4	0
1,2	0,2	350	6,22	VB	VB : 0,22	3 070	5	0
0,8	0,15	310	9,56	VB	VB : 0,21	2 270	6	0
1,4	0,15	180	45,41	VB	VB : 0,23	2 080	7	0

* Validation : répondre par oui ou par non.

Modèle représentatif simplifié :
En chariotage longitudinal pur :

Modèle mathématique représentatif :
d'après Taylor : $V_c \cdot T^G$ = cte.

c3. Les éléments de connaissance des qualités et états de surface obtenus.

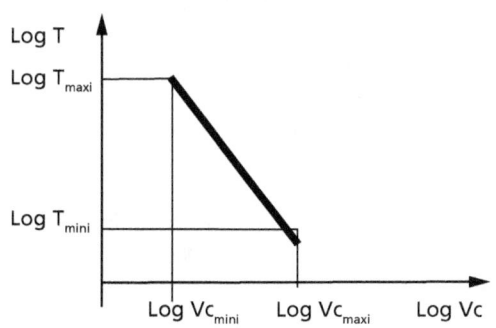

Fig. 6.5 • _Modèle mathématique représentatif : d'après Taylor : $V_c \cdot T^G$ = cte_

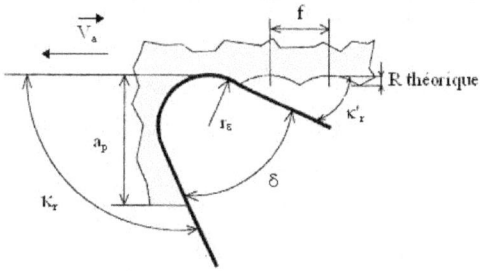

Fig. 6.6 • _Modèle mathématique représentatif de la surface usinée : $R_{théorique} = f^2/(8r_\varepsilon)$_

189

Usinage par enlèvement de copeaux

a_p (mm)	f (mm·tr⁻¹)	V_c (m·min⁻¹)	T (min)	Type d'usure	Critères de réforme	P_c Fin de durée de vie (W)	N°	Valid*
0,6	0,2	280	13,27	VB	VB : 0,21	1 690	1	0
0,7	0,1	380	8,38	VB	VB : 0,20	1 755	2	0
0,7	0,1	320	11,07	VB	VB : 0,20	1 420	3	0
1,2	0,1	300	14,34	VB	VB : 0,23	2 090	4	0
1,2	0,2	350	6,22	VB	VB : 0,22	3 070	5	0
0,8	0,15	310	9,56	VB	VB : 0,21	2 270	6	0
1,4	0,15	180	45,41	VB	VB : 0,23	2 080	7	0

* Validation : répondre par oui ou par non.

Modèle représentatif simplifié : en chariotage longitudinal pur

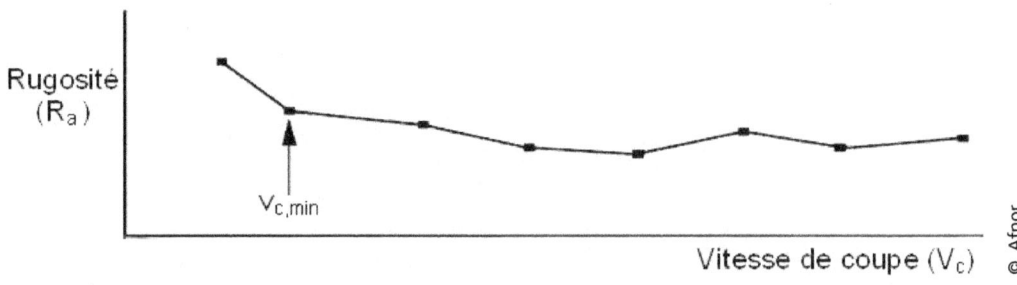

Fig. 6.7 • *Évolution d'un critère d'état de surface (R_a) en fonction de V_c*

Exemple d'évolution d'un critère d'état de surface (R_a) en fonction de la vitesse de coupe (V_c) (Extrait de la norme 66-520) :
Voir figure 6.7.

En observant que c1 et c2 peuvent sans doute être rattachés directement à « a », tandis que c3 ne peut être fourni qu'après utilisation de « b ».

Remarquons que nous n'avons fait aucune hypothèse sur la manière :
– dont est obtenu le domaine de validité du couple outil-matière ;
– dont sont obtenus et même exprimés les éléments c1, c2, c3 (modèles, tables, abaques…).

Concrétisons ce qui précède sur un exemple :

Outil : une plaquette CNMM 12 04 08 1/2 finition nuance P25 (en fait complètement définie : fournisseur, géométrie et nuance chez le fournisseur…) κ_r = 95 degrés, est utilisée en chariotage paraxial.

Matière : 25CrMo4, usinabilité moyenne, traitée à 800 MPa.

Porte-outil (= intermédiaire) : PCLN dont on ne précisera pas la section.

Un point de fonctionnement (paramètres affichés) est fourni par a_p, f, V_c.

Le domaine de validité est exprimé en ne supposant aucune limite due à la section du porte-outil.

« b » permet de restreindre éventuellement le domaine de validité lorsque la section du porte-outil est connue.

Pour tout point de fonctionnement valide :
« c1 » permet de connaître Fc, Ff, Fp ; Fc permet alors le calcul de la puissance et celle du couple lorsque φ est connu.
« c2 » permet de connaître la durée de vie d'arête.
« c3 » permet de connaître l'état de surface produit.

On voit qu'il est indifférent de lier ou non les éléments de connaissance des forces, couples, puissances et durée de vie d'arêtes à celle du domaine de validité.

L'utilisation de V_c suppose qu'il revient au même de tourner, par exemple, un diamètre de 20 mm à 1 600 tr · min^{-1} ou un diamètre de 10 mm à 3 200 tr · min^{-1}. Cette hypothèse (confirmée par l'expérience sauf pour les très petits diamètres) permet de réduire d'une dimension l'espace de définition du point de fonctionnement).

2. Réflexions sur la définition d'un élément

On peut envisager deux voies : la description exhaustive et l'identification.

Prenons la plaquette CNMM 12 04 08 de l'exemple précédent.

Sa description exhaustive implique celle de sa géométrie et celle de sa constitution métallurgique dont il semble inutile de souligner la complexité.

Son identification est complète si l'on précise par exemple qu'il s'agit d'une plaquette Sandvik CNMM 12 04 08-UM/GC4035.

L'avantage évident de l'identification est sa concision, sa simplicité.

Son inconvénient est qu'une identification ne saurait entrer comme paramètre dans un modèle physico-mathématique.

Le modèle physico-mathématique exige la description exhaustive des facteurs d'influence concernés. Un obstacle à ce type de modélisation est le nombre et la complexité de ces facteurs d'influence.

Prenons l'exemple d'un facteur d'influence bien connu en usinage : l'angle de coupe normal de l'outil. Dans une plaquette moderne, la forme du brise (ou roule) copeau fait que l'angle de coupe effectif est fonction de l'avance. Il est plus facile de mesurer les efforts de coupe sous des paramètres donnés que d'attribuer une valeur à cet angle. Et cet exemple est particulièrement simple.

Mais ce type de modèle reprend tous ses droits lorsque les facteurs d'influence sont peu nombreux et aisés à décrire : on sait calculer la flexion d'un solide de géométrie et module de Young définis lorsque l'on connaît la force de flexion, le point d'application et les appuis.

La définition par identification oblige au paramétrage donc à l'essai. L'obstacle est le coût et le temps nécessaire aux essais. Donc le nombre et la durée des essais.

Pour réduire le nombre d'essais il faut réduire la « combinatoire » des éléments concernés.

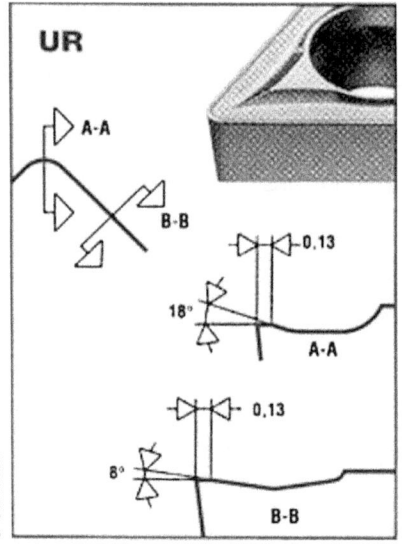

Fig. 6.8 • *Géométries UR*

Fig. 6.9 • *Une géométrie type PF des plaquettes Sandvik permet de comprendre la complexité d'un angle normal et d'un outil équipé de ce type de plaquette*

Exemples de voie de solution : la standardisation des outils, des matières... la recherche d'indépendance de paramètres en fonction de certains facteurs.

Pour réduire la durée des essais, il faut minimiser le nombre de paramètres à déterminer, ce qui influe sur le choix des modèles phénoménologiques.

3. Notre programme d'étude

Nous pouvons préciser comme suit notre programme d'étude :

a. Déterminer et exprimer le domaine de validité propre du couple outil-matière réduit aux paramètres affichés...

b. Déterminer et paramétrer des modèles de calcul des forces, couples et puissances de coupe.

c. Déterminer et paramétrer des modèles de prise en compte des contraintes de qualité.

d. Déterminer et paramétrer des modèles de prise en compte des contraintes d'états de surface.

e. Déterminer et paramétrer des modèles de prise en compte des contraintes de durée de vie d'arêtes.

f. Déterminer et paramétrer des modèles de prise en compte de l'influence des éléments intermédiaires et des conditions particulières.

Nous avons déjà décidé de rattacher ce dernier point à l'étude des techniques concernées.

4. Le domaine de validité du couple outil-matière

Seule la définition par identification donc la détermination expérimentale est envisageable. On peut toutefois chercher dans les paramètres du domaine de validité, des constances ou des évolutions modélisables. On peut et doit également chercher des corrélations entre paramètres.

> **Exemples**
>
> En tournage : les avances min. max. sont plus liées à la géométrie qu'à la nuance d'un outil.
>
> En fraisage avec outils à plaquettes : si les identifications et implantations de plaquettes restent identiques lorsque le diamètre de fraise varie, les avances min. max. par dent doivent, dans une matière donnée, rester constantes dans une même série dimensionnelle.
>
> En usinage de matières différentes, rechercher des corrélations avec les paramètres des modèles d'efforts et section de coupe maximale.

Ces « règles » sont en fait des petits modèles dont l'origine peut être théorique ou/et expérimentale. Elles ouvrent la possibilité de distinguer deux catégories de couples outils-matières : des couples de référence exigeant un paramétrage complet et des couples dérivés ou par assimilation ne nécessitant qu'un paramétrage partiel et exploitant les « règles ».

Ces règles ne doivent pas être établies sur la base d'une simple intuition (parfois trompeuse) mais être soigneusement établies et vérifiées. Leur importance pratique est considérable.

Établir un domaine de validité revient à tester des points de fonctionnement.

Donc, on envisage un point de fonctionnement, on le teste et on décide de sa validité en fonction de critères préalablement établis qui s'appuient en particulier : sur les règles de l'art, sur des considérations d'hygiène et de sécurité, sur des considérations d'ordre économique.

Pour définir ces critères, on ne cherche pas à éviter l'appel aux compétences de l'expert, mais on s'efforce de les rationaliser, de les formuler clairement pour les rendre « portables » d'un atelier à l'autre, d'un établissement à l'autre et, pourquoi pas, d'une société à l'autre. Remarquons que sortir les états de surfaces et les durées de vie de la description des points de fonctionnement n'implique en aucun cas que l'on accepte n'importe quel état de surface même en ébauche ; ou n'importe quelle durée de vie et surtout n'importe quel mode d'usure. Les critères sont souvent qualitatifs : forme des copeaux, aspect de la surface produite, absence de refoulement de matière au point de contact arête-pièce, type d'usure observée.

Ils peuvent être quantitatifs : valeurs des efforts, couples, puissances, durée de vie d'arête, par comparaison avec les valeurs usuelles.

Ne pas oublier que l'impossibilité de trouver un (des) point(s) de fonctionnement valide entraîne la disqualification du couple outil-matière concerné.

> **Exemples**
>
> **Exemple de domaine de validité de COM tournage chariotage** (voir fig. 6.10)
> On dira qu'un domaine de validité est troué si, par exemple, la profondeur de passe peut être de 3 ou de 4 mm mais pas de 3,5 mm. On admet généralement que le domaine de validité est continu, qu'il ne présente pas de trous. Certains couples outils-matières révèlent des trous. C'est à notre avis une cause sérieuse de disqualification.
>
> **Exemple de domaine de validité de COM tournage chariotage**
> À gauche : zone géométrique (zone profondeur de passe/avance dans laquelle le copeau est contrôlé.
> À droite : zone technologique (zone diamètre usiné) vitesse de rotation pour une durée de vie d'outil comprise entre 15 et 45 min).

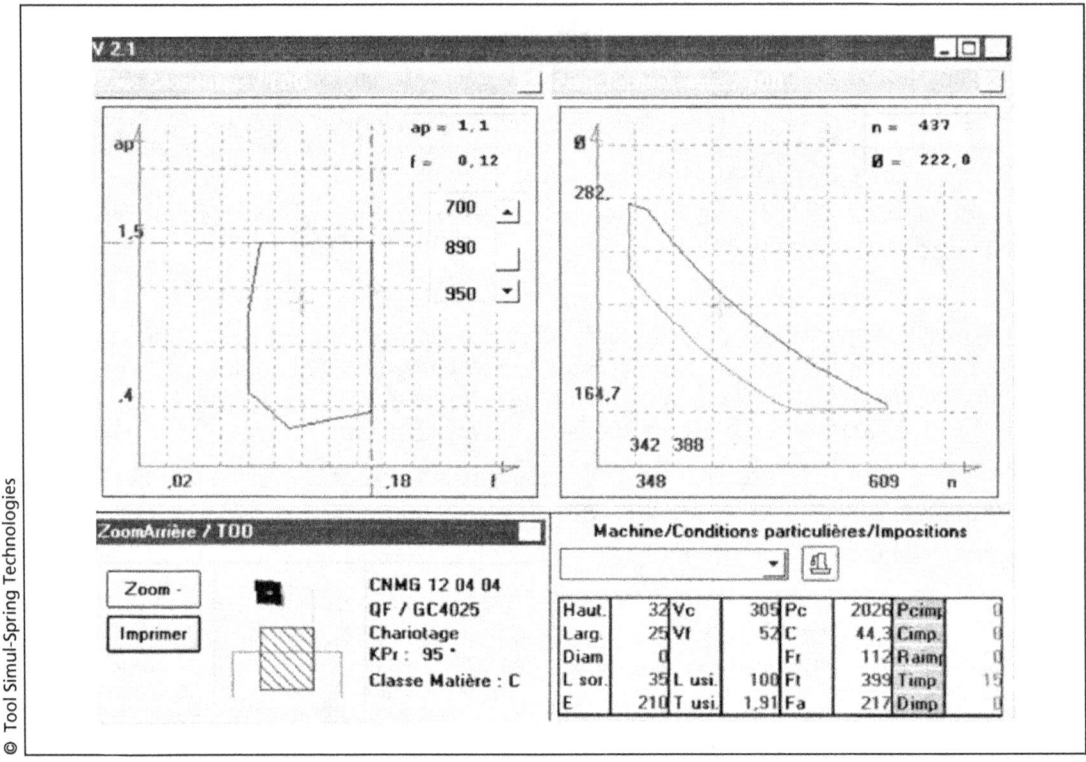

Fig. 6.10 • *Domaine de validité d'un outil en tournage chariotage*

5. Les modèles de calcul des forces, couples et puissances de coupe

C'est un domaine dans lequel il y a beaucoup à attendre de la modélisation établie à partir de lois physiques. D'un autre côté, le paramétrage expérimental de modèles de formes simples pose peu de problème, car les mesures nécessaires peuvent être faites en cours de détermination du domaine de validité. À noter que ces mesures constituent souvent un important facteur de validation du point de fonctionnement. Les grandeurs mesurées sont la puissance, les forces (1 à 3 composantes) et les couples (sur table de mesurage ou directement sur broche).

Dans ces conditions, et les paramètres affichés étant peu nombreux, il est naturel de chercher à relier les forces, couples et puissances à ces paramètres affichés.

Les études détaillées étant traitées au niveau de chaque technique, nous en resterons au niveau des principes.

5.1. Puissances, couples, forces tangentielles

Nous trouvons trois voies principales : la puissance spécifique de coupe, l'effort spécifique de coupe et la voie analytique.

5.1.1. La puissance spécifique de coupe

On mesure la puissance absorbée, on en déduit la puissance de coupe P_c (Watt), on calcule le débit de matière Q ($cm^3 \cdot min^{-1}$ est l'unité habituelle dans la profession) et on en tire l'énergie spécifique de coupe : $W_c = P_c/Q$.

La profession a la mauvaise habitude d'exprimer W_c en $W \cdot cm^{-3} \cdot min$ au lieu de l'exprimer, comme il se doit, en $J \cdot m^{-3}$ (énergie spécifique de coupe).

Il reste à analyser les variations de W_c suivant (voir exemple 1, tab. 6.1) :
– la technique,
– la matière,
– l'outil et ses caractéristiques,
– les conditions (lubrification),
– l'état d'usure de l'outil,
– les paramètres d'usinage (géométriques et technologiques).

Exemple 1

Essai UGV sur fraiseuse LINE : réseau $W_c = f(V_c, a_e, f)$ avec plaquettes rondes

Machine : LINE4 broche 3

Outil : tourteau D = 400 plaquettes rondes Z = 14 avalant

Matière : tôle 2024T3 e = 45 Lot…

Tab. 6.1 • *Fraisage UGV d'alliages légers, variations de W_c en fonction de Vc*

	V_c	N	a_p	a_e	f	Q_c	P_v	P_c	W_c
Essai 1	400.00	318.00	3.00	140.00	0.10	186.90	407.52	3 323.53	17.78
	700.00	557.00	3.00	140.00	0.10	327.60	708.89	5 709.41	17.43
	1 000.00	796.00	3.00	140.00	0.10	467.88	998.21	8 119.61	17.35
	1 500.00	1 194.00	3.00	140.00	0.10	702.24	1 443.38	12 127.97	17.27
Essai 2	1 000.00	796.00	3.00	140.00	0.05	233.84	562.35	5 041.24	21.55
		796.00	3.00	140.00	0.10	467.88	966.00	8 453.12	18.07
		796.00	3.00	140.00	0.15	702.24	963.20	11 494.92	16.37
		796.00	3.00	140.00	0.25	1 170.12	938.40	17 072.20	14.59
Essai 3	1 000.00	796.00	3.00	90.00	0.10	300.78	962.55	5 569.98	18.52
		796.00	3.00	190.00	0.10	634.98	959.10	11 195.25	17.63
		796.00	3.00	280.00	0.10	935.76	953.54	16 193.51	17.31
Essai 4	1 000.00	796.00	6.00	140.00	0.10	935.76	960.40	16 359.64	17.48
		796.00	4.00	140.00	0.10	623.84	960.40	11 148.97	17.87
		796.00	2.00	140.00	0.10	311.92	929.53	6 104.38	19.57
		796.00	1.00	140.00	0.10	155.96	956.97	3 339.5	21.41

© Ensam Lille

> Dans l'exemple 1, quatre séries d'essais montrent l'évolution de l'énergie spécifique de coupe W_C (Watt · cm^{-3} · min) :
> 1. avec la vitesse de coupe qui varie de 400 à 1 500 m · min^{-1}.
> W_c diminue légèrement lorsque V_c croît.
> 2. avec l'avance par dent qui varie de 0,05 à 0,25 mm · Z^{-1}.
> W_c diminue nettement lorsque f croît.
> 3. avec la profondeur radiale de coupe a_e.
> W_c diminue lorsque a_e croît.
> 4. avec la profondeur axiale de coupe a_p.
> W_c croît lorsque a_p décroît.
>
> En fait, les séries 2, 3 et 4 s'interprètent à partir de l'influence d'un même paramètre : l'épaisseur normale de coupe, dont l'étude sera développée dans le volume consacré au fraisage radial.

Au niveau du couple outil-matière, c'est ce dernier point qui est le plus étudié. Mais les autres ne doivent pas être négligés, ne serait-ce que pour décider si l'outil doit ou non être qualifié.

On va donc chercher comment les paramètres influent sur W_C. On sera conduit à modéliser W_C en fonction de l'avance, de la vitesse de coupe… Le modèle le plus utilisé est de la forme : $W_C = W_{Cbase} \cdot (\text{Paramètre}_{base}/\text{Paramètre})^{Gamma}$, fig. 6.11).

Le choix du Paramètre$_{base}$ n'est pas indifférent et on peut montrer qu'il est judicieux de situer ce paramètre à l'une des bornes, min. ou max. du couple outil matière.

Dans la mesure où certains paramètres, déterminés sur des couples outils-matières de référence, sont appliqués à des couples dérivés, on est amené à caler ces paramètres d'un côté de l'intervalle de confiance et non sur leur moyenne. On voit que ce calage n'est possible que si le Paramètre$_{base}$ est placé à une extrémité de l'intervalle de validité du paramètre.

L'étude des formes W_C = fonction(Paramètre), et la valeur du Gamma associé, aident souvent à borner le paramètre, (fig. 6.11).

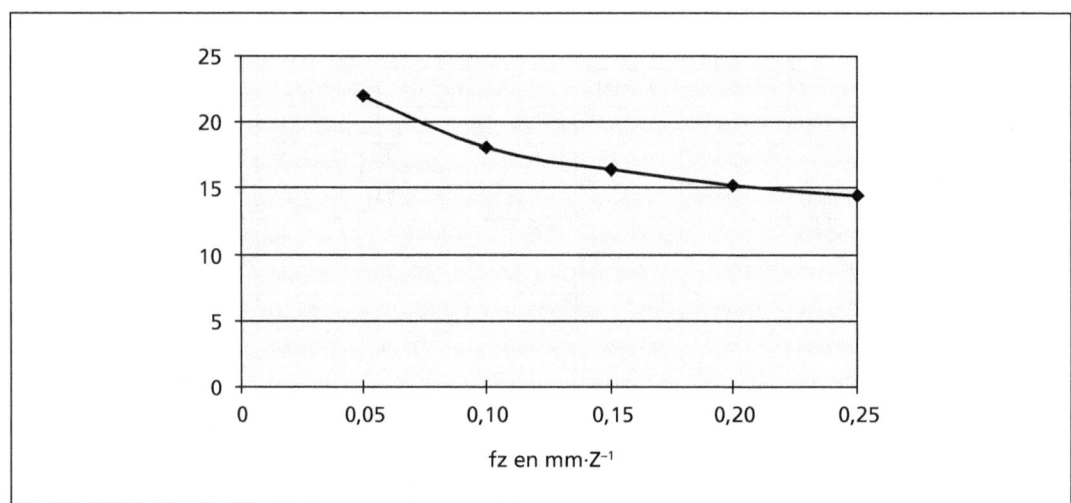

Fig. 6.11 • *Graphe de l'essai 2*

Cette démarche est assez étrange pour être soulignée : on trouve, expérimentalement une forme mathématique qui semble répondre à l'évolution d'un phénomène. Et lorsque la forme ne convient plus, on supprime les zones rebelles au lieu de remettre le modèle en cause.

Cette attitude peut se justifier sans utiliser l'expression mathématique et en examinant le graphe, on peut conclure :
- que la partie gauche doit être évitée, car la diminution du paramètre entraîne une croissance anormale de W :
  Exemple en tournage : W_C en fonction de f : la partie gauche correspond au travail sur le listel, la partie droite au copeau qui bute au fond du brise-copeau ;
- que la partie droite doit être évitée car la re-croissance de W_C ne justifie plus l'augmentation du paramètre.

La nécessité de maîtriser le phénomène peut justifier cette manière de faire (voir plus loin, modèle de Taylor).

Écrivons $W_C = W_{C_{base}} \cdot \left(\dfrac{f_{zbase}}{f_z} \right)^{Gamma}$

De l'essai N° 2 on tire f_z base = 0,25, on dresse le tableau suivant en tenant compte des résultats de la courbe précédente. On peut calculer le coefficient γ :

W_c	f_z	γ
21,55	0,05	0,2423
12,07	0,10	0,2334
16,37	0,15	0,2253

$$\gamma = \dfrac{\log(W_c / W_c)}{\log(f_{z\,base} / f)}$$

ce qui donne γ moyen = 0,234

et si l'on compare les valeurs de W_c expérimentales aux valeurs obtenues par le modèle on obtient pour :
- $f_z = 0,05$ $W_c = 21,26$
- $f_z = 0,1$ $W_c = 18,07$
- $f_z = 0,15$ $W_c = 16,44$

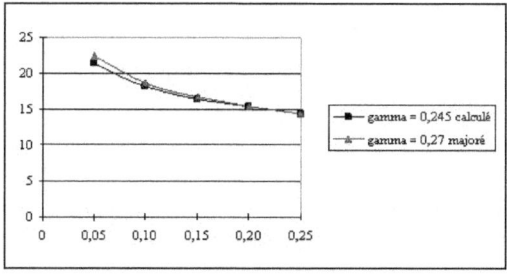

Fig. 6.12 • *Majoration de gamma pour pallier l'incertitude due aux mesures*

Ici, le paramètre de base a été choisi à la valeur max de l'intervalle de variation (0,05 à 0,25). L'incertitude sur Gamma peut être prise en compte en majorant cet exposant. Les énergies spécifiques de coupe, donc les puissances calculées seront connues par excès.

On aurait pu choisir le paramètre de base à la valeur min de l'intervalle de variation. Pour obtenir les énergies spécifiques par excès, il aurait alors fallu minorer Gamma.

Ajoutons que dans certains cas, la courbe W_C = fonction (Paramètre) prend l'allure d'un puits, l'intervalle de fonctionnement du paramètre se réduit à un point (certains cas de perçage au foret hélicoïdal).

On en déduit facilement les couples moyens et les efforts moyens tangentiels de coupe.

Le calcul de l'effort moyen tangentiel de coupe peut être entaché d'erreurs s'il y a des couples purs indépendants de l'effort de coupe proprement dit.

Exemples : Frottement sur listel en perçage ; couple d'extraction de copeau en perçage ou fraisage.

5.1.2. L'effort spécifique de coupe

Si l'on connaît l'effort de coupe tangentiel, on peut en déduire l'effort spécifique de coupe. Cet effort, noté k_c est exprimé dans la profession en $N \cdot mm^{-2}$. C'est le quotient de l'effort par la section coupée A.

Dans le cas simple du tournage paraxial :
- $Q = a_p \cdot f \cdot V_c$
- $P_c = W \cdot Q = W \cdot a_p \cdot f \cdot V_c$
- $P_c = k_c \cdot A \cdot V_c = k_c \cdot a_p \cdot f \cdot V_c$

k_c et W_c sont égaux à un coefficient près qui dépend des unités employées (J/cm^3 au lieu de $W \cdot cm^3 \cdot min$).

On fait sur k_c les mêmes études que sur W_c.

L'effort spécifique de coupe est couramment utilisé en tournage (voir exemple 2).

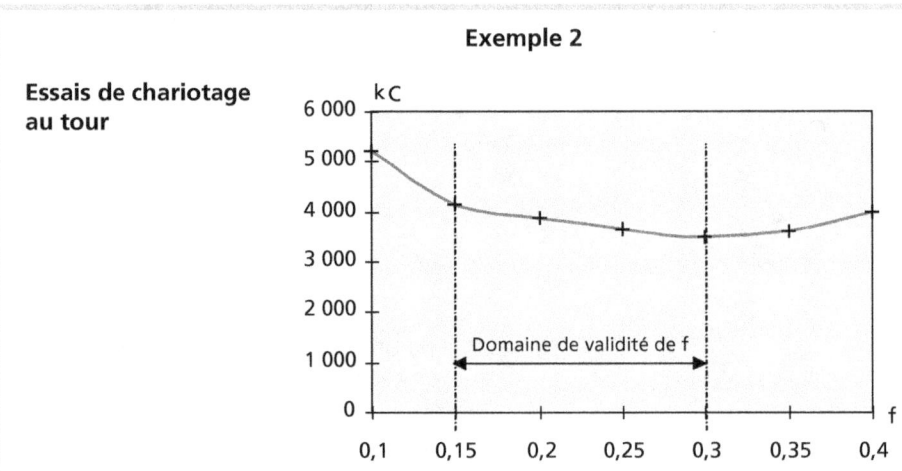

Fig. 6.13 •

Partie gauche de la courbe, augmentation de Gamma ; partie droite, inversion de la variation de k_C, d'où le choix de l'intervalle de validité de ce paramètre pour ce couple outil-matière :
$k_c = k_{cb}$
(k_c/k_{cb})

$$W = W_b \cdot \left(\frac{f_b}{f}\right)^{\gamma} \Rightarrow \gamma = \frac{\log(W/W_b)}{\log(f_b/f)}$$

On prend $f_b = 0{,}3$ mm $\cdot$ tr^{-1} $k_{cb} = 3\,500$

On peut calculer le γ correspondant à chacun des points :

f	0,10	0,15	0,20	0,25	0,30	0,35	0,40
k_c	5 200	4 160	3 875	3 650	3 500	3 600	3 900
g	0,36	0,25	0,25	0,23	–	– 0,18	– 0,37

On élimine du domaine de validité :

f < 0,15 : γ élevé « signe » une utilisation anormale de l'outil

f > 0,30 : k_C augmente avec f, $\gamma < 0$

Les essais d'usure dans les zones éliminées montreraient de même un comportement anormal du COM.

On prend $\gamma = 0{,}25$ entre $f_{min} = 0{,}15$ et $f_{max} = 0{,}30$

et non $\gamma = 1/3$ (0,25 + 0,25 + 0,23) : ayant pris f_b au max du domaine de validité, il est prudent de choisir un majorant de γ.

5.1.3. La voie analytique

On place sur l'arête un effort en direction et sens dont l'intensité est exprimée sur la base de l'effort spécifique modélisé (influence de l'épaisseur de copeau, de la vitesse…). On somme les efforts obtenus le long de l'arête et si nécessaire pendant la rotation de l'outil.

Si les géométries de l'outil et de la coupe sont accessibles à ce genre de calcul, on en tire une expression des forces, couples et puissances que l'on compare à l'expérience pour caler le modèle. On peut également faire entrer dans le calcul les frottements sur listels et les couples d'extraction de copeaux exprimés (modèles expérimentaux) en fonction de facteurs d'influence.

Notons que les trois voies sont avantageusement utilisées conjointement.

5.2. Les forces axiales et radiales

les forces axiales et radiales sont très difficiles à aborder analytiquement (hors certains cas de fraisage). On peut les modéliser à part, le calage des modèles étant bien entendu expérimental. Il peut être avantageux d'exprimer ces efforts par leur rapport avec l'effort tangentiel, lorsque ce rapport ne dépend que de données géométriques (géométrie d'outil et paramètres géométriques).

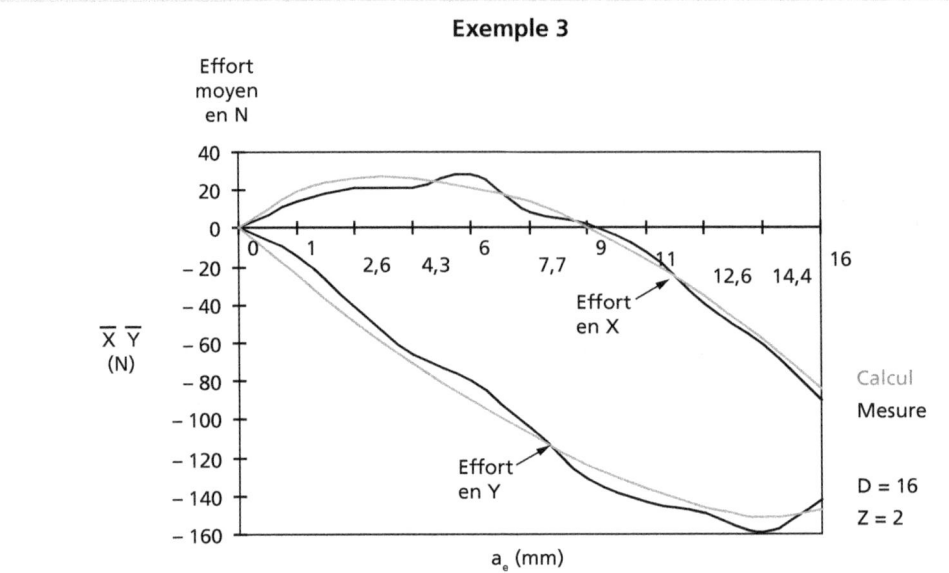

Fig. 6.14 • *Comparaison entre efforts calculés et efforts mesurés*

Fraisage mixte en avalant avec fraise hélicoïdale D = 16 mm, 2 dents.

La vitesse de broche, l'avance table, la profondeur axiale de coupe sont maintenues constantes.

La figure représente les variations des efforts :
- dans la direction de l'avance (X) ;
- dans la direction perpendiculaire à l'avance (Y) ;

en fonction de la profondeur radiale de coupe a_e variant de 1 à 16 mm.

La figure superpose :
- les efforts moyens ;
- les valeurs mesurées sur table de mesurage d'effort ;
- les valeurs calculées sur un modèle utilisant 3 paramètres calés expérimentalement.

6. Les modèles de durée de vie

Ce qui suit s'applique aux outils à géométrie définie.

On ne saurait surestimer l'importance de ce problème. Le coût d'outil représente une part importante voire très importante du coût d'un usinage et il peut être très onéreux de travailler hors temps optimal.

Si une arête doit être changée en cours de passe, on constate bien souvent des dommages sur le corps d'outil et la pièce. Sur machines complexes utilisant plusieurs outils, il faut changer les outils par groupes (et non l'un après l'autre !) ; il faut donc être à même de prévoir les durées de vie.

Mais c'est aussi un problème très difficile. Les modèles sont de deux types : modèle analytique dérivé de lois physiques et modèle phénoménologique.

Celui que l'on retrouve le plus fréquemment est dérivé du modèle de Taylor.

6.1. Modèle phénoménologique de Taylor et dérivé

Les modèles expérimentaux (phénoménologiques) sont presque tous dérivés du modèle de Taylor avec une forme exponentielle :

$$V_c \cdot T^G = C$$

V_c vitesse de coupe

T durée d'arête

la constante C s'entend pour un couple outil-matière (y compris les « conditions » et en particulier la lubrification) et pour les autres paramètres fixes (ap, ae, f...).

Gilbert a complété le modèle pour prendre en compte la nécessité pratique de tenir compte des autres paramètres.

En tournage : $a_p^F \cdot f^E \cdot T^G \cdot V_c = C$

Bien entendu tous les paramètres doivent être bornés.

Ce modèle a été et est encore critiqué. Parfois de manière virulente. S'il est utilisé c'est parce qu'il est facile à manœuvrer mathématiquement, utilise peu de paramètres et s'applique à peu près à toutes les techniques d'usinage.

La forme exponentielle n'est qu'une forme et on peut l'ajuster à l'expérience tant que le phénomène garde sensiblement les mêmes caractéristiques : si V_c est modifiée d'un même coefficient en différents points de son intervalle de validité, T sera modifié d'un coefficient constant :

$$T = \left(\frac{C}{V_c}\right)^{1/G} = \left(\frac{C}{k} \cdot V_{c0}\right)^{1/G} = \left(\frac{C}{V_{c0}}\right)^{1/G} \bigg/ k^{1/G}$$

Le coefficient multiplicateur de T est : $1/k^{1/G}$.

Pour $k = 1{,}20$ (V_c multiplié par 1,2) et $G = 0{,}25$, T est multiplié par 0,48.

Pour les valeurs hautes ou basses de V_c, deux voies :
– borner le modèle pour continuer à « maîtriser » (voir plus haut) ;
– compliquer le modèle ; on améliorera certainement la corrélation en ajoutant des paramètres. Mais il faut se souvenir que plus il y a de paramètres, plus les essais nécessaires au paramétrage sont nombreux (= onéreux). Et notre objectif est ici industriel.

On arrive à paramétrer correctement un outil de tournage en huit essais d'une durée moyenne de 15 minutes = 120 minutes de coupe pure ; en fait à peu près quatre heures d'essais.

Dans un acier et avec des paramètres moyens $a_p = 3$ mm, $f = 0{,}4$ mm, $V_c = 120$ m·min^{-1}, $Q = 144$ cm^3·min^{-1}, en 120 min. on consomme 17 280 cm^3 soit pour une masse spécifique de 7,8 kg·dm^{-3}, 135 kg de matière coupée. Soit au moins 200 kg de matière consommée (prises en mandrin, chutes inutilisables...). Cette estimation est à appliquer à l'acier au carbone mais aussi aux aciers résistants à la corrosion, aux alliages de titane ou à base nickel...

Traçons des graphes de Taylor (T fonction de V_c) pour différentes valeurs de a_p et f (tournage), ou f profondeur percée (perçage) ou a_p, a_e, f_z (fraisage). On obtient des réseaux de courbes.

L'hypothèse qu'introduit le modèle de Gilbert est que le G de Taylor est le même pour toutes les courbes du réseau. Et l'on ne voit pas pourquoi, physiquement, il en serait ainsi.

Et le raisonnement s'applique aux autres exposants.

Pour tenir compte de cette difficulté nous envisageons trois voies :
- compliquer le modèle. Le moins possible. Par exemple on peut commencer par corriger (modéliser) G en fonction de f ;
- accepter une baisse des performances tout en gardant un contrôle correct de la durée de vie T. Cela s'obtient facilement en compte de la remarque de la section 5.1.1. Il suffit pour G, de lui donner une valeur basse et de prendre T_{base} à T_{max} : on obtient une valeur « prudente » de V_c. Mais ne pas s'étonner si les outils sont en moyenne peu usés lorsqu'on les réforme au bout du temps de coupe calculé ;
- si l'on considère un point central du domaine de validité du couple outil-matière, réduire le « risque de Gilbert » en acceptant de s'en écarter peu : plus on s'écarte du point central, plus on risque de voir diverger les « vrais » exposants. Le mieux est alors de se fixer un écart type max. sur la constante de Gilbert.

Une dernière remarque : on écrit souvent le modèle de Gilbert (exemple du tournage) :
$$a_p^F \cdot f^E \cdot T^G \cdot V_c = C$$
ce qui n'est pas satisfaisant du point de vue dimensionnel.

Il est préférable d'écrire :
$$(a_p/a_{p\,base})^F \cdot (f/f_{base})^E \cdot (T/T_{base})^G \cdot V_c = C$$
ce qui rétablit l'équilibre dimensionnel et fait apparaître le rôle des paramètres de base, la constante est alors considérée comme une vitesse.

Il peut être aussi intéressant de tout élever à la puissance 1/G, ce qui met sur le même plan les paramètres affichés et met à part le paramètre constaté T.

6.2. Modèle analytique

L'utilisation des modèles précédents impose de se fixer une limite d'usure pour déterminer expérimentalement les coefficients de l'équation.

Le choix de la valeur limite du critère d'endommagement retenu dépend des limites acceptées en production des :
- variations des efforts de coupe ;
- variations de fragmentation des copeaux ;
- variations de qualité des surfaces générées.

Lorsque ce critère limite est imposé, les possibilités de choix sont également imposées au-delà des conditions suffisantes à l'opération d'usinage étudiée.

Un modèle analytique permet de prédéterminer l'endommagement d'un outil à chaque instant en fonction des phénomènes physico-chimiques à l'origine de cet endommagement.

Plusieurs travaux ont été réalisés suivant cette approche : Koren et Lenz, Koren et Danaï-Ulsoy.

Dans ces cas, l'endommagement de l'outil est prédéterminé tout au long de sa durée d'utilisation. Ce type de modèle permet un choix du critère limite de durée de vie au cas par cas.

Ne sera présenté dans ce chapitre que le cas du modèle de base de Koren et Lenz.

Il est basé sur une analyse du processus physique de l'endommagement de l'outil au cours de l'usinage. Les types d'endommagement retenus sont uniquement l'usure en dépouille due à l'abrasion et à la diffusion.

La vitesse d'usure abrasive croît avec la quantité de particules abrasives qui entrent en contact avec l'outil par unité de temps. Elle croît donc avec la vitesse de coupe. Elle évolue rapidement puis se stabilise. Cette usure d'origine mécanique peut se représenter par l'équation suivante :

F : effort de coupe

θ_f : température sur la surface en dépouille

f : avance

a : profondeur de passe

V_c : vitesse de coupe

$n_1, n_2, n_3, n_7, \alpha_r, l_{10}, K_1, K_2, K_3, K_6, K_7, K_9, K_{10}, K_{12}, K_{13}$

W_{f1} : usure par effet mécanique, abrasion

W_{f2} : usure par effet thermique, diffusion

$$W_{f1} = -\frac{V_c}{l_0}(W_{f1} - K_1 \frac{F}{fa} \cos\alpha_T)$$

$$W_{f2} = K_2\sqrt{V_c} \exp\left[\frac{-K_3}{273+\theta_f}\right]$$

$$F = \left[K_9 f^{n7}(1-K_{10}\alpha_r) - K_{11} - K_{12}V_c\right]a + K_{13}aW_f$$

$$\theta_f = K_6 V_c^{n1} f^{n2} + K_7 W_f^{n3}$$

La diffusion métallique entre les deux surfaces pièce et face en dépouille devient importante lorsque la température à la pointe de l'outil croît.

Ce modèle a été simplifié par Koren et peut être représenté de la manière suivante :

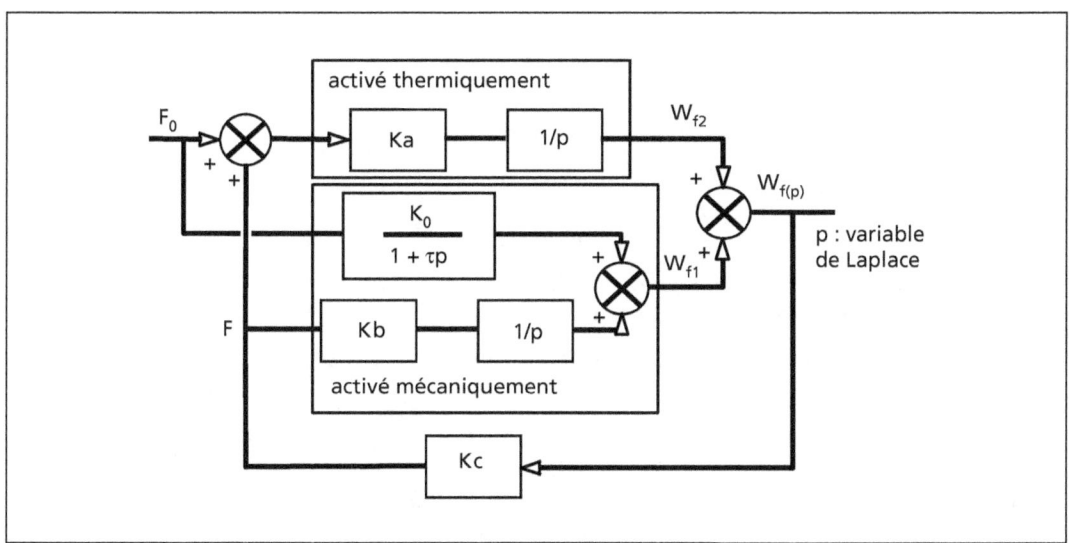

Fig. 6.15 • *Représentation simplifiée du modèle de Koren*

Les résultats obtenus par simulation de ces modèles donnent les résultats suivants (fig. 6.16) :
matériau usiné : AISI 4340
outil TNMA432 Valenite VC55
Vc = 200 M/mn, f = 0,08 mm/tr, ap = 1,27 mm

Les erreurs moyennes obtenues entre les essais et le modèle sont de l'ordre de 5 %.

Ce type de modèle montre la pertinence de l'approche, mais également ses limites :
- nombre important de paramètres à déterminer ;
- non prise en compte de l'usure par adhésion ;
- critère retenu : usure de dépouille.

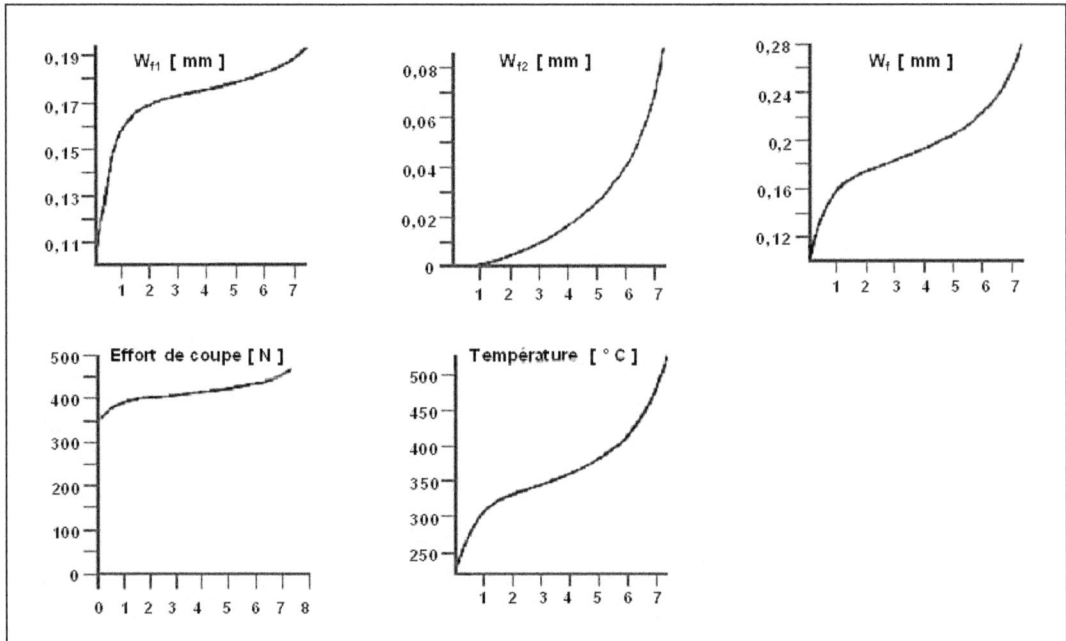

Fig. 6.16 • *Représentation des différents types de critères obtenus par simulation*

Bibliographie

M. Zadshakoyan, F.J. Carrillo, *Étude des modèles de prédiction en ligne de l'usure des outils*, DEA mécanique 1993-1994 Université de Bordeaux I-ENI Tarbes.

Y. Koren, *Flank Wear Model of Cutting Tools Using Control Theory*, Jou. Of Engineering for Industry, vol. 100, p. 103-109, Feb. 1978.

J.J. Park, G.A. Ulsoy, *On-Line Tool Wear Estimation Using Force Measurements and a Nonlinear Observer*, Trans. Asme, Jou. of Dyn. Syst, Measurements, and Control, vol. 114, p. 666-672, Dec. 1992

K. Danai, G.A. Ulsoy, *A Dynamic State Model for On-Line Tool Wear Estimation in Turning*, Tran. Of the ASME, Journal of Engineering for Industry, vol. 109, p. 396-399, Nov. 1987.

7. Les modèles d'état de surface

Le mode de génération joue un rôle fondamental.

7.1. Génération ponctuelle

C'est le cas le plus adapté à la modélisation, surtout s'il s'agit d'un usinage monopointe (tournage).

Exemple : état de surface en tournage : incidence de la géométrie d'outil

Détermination de R_t en fonction de :
κ_r = angle de direction d'arête
ε_r = angle de pointe de la plaquette
r_ε = rayon de bec de l'outil
f = avance par tour

Modélisation :
Le point A, point de tangence entre le rayon de plaquette et l'arête de coupe secondaire a pour coordonnées.
$x = r_\varepsilon \sin \kappa'$
$y = r_\varepsilon \cos \kappa'$, avec $\kappa' = \pi - \kappa - \varepsilon_r$

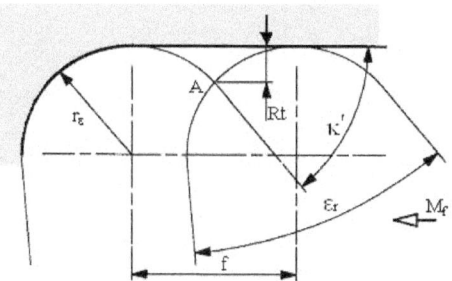

Fig. 6.17 • *Modèle géométrique de Rt*

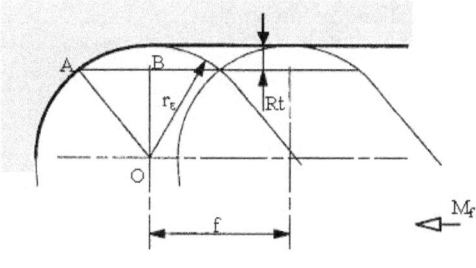

Fig. 6.18 • *Modèle pour : $f = 2r_\varepsilon \sin \kappa'$*

La valeur de l'avance sera de : $f = 2r_\varepsilon \sin \kappa'$

On a $R_t = r_\varepsilon - OB$ avec $OB = \sqrt{R_\varepsilon^2 - \left(\frac{f}{2}\right)^2}$

d'où : $R_t = R_\varepsilon - \sqrt{R_\varepsilon^2 - \left(\frac{f}{2}\right)^2}$

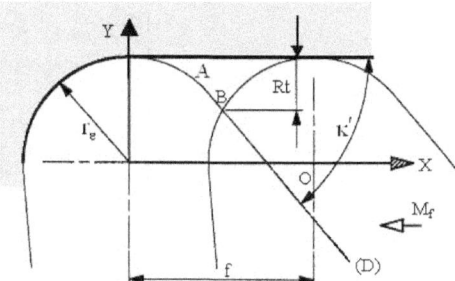

Fig. 6.19 • *Modèle pour $f \geq 2r_\varepsilon \sin \kappa'$*

Démonstration : on a Rt = rε − YB, le point B est le point d'intersection de la droite (D) avec le cercle de centre O.

Calcul de YB

Équation de la droite (D)

La droite passe par le point A de coordonnées : $X_A = r_\varepsilon \sin \kappa'$

$Y_A = r_\varepsilon \cos \kappa'$ et de pente : $- \mathrm{tg}\, \kappa'$

D'où l'équation de la droite : $y = -x \tan \kappa' + \dfrac{r_\varepsilon}{\cos \kappa'}$

Équation du cercle de centre O : $(x - f)^2 + y^2 = r_\varepsilon^2$

d'où : $R_t = r_\varepsilon - \sin \kappa' \cos \kappa' \left[\dfrac{r_\varepsilon}{\sin \kappa'} - f \right] - \sin^2 \kappa' \sqrt{ \dfrac{r_\varepsilon^2}{\sin^2 \kappa'} - \left(\dfrac{r_\varepsilon}{\sin \kappa'} - f \right)^2 }$

Représentation graphique du modèle :

1 – $r_\varepsilon = 0,4$

Variation de Rt en fonction de l'angle de direction d'arête (fig. 6.20).

Variation de R_t en fonction de l'avance (fig. 6.21).

2 – $r_\varepsilon = 0,8$

Variation de Rt en fonction de l'angle de direction d'arête (fig. 6.22).

Vérification expérimentale :
Variation de Rt en fonction de l'avance $r_\varepsilon = 0,8$ (fig. 6.23).

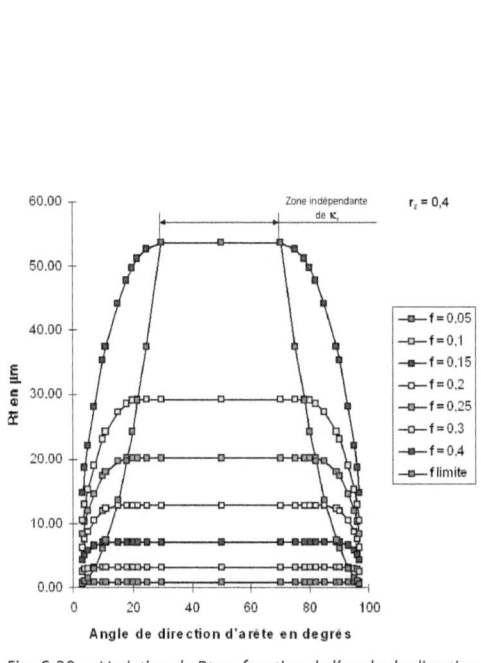

Fig. 6.20 • *Variation de Rt en fonction de l'angle de direction d'arête*

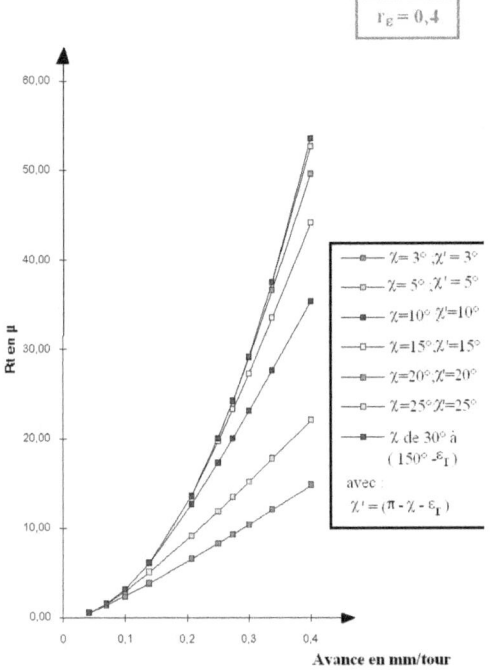

Fig. 6.21 • *Variation de Rt en fonction de l'avance*

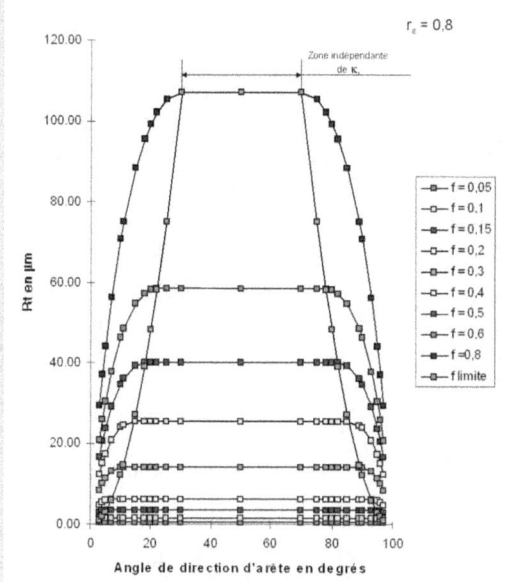

Fig. 6.22 • *Variation de Rt en fonction de l'angle de direction d'arête*

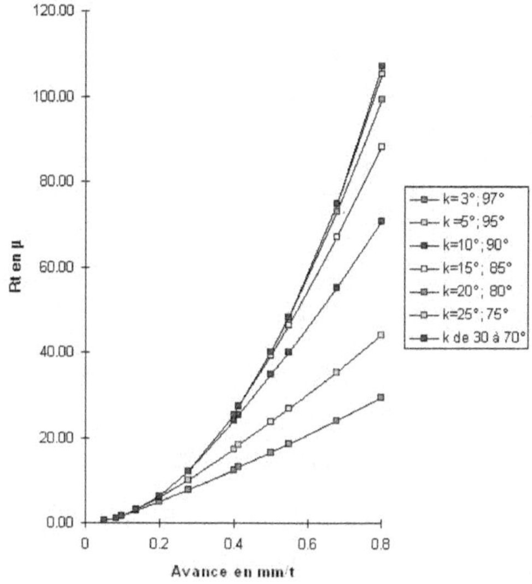

Fig. 6.23 • *Variation de Rt en fonction de l'avance*

Plaquettes utilisées :
CNMG 12 04 04 et CNMG 12 04 08 nuance GC415 de SANDVIK

Plaquette revêtue

Matière : XC 48

Diamètre de l'éprouvette 100 mm

Conditions de coupe :

– Vitesse de coupe : 180 m/min

– Profondeur de passe : 3 fois le rayon de plaquette soit 1,2 mm.

Le défaut de rugosité est principalement un défaut de « stries et sillons » d'avance aisément calculable et qui donne une bonne image de la rugosité (en ordre 3) à condition que les défauts d'ordre 4 (arrachements d'outils) soient faibles par rapport aux défauts d'ordre 3 donc :
– outil correctement qualifié ;
– paramètres dans le domaine de validité du couple outil-matière ;
– arête (et en particulier rayon de raccordement) conforme ;
– durée d'utilisation < durée de vie limite (pour les paramètres utilisés).

7.2. Générations linéaires avec arrêt d'avance

L'état de l'arête de coupe limite le résultat envisageable.

En rectification, la finesse de « l'arête outil » est conditionnée par la finesse du grain, la qualité du dressage de la meule... mais l'arrêt d'avance qui se manifeste au niveau « arête grain » est ici peu sensible : la rectification en plongée avec arrêt d'avance permet l'obtention d'états de surface maîtrisés. La modélisation expérimentale (état de surface/finesse de grain) est accessible mais il faut maîtriser l'équilibre entre « usure trop rapide de la meule » qui engendre des défauts d'ordres 1 à 3 et « encrassement de meule » qui engendre des défauts d'ordres 4 à 5.

Dans les techniques à géométrie définie, l'obtention d'états de surface par génération linéaire et arrêt d'avance est déconseillée en dehors des grandes séries répétitives ou l'on peut obtenir de bons résultats à condition d'assurer une excellente répétitivité après une mise au point soignée. Nous estimons que la modélisation est pratiquement hors de portée.

7.3. Générations linéaires sans arrêt d'avance

L'état de l'arête de coupe limite le résultat envisageable.

Il faut prendre en compte la direction d'examen de la surface. Cette direction est le plus souvent celle de l'avance. Donc si l'état de surface dans le sens de l'arête est strictement limité par son état, dans le sens de l'avance, il s'agit en fait d'une génération linéaire.

La première règle est donc de faire en sorte que l'état de l'arête ne compromette pas le résultat global. Ce qui implique :
- qualification judicieuse de l'outil (de manière caricaturale, pas de fraise profil rond pour obtenir une finition en roulant !) ;
- pas de mode d'endommagement de type catastrophique (ici, l'usure en entaille au milieu de l'arête serait proscrite).

La seconde règle est que les défauts d'ordre 4 (arrachements d'outils) soient faibles par rapport à la rugosité exigée.

Puis tout dépend de la technique. Le cas le plus intéressant du point de vue de la modélisation nous semble être celui du fraisage latéral pour lequel les défauts d'ordre 3 (ou 2 selon la longueur de coupure) sont imputables à la trace d'avance mais aussi (et bien souvent surtout) à la variation de la flexion de l'outil pendant sa rotation.

Malheureusement, il se dégage de manière à peu près inévitable un effet de dent dominante qui n'est pas modélisable. (Remarquez que les fraises pocketting qui produisent beaucoup de surfaces en génération linéaire ont en général deux dents.) Aux fortes vitesses de rotation, il y a un effet dynamique qui tend à réduire les variations de flexion mais qui n'est pas facile à modéliser.

8. Les modèles de qualité dimensionnelle

La qualité dimensionnelle d'une surface générée par enlèvement de matière dépend du comportement du moyen de production.

Il est source de multiples dispersions influençant la position de la surface, sa dimension, sa forme et sa rugosité.

Les dispersions générant les défauts de rugosité ont été abordées dans le chapitre précédent.

L'objet de ce chapitre est d'abord les défauts géométriques de position, dimension et forme.

Les dispersions qui engendrent ces défauts sont dues à plusieurs causes : outils et conditions de coupe, liaisons outil/machine et pièce/machine, machine, environnement.

8.1. L'outil et les conditions de coupe

La trajectoire du point de contact outil/pièce est affectée par l'endommagement de l'outil.

Il en découle une dérive dimensionnelle : dimension et/ou position de surface.

La dégradation de l'outil influe également sur l'état de surface du 2e au 6e ordre.

L'augmentation de la zone de contact outil/pièce due à l'usure, augmente les frottements et écrouissage sur la surface générée.

Les variations de condition de coupe dues aux dispersions de la chaîne cinématique génèrent des variations de comportement de l'outil. Dans certains cas ces dispersions peuvent modifier la durée de vie de l'outil et la qualité de surface obtenue.

La modélisation de ces comportements reste très partielle.

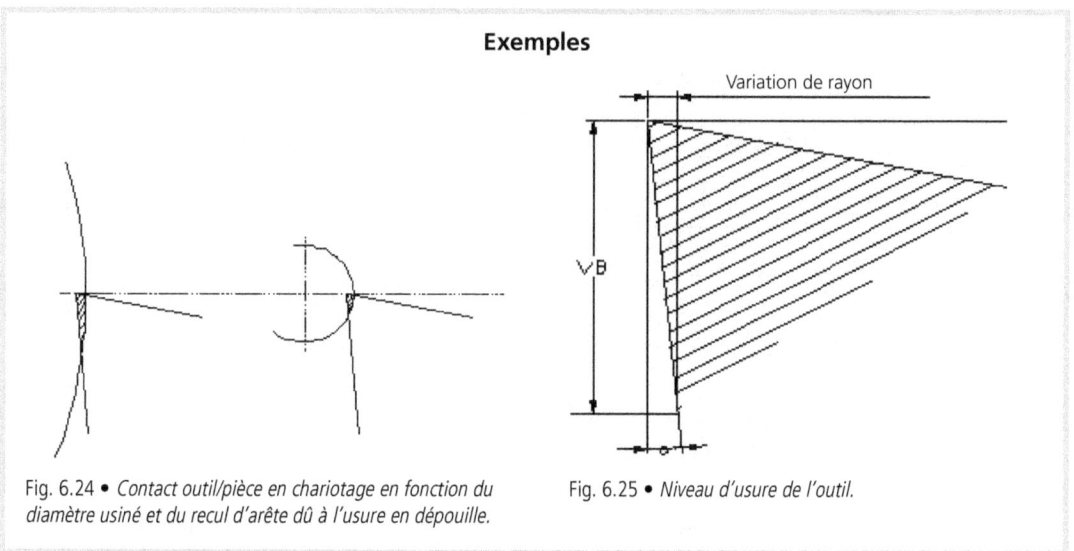

Fig. 6.24 • *Contact outil/pièce en chariotage en fonction du diamètre usiné et du recul d'arête dû à l'usure en dépouille.*

Fig. 6.25 • *Niveau d'usure de l'outil.*

8.2. L'outillage

Les divers outillages, interfaces outil/machine ou pièce/machine, influent sur la qualité de la surface fabriquée. La qualité des outillages est garantie par les documents des fabricants (fig. 6.26), mais seulement pour des outillages neufs. Il est donc nécessaire d'assurer un suivi de ces outillages dans le temps afin de mesurer l'évolution de leur qualité.

Ces outillages sont très nombreux, mais il est possible à travers quelques exemples simples de présenter les cas les plus courants et leurs conséquences.

Usinage par enlèvement de copeaux

Pour les mouvements de rotation, pièce ou outil, les défauts majeurs sont les battements axiaux, radiaux.

La conséquence sur la qualité des pièces dépend des types de machine et opérations.

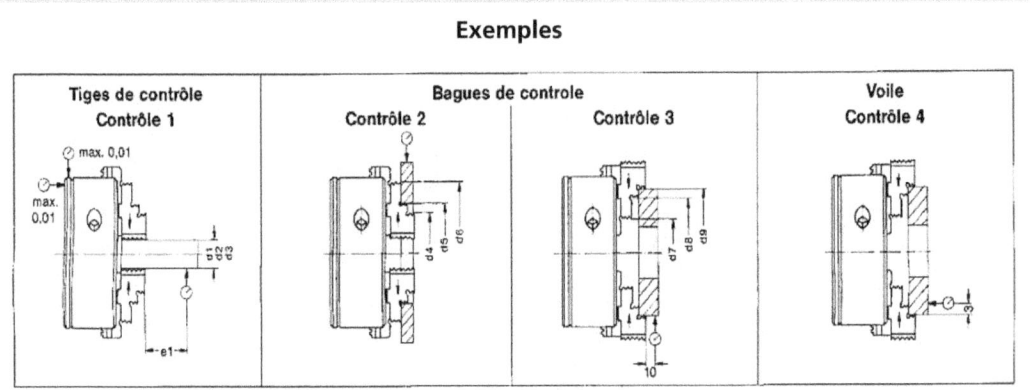

Ø mandrin	Tiges de contrôle — Contrôle 1 — Diamètre						Distance	Bagues de contrôle — Contrôle 2 — Serrage intérieur						Contrôle 3 — Serrage extérieur						Concentricité — Tolérances admises suivant DIN 6350	Concentricité — Norme d'usine	Voile — Tolérances admises suivant DIN 6350	Voile — Norme d'usine
	d1		d2		d3		e1	d4		d5		d6		d7		d8		d9					
Mors	UB	EB	UB	EB	UB	EB		UB	EB	UB	EB	UB	EB	UB	EB	UB	EB	UB	EB				
125	–	18	–	25	–	30	–	60	–	30	–	60	–	95	–	65	–	95	–	125	0,04	0,02	0,03	0,015
160	20		30		40		60	70	60	95		140		90		135		160	170	0,04	0,02	0,03	0,015
200	30		40		53	50	80	75	65	100		155		115		170		200	210	0,06	0,03	0,03	0,015
250	30		53		75	58	80	100		180		–		–		165		245		0,06	0,03	0,03	0,015
315	53		75		100	83	120	105		210		–		–		205		315		0,08	0,04	0,04	0,02
400	53		98		125	–	120	125		265		–		–		255		400		0,08	0,04	0,04	0,02
500	75		100		125		160	171		311		–		–		335		500		0,08	0,05	0,04	0,02
630	75	–	125	–	160	–	160	197	–	354	–	–		–		477	–	637	–	0,10	0,05	0,04	0,02

© Duro. Röehm

Fig. 6.26 • *Extrait des caractéristiques de mandrin en tournage*

Influence sur le défaut de coaxialité.

Cône morse en fraisage.

Influence sur le défaut de position en fraisage latéral.

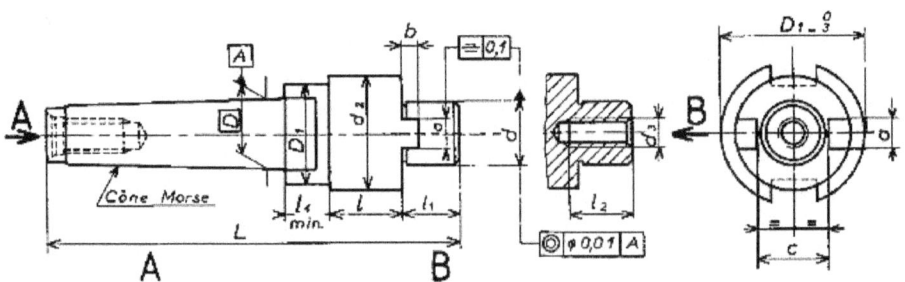

Fig. 6.27 • *Cône morse en fraisage*
Précis de construction mécanique, 2 – Méthodes, fabrication et normalisation, Dietrich-Facy-Hugonnaud-Pompidou et Trotignon.

Les outils ou les pièces montés avec un porte à faux sont sensibles aux efforts de coupe. Des déformations de type flambement et/ou flexion se produisent générant en général des défauts de forme sur les surfaces fabriquées.

Exemples

Cas de l'alésage et du chariotage entre pointes. Détermination expérimentale des efforts de coupe : les efforts de coupe sont donnés par les équations suivantes :

$$f_t = a \cdot f \cdot k_s, \quad f_r = 2/3\, f_t, \quad f_f = f_r \sin \kappa_r, \quad f_a = f_r \cos \kappa_r$$

k_s : pression spécifique de coupe (dépend de l'outil, du matériau usiné et du type d'usinage – notion de COM)

κ_r : angle d'orientation d'arête

a : profondeur de passe

f : avance en mm/tr

Alésage

La variation de rayon due à la flèche peut s'exprimer de manière simplifiée par l'équation :

$$\Delta r \approx f_a \cdot L^3 / 3 \cdot E \cdot I_y \quad \text{avec } I_y \approx 0{,}05 \cdot d^4$$

Soit :

$$\Delta r \approx \frac{a \cdot f \cdot k_s \cdot \cos \kappa_r \cdot L^3}{4{,}05 \cdot E \cdot r^4}$$

Chariotage entre pointes

Le défaut de cylindricité dû à la flèche peut s'exprimer de manière simplifiée par l'équation :

$$\Delta r \approx \frac{f_a \cdot L^3}{48 \cdot E \cdot I_y}$$

avec $I_y \approx 0{,}05 \cdot d^4$ soit le défaut de cylindricité

$$\approx \frac{a \cdot f \cdot k_s \cdot \cos \kappa_r \cdot L^3}{36 \cdot E \cdot r^4}$$

Le défaut de cylindricité = $2 \cdot \Delta r$

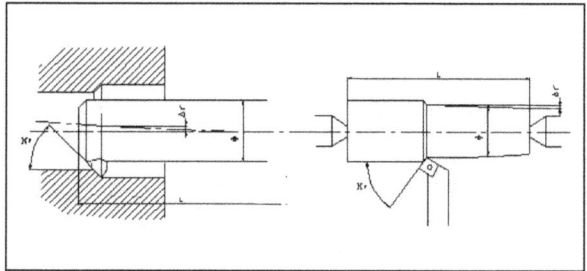

Fig. 6.28 • *Alésage à la barre et chariotage entre pointes*

Les outillages peuvent également générer des vibrations : cas des organes tournants non parfaitement équilibrés dynamiquement ou des montages d'usinage sous la variabilité des efforts de coupe.

Ces modes vibratoires influent sur les défauts de surface de 2e et 3e ordre.

Exemple

Montage modulaire en fraisage (fig. 6.29)

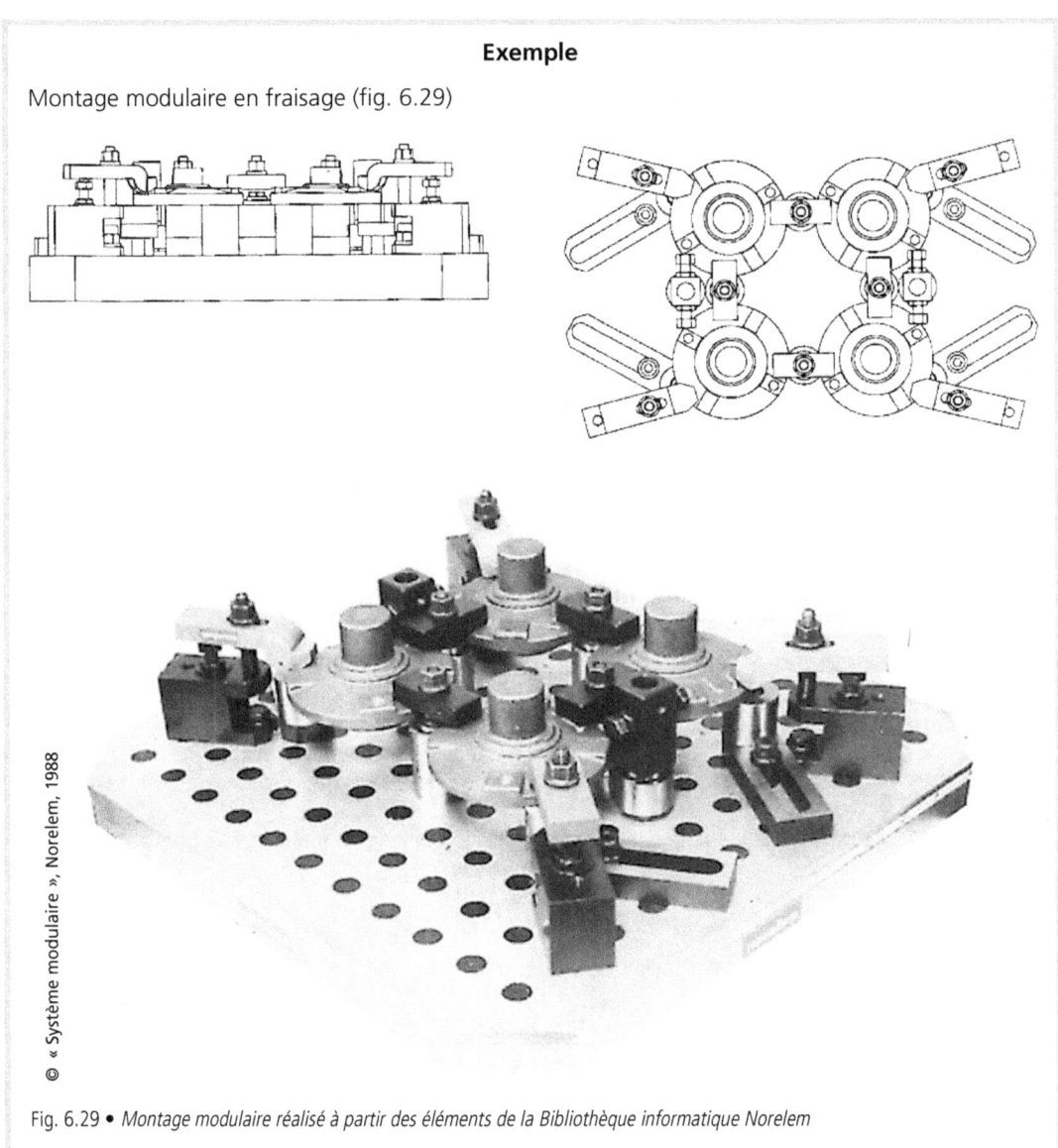

Fig. 6.29 • *Montage modulaire réalisé à partir des éléments de la Bibliothèque informatique Norelem*

8.3. Machine outil

La qualité d'une production sur machine outil dépend en partie des procédures adoptées pour réaliser les prises de référence.

Sur les MOCN, plusieurs références sont à prendre en compte : la référence machine (ou de mesure), la référence pièce et la référence outil (correcteurs ou jauges).

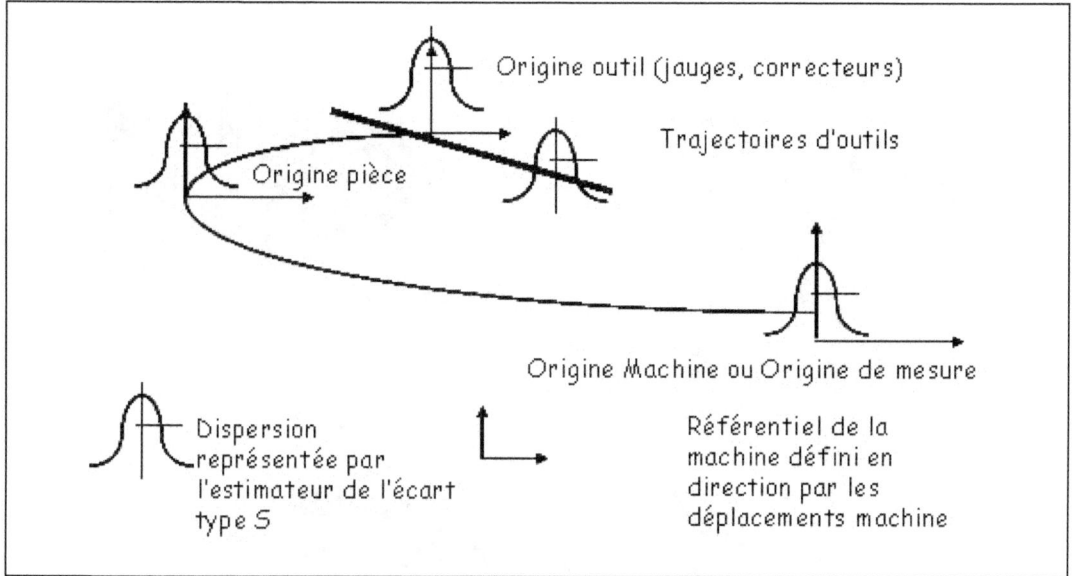

Fig. 6.30 • *Dispersions dues aux diverses origines sur MOCN*

8.3.1. Origine machine

L'origine machine n'a de signification que dans le cas des MOCN. En effet, pour les autres machines, les mouvements sont déterminés directement entre l'outil et la pièce (voir référentiel outil/référentiel pièce et trajectoires relatives outil/pièce en vitesse et position).

Deux cas existent pour définir le référentiel machine sur les MOCN (aussi appelé POM, prise d'origine machine ou prise d'origine de mesure).

Le premier cas est une opération manuelle exécutée à chaque mise sous tension de la MOCN. Cette opération consiste à mettre à « zéro » le système de mesure de chaque axe de déplacement. Cette opération s'effectue par détection à la volée d'un contacteur mécanique ou d'un contacteur de proximité. La répétabilité de cette opération dépend de la vitesse du déplacement et de la répétabilité du capteur.

Si réglage et production sont réalisés sans arrêt du poste de travail, la dispersion sur le POM n'influe pas sur la qualité de la production. Par contre, elle influera à chaque réexécution du POM au cours de la production ;

Le second cas est une opération, identique à la précédente, qui est mémorisée même après mise hors tension. La dispersion ne provient plus de la réexécution de cette opération mais de la dérive dans le temps de l'origine due aux dilatations et autres phénomènes parasites.

> **Remarque**
>
> Le référentiel machine, défini par l'ensemble des déplacements relatifs outil/pièce, est en général équipé de son propre système de mesure et/ou de réglage.
> La qualité de ce référentiel influe sur la qualité de définition des origines, car il est utilisé pour leur détermination (voir trajectoire relative outil/pièce).

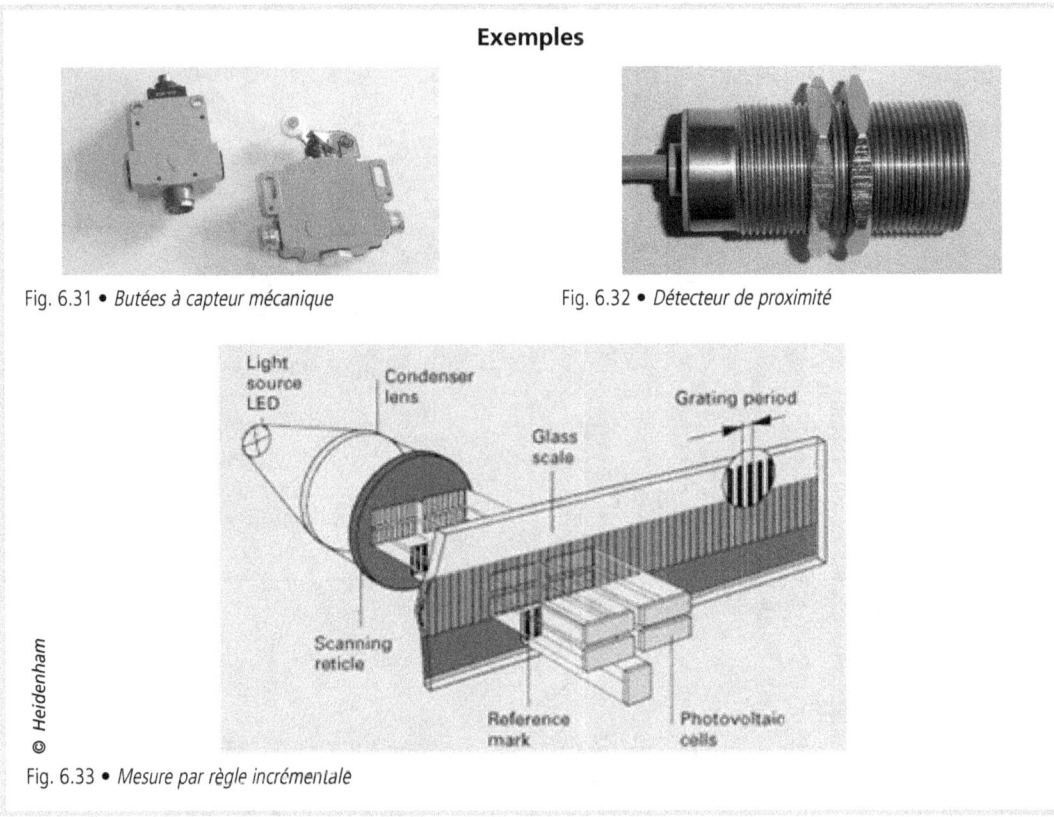

Fig. 6.31 • *Butées à capteur mécanique*

Fig. 6.32 • *Détecteur de proximité*

Fig. 6.33 • *Mesure par règle incrémentale*

8.3.2. Origine pièce/origine machine

Toujours limité au cas des MOCN, l'opération de prise de référence pièce (PREF) consiste à définir dans le référentiel machine les coordonnées de l'origine de mise en position de la pièce ou dans certains cas un point de la pièce (à refaire à chaque nouvelle pièce mais permet de s'affranchir de la dispersion de mise en position de la pièce sur ses appuis).

Le PREF est réalisé en identifiant par l'intermédiaire d'accessoires (comparateur, pinnule, cales étalons…) l'origine pièce avec un point particulier appartenant à l'organe mobile de la machine.

L'obtention des coordonnées se fait par l'intermédiaire du système de mesure qui équipe chaque axe de déplacement.

La qualité de définition du PREF dépend donc des appareillages mis en jeu, de l'opérateur et du système de mesure des axes. Voir les exemples des figures 6.32 et 6.33.

8.3.3. Origine outil/origine pièce

Cette opération se traduit, pour les machines conventionnelles, en prenant plutôt pour référence une ou plusieurs surfaces de la pièce : tangenter l'outil sur la surface de référence de la pièce ; régler les butées par rapport à la référence prise.

Dans certains cas, le réglage des butées peut se réaliser pour la première pièce. Dans ce cas, la qualité du réglage dépend en partie de la mesure réalisée sur la pièce.

Étude générale des modèles en usinage

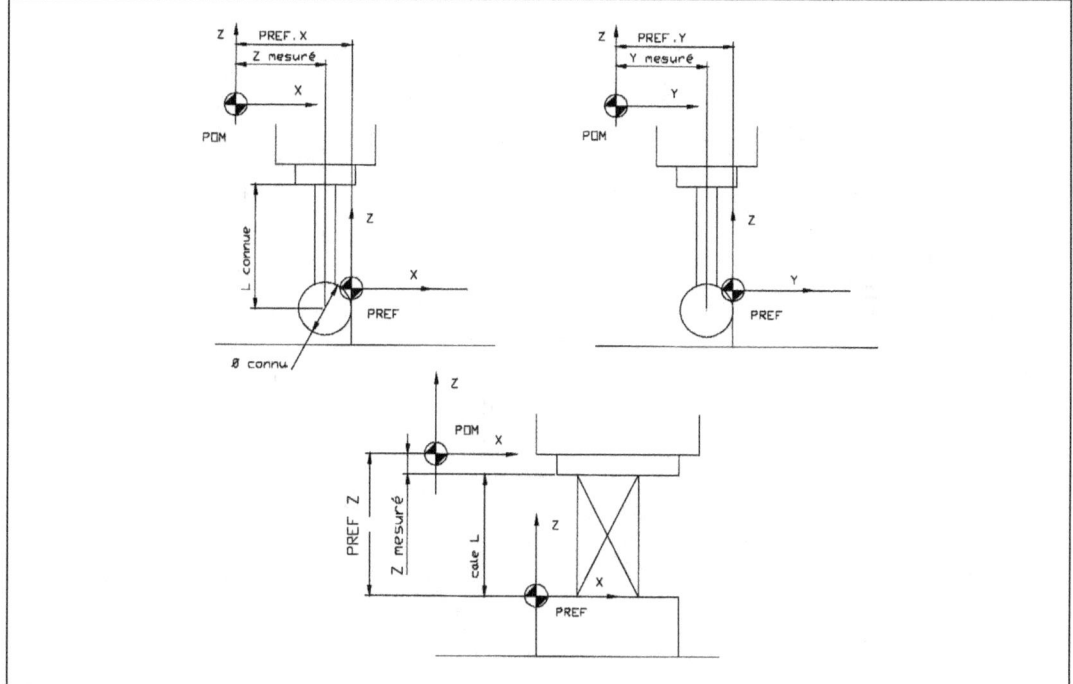

Fig. 6.34 • *Prise d'origine PREF(x-y-z) en fraisage*

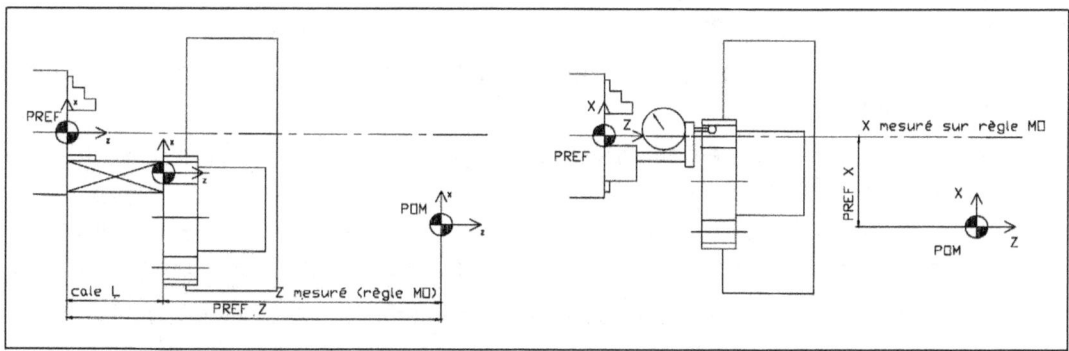

Fig. 6.35 • *Prise d'origine PREF (x-z) en tournage*

Dans le cas des MOCN, l'origine outil est repérée soit par les jauges outil soit par les correcteurs d'outil. Elle est obtenue après un préréglage, par l'usinage de surfaces sur une pièce test.

Exemples

En tournage : pour un outil à charioter dresser, après préréglage, réalisation d'un cylindre et d'un épaulement pour définir les deux jauges en X et Z.

En fraisage : pour une fraise 2 tailles, réalisation, après préréglage, d'un épaulement pour définir longueur et rayon d'outil.

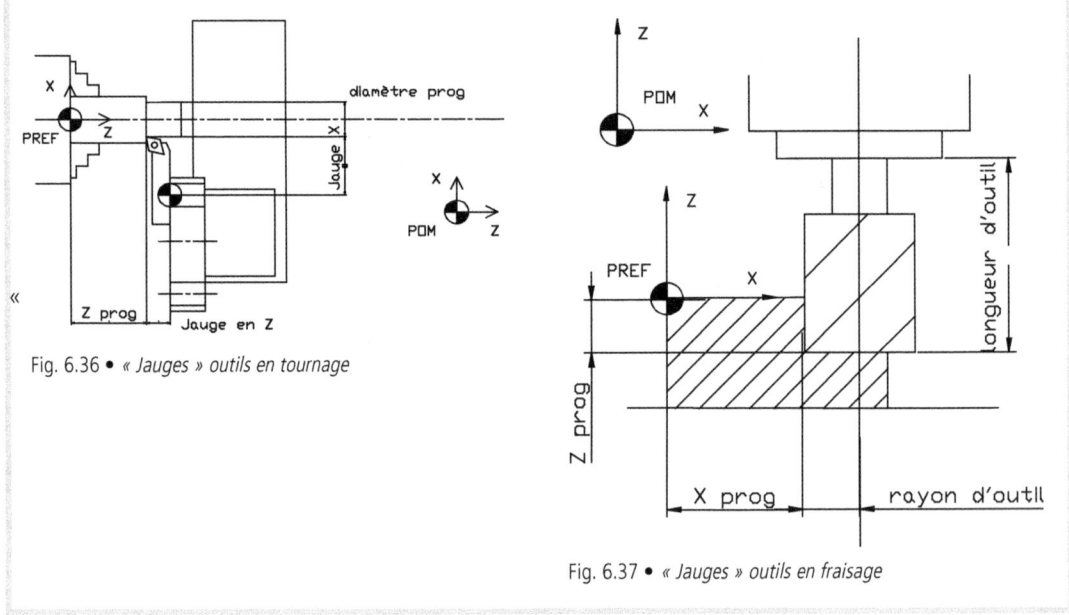

Fig. 6.36 • « Jauges » outils en tournage

Fig. 6.37 • « Jauges » outils en fraisage

8.3.4. Trajectoires relatives outil/pièce en vitesse et position

La qualité des trajectoires – points de passage et vecteurs vitesse (en amplitude et orientation) – conditionne la qualité de la géométrie obtenue de la surface fabriquée.

Cette qualité dépend des réglages réalisés et de la capacité du système de production à reproduire la trajectoire.

Le réglage et la reproductibilité d'une trajectoire dépendent de trois éléments essentiels : la machine outil, l'outillage, les moyens de mesure.

La machine outil peut, dans beaucoup de cas, être le seul facteur intervenant. Outillages et moyens de mesure interviennent pourtant dans un certain nombre de cas (voir précédemment).

La qualité des déplacements dépendent de la qualité géométrique de la machine outil, des asservissements dans le cas des MOCN, des butées et de leurs réglages pour les machines conventionnelles, des vitesses relatives outils/pièces pour les machines conventionnelles.

Géométrie machine

La connaissance des défauts géométriques de la machine est donc nécessaire pour évaluer les conséquences sur la qualité des surfaces fabriquées.

Les normes NFE 60-171 et NFE 60-172 spécifient les procédures à suivre pour le contrôle réception des machines outils (cas des centres d'usinage). Elle consiste en la définition du contrôle statique de la géométrie et en la réalisation d'une ou plusieurs pièces types.

Le contrôle géométrique consiste en la mesure de :
– la rectitude de chaque déplacement : roulis, lacet, tanguage ;

- la justesse des systèmes de mesure associés aux déplacements, dans le cas des MOCN, le contrôle de justesse intègre la qualité des asservissements en position ;
- la position relative des déplacements : orthogonalité, parallélisme ;
- des battements axiaux et radiaux des broches.

Le contrôle géométrique donne des informations sur la qualité de la machine sans application d'efforts.

Exemples

Contrôle géométrique normalisé d'un centre d'usinage (voir tableau 6.2).

La réalisation d'une pièce type et son contrôle permet de mettre en évidence le comportement de la machine sous les efforts de coupe. Ce cas est plus représentatif de la situation de production.

La pièce type doit permettre de tester tous les déplacements de la machine et leurs positions relatives.

Le contrôle de la pièce type doit se faire en salle de métrologie dans les conditions d'incertitudes de mesure les meilleures.

Le résultat de la mesure prend en compte, en plus des défauts géométriques de la machine outil, le comportement de l'outil pendant l'usinage. Il faut donc définir des conditions de coupe optimales.

Le contrôle géométrique normalisé se fait pour la réception des machines outils. Il faut ensuite assurer un suivi du moyen de production. Pour ce faire, le suivi des productions réalisées suffit en général (voir chapitre suivant).

Le contrôle géométrique portant sur une exécution, il ne permet pas de quantifier les dispersions aléatoires du comportement géométrique de la machine outil.

Des tests complémentaires sont donc nécessaires sur des séries de fabrication afin de quantifier ces dispersions.

Remarque

Dans le cas des MOCN, les écarts géométriques peuvent également être issus de la programmation. En effet, la programmation numérique passe par une discrétisation de la trajectoire de l'outil. Suivant le pas de discrétisation un défaut peut apparaître (voir exemple cité dans le paragraphe suivant). Mais dans beaucoup de cas la programmation est réalisée sur un site informatique de FAO (Fabrication assistée par ordinateur). Dans ce cas, la discrétisation de la trajectoire peut être créée dès la définition de la trajectoire. Suivant les logiciels et les contraintes de temps de réponse des systèmes informatiques, un écart de 0,02 mm se rencontre fréquemment.

Tab. 6.2 • « Machines outils – Centres d'usinage – Conditions de réception – Contrôle de la précision », NF E 60–172

© Afnor

1	2	3	4		5	6
		Vérifications géométriques				
N°	Schéma	Objet	Écarts		Appareils de vérification	Observations et références au code d'essais
			Tolérés	Cons-tatés		NF E 60-100
G F B 5	(schéma avec repères 0, ref., M)	**c) Déplacements** Vérification de la rectitude du déplacement d'un point lié au porte-broche dans son mouvement. a) X par rapport au porte pièce dans les plans XY et XZ b) Y par rapport au porte pièce dans les plans YX et YZ c) Z par rapport au porte pièce dans les plans ZX et ZY.	écart maximal toléré pour toute course: 300 / 300 à 1 000 / 1 000 à 2 000 / 2 000 à 3 200 / 3 200 à 5 000 / 5 000 à 8 000 écart local pour toute étendue de mesurage de: 300 / 1 000 / 2 000 / 3 200 / 5 000 / 8 000 Classe 1: 0,025 / 0,050 / 0,060 / 0,070 / 0,090 / 0,12 Classe 2: 0,015 / 0,030 / 0,035 / 0,045 / 0,060 / 0,080 Classe 3: 0,010 / 0,020 / 0,025 / 0,030 / 0,040 / 0,065		Règles, cales et comparateur ou dispositif optique	Paragraphe 5.232 Placer les éléments se déplaçant le long des axes non concernés au milieu de leur course lorsque celle-ci est inférieure à 800 et au voisinage des positions extrêmes de leur course lorsque celle-ci est supérieure ou égale à 800. Note : le point (M) lié à la broche est placé à une distance l du nez de broche donnée par le tableau ci-dessous en fonction du cône de broche. | Cône ISO | 30 | 40 | 45 | 50 | 60 | | l | 100 | 150 | 200 | 250 | 300 |

Étude générale des modèles en usinage

Tab. 6.2 • « Machines outils – Centres d'usinage – Conditions de réception – Contrôle de la précision », NF E 60-172 (...)

6 G F B		Mesurage du faux rond de rotation du cône intérieur de broche dans son mouvement par rapport au porte-broche a) à la sortie du logement b) à la distance l de la face du nez de broche.	Classe 1 : a) 0.015 b) 0.035 2 : a) 0.010 b) 0.020 3 : a) 0.008 b) 0.015	Comparateur, mandrin de contrôle	Paragraphe 5.612 En b) placer le comparateur à la distance l du nez de broche donnée par le tableau ci-dessous en fonction du cône de broche. Cône ISO : 30, 40, 45, 50, 60 l : 100, 150, 200, 250, 300
7 G F B		Vérification du voile de la face d'appui du nez de broche par rapport à l'axe de rotation de la broche (déplacement axial périodique inclus)	Classe 1 : 0.020 2 : 0.010 3 : 0.005	Comparateur	Paragraphe 5.632 La valeur et le sens d'application de la force F doivent être précisés par le constructeur (s'il y a lieu). **Notes :** 1) Lorsque l'ensemble de roulements de broche est préchargé, l'application de l'effort axial F n'est pas obligatoire 2) Cette vérification est sans objet lorsque la face d'appui du nez de broche n'est pas utilisée.

Usinage par enlèvement de copeaux

Dimensions :

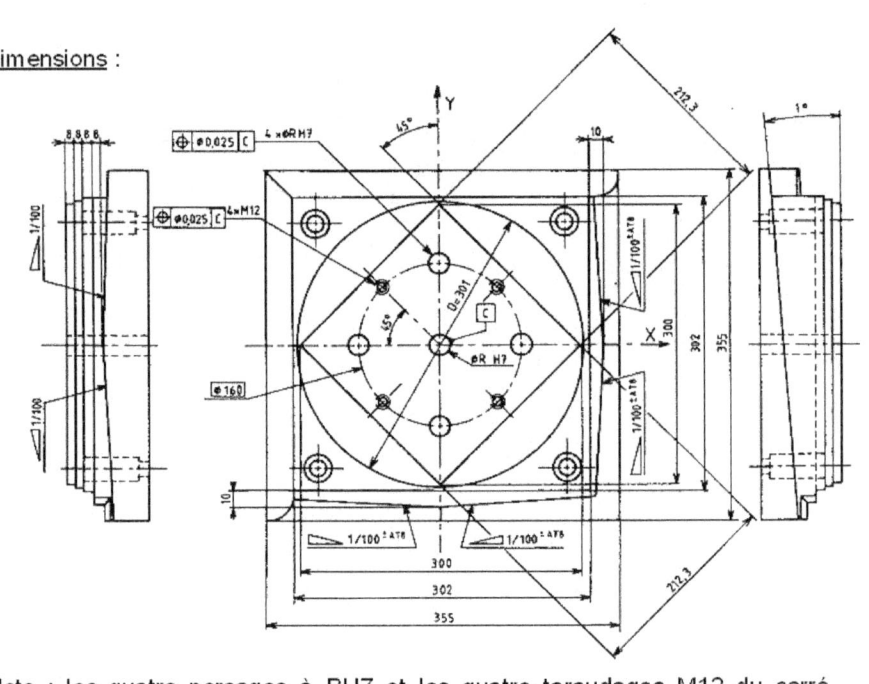

Note : les quatre perçages à RH7 et les quatre taraudages M12 du carré supérieur sont optionnels.

Tolérances :

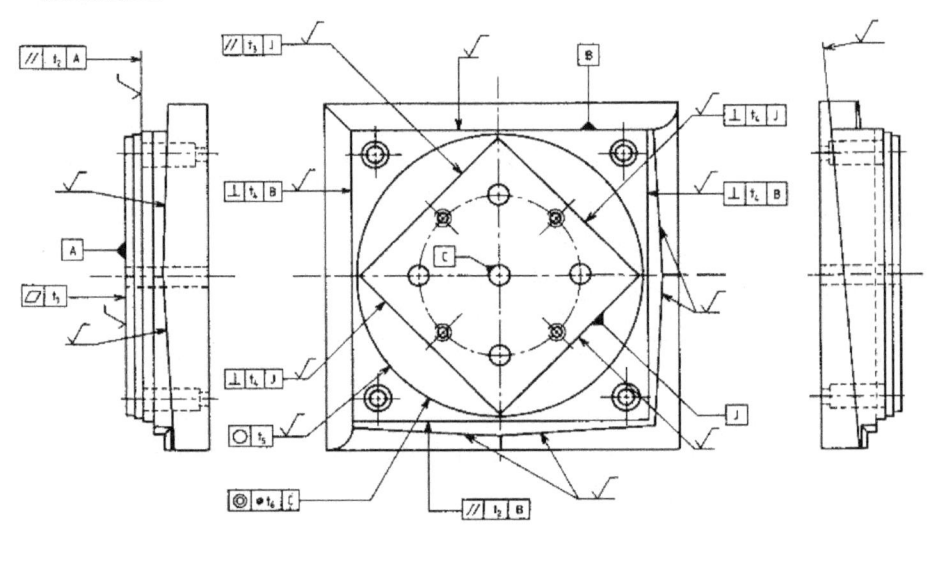

Fig. 6.38 • *Pièce de réception type pour centres d'usinage*

Étude générale des modèles en usinage

Classe	t1	t2	t3	t4	t5	t6	Ra				Tolérances dimensionnelles	Tolérances d'entre axe entre les alésages et
							Alliage léger		Acier			
							fonds	flancs	fonds	flancs		
1	30	60	60	75	75	75	3.2	3.2	3.2	3.2	= 75	= 40
2	20	40	40	50	50	50	1.2	0.8	3.2	3.2	= 50	= 25
3	15	25	25	35	35	35	0.8	0.8	0.8	0.8	= 35	= 15

« Machines outils - Épreuves pratiques de réception - Pièces d'essai »

Asservissement en position et vitesse, interpolations

Dans le cas des MOCN, l'usinage et le contrôle d'une pièce type permettent de contrôler également le comportement des asservissements en position et vitesse dans le cas des MOCN (erreur de position, temps de réponse, dépassement, erreur de poursuite) ainsi que des systèmes numériques d'interpolation.

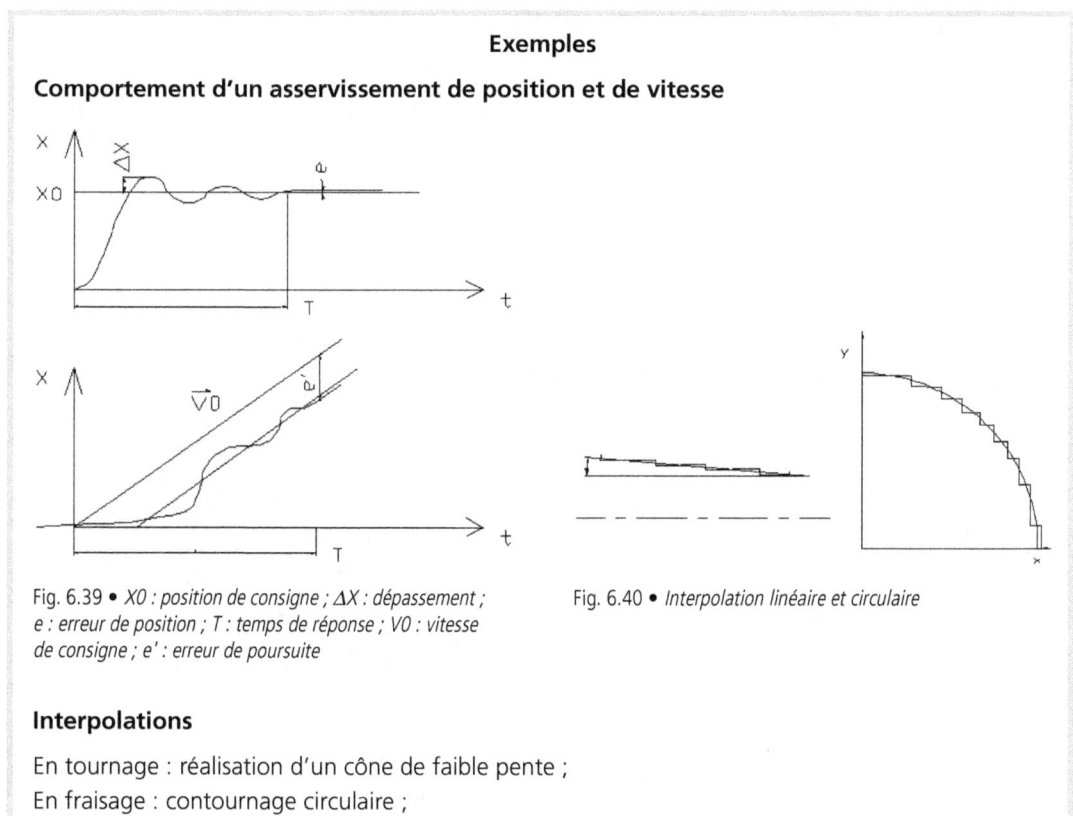

Exemples
Comportement d'un asservissement de position et de vitesse

Fig. 6.39 • _X0 : position de consigne ; ΔX : dépassement ; e : erreur de position ; T : temps de réponse ; V0 : vitesse de consigne ; e' : erreur de poursuite_

Fig. 6.40 • _Interpolation linéaire et circulaire_

Interpolations

En tournage : réalisation d'un cône de faible pente ;
En fraisage : contournage circulaire ;

Butées et réglage associé

La qualité du réglage d'une position dépend également pour les machines conventionnelles des butées réglables, débrayables ou pas.

La procédure de réglage doit permettre de définir l'incertitude associée à cette opération. La plus fiable consiste en la réalisation d'une pièce d'essai, solution courante dépendant essentiellement de l'incertitude de l'opération de mesurage de la pièce.

Lors de la réalisation en production, elles se caractérisent en termes de dispersion par le défaut de répétabilité au déclenchement des capteurs. Suivant les inerties en jeu, cette dispersion sera variable.

Des dérives de position dans le temps peuvent également se produire.

Ces systèmes de réglage de position nécessitent en général un suivi de production.

Vitesse relative outil/pièce

Un certain nombre d'opérations d'usinage nécessitent pour la réalisation d'une surface de coupler plusieurs déplacements en vitesse et position.

Dans le cas des MOCN, la CN assure ce rôle par l'intermédiaire des interpolations et asservissements (voir géométrie machine).

Dans le cas des machines conventionnelles, le réglage des vitesses se fait par l'intermédiaire de boîtes de vitesse, cames, vis, etc.

Dans certains cas, le réglage ne peut être qu'approché. Alors, l'approximation de réglage autorisée doit être calculée en fonction des tolérances géométriques de la surface fabriquée.

Exemple

Taillage de denture à l'outil crémaillère (fig. 6.41).

La vitesse linéaire de l'outil et de la pièce doivent être identiques : génération de la développante de cercle par roulement sans glissement de l'outil sur la pièce.

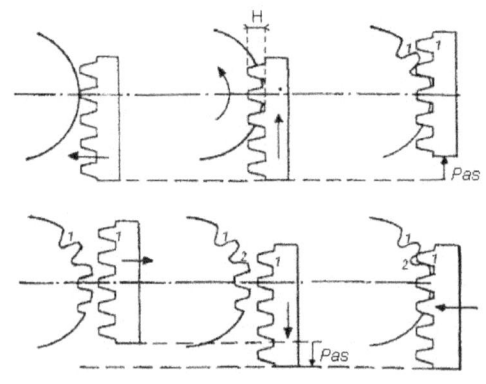
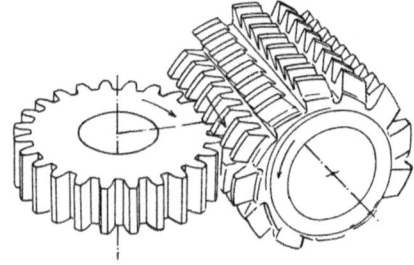

Fig. 6.41 • *Vitesse relative outil pièce en taillage d'engrenages*
Traité théorique et pratique des engrenages, Georges Henriot, Tome 2

Dans le cas d'une denture hélicoïdale :

$$V = r_b \times \omega$$

V : vitesse de translation de l'outil en mm/mn

r_b : rayon de base de la denture en mm

ω : fréquence de rotation du pignon en rd/mn

r_b dépendant de l'angle d'hélice, sa valeur est élément de

Les réglages étant souvent réalisés par des trains d'engrenages à denture droite, les rapports possibles sont éléments de

Une approximation est indispensable.

Le défaut géométrique le plus affecté est le pas circulaire de la denture.

La conséquence est que, pour une qualité 7 de denture, il faut réaliser un réglage du rapport de vitesse à 10^{-4} près !

Hormis ces approximations de réglage, il reste les dispersions associées aux vitesses de l'outil et de la pièce. Les dispersions proviennent :
- de la tolérance dimensionnelle des éléments des transmissions : qualité géométrique des cames, qualité des roues dentées, pas des vis ;
- des variations de rotation des moteurs ;
- de la variation des efforts de transmission générant des variations de déformations sur transmission et guidage ;
- des vibrations.

Ces dispersions ne peuvent être quantifiées que par l'instrumentation des machines-outils ; rarement réalisée sur des moyens de production.

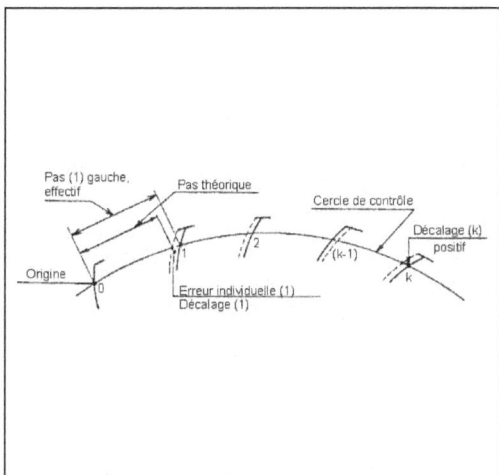

Fig. 6.42 • *Défaut du pas de taillage sur une denture droite*
Traité théorique et pratique des engrenages, Georges Henriot, Tome 2.

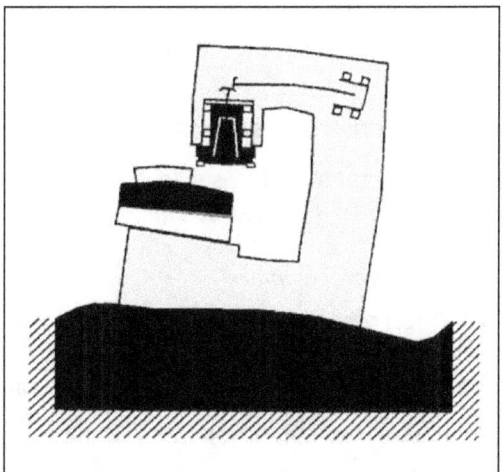

Fig. 6.43 • *Déformations très schématiques des différentes parties du système Pièce Outil Machine*

LMS Journée « Procédé d'enlèvement de matière » : usinage à l'outil coupant, G. Coffignal, ENSAM 1993.

Modélisation du comportement dynamique d'une machine-outil (fig. 6.43)

Modèles couplés utilisés pour les calculs :

1. Les modèles dynamiques de systèmes ou sous-systèmes (modèles de type éléments finis [BAT82] ou constitués par des matrices provenant d'analyses expérimentales [EWI89]), pour l'ensemble POM :

$$[M]\{\ddot{q}\} + [C]\{\dot{q}\} + [K]\{q\} = \{Q(t)\}$$

$$\{Q(t)\} = \int_{\text{"aretes"decoupe}} [N]^T \cdot \{F(t)\} \cdot d\Gamma$$

avec au moins, $[M] = [M(<p_g>)]$ et $[K] = [K(<p_g>)]$

$<p_g>$ paramètres décrivant la configuration géométrique de la machine.

2. Un modèle géométrique décrivant la surface extérieure de la pièce en fonction des déplacements de la pièce et du temps $S_{\text{pièce}}(\{q\}, t)$.

$$\{X^t\} = f(X^r, \{q\}, t)$$

3. Une « loi de coupe », modèle phénoménologique donnant l'effort de coupe :

$$\vec{F}(P^r, t) = \vec{F}(P^r, S(\{q\}, t), \vec{V}(t), <p_c>)$$

$$S(\{q\}, t) = \{S_{\text{pièce}}(\{q\}, t), S_{\text{outil}}(\{q\}, t)\}$$

Les variations des vitesses relatives outil/pièce entraînent des variations de la vitesse d'avance au point de contact outil/pièce. Ceci peut avoir des conséquences sur la qualité de la coupe et donc de la qualité de la surface générée.

8.4. L'environnement du poste de travail

L'environnement influe sur le comportement du moyen de production essentiellement par l'intermédiaire de deux facteurs : la température et les vibrations du sol.

8.4.1. La température

Les différences de matériaux constituant la machine outil-structure – guidage, systèmes de mesure –, la pièce et les moyens de mesure génèrent une dispersion de fabrication due aux écarts entre les différents coefficients de dilatation de ces matériaux.

L'utilisation des coefficients de dilatation linéaire s'avère beaucoup trop approximative.

La modélisation de l'influence de ces écarts sur la qualité dimensionnelle des pièces s'avère trop complexe à ce jour.

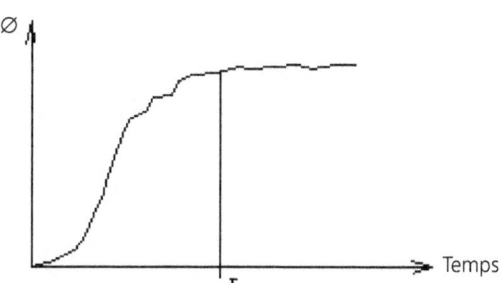

Fig. 6.44 • *Exemple d'évolution d'un diamètre en chariotage*

La cote obtenue (ou mesurée) est donnée par la relation :

$$Cm = \underbrace{L_p \cdot \alpha_p \cdot \Delta T_p}_{\text{pièce}} - \underbrace{L_n \cdot \alpha_n \cdot \Delta T_n}_{\text{appareils de mesure (ou réf.)}}$$

L_p = longueur pièce
α_p = coefficient dilatation pièce
L_n = longueur référence
α_n = coefficient dilatation référence
$L_p = L_n + L$ et $\Delta L \cdot \alpha_p \cdot \Delta T$ est négligeable
donc : $Cm = L_n (\alpha_p T_p - \alpha_n T_n)$
Matériaux coefficients de dilatation α
aciers courants entre 10 et $12{,}5.10^{-6}$ °K^{-1}
alliages d'aluminium entre 22,5 et 24.10^{-6} °K^{-1}

Ce cas très simplifié est peu représentatif de la réalité industrielle, car la géométrie est rarement linéaire et les coefficients de dilatation propres à chaque matériau sont mal maîtrisés.

8.4.2. Les vibrations

Le sol peut, dans de nombreux cas, propager des vibrations provenant d'autres ateliers ou machines outils.

La modélisation de leurs conséquences sur la qualité dimensionnelle de la pièce fabriquée n'est pas réalisée.

Il reste les précautions d'implantation par mesure des vibrations du sol et par isolation des machines à l'installation – cylindre-bloc, massif en béton indépendant, etc.

Chapitre 7

De l'opération élémentaire à la gamme

Cet ouvrage traite des techniques d'usinage et non des méthodes d'usinage. Il nous paraît toutefois nécessaire : de préciser le vocabulaire employé et d'aborder le difficile problème de la prise en compte, lors de la construction de la gamme, du point de vue des « techniques d'usinage ».

1. Le vocabulaire

Nous employons le vocabulaire suivant : gamme, phase, sous-phase ou montage, opération élémentaire, passe.

La **gamme** est composée de phases. Nous évitons l'expression « gamme d'usinage », car une gamme comporte en général des phases qui ne sont pas des phases d'usinage. Par exemple des phases de contrôle, de traitement de surface…

Une **phase** correspond à un passage sur une machine ou plus généralement sur un poste de travail.

Nous estimons commode de décomposer éventuellement la phase en **sous-phases** ou **montages**. Nous changeons de sous-phase lorsque nous modifions la prise de pièce (ablocage ou entraînement), qu'il y ait ou non démontage de la pièce.

Exemple

– prise en mandrin-pointe ;
– montage d'une lunette (changement de sous-phase).

Une phase (ou une sous-phase) comporte une ou plusieurs **opérations élémentaires**. Une opération élémentaire est décrite suivant « l'analyse d'une opération élémentaire » détaillée au chapitre 1. Les opérations élémentaires sont souvent successives mais peuvent être simultanées (décolletage, machines spéciales…).

Une opération élémentaire peut comporter une ou plusieurs **passes**. Les passes concernant la même opération sont souvent identiques mais peuvent être différentes :

Exemple 1 : tournage d'une pièce longue tendant à devenir flexible au cours des passes successives.

Exemple 2 : fraisage latéral ou mixte tendant à générer un voile mince.

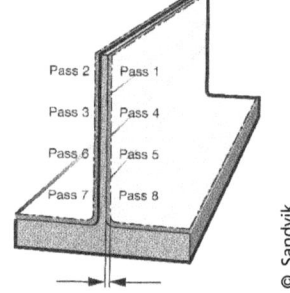

Fig. 7.1 • *Stratégie d'usinage pour les voiles minces*

Exemple 3 : en tournage, ouverture d'une gorge large par tournage ; la première plongée est en pleine largeur d'outil, les suivantes sont des plongées partielles.

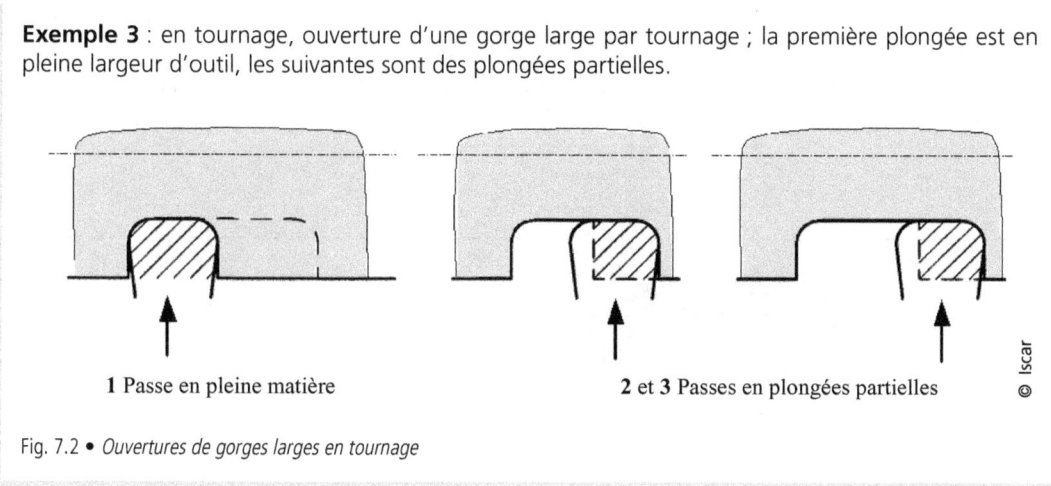

Fig. 7.2 • *Ouvertures de gorges larges en tournage*

Usinage entre deux parois (fig. 7.3)

Un des avantages les plus importants des systèmes CUT-GRIP et TOP-GRIP reste leur capacité d'usiner entre deux parois. Afin d'obtenir les meilleurs résultats, la séquence d'usinage suivante est recommandée :
1. Plongée radiale le long de la paroi droite jusqu'au rayon ou chanfrein point A.
2. Ressortir et avancer en rapide l'outil jusqu'à sa position, pour la plongée en bas du rayon ou du chanfrein, au point B.
3. Plonger jusqu'au diamètre d'arrivée au point C.
4. Ressortir l'outil.
5. Amener l'outil au point de départ pour l'usinage au rayon ou au chanfrein sur le côté gauche.
6. Usiner le rayon ou le chanfrein. Une fois le rayon ou le chanfrein terminé sur le côté gauche, et avant de débuter le tournage longitudinal, appliquer le facteur de compensation $\Delta/2$ afin de compenser la déflection.
7. Poursuivre l'usinage du diamètre final et réaliser le copiage du rayon ou du chanfrein sur le côté droit, jusqu'au point de tangence A.
8. Ressortir l'outil.

Que doit contenir la Gamme ? Citons *Méthodes d'usinage* de R. Dietrich, D. Garsaud, S. Gentillon, M. Nicolas (Afnor Nathan) p. 159 :

« ... L'étude détaillée des différentes phases permet d'établir les **contrats de phases**, dont l'ensemble constitue la **gamme prévisionnelle**.
(…)
Les contrats de phases constituent un document de base permettant ensuite au BM *(bureau de méthodes)* :
(…)

- d'établir la feuille de gamme (document définissant la suite ordonnée des phases, les modes opératoires et les conditions techniques d'usinage),
- de rédiger les fiches d'instruction (et de réglage), fournissant à l'opérateur les directives techniques pour chaque phase,

(…) »

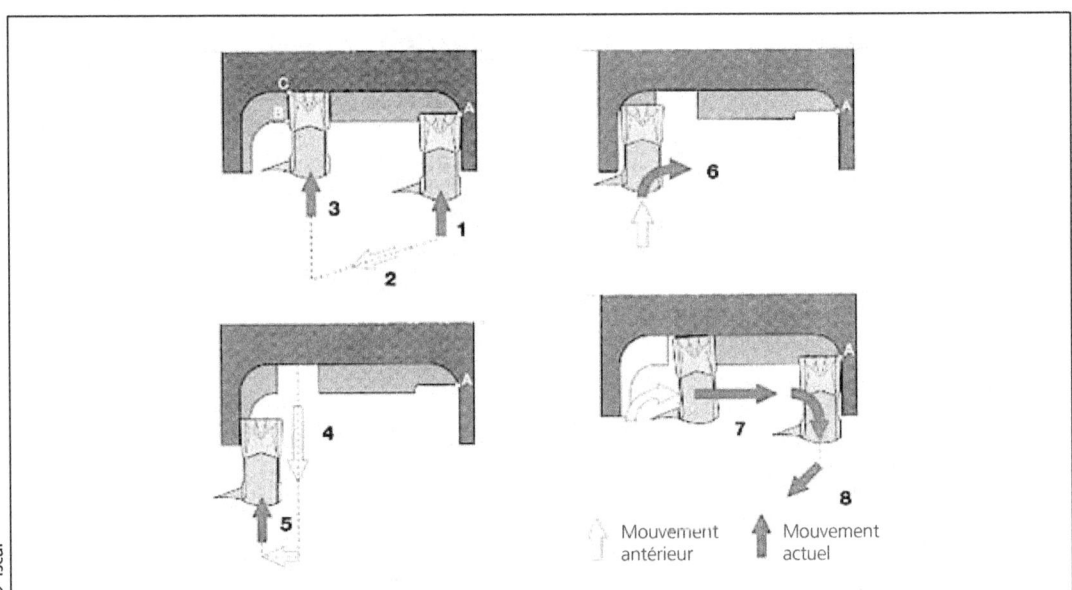

Fig. 7.3 • *Stratégie d'usinage de gorges avec plaquettes multifonctions (système CUT-CRIP d'ISCAR)*

Dossier Gamme (application aux phases d'usinage)

Identification

Identification de l'article : désignation, référence origine (référence du brut), matière (nature, mode l'élaboration, état de livraison), destinations (nomenclatures utilisatrices), dessin de définition.
Identification de la gamme : référence, créée le, créée par.
Historique (versions, dates modifications).

Données de gestion

Identification
+
* Phases (Postes de travail)
Paramètres de calculs : temps de préparation du poste, temps de travail, dates de passage sur les postes.
+
Données de la série : référence, quantité = **Fiche suiveuse**, date lancement.

Ressources complémentaires requises : (listes globales pour contrôle de disponibilité).
Montages, outillages, outils (listes identifiées par une référence).
Programmes CN (identifiés par une référence).

Données techniques

Identification + Données de gestion
+ ** Sous-phases (montages) composant les phases
*** Opérations élémentaires composant les sous phases
+
Fiches d'instructions techniques (mise en œuvre des opérations de production et de contrôle) : niveau phases, niveau sous phase, niveau pièce (mise en position, ablocage, démontage, nettoyage), niveau opération (production, contrôle, changements d'arêtes).

Outil utilisé

Conditions d'usinage (lubrification, accessoires utilisés…)
Modes d'usinage (attaque, dégagement, travail)
Niveau passe (production, contrôle, changements d'arêtes)

Paramètres

Ressources utilisées (listes détaillées par utilisation) :
Références aux procédures générales à respecter.

Société : Établissement	FICHE SUIVEUSE						Feuille 1/2	
Article : Désignation : ………… Référence : ………… Référence brut/ébauché : ………… Matière : ………… Destinations : …………		Gamme : Référence : ………… Première création le : ………… N° version : ………… Date version : ………… Mise à jour par : …………				Série : Référence : ………… Quantité : ………… Date lancement : (année/jour) …………		
N° Phase	Désignation des phases	Postes travail	Temps		Date début phase		Pièces bonnes	Observations
			Préparation	Phase série	Prévue	Effective		
010	Débit	SC05						
020	Centrage	CE01						
030	Ébauche paraxiale	TO015						
…								
Série terminée le :			Nombre pièces bonnes :					

Instruction technique

Article : Niveau de l'instruction. L'instruction concerne :

Désignation : arbre. Phase : Préparation :
Référence : 04T800V7. Sous-phase : Montage :
Matière : 30 NiCr11. Pièce : Démontage :
État du brut : matricé. Opération : Usinage :
  Passe : Contrôle :

Usinage par enlèvement de copeaux

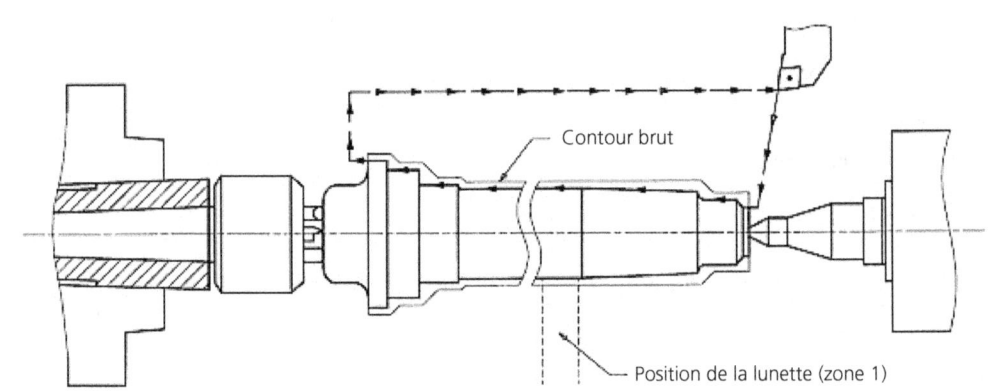

Fig. 7.4 • *Schéma d'instructions nécessaires à la mise en œuvre en atelier*

Mise en œuvre

Montage de la pièce :
- Nettoyer les deux centrages
- Mettre en place la pièce sur la pointe de l'entraîneur frontal
- Amener en place la contre-pointe (ne pas dépasser la pression hydraulique maxi)
- Mettre en place la lunette fixe après le passage de l'outil dans la zone 1 pour supporter la pièce durant le reste de l'usinage
- Retirer la lunette fixe après usinage
- Nettoyer la pièce

Remarques

1. D'une société à l'autre, le vocabulaire varie. À titre d'exemple, certaines sociétés, très importantes, utilisent « opération » dans le sens où nous utilisons « phase » et réciproquement. Avant toute discussion, il est donc nécessaire de se mettre d'accord sur le vocabulaire utilisé.
2. En particulier, « gamme » est souvent utilisé de manière restrictive, comme « document définissant la suite ordonnée des phases » les « modes opératoires et les conditions techniques d'usinage » étant fournis dans d'autres documents nommés, par exemple, « instructions techniques ».

Dans le cas de pièces unitaires ou en séries très faibles et non répétitives, dont la réalisation est confiée à des professionnels très qualifiés, la gamme peut être succincte et se limiter effectivement à la suite ordonnée des phases.

Ce qui suit concerne les gammes complètes construites dans l'esprit de la prédétermination des choix d'outils, conditions et paramètres d'usinage.

2. La fonction méthode

Encore une question de vocabulaire.

D'après *l'Introduction à l'étude du travail* (Bureau international du travail) :

« L'étude des méthodes consiste à enregistrer, à analyser et à examiner, de façon critique et systématique, les méthodes existantes et envisagées d'exécution d'un travail, puis à mettre au point et à faire appliquer des méthodes d'exécution plus commodes et plus efficaces. »

Pour le « Précis méthodes d'usinage » :

« Le service méthodes usinage (il) est responsable de l'étude et de la préparation de la fabrication. Ce qui consiste à prévoir, préparer, lancer puis superviser le processus d'usinage permettant de réaliser des pièces conformes au cahier des charges exprimé par le dessin de définition, en respectant un programme de fabrication donné, dans un contexte technique, humain et financier déterminé. »

Même en remarquant que dans l'« Introduction à l'étude du travail », il est question « d'étude des méthodes » et dans le Précis de « service méthodes usinage », il ne peut échapper que la deuxième définition attribue aux méthodes un rôle nettement plus large.

Dans l'industrie, le rôle du service ou Bureau des méthodes (BM) varie beaucoup d'une société à l'autre, fonctionnel ici, opérationnel ailleurs, couvrant parfois l'ensemble des fonctions énumérées dans le précis, ou, se consacrant exclusivement à la mise au point des nouvelles techniques pour les mettre à disposition de services opérationnels de préparation des gammes.

Dans ce qui suit, et pour les besoins de notre étude, nous éviterons d'utiliser ce vocable de « méthode » dont la signification varie trop selon les entreprises ou même le contexte.

Nous restreindrons notre analyse à la **fonction de préparation des gammes** : fonction qui n'est pas toujours rattachée au BM et qui n'a pas elle-même une définition très précise, car selon les cas elle contient ou non la fonction de programmation CN. Nous lui attribuerons ici son acception la plus extensive.

3. Le contenu de la gamme

La gamme doit être complète et précise.

3.1. Précision des éléments intermédiaires

Ces éléments font parfois partie de l'équipement spécifique de la machine ; les préparateurs ont alors tendance à ne pas les spécifier. C'est une erreur dans la mesure où ils peuvent intervenir dans la restriction du domaine de validité des couples outils-matières utilisés. Il en est de même des positionnements d'éléments de la machine susceptibles d'intervenir dans la restriction de ces domaines de validité.

Exemples : longueur de sortie d'une contre-pointe de tour et longueur de sortie d'un bélier (ou coulant) d'aléseuse-fraiseuse.

3.2. Définition des éléments

C'est en particulier le cas de la machine. Les machines, sauf si elles sont rigoureusement identiques, sont rarement entièrement interchangeables vis-à-vis d'une gamme. Penser par exemple aux fonctions reliant les puissances à vide aux vitesses de broche pour les différentes gammes mécaniques.

3.3. Une désignation des éléments claire et précise

Cette remarque concerne en particulier les outils. On rencontre deux cas principaux (voir section 5.2).

3.3.1. Référence interne

L'outil est désigné par une référence interne (numéro dans un standard ou référence magasin).

Les outils couverts par cette référence doivent pouvoir être utilisés l'un pour l'autre. En particulier leurs couples outils-matières doivent avoir les mêmes domaines de validité.

Si, ce qui est fréquent, à la même référence correspondent plusieurs sources d'approvisionnement, on est conduit à prendre comme domaine de validité « l'intersection » des domaines de validité des outils correspondant à ces différentes sources. Il faut donc consentir une perte de performances par rapport à chacun des outils considérés séparément.

3.3.2. Code normalisé

L'outil est désigné par un code normalisé (ISO).

Cette désignation n'est pas assez précise : à deux outils de même code ISO correspondent en général des couples outils-matières différents. Si la spécification de références fournisseurs sur une gamme est considérée comme inacceptable pour l'organisation de l'entreprise (manque de souplesse, fermeture à la concurrence…), on est en fait ramené à la solution précédente.

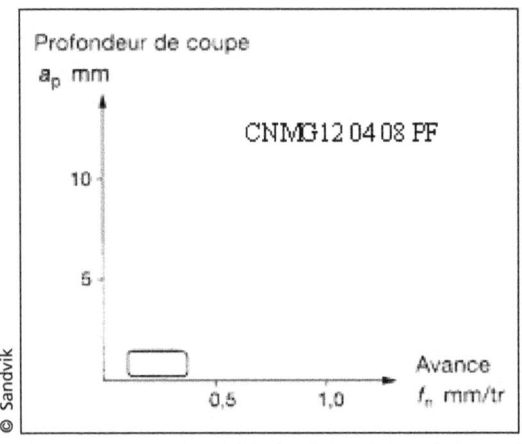 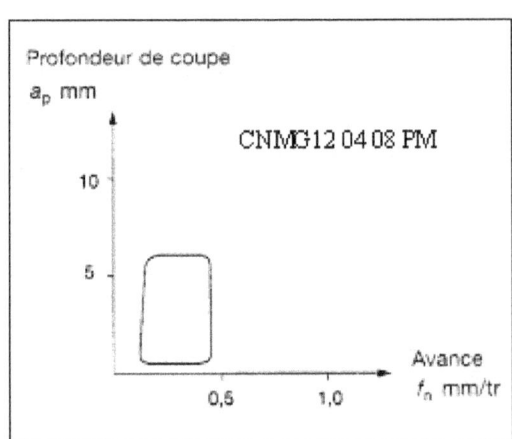

Fig. 7.5 • *Domaine de validité géométrique de 2 outils de tour de même code ISO*

3.4. Une écriture des gammes plus légères

Pour alléger l'écriture des gammes et éviter de fastidieuses répétitions, il est judicieux de rédiger des « procédures générales » et d'utiliser la notion de sous-phases.

3.4.1. Procédures générales

Ces procédures utilisées dans le but d'alléger l'écriture des gammes peuvent :
– rappeler les « règles de l'art », par exemple la manière correcte de changer une plaquette amovible,
– préciser la présentation des buses d'arrosage extérieur dans les différents cas d'usinage,
– illustrer les différentes formes de copeaux, les différents modes d'usure et de dégradation des arêtes de coupe…

3.4.2. Notion de sous-phase

Utiliser la notion de sous-phases permet la « mise en facteur commun » de la description des prises de pièces pour plusieurs opérations.

3.5. Des conditions et des paramètres d'usinage précis

Éviter toute ambiguïté sur la vitesse de coupe constante ou la vitesse de broche constante ainsi que sur la gamme de vitesse de broche s'il convient de l'imposer.

Il ne suffit pas d'imposer les paramètres ; il faut encore s'assurer qu'ils seront respectés. Ce qui n'est pas toujours le cas.

Exemple 1 : vitesse de coupe constante en dressage au centre.

Exemple 2 : vitesse d'avance en virage intérieur sur CU. Il est très difficile de connaître les réponses de l'ensemble machine/CN en cas d'avance élevée et faible rayon de parcours.

4. Satisfaire à la condition de répétabilité

Il faut une fois de plus se tourner vers « l'analyse d'une opération d'usinage » et faire en sorte que les paramètres de définition des différents éléments soient constants, ou, plus exactement, restent dans des limites prédéterminées.

Nous vous renvoyons donc aux études correspondantes relatives à ces différents éléments.

Attirons cependant l'attention du lecteur sur deux difficultés.

4.1. Les modifications progressives dans le temps

Un bon exemple est celui des caractéristiques des machines. Ces caractéristiques se dégradent dans le temps. Progressivement, ce qui rend difficile la perception de leur modification. Ces caractéristiques doivent donc être périodiquement contrôlées.

Étude des capabilités

Quelle que soit la machine étudiée, pour une caractéristique observée, on note toujours une dispersion dans la répartition de celle-ci.

La capabilité est la mesure établissant le rapport entre la performance réelle d'un système de production et la performance demandée. Elle s'exprime par un chiffre.

Voici quelques exemples de distributions :

a. La courbe modélisant la population totale produite rentre juste dans l'intervalle de tolérance.
Le moyen de production est Capable.

b. La courbe ne rentre pas dans l'intervalle de tolérance.
Le moyen de production est non Capable.

c. La courbe modélisant la population totale produite entre largement dans l'intervalle de tolérance. Le moyen de production est Capable.

d. Le défaut provient d'une dérive (ex. : déréglage) importante. Le moyen de production est Capable.

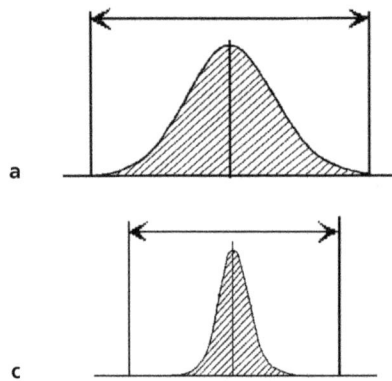

a

b

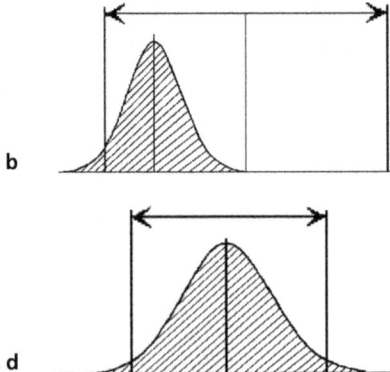

c

d

Il est possible de distinguer les critères suivants :

La capabilité machine : $Cm = \dfrac{\text{Intervalle de tolérance}}{\text{Dispersion instantanée de la machine (Di)}}$

La capabilité procédé s'intéresse à la dispersion globale dite de long terme.

La capabilité procédé : $Cp = \dfrac{\text{Intervalle de tolérance}}{\text{Dispersion du procédé}}$

La capabilité machine va s'intéresser à la dispersion instantanée dite à court terme.

Conclusion : seule une étude complète de tous les critères définissant la capabilité d'un moyen de production, permet au mieux d'en faire le choix.

4.2. Les surépaisseurs d'usinage

Elles sont difficiles à apprécier dans le cas de pièces brutes complexes exigeant un balançage sur le montage d'usinage.

Balançage automatique des pièces brutes : le logiciel Baltic

L'usinage d'une pièce brute est toujours précédé d'une opération de mise en place des surfaces usinées par rapport aux surfaces brutes. En termes de métier, on parle de balançage. Cette mise en place ne se fait pas au hasard. Elle doit respecter un ensemble de contraintes, regroupées sous le terme de « cotation de liaison au brut » (cotes et tolérances géométriques entre surfaces brutes usinées). Ces contraintes traduisent, de manière explicite et implicite, des exigences fonctionnelles (résistance, étanchéité, assemblage…) et de fabrication (tolérances de

Balançage

Par traçage, au gabarit, par palpage et calcul (Baltic), par porte-pièce non réglable (fig. 7.6).

Les balançages par traçage, au gabarit, et par palpage et calcul ne se distinguent que par la valeur du « jeu » – positif, négatif ou nul – entre ligne de référence et brut réel balancé.

Pour une cote de liaison au brut non tenue en « cote directe » le balançage par Porte-pièce non réglable suppose un Brut précis, voire très précis.

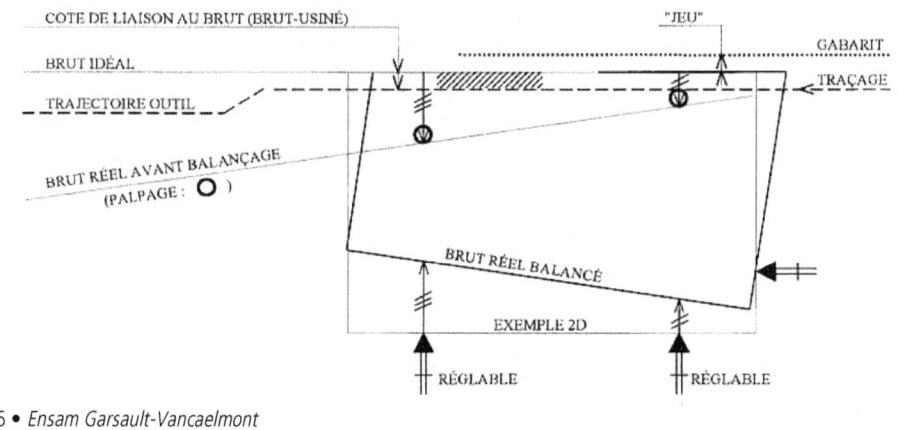

Fig. 7.6 • *Ensam Garsault-Vancaelmont*

symétrie, de parallélisme, passage d'outils, copeau minimum…). Le balançage d'une pièce brute, tenant compte de ces paramètres, doit optimiser l'usinage par une bonne répartition de la matière à enlever.

Les techniques de balançage

Les techniques de balançage peuvent être classées suivant deux grandes familles. Le balançage sur montage porte-pièce, identique pour toutes les pièces de la série, est utilisé pour des pièces brutes simples et/ou fabriquées en grande série. Dans ce cas, la capabilité du brut à recevoir l'usiné est assurée par le dimensionnement et le tolérancement de la pièce brute.

Le balançage personnalisé, adapté à la géométrie réelle de chaque pièce brute, est mis en œuvre pour des pièces fabriquées à l'unité ou en petite série, généralement de grandes dimensions. La vérification de la capabilité du brut à recevoir l'usiné est alors effectuée au moyen de techniques traditionnelles, telles que traçage, dégauchissage ou contrôle par gabarits, qui sont des opérations longues et onéreuses. Pour ce type de balançage, les laboratoires Méthodes industrielles des Centres Ensam de Paris (Dominique Garsaud, tél. : (1) 44246249) et de Lille (Marc Vancaelemont, tél. : (16) 20622238) ont développé, avec l'aide de l'Anvar et de la Seram, une technique innovante de balançage automatique, fondée sur le logiciel Baltic.

Un logiciel complet

À partir des écarts relevés entre la pièce brute réelle et la pièce brute théorique, Baltic détermine la situation optimale à donner à l'usiné pour satisfaire au mieux la cotation de liaison au brut et la bonne répartition de la matière usinée.

Il indique si le brut est « capable », en fournissant le tableau récapitulatif de toutes les cotes de liaison au brut, avec leurs valeurs avant et après balançage, ainsi que la valeur des écarts pour celles qui restent hors tolérances.

La mise en œuvre du logiciel Baltic suppose évidemment, pour commencer, d'entrer les données correspondant à la cotation de liaison au brut. Il faut ensuite relever la géométrie du brut réel, à l'aide par exemple d'une machine à mesurer tridimensionnelle, et entrer les valeurs mesurées. Alors peut être lancé le calcul de balançage, et des résultats sont fournis.

La mise en place du référentiel de l'usiné par rapport à sa position théorique d'origine, et éventuellement la matérialisation sur la pièce, permettent l'usinage de la pièce.

Le balançage automatique apporte un gain de temps important par rapport aux opérations de traçage et supprime la réalisation des gabarits. Il assure un balançage 3D rapide et rigoureux, mettant immédiatement en évidence les zones qui posent problème (nécessitant, par exemple, des rechargements de matière).

Le logiciel Baltic fonctionne sur micro-ordinateur. Il a été conçu pour ne nécessiter aucune connaissance particulière en informatique. Il est déjà exploité par les fabricants de pièces brutes, qui doivent garantir à leurs donneurs d'ordre la capabilité des bruts, et par les usineurs, qui doivent mettre en place les surfaces usinées.

Notons qu'il permet en outre de régler les litiges qui peuvent apparaître entre fournisseurs de bruts et usineurs.

Fig. 7.7 et Fig. 7.8 • *Opérations de palpage avant balançage automatique de roues hydrauliques – Creusot-Loire Industrie*

Outre le développement du logiciel Baltic, les laboratoires de Méthodes industrielles ont acquis une grande compétence dans le domaine du balançage personnalisé et dans le dimensionnement des pièces brutes pour le balançage sur montage porte-pièce. Ils mettent cette compétence au service des entreprises. **Dominique Garsaud et Marc Vancaelemont ; professeurs à l'Ensam**. Article paru dans *Arts et Métiers Magazine* n° 202.

5. De la gamme à l'opération d'usinage

La lecture de nombreux ouvrages consacrés aux méthodes d'usinage laisse l'impression que leurs auteurs situent la construction de la gamme d'une part, le choix des conditions et paramètres d'usinage d'autre part, sur deux plans différents. S'ils mettent grand soin à ordonnancer la logique qui permet de construire la gamme et en particulier à déterminer l'ordre de production des différentes surfaces, ils ne situent pas dans cette logique la détermination des choix d'outils, conditions et paramètres d'usinage correspondants à chaque opération élémentaire.

L'analyse du fonctionnement des services chargés de la préparation des gammes dans de nombreuses sociétés industrielles confirme cette impression : il est fréquent que la gamme soit d'abord construite avant que les outils, intermédiaires, conditions et paramètres d'usinage soient précisés.

On trouve par exemple des organisations du type suivant. L'élaboration de la gamme est partagée entre deux services : un service – chargé de l'élaboration de la gamme hors paramètres d'usinage –, et un service programmation – chargé de la production du programme CN y compris les paramètres d'usinage.

Notons au passage que ce genre d'organisation ne se trouve pas dans l'industrie automobile.

De telles méthodes d'élaboration des gammes sont source de nombreuses difficultés pouvant aller jusqu'à la nécessité de réfaction complète du processus de gamme. Voir les exemples.

Exemples

Exemple 1

Tournage CN d'une pièce en acier, ébauche matricée : la gamme prévoit l'utilisation d'un même outil d'angle d'attaque 95° pour ébauche :
– de portées sur épaulement ;
– d'une collerette.

Cette solution a été choisie compte tenu du nombre d'outils admissibles sur la tourelle.

Mais l'outil n'est pas qualifié pour usiner des portées sans épaulement ; nombreux bris d'arêtes par « effet de rondelle ». Nécessité de revoir la répartition des opérations en sous-phases.

Exemple 2

Fraisage mixte, enlèvement d'une section en une passe. Il s'agit de la transposition d'une phase sur une nouvelle machine.

Mais la section coupée est incompatible :
- soit avec l'avance minimale admissible pour le couple outil-matière (refus de coupe et vibrations) ;
- soit avec le couple disponible sur la machine.

Nécessité de modifier le programme pour effectuer l'opération en deux passes.

Exemple 3

Fraisage 2 tailles en alésage par contournage. Pénétration radiale de la fraise avant début du contournage ; Cette solution a été choisie pour simplifier la programmation.

Mais en fin de pénétration, la section coupée est devenue supérieure aux paramètres admissibles du couple outil-matière (flexion excessive). Nécessité de programmer une pénétration progressive.

Il n'est pas dans notre objectif d'analyser ici les méthodes d'élaboration des gammes. Nous ne saurions critiquer l'évidente nécessité de partager l'élaboration de gammes complexes entre plusieurs techniciens voire plusieurs services. Mais nous voulons montrer que la prise en compte de données et calculs techniques du niveau opération élémentaire doit être disponible à tous les niveaux d'élaboration de la gamme.

Pour le dire autrement, le processus d'élaboration de la gamme ne peut pas être purement linéaire, le calcul des paramètres d'usinage s'effectuant (par exemple) en dernier lieu.

Et le gammiste ne doit jamais oublier qu'une seule opération élémentaire techniquement déficiente (choix d'outil, conditions d'usinage, paramètres d'usinage) compromet l'ensemble de la phase.

Cette remarque a des conséquences importantes : tout technicien participant dans l'entreprise à l'élaboration de la gamme doit disposer de données techniques et moyens de calculs autorisant les choix d'outils et calculs des paramètres d'usinage. Ces données et moyens de calculs doivent aboutir à des résultats homogènes pour l'ensemble des services et personnels concernés.

6. De l'opération élémentaire à la gamme

Réciproquement, la gamme ne peut être le simple enchaînement d'opérations élémentaires si bien étudiées soient-elles.

Supposons une gamme correctement définie jusqu'au choix et enchaînement des opérations élémentaires.

(Les méthodes appliquées pour en arriver à ce point sortent du cadre de notre étude.) On peut alors envisager d'optimiser séparément chacune de ces opérations élémentaires :
- choix d'outils et éléments intermédiaires ;
- choix des conditions d'usinage ;
- choix (calcul) des paramètres d'usinage.

Nous voulons rappeler qu'une telle méthode conduirait en général à une sous-optimisation de la phase voire à des impossibilités pratiques d'application.

Car il faut encore tenir compte de nombreuses contraintes :
- choix d'outils et intermédiaires :
  - places disponibles sur les tourelles et changeurs d'outils ;
  - temps de changement d'outils ;
- choix des conditions d'usinage :
  - lubrification ; difficulté de lubrifier correctement compte tenu des contraintes d'accessibilité ;
  - mode de travail opposition/avalant : parcours à vide ;

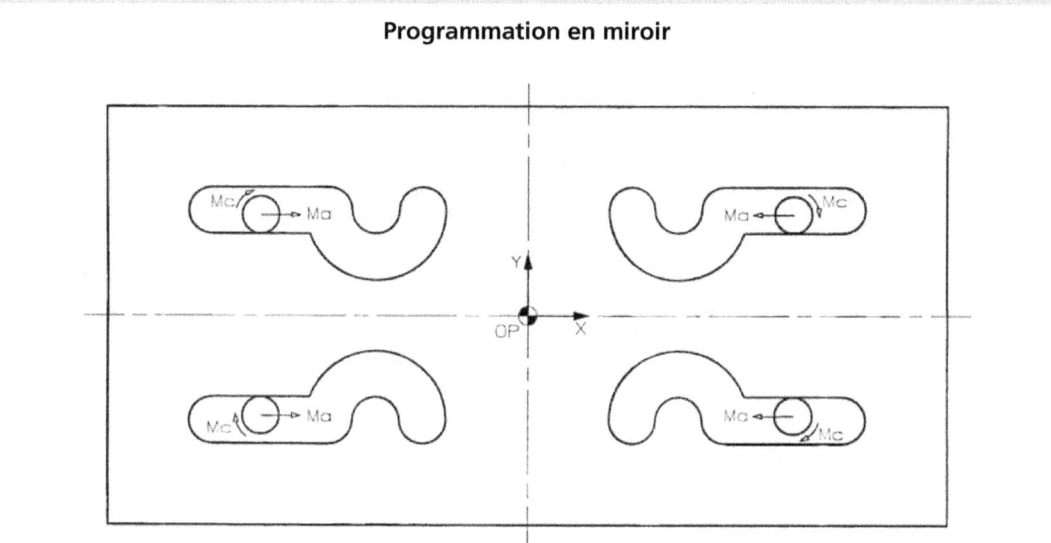

Fig. 7.9 • *Programmation en miroir pour diminuer les parcours à vide et réduire les coûts de programmation*

La programmation par mode miroir conduit à une simplification du programme mais peut conduire également à un changement de stratégie qui peut être défavorable au comportement à l'usinage.

- choix des paramètres d'usinage :
  - opérations simultanées ;
  - temps de changement de paramètres (pour certains équipements).

De plus et s'il s'agit de séries faibles et peu répétitives, le temps de préparation/programmation doit être pris en compte.

Revenons au niveau de la gamme.

Il est en général judicieux de définir les conditions d'usinage qui sont à imposer pour chaque opération : conditions de lubrification, conditions d'évacuation des copeaux, modes d'attaque, modes de travail. Ce qui restreint la liste des outils qualifiés pour chaque opération élémentaire. Par exemple si une opération doit être effectuée à sec, les outils ne pouvant (dans la matière) travailler que sous lubrification sont éliminés. Si, au contraire, la lubrification par le centre est imposée, seuls les outils et intermédiaires permettant cette méthode de lubrification sont retenus.

Pour choisir l'outil monté (outil + intermédiaire) qui sera utilisé pour chaque opération, on peut envisager trois stratégies.

1. Diviser les opérations de la phase en opérations principales et secondaires. Choisir les outils optimaux pour les opérations principales et rattacher les opérations secondaires à ces différents outils.

2. Répartir les opérations entre différents outils non définis. Pour chaque groupe, d'opération, trier les outils possibles en prenant en compte les contraintes correspondant à l'ensemble des opérations concernées.

3. Appliquer une stratégie mixte entre 1 et 2.

Inconvénient de la stratégie 1 : si les outils des opérations principales sont choisis sans prise en compte implicite des opérations secondaires, certaines opérations secondaires peuvent ne pas pouvoir être exécutées avec les outils choisis pour les opérations principales.

Inconvénient de la stratégie 2 : si les opérations sont réparties sans réflexion sur les « outils possibles », on peut aboutir à une impossibilité (pas d'outil possible commun au groupe d'opération) ou, à des outils sous-optimaux. Exemple, en fraisage, la prise en compte d'un certain nombre d'opérations conduit à une fraise de diamètre D et de longueur utile Lu. La prise en compte d'une opération supplémentaire ne peut que conduire au choix d'une fraise de diamètre < = D ; de longueur utile > = Lu.

Dans tous les cas il faut disposer :
Au niveau couple outil-matière, d'une base de données comportant les critères de qualification.

Exemples :
– qualifié au chariotage débouchant ;
– qualifié au travail à sec ou sous lubrification centrale ;
– qualifié au travail en avalant ;
– meilleur Ra 0,6 mm...

Au niveau opération élémentaire de critères de choix préférentiel.

Exemple : fraisage 2 tailles
– diamètres : ordre décroissant ;
– longueur utile : ordre croissant ;
– dimension d'attachement : ordre décroissant...

7. La gamme automatique

Les considérations précédentes restent valables si la gamme est obtenue de manière « automatique ». Résumons notre pensée en rappelant que, quel que soit le mode d'élaboration de la gamme, les points de fonctionnement doivent être à l'intérieur du domaine de validité résiduel. Cette évidence mérite d'être soulignée lorsque l'on voit certaines gammes obtenues par similitude ne prendre en compte que la « topologie » des pièces et non leurs dimensions. Il est pourtant facile de montrer que, c'est un exemple parmi d'autres, à diamètre constant, la profondeur d'un alésage influe très rapidement sur les paramètres d'usinage et même sur la qualification de l'outil voire de la technique.

CHAPITRE 8

CHOIX TECHNIQUES, CALCULS DE COÛTS ET OPTIMISATION

Le technicien de l'usinage est appelé à prendre des décisions. Ou à fournir des éléments qui seront utilisés pour prendre des décisions.

Considérons les problèmes suivants, rangés par ordre d'importance économique (généralement) croissante :
1. choix des conditions et paramètres techniques ;
2. choix entre outils valides techniquement ;
3. choix entre techniques envisageables, valides dans le cas considéré ;
4. choix entre projets de gammes techniquement viables ;
5. choix entre processus complets pouvant faire intervenir divers modes d'obtention, de bruts ou ébauchés, des phases d'exécutions dans divers ateliers, établissements, entreprises ;
6. choix d'investissements pouvant aller du simple remplacement d'une machine…
7. … à l'étude d'un atelier voire d'une usine.

À partir du point 4, les sujets abordés dépassent de plus en plus nettement le niveau de l'opération élémentaire. Mais, jusqu'au point 7 inclus, il faut pouvoir si nécessaire descendre à ce niveau. Par exemple, la décision de produire en atelier flexible automatisé (point 7) exige que les opérations élémentaires concernées soient maîtrisées et automatisables.

Plus généralement, remarquons que les problèmes énumérés ci-dessus vont du simple au complexe et que la maîtrise de l'un d'eux exige celle des précédents.

1. Généralités

De nombreux choix techniques peuvent être pris sans calculs de coûts.

Parce que le résultat de ce calcul est évident intuitivement.

Supposons que la meilleure solution technique pour exécuter un alésage déterminé soit l'utilisation d'un alésoir mais que l'alésage au grain soit néanmoins envisageable. Il n'y a que quelques pièces à faire et la série n'est pas répétitive. Aucun calcul n'est nécessaire pour décider du choix de l'alésage au grain.

Dans d'autres cas, une autre solution technique pourrait être plus rentable que la solution envisagée ; mais elle n'est pas ou mal maîtrisée par l'entreprise et le problème à résoudre ne mérite pas que l'entreprise s'investisse dans cette nouvelle technique. Le cas est déjà plus litigieux : c'est sur la base de ce raisonnement que de nombreuses entreprises sont et restent sous-performantes dans certains types de fabrications.

Bien souvent un calcul économique s'impose. Quelles sont les bases d'un tel calcul ?
- des données techniques : profondeurs de passes, avances, vitesses de coupe…
- des temps : temps de préparation de machine pour la phase, la sous-phase, temps de changement de pièce, d'outil, temps de contrôle sur machine…
- des coûts : coûts d'arête de coupe, coût de minute de machine…

Et puisque nous devons, dans chaque cas, connaître (être en mesure de connaître) le domaine de validité des couples outils-matières concernés, pourquoi ne pas optimiser les opérations élémentaires envisagées ? La comparaison entre elles ne devrait en être que plus exacte.

Notre programme d'étude est maintenant tracé : choix techniques sans considération de coûts, introduction des considérations de coûts, optimisation.

Tout cela reste en principe au niveau des opérations élémentaires mais est utile, voire indispensable, à l'étude des niveaux plus élevés : gamme, etc.

Ce qui suit n'est pas l'exposé d'une méthode de calcul des coûts. Son objet, beaucoup plus modeste, est d'attirer l'attention sur un certain nombre de difficultés.

Nous essayons de traiter en profondeur les problèmes de types 1 et 2 :
1. choix des conditions et paramètres techniques,
2. choix entre outils valides techniquement,
et de montrer les difficultés supplémentaires correspondant aux points 3 à 7.

2. Choix des paramètres techniques

La machine, les outils montés, sont choisis. Certaines conditions – lubrification, mode... – peuvent rester libres.

Il reste à fixer ces conditions et les paramètres d'usinage.

En ce qui concerne les conditions restées libres, un couple outil-matière donné (pour une opération donnée), présente presque toujours un mode préférentiel.

C'est le cas de la lubrification qui sera, en général, ou proscrite, ou imposée, ou préférable au travail à sec (sous des conditions à respecter qui sont ici supposées satisfaites).

C'est le cas du travail en opposition ou en avalant : certains couples outils-matières imposeront l'un de ces deux modes, d'autres préconiseront l'un des deux, pas toujours le mode « en avalant », contrairement à une opinion répandue. (voir complément en annexe en fin d'ouvrage).

Reste à choisir les paramètres. Il est entendu que l'étude de la gamme a permis de vérifier que le couple outil-matière est valide et laisse, toutes conditions prises en compte, un domaine de validité résiduel.

Étude technique faite, on dispose d'un domaine de validité résiduel du couple outil-matière prenant en compte l'ensemble des contraintes. Mais ce domaine de validité n'est pas entièrement figé : il dépend de la durée de vie que l'on se fixe pour l'arête de coupe. Cette durée de vie est comprise entre deux bornes d'origine expérimentale qui limitent le domaine de validité du modèle.

Raisonnons sur le cas du tournage. Le domaine de validité résiduel permet le choix d'une paire a_p, f (profondeur de passe, avance par tour) ; a_p, f et T (durée de vie d'arête) choisis, on peut choisir la vitesse de coupe vc entre une valeur min qui correspond au T_{max} du couple outil-matière et une valeur max. qui correspond au T imposé. Il est important de noter que si l'on usine dans ces conditions, et après un temps de coupe T, l'outil ne doit avoir atteint son critère de réforme que si Vc a été choisi correspondant à T (et non correspondant à une durée de vie entre T_{max} et T) et dans un pourcentage de cas d'autant plus faible que la constante de Taylor a été minorée :

– pour tenir compte des incertitudes sur sa valeur moyenne (paramétrages par similitude) ;

– pour tenir compte de sa variabilité statistique : on s'impose le pourcentage de cas pour lesquels on tolère que l'outil soit usé avant le temps T choisi. Ce pourcentage est généralement faible (5 % ou moins). Nous retrouvons ici la nécessité d'une détermination statistique des paramètres.

> **Exemple**
>
> Prenons le cas d'un couple outil-matière de tournage dont les exposants de Taylor ont été expérimentalement déterminés comme suit :
> E = 0,15
> F = – 0,142   G = 0,201
>
> Il s'agit d'essais réels et l'on notera la valeur atypique de F :
>
> $$a_p^F \times f^E \times T^G \times V_c = C$$
>
> avec F < 0 la durée de vie augmente lorsque a_p augmente.
>
> Les essais ont fourni :
> – des durées de vie comprises entre 5,3 et 25 minutes. Il est prudent de prendre ces valeurs comme T_{min} et T_{max} du couple outil-matière ;
> – une constante moyenne C = 221,9.
>
> Soit maintenant à choisir la vitesse de coupe pour :
> a_p = 2,5
> f = 0,30
> T = 15 min
>
> L'application de la formule fournit $V_c = \dfrac{221,9}{2,5^{-0,142} \cdot 0,30^{0,15} \cdot 15^{0,201}} = 176 \text{ m} \cdot \text{min}^{-1}$.
>
> L'utilisation répétée du point de fonctionnement (2,5 mm ; 0,30 mm · tr^{-1} ; 176 m · min^{-1}) devrait permettre d'observer une durée de vie moyenne de 15 min. Donc 1 arête sur 2 aura dépassé la limite d'usure avant le temps d'utilisation prévu. Ce qui est industriellement inadmissible.
>
> Un calcul statistique non reproduit ici a permis de déterminer que seules 5 % des arêtes dépasseront la limite d'usure après 15 min de coupe à condition de réduire la constante à 207,7 donc la vitesse de coupe à 164 m · min^{-1}.
>
> Mais en conséquence de cette indispensable sécurité, 95 % des arêtes n'auront pas atteint la limite d'usure après 15 min de coupe…
>
> Il faut parfois, inversement, calculer la durée de vie en fonction des paramètres d'usinage. Le calcul doit se faire à partir de la constante réduite pour conserver la même sécurité (seules 5 % des arêtes dépasseront la limite d'usure après le temps d'utilisation calculé). Mais la pénalisation sur le temps est beaucoup plus importante que sur la vitesse.
>
> Dans l'exemple précédent, décidons de conserver la vitesse de coupe de 176 m · min^{-1}.
>
> $$T = \left(\frac{207,7}{(2,5)^{-0,142} \cdot 0,30^{0,15} \cdot 176} \right)^{\frac{1}{0,201}} = 10,7 \text{ min au lieu des 15 min « moyens ».}$$

D'anciennes prescriptions techniques stipulent : choisir d'abord la profondeur de passe (a_p), puis l'avance (f) et enfin la vitesse de coupe V_c. Ces prescriptions sont logiques : on évite de faire plusieurs passes pour économiser les courses à vide (choix de a_p). Puis on privilégie les grandes avances par rapport aux grandes vitesses de coupe par économie d'outil et de puissance consommée, car à débit de matière égal :
- E de Taylor < 1 conduit à privilégier les grandes avances ;
- l'exposant de l'épaisseur de coupe dans les formules d'effort et de puissance, l'augmentation de la puissance à vide des machines avec la vitesse de broche montrent que l'on a généralement intérêt à travailler aux grandes avances plutôt qu'aux grandes vitesses de coupe.

Mais ce dernier argument milite également en faveur du choix des grandes avances par rapport aux grandes profondeurs de passe : lorsque le débit de matière est limité par la puissance (ou le couple) disponible, il est parfois judicieux d'accepter de faire plusieurs passes pour travailler à grande avance. En particulier sur machines CN lorsque les courses à vide sont rapides et ne nécessitent pas l'intervention de l'opérateur (fabrication de formes complexes en UGV par exemple).

Exemple d'application : l'usinage des panneaux dans les constructions aéronautiques.

On va donc privilégier les grandes sections de coupe et, d'abord, leurs composantes d'avance. Mais il faut que a_p et f choisis, on puisse trouver des V_c convenables. Il ne faut pas, par exemple, que compte tenu de la puissance maximale disponible sur la machine, on soit contraint d'afficher une vitesse de coupe inférieure au minimum du couple outil matière correspondant à a_p et f.

Le choix de paramètres techniques utilise donc :
- des modèles (efforts, couples, puissances, états de surface, durée de vie, conditions particulières…) ;
- des paramètres (couples outils-matières, intermédiaires, machines, conditions particulières…) permettant la mise en œuvre de ces modèles ;
- une algorithmique manœuvrant les modèles et permettant de répondre aux questions qui se posent au niveau de l'opération élémentaire.

Ces questions sont de la forme :
a. tel point de fonctionnement appartient-il au domaine de validité résiduel (en tenant compte de l'ensemble des contraintes) ?
b. quels sont les paramètres optimaux d'une opération entièrement définie (au sens de l'analyse d'une opération d'usinage) ?

Nous disposons de tous les éléments permettant de construire un algorithmique répondant aux questions du type « a ». Pour répondre aux questions du type « b », il faut de plus définir des stratégies et fixer un critère d'optimisation et fournir les paramètres correspondants.

Définir des stratégies

Il est difficile d'optimiser lorsqu'il faut prendre en compte des valeurs discrètes. On est le plus souvent contraint de simuler, de tester les différentes solutions. Soit dit en passant, comparer par simulation alors qu'un très grand nombre de solutions sont à envisager, est la difficulté de fond à laquelle on se heurte lorsque l'on cherche l'optimisation au niveau gamme. Mais, même au niveau de l'opération élémentaire, le nombre de simulations à effectuer devient rapidement insupportable en dehors des cas les plus simples.

Cas simple : chariotage ébauche. On envisage le travail en une ou plusieurs passes de profondeurs égales.

Cas moins simple : fraisage mixte 2 tailles. On envisage le travail à section coupée ($a_p \times a_e$) constante :
- avec partage sur a_p ;
- avec partage sur a_e ;
- avec partage mixte en augmentant simultanément a_p et a_e.

Cas difficiles : les mêmes sous conditions particulières. Par exemple : pièce flexible en chariotage ébauche ; voile mince en fraisage mixte.

On est alors conduit à définir des stratégies. Par exemple et dans le cas du fraisage mixte :
- « Tester prioritairement le partage en a_e.
- Augmenter progressivement le nombre de passes.
- Arrêter les itérations lorsque le temps de coupe d'une itération devient supérieur à celui de l'itération précédente.
- Si la meilleure itération est limitée par l'avance max. du couple outil-matière, alors tester le partage en a_p.
- ... ».

L'élaboration de ces stratégies implique une réflexion technique poussée et nécessite parfois... des simulations.

Exemple simple

On doit enlever par fraisage mixte une section de $30 \times 30 = 900$ mm^2 dans un acier 1/2 dur prétraité à 950 MPa.

La fraise utilisée est une fraise 2 tailles hélicoïdale cylindrique.
D = 63 mm
Z = 8 dents utiles
ARS

Le couple maximum disponible sur broche est de 140 Nm.

Des données indicatives de coupe fournissent les valeurs complémentaires suivantes :
V_c de 18 à 20 m · min^{-1} (prenons 19 m · min^{-1})
f_z de l'ordre de 0,10 mm · Z^{-1} · tr^{-1}

Énergie spécifique de coupe de l'ordre de 50 Watts · cm^{-3} · mm.

$$Q = \frac{1000}{\pi} \cdot \frac{19}{63} \oplus 72 \text{ cm}^3 \cdot \text{mm}^{-1}$$

$V_f = 100 \cdot 0,10 \cdot 8 = 80$ mm · min^{-1}

Enlèvement en une passe :

$$Q = 900 \cdot 80 \cdot \frac{1}{1\,000} = 72 \text{ cm}^3 \cdot \text{mm}^{-1}$$

$P_c \approx 72 \cdot 50 = 3\,600$ Watts

$$C = \frac{P}{\omega} \approx 3\,600 \cdot \frac{30}{100 \cdot \pi} \approx 344 \text{ Nm}$$

La limitation du couple sur broche impose un minimum de 3 passes : $\frac{344}{140} = 2{,}46$.

Comment répartir ces trois passes ? (axe de broche vertical)

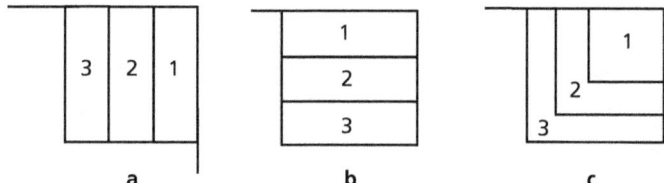

Faut-il, par calcul, tester les trois possibilités schématisées ci-dessus ?

Dans le cas des fraises 2 tailles hélicoïdales cylindriques, un raisonnement simple permet de choisir la solution (stratégie) a.

À effort sur fraise égal, la flexion d'outil est moindre (la résultante s'exerce plus près de la broche).

La diminution de la profondeur radiale autorise en général une augmentation de l'avance par dent et favorise l'évacuation des copeaux.

L'usure est répartie sur une plus grande longueur d'arête, ce qui permet une meilleure gestion globale de l'outil.

La variation de l'effort de coupe, si elle est aggravée par la réduction de la profondeur radiale, est réduite par l'augmentation de la profondeur axiale (effet de l'angle d'hélice).

Remarquons :
- que les stratégies envisagées n'épuisent pas les stratégies possibles ; on peut envisager des stratégies mixtes comme :

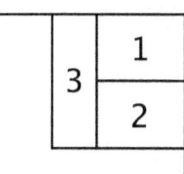

- que l'on est généralement conduit à choisir une stratégie prioritaire et des stratégies « de rechange » si la stratégie prioritaire ne s'applique pas.

Dans notre exemple on renoncerait à la stratégie prioritaire (a) si la profondeur axiale maximale de l'outil est inférieure à la hauteur totale à couper.

- que la stratégie prioritaire dépend du type d'outil concerné : l'utilisation d'une fraise à surfacer-dresser conduit à choisir b comme stratégie prioritaire ;
- que la prise en compte des contraintes supplémentaires peut conduire à écourter la stratégie prioritaire etc.

Critères et paramètres d'optimisation

Rappelons d'abord que l'on ne peut optimiser qu'un critère à la fois. Mais que ce critère peut être construit en combinant et pondérant plusieurs critères.

Rappelons ensuite que ces optimisations sont effectuées sous contraintes. Ces contraintes sont parfois fortes et peuvent rendre dérisoires les efforts d'optimisation. Il est alors plus payant d'entreprendre la révision des contraintes.

Par exemple : la machine est de faible puissance et le volume de matière à enlever est important. Ne peut-on envisager de passer sur une machine mieux adaptée ?

Au niveau auquel nous nous trouvons (choix des conditions et paramètres techniques), l'optimisation peut porter sur le temps de l'opération ou sur le coût de l'opération.

Le temps de l'opération ne doit pas être choisi systématiquement comme critère d'optimisation sous peine de pénaliser, parfois gravement, le coût d'opération (voir l'exercice ci-dessous). Il ne doit pas être minimisé si la machine exécute des opérations simultanées et que l'opération étudiée n'est pas celle qui conditionne le temps de cycle.

Il faut également prendre en compte le temps de changement d'arête s'il n'est pas en temps masqué (voir exercice).

Exercice

Pour un chariotage ébauche, trouver les durées de vie d'arête optimales qui permettent d'obtenir :
1. le temps de production minimum,
2. le coût d'opération minimum.

Calculer les vitesses de coupe correspondantes.

Comparer les coûts d'opération : au T_{opt} coût min ; au T_{min} du couple outil-matière ; au T_{max} du couple outil-matière.

Après avoir résolu le problème de manière littérale, appliquer les données suivantes :
Coût de la minute machine CMM 4,0 F · min^{-1}
Temps de changement d'arête : TCA 1,0 min
Coût d'achat d'arête : CAA 16,0 F
Coût de changement d'arête : CCA F, poser CCA = CAA + TCA * CMM
Temps par pièce TOP en min, tenir compte du temps de…
Coût de l'opération par pièce COP F changement d'arête
Temps entre changements d'arêtes T, en min

Couple outil-matière (extraits)

Modèle de Taylor

$ap^F * f^E * T^G * V = C$
E, F, G < 1
F = 0,10   E = 0,35   F = 0,25   C = 326
$0,8 \leq ap \leq 6$
$0,25 \leq f \leq 0,7$
$5 \leq T \leq 60$

Opération

Longueur à usiner	L 150,0 mm surlongueurs à vide
Diamètre avant usinage	D 120,0 mm négligées
Profondeur de passe	a_p 5,0 mm
Avance par tour	f 0,5 mm

Corrigé

Vérifier que : COP = CMM * TOP + CCA * TOP/T
et que, en posant : k = L/f * p/1 000 * D
COP = k/C * [CMM * (T^G + TCA/$T^{(1-G)}$) + CAA/$T^{(1-G)}$]
T_{opt} temps min = (1 – G)/G * TCA
T_{opt} coût min = (1 – G)/G * CCA/CMM = (1 – G)/G * (TCA + CAA/CMM)

Applications numériques

T_{opt} temps min = 3 min < T_{min} ; T_{min} = 5 min pour lequel V_c = 236 m · min^{-1}
T_{opt} coût min = 15 min pour lequel V_c = 180 m · min^{-1}

Rapports des coûts :
- coût T_{min}/coût T_{opt} = 1,14
- coût T_{max}/coût T_{opt} = 1,15

Ces résultats doivent être discutés. Voir plus loin.

Familiarisé avec les ordres de grandeur, le lecteur est maintenant invité à réfléchir sur les questions suivantes.

Il faut choisir une durée de vie prévisionnelle : il est clair que f et a_p doivent être choisis avant la vitesse de coupe et qu'il manque une donnée pour fixer cette dernière. La vitesse de coupe ne peut être choisie arbitrairement : c'est un paramètre « sensible » ; on ne peut pas déterminer par essais des V_{min} et des V_{max} absolus : V_{min} et V_{max} dépendent de f et a_p !

La durée de vie d'arête est un bon paramètre intermédiaire pour le calcul de la vitesse de coupe. Le critère de changement d'arête le plus utilisé reste le temps de coupe. Il est judicieux, lorsqu'un outil travaille au cours d'une même phase sous des paramètres techniques différents, de calculer les vitesses de coupe en visant les mêmes durées de vie selon le modèle de Taylor…

Exemple suivant les données de l'exercice

- a_p = 0,8, f = 0,25, T = 15, V_c = 275 m · min^{-1}
- a_p = 5,0, f = 0,50, T = 15, V_c = 180 m · min^{-1}
- a_p = 6,0, f = 0,6, T = 15, V_c = 165 m · min^{-1}

… car, dans ces conditions, les temps de coupe peuvent être considérés comme additifs pour le calcul du critère de réforme d'arête (15 minutes de coupe dans cet exemple).

Sur quelles bases choisir T ?

T doit être compris entre le T_{min} et le T_{max} du couple outil-matière. En dehors de ces bornes, on change le régime d'usure et on perd le contrôle de la durée de vie.

T peut être déterminé par des considérations de nombres entiers de pièces entre changement d'arête.

Dans certains cas, T sera choisi par des considérations « au niveau gamme » :
- il y a des opérations simultanées et T doit être choisi bas pour ne pas ralentir l'ensemble du processus ;
- ou, au contraire, il y a des opérations simultanées et T peut être choisi élevé sans ralentir le processus.

Mais les cas restent nombreux pour lesquels on est libre de choisir T entre T_{min} et T_{max} du couple outil-matière.

Si ces bornes ont été correctement définies, il n'y a pas de raison technique particulière de choisir une durée de vie plutôt qu'une autre. Il faut chercher une raison d'un autre ordre, une raison économique.

T_{opt} temps min présente un intérêt surtout théorique :
- il correspond à une recherche de production max sans considération de coût ;
- on peut montrer que, en cas de demande illimitée à prix de cession constant, le bénéfice maximum de l'entreprise sur l'opération serait obtenu avec T compris entre T_{opt} temps min et T_{opt} coût min. Ce cas d'école est trop éloigné des réalités industrielles pour présenter un intérêt pratique.

T_{opt} coût min peut alors être regardé comme un critère intéressant.

Mais :

Reprenons la formule du calcul de T_{opt} coût min :

$$T_{opt} \text{ coût min} = (1 - G)/G * (TCA + CAA/CMM)$$

et étudions les différents facteurs qui la composent.

G est un paramètre expérimental qui peut être obtenu avec précision.

TCA, temps de changement d'arête, est un temps expérimental (chronométrage par exemple) ou conventionnel (base de temps) pour l'atelier ou la machine considérée. Nous discuterons plus loin de sa détermination dans le cas de changement simultané de plusieurs arêtes sur un même poste de travail. Restons pour l'instant au niveau de l'opération élémentaire.

CAA, coût d'achat d'arête, est déjà plus délicat à obtenir :
- ce coût d'achat doit-il être un coût d'achat brut ou un coût de revient d'achat intégrant des frais d'achat ?
- sur quelles bases calculer ce coût s'il s'agit d'un outil affûté ? Connaît-on toujours le nombre d'affûtages que peut subir un outil avant réforme ? Si l'outil est affûté par un atelier de l'établissement, comment (sur quelles bases horaires) faut-il calculer le coût de cession ?
- s'il s'agit de plaquettes amovibles présentant plusieurs arêtes, faut-il diviser le coût d'achat de plaquette par le nombre théorique d'arêtes ? Il est bien rare que toutes les arêtes théoriquement disponibles soient effectivement utilisées.

Mais la difficulté principale vient du choix de CMM (coût de la minute de machine). Que doit contenir ce coût ?

Il faut déjà éliminer le « coût complet », que certains spécialistes des calculs de coûts, appellent « prix de vente déguisé » et qui comprend les frais généraux au niveau de l'entreprise. Pour le comprendre, il suffit de rappeler que lorsque la vitesse de coupe croît, la durée de vie d'arête diminuant de T_{max} vers T_{min} du couple outil-matière, le temps de coupe, donc le coût du temps diminue, alors que la durée de vie d'arête décroît, donc le coût de consommation d'outil croît. Le T_{opt} est atteint lorsque le total du coût du temps et du coût de consommation d'outil passe par un minimum. Et il est clair que le gain sur le coût du temps d'usinage n'affecte pas les frais généraux. On est donc tenté de calculer le coût de la minute machine à partir des seuls coûts directs.

Si les machines sont en sous-charge, faut-il inclure le coût d'amortissement ?

Le coût de minute machine intègre bien souvent le coût de consommation d'outils globalisés pour une section de production ou un groupe de machines. Un coût calculé de cette manière ne convient évidemment pas dans le cas qui nous occupe.

À titre indicatif et suivant les bases de coût utilisées, les durées de vie d'outils optimales calculées peuvent varier dans des rapports de 1 à 3 voire 1 à 4.

Cette discussion nous entraîne bien au-delà du domaine technique. Il est clair que le problème concerne la gestion de l'entreprise et pas seulement la gestion de l'atelier concerné.

Retenons les points importants suivants :
Le technicien doit prendre une décision qui peut s'établir rationnellement sur la base de données techniques qu'il possède (ou peut posséder) ; et sur la base de données économiques dont le choix dépend de décisions stratégiques qui n'incombent pas au technicien.

Dans notre exemple les temps d'opération peuvent varier dans un rapport de 0,903/0,573 # 1,58 et les coûts d'outil dans un rapport de 1,527/0,237 # 6,44. Ces rapports ne sont pas toujours aussi élevés : quand les opérations sont effectuées dans des matériaux difficiles ou/et sous conditions très contraignantes, le domaine de validité du COM et en particulier les rapports T_{max}/T_{min} (du domaine de validité résiduel) s'en trouvent réduits. Mais en moyenne, la décision est importante pour l'entreprise.

La courbe « coût total » est fortement dissymétrique. Donc une erreur par excès du T_{opt} est moins pénalisante sur le coût d'opération qu'une erreur par défaut.

Remarque concernant les phases comportant des opérations simultanées (tours multibroches, postes de lignes transferts…) :
– il y a une opération critique qui conditionne le temps de cycle. Les durées de vie des outils relatifs aux autres opérations sont choisies pour être égaux ou multiples entiers de la durée de vie de l'opération critique ;
– le temps de changement d'arête qui entre dans le calcul du T_{opt} de l'opération critique est le total des temps de changement de l'ensemble des arêtes changées lors d'un arrêt machine (si ces changements ne se font pas en temps masqué).

3. Problèmes d'ordres 2 à 7

(Voir début de chapitre.)

3.1. Problèmes d'ordre 2

Choix entre outils valides techniquement

Il faut déjà maîtriser les problèmes d'ordre 1.

Il faut analyser de plus près les « coûts d'outils », souvent imputés à la section et non à la pièce, et comportant en général : des consommables (plaquettes), des « petits investissements » dont l'imputation est délicate (corps d'outils), des travaux intérieurs (pré-réglages), des travaux intérieurs ou extérieurs (affûtage).

Notons de plus que la simple comparaison entre travaux faits à l'extérieur et à l'intérieur s'avère souvent délicate (on va du « coût complet » au « marginal » suivant l'humeur du moment). Et que certains outils considérés comme « consommables à la première sortie » peuvent en fait servir plusieurs mois voire années moyennant des opérations d'affûtage.

3.2. Problèmes d'ordres 3 et 4

Choix entre techniques envisageables, valides dans le cas considéré et choix entre projets de gammes techniquement viables

Il faut déjà maîtriser les problèmes d'ordres 1 et 2.

Viennent s'ajouter les problèmes liés aux coûts de préparation, programmation et aux coûts d'outillages.

À ce propos, il est très fréquent que les outillages « matériels » soient imputés à la pièce et les outillages « logiciels » aux frais de section (la seconde méthode fausse les comparaisons).

À partir des problèmes d'ordre 3, vient s'ajouter une difficulté supplémentaire dès qu'il faut comparer des solutions maîtrisées à des solutions non maîtrisées techniquement. La comparaison est alors difficile, voire impossible et les dés sont pipés en faveur de la solution maîtrisée. Attention ! Cette remarque est importante et explique pour partie la lenteur de pénétration des nouvelles techniques.

3.3. Problèmes d'ordres 5, 6 et 7

Choix entre processus complets pouvant faire intervenir divers modes d'obtention, de bruts ou ébauchés, des phases d'exécutions dans divers ateliers, établissements, entreprises.

Choix d'investissements pouvant aller du simple remplacement d'une machine à l'étude d'un atelier voire d'une usine.

Dans les cas simples, les comparaisons entre processus sont assimilables à des comparaisons entre gammes (cas 4). Le simple remplacement d'une machine peut souvent se faire sans étude économique particulière.

Mais dans les cas complexes de comparaison entre processus et dans les études d'investissements remettant en cause les solutions existantes, la simulation devient la seule solution.

4. Calculs de coûts ou simulation ?

Il existe deux grandes catégories de méthodes pour aborder de tels problèmes : le calcul des coûts (ou plutôt de coûts) et la simulation.

Ces deux catégories de méthodes ne doivent pas être opposées.

Une simulation n'est jamais (presque jamais) complète, reprenant l'ensemble du fonctionnement de l'entreprise. Elle comporte alors une part de calcul.

Un calcul de coût n'est jamais qu'une tentative pour obtenir une simulation partielle, très partielle, de l'entreprise. En gros, la logique du calcul de coûts peut être présentée comme suit : « En modifiant (par exemple) les paramètres d'usinage affichés sur la machine M réalisant la phase PH de la pièce PI, le fonctionnement du siège de la société n'en sera pas affecté ; sortons le siège de la simulation, etc. »

Une des difficultés est que de 1 à 7, la liste des fonctions de l'entreprise non affectées par la décision décroît.

Il semble que l'avantage de la simulation soit de se rapprocher du mode de fonctionnement réel de l'entreprise et donc d'en utiliser des facteurs objectifs en principe plus faciles à saisir.

La simulation utilise un modèle et il faut bien entendu que ce modèle soit aussi conforme que possible au fonctionnement réel.

L'inconvénient de la simulation (complète) est d'être lourde donc onéreuse. Et personne n'envisagerait de lancer une simulation pour régler une question d'ordres 1 à 4 dans le domaine de l'usinage.

La faiblesse de la méthode « par calcul » réside principalement dans l'utilisation des coûts d'unités d'œuvre. Et que les coûts disponibles ne sont pas toujours adaptés au problème à résoudre. Mais une simulation partielle utilise souvent, elle aussi, des coûts d'unités d'œuvre.

Chapitre 9

Aspects organisationnels

Nous disposons maintenant des connaissances techniques qui nous permettent d'obtenir la maîtrise de l'usinage et la prédétermination des choix d'outils, conditions et paramètres de coupe.

L'analyse, dans de nombreux ateliers, du niveau de maîtrise de l'usinage, montre trop souvent un écart important entre ce qui peut être obtenu et ce qui l'est réellement en matière de maîtrise et de prédétermination.

L'amélioration ou la mise en place d'une maîtrise et d'une prédétermination effectives nécessite la mise en pratique des notions détaillées dans les chapitres précédents. Ce qui pose, en plus des problèmes techniques, des problèmes organisationnels que nous abordons dans le présent chapitre, à savoir :
- relations de l'usinage avec les autres services de l'entreprise ;
- formation aux techniques d'usinage ;
- construction et gestion d'un standard d'outils ;
- paramétrage des couples outils-matières (COM) ;
- contrôle d'usinabilité des matières usinées.

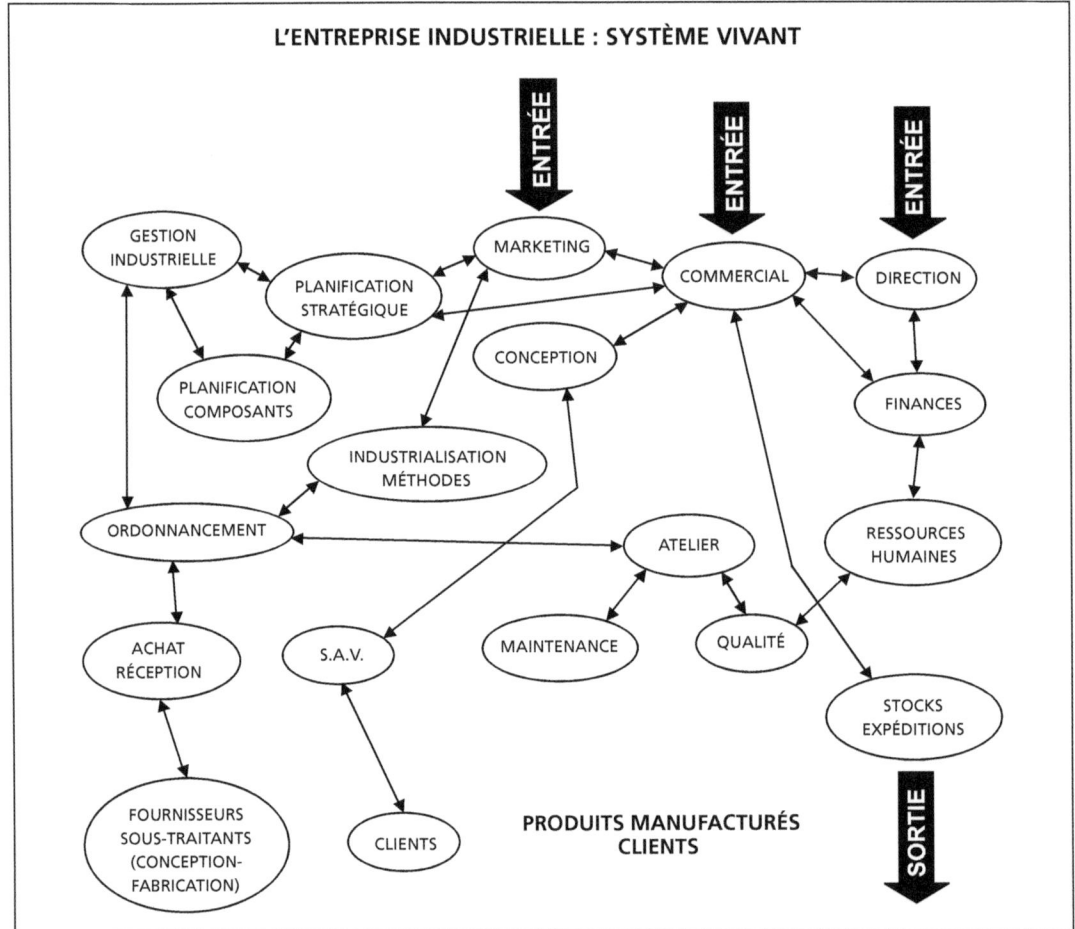

Fig. 9.1 • *Organigramme de « l'entreprise industrielle »*

1. Relations entre l'usinage et les autres services de l'entreprise

L'usinage est un ensemble de techniques anciennes. Il est donc logique que dans une société dont la production comporte une part importante d'usinage, les relations entre usinage et les autres secteurs de l'entreprise soient bien établies.

En installant (ou en modifiant profondément) maîtrise et prédétermination, ces relations, qu'elles soient ou non formalisées sont remises en cause. Ce qui ne peut se faire sans concertation avec les services concernés (fig. 9.1).

Nous pensons qu'il faut en particulier s'attacher aux aspects suivants. (Tous les exemples donnés ci-dessous ont été pris dans de grandes entreprises performantes.)

1.1. Relations avec le bureau d'études

Les usineurs se plaignent fréquemment de « ne pas être entendus par le bureau d'études ». C'est souvent vrai. Mais il faut admettre que les arguments des usineurs dans une discussion avec le bureau d'études manquent souvent de rigueur et arrivent souvent tard. Leur prise en compte nécessite alors des modifications importantes.

Il n'est malheureusement que trop facile de donner des exemples.

Exemples

Exemple 1

Le bureau d'études a conçu des ensembles comportant en particulier des assemblages cylindriques mâles-femelles. Mâle et femelle sont tolérancés à la même qualité. Les méthodes font remarquer à juste titre que le jeu total aurait été plus judicieusement réparti en mettant une tolérance plus serrée sur la pièce mâle. Ce qui est vrai. Mais de quelles données dispose le bureau d'études pour choisir au mieux les tolérances mâle et femelle en tenant compte de l'ensemble des facteurs et en particulier des natures des matières, diamètres et longueurs des portée et alésage ?

Exemple 2

Fraisage de poches dans un alliage léger. Le bureau d'études a choisi les rayons des poches (vue en plan) aux demis-diamètres normalisés des fraises, pensant ainsi faciliter la programmation CN. En fait, cette initiative est malheureuse car le changement de direction sans rayon de parcours (du centre de fraise) entraîne un arrêt d'avance qui engendre un défaut par rattrapage de la flexion d'outil pendant l'arrêt d'avance.

La solution est de mettre à disposition du bureau d'études les mêmes bases de données techniques que celles qui sont à disposition des méthodes (préparation/programmation) et des ateliers.

Notons que dans les relations usineurs-bureau d'études, la rationalisation de l'usinage ne pose pas de problème particulier et permet au contraire de proposer une solution au bureau d'études et de bénéficier de bases qui pour être utilisables doivent être du niveau « prédétermination », il faut que ces bases existent et soient opérationnelles.

1.2. Relations avec le contrôle

Les normes relatives aux états de surface sont complexes ; les spécifications du bureau d'étude manquent parfois de précision ; dans toute entreprise des habitudes s'installent… Les services de fabrication doivent s'entendre avec les services de contrôle sur les procédures de contrôle afin d'éviter des litiges toujours difficiles à régler *a posteriori*.

> **Exemple**
>
> L'étude technique du fraisage latéral montre à un atelier la possibilité d'augmenter les avances tout en respectant rigoureusement les spécifications du plan (Ra). Le contrôle refuse les premières pièces ainsi produites, le défaut apparent de pas par tour de fraise lui paraissant inacceptable.
>
> Voici un exemple de relevé de profil total d'une surface plane d'une pièce en acier usinée en fraisage en roulant :
>
>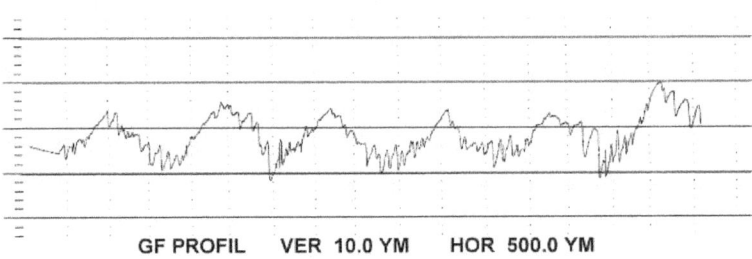
>
> Fig. 9.2 • *Profil total : fraisage en roulant*

Pour contrôler l'état de surface de ce plan, et en particulier le critère de rugosité Ra (qui est souvent indiqué sur le dessin de définition de la pièce), il est nécessaire de séparer les irrégularités de profil d'ordres 3 et 4 des autres irrégularités (voir norme NFE 05-015).

Pour cela, on a recours à un filtre (cutt-off) qui élimine l'ondulation caractéristique du fraisage en roulant et très visible à l'œil nu. On peut donc augmenter facilement l'avance par dent en fraisage en roulant en continuant à respecter l'état de surface exigé sur le dessin de définition. L'aspect visuel de la surface devient malgré tout très vite inacceptable bien que conforme au dessin de définition, d'où difficulté des rapports entre fabrication et contrôle qualité.

1.3. Relations avec le service des achats

Ces relations sont statutairement difficiles : le service des achats doit rechercher les prix les plus bas et se doit de consulter le plus largement possible. Les services de fabrication recherchent la meilleure qualité, le meilleur service. La notion de « qualité totale » installe l'état d'esprit qui permet de résoudre ce genre de conflit. Nous proposons plus loin (sections 3 et 4 de ce chapitre) des solutions concrètes relatives à deux sujets particulièrement importants : les achats d'outils et les achats de matières premières.

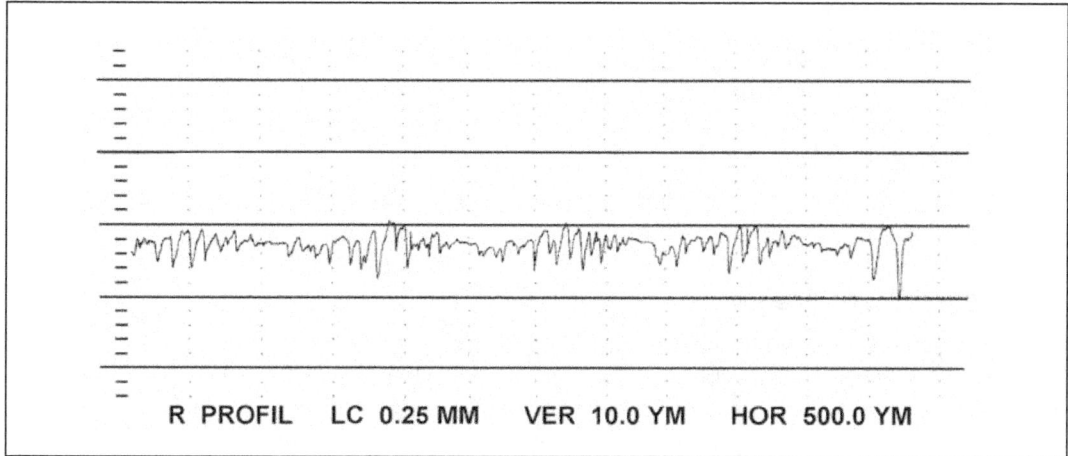

Fig. 9.3 • *Profil de rugosité obtenu à partir du profil total (fig. 9.2), et utilisé pour calculer le critère de rugosité Ra de cette surface*

1.4. Relations avec le service chargé de la maintenance des machines-outils

L'amélioration de la maîtrise des techniques permet une meilleure collaboration avec ce service auquel on va demander de participer activement au paramétrage des machines-outils, et à qui on va pouvoir garantir le respect des limites ainsi définies.

1.5. Les relations entre méthodes (préparation/programmation) et ateliers

Ce sont des relations entre usineurs et il convient de ne pas les négliger. D'autant plus que dans les ateliers qui fonctionnent sous un régime de techniques mal maîtrisées, ces relations s'établissent en général de manière non formalisée et d'ailleurs non formalisable.

Le travail des méthodes est incomplet et/ou partiellement insatisfaisant (car les méthodes ne disposent pas des moyens nécessaires à la prédétermination). L'atelier achève et/ou rectifie le travail des méthodes et acquiert ainsi un droit d'intervention sur la préparation et la programmation.

Dans les meilleures organisations, les méthodes participent voire contrôlent entièrement ce travail de mise au point. Mais il est clair que cette solution concerne surtout les grandes séries répétitives.

Dans les organisations de niveau moyen, l'atelier fait part aux méthodes des précisions et retouches apportées à la gamme d'origine.

Dans les organisations les plus pauvres, les méthodes perdent le contact avec la réalité des données techniques utilisées par l'atelier.

Ajoutons que les responsables des ateliers ne maîtrisent pas toujours parfaitement (loin s'en faut), ce qui se passe sur les machines. Cela va de l'utilisation intempestive des potentiomètres, au montage d'outils (géométrie, nuance…) non prévus par la gamme.

L'ensemble de ces pratiques a pour origine la non-maîtrise des techniques concernées mais participe largement à perpétuer voire aggraver cet état de non-maîtrise.

Or ces pratiques ont cours, et sont considérées comme normales. Les acteurs de l'entreprise y trouvent même parfois certaines satisfactions : déresponsabilisation du côté méthodes, liberté du côté ateliers.

Nous estimons que les relations entre méthodes et ateliers doivent s'établir sur les bases suivantes.

1.5.1. Méthodes et Ateliers

Ces deux parties partagent les mêmes concepts et options en matière d'usinage. Ce qui relève de la formation que nous abordons à la section 2 de ce chapitre. Les concepts sont généraux, relèvent de la connaissance objective et sont applicables à toute entreprise. Les options relèvent de choix ; avant de les enseigner, il convient de les élaborer en commun.

Exemples

Exemple de concept

Un responsable d'atelier d'usinage estimait qu'en cas de tournage au choc, il convient de diminuer la vitesse de coupe pour diminuer l'énergie cinétique de la pièce en mouvement et finalement l'énergie de choc. La formation permet de montrer « où est l'erreur » : l'énergie cinétique n'est pas entièrement – loin s'en faut – absorbée par le choc, sinon la pièce s'arrêterait. En diminuant la vitesse de coupe, on risque d'entrer dans la zone de copeau adhérant, augmentant ainsi l'effort de coupe et la gravité du choc.

Exemple d'option

En filetage « arête unique », on peut envisager pour les passes successives la programmation à section coupée constante et la programmation à effort constant sur la pointe de l'outil.

La première est plus simple à programmer, la seconde plus performante : nombre de passes moindre, efforts moins importants sur la pièce lors des dernières passes. Il faut décider dans quels cas il convient d'utiliser chacune de ces méthodes.

Les deux parties sont concernées (méthodes et ateliers) ; elles ont des arguments à faire valoir et doivent donc participer à l'élaboration de la « règle du jeu », laquelle pourra être intégrée à la formation.

1.5.2. Les qualifications et paramétrages de couples outils-matières (COM)

Ces qualifications et paramétrages sont acceptés par les méthodes et les ateliers. Ce qui revient à dire que, quelles que soient les méthodes employées pour qualifier puis paramétrer les COM, les deux parties ont droit de regard sur ces qualifications et paramétrages.

1.5.3. Les ateliers

Ils ont compris et admis le principe des méthodes algorithmiques qui exploitent les bases de données utilisées par les méthodes. Ce point relève de la formation.

_____ *Aspects organisationnels*

Sur la base des trois paragraphes précédents, l'atelier peut et doit accepter de faire confiance *a priori* au travail des méthodes, de régler en concertation avec les méthodes toute difficulté survenant lors de la mise en application de la gamme et de proposer avant toute tentative d'application, les solutions d'amélioration envisagées.

1.5.4. Les demandes de l'atelier doivent être analysées

Elles doivent être analysées méthodiquement, systématiquement et en commun entre l'atelier et les méthodes.

Ce qui est rendu possible par la diminution du nombre de cas litigieux procurée par une maîtrise correcte des techniques concernées.

Les relations ainsi construites entre méthodes et ateliers participent à une bonne collaboration entre ces services et à l'amélioration des bases de données.

1.6. Les relations entre Méthodes-Ateliers puis Gestionnaires

En écrivant « Gestionnaires », nous restons volontairement imprécis sur leur position dans l'entreprise. Nous renvoyons le lecteur au chapitre précédent (chapitre 8, « Choix techniques, calculs de coûts et optimisation ») dans lequel nous avons montré que pour opérer de nombreux choix techniques, le technicien avait besoin de données économiques.

Les entreprises qui effectuent rationnellement ces choix techniques sur des bases économiques adaptées sont malheureusement rares. Dans la grande majorité des cas soit les calculs ne sont pas faits, soit ils sont faits sur la base de chiffres fournis par les services compétents mais inadaptés au problème à résoudre, soit ils sont faits sur la base de chiffres construits par les techniciens eux-mêmes, alors qu'ils ne disposent pas de toutes les bases pour le faire rationnellement.

Les exceptions concernent les grandes entreprises fortement structurées lorsqu'il s'agit de prendre des décisions financièrement importantes. Les études sont alors faites, en général, par simulation.

Nous sommes persuadés qu'une meilleure collaboration entre services gestionnaires et services de production, permettrait de rendre plus fréquentes, plus systématiques, les études basées sur des données technico-économiques correctes, permettant de procurer aux entreprises concernées des gains substantiels.

2. Formations aux techniques d'usinage

Nous pensons que la section 1 de ce chapitre suffit à montrer la nécessité de ces formations. Et que ces formations ne doivent pas concerner les seuls services techniques.

Ces formations sont encore nécessaires pour d'autres raisons.

Les connaissances du technicien en usinage sont très généralement plus qualitatives que quantitatives et plus ponctuelles que structurées.

Précisons ces deux assertions par des exemples.

Exemples

1. Connaissances qualitatives et connaissances quantitatives

Exemple 1

Le technicien sait que : « pour améliorer un état de surface, il faut augmenter la vitesse et diminuer l'avance ». Cette règle est purement qualitative et n'est exacte que dans certains cas.

Nous la remplacerons par des règles du genre suivant : « En génération ponctuelle par arête unique, on peut écrire la relation :

$$Rt = f^2/8r_\varepsilon$$

tant que les défauts de surface d'ordre 4 restent négligeables devant les défauts d'ordre 3. »

Car une expression quantitative est nécessaire à la prédétermination.

Exemple 2 (moins élémentaire)

Le technicien sait que, en fraisage latéral contournage intérieur, il faut diminuer l'avance du centre de fraise (fig. 9.4).

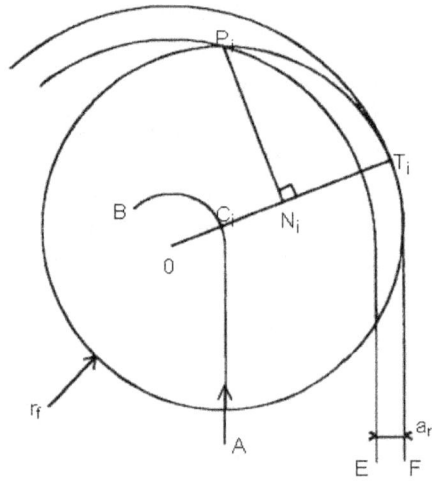

Figure 9.4

Le centre de la fraise avance en suivant AB pour amener le profil d'ébauche E au profil de finition F.

La profondeur radiale nominale est a_r mais la profondeur radiale instantanée varie pendant le virage.

Par exemple, lorsque le centre de la fraise est en C_i, la fraise de 1/2 diamètre r_f tangente le profil finition en T_i et recoupe le profil d'ébauche en P_i. La profondeur radiale instantanée est alors égale à $N_i T_i$.

L'étude complète du virage intérieur sera traitée dans le volume Fraisage.

Après avoir rappelé la nécessaire correction dans le rapport (rayon de parcours/rayon de parcours + rayon de fraise), nous enseignerons que la largeur radiale de coupe varie en atteignant le maximum au moment où le centre de fraise entre dans le rayon de parcours, et nous donnerons les expressions de cette largeur radiale dans les différents cas de figure rencontrés (surépaisseur constante ou variable, valeur de l'angle des côtés de la poche).

2. Connaissances ponctuelles et connaissances structurées :

Prenons l'exemple, simple mais caractéristique, de la règle qui recommande, en tournage finition par génération, de ne pas afficher la profondeur de passe inférieure au rayon de bec de l'outil. Interrogez les techniciens qui connaissent cette règle et demandez-leur de la motiver...

Motiver la règle :
« En tournage finition par génération, la profondeur de passe ne doit pas être inférieure au rayon de bec de l'outil. »

Il s'agit, c'est évident, d'une règle empirique qui n'est pas valable dans tous les cas – penser aux plaquettes rondes – et qui est destinée à préciser une notion juste mais trop imprécise : « la profondeur de passe ne doit pas être trop faible. »

Nous pouvons avancer trois raisons pour éviter les profondeurs de passe « trop faibles » :
1. Le célèbre « copeau minimum » dont il convient de rappeler que cette notion n'a rien d'absolu :
La valeur du copeau minimum dépend de la matière, de l'outil (caractéristiques nominales, état d'usure...), mais aussi de la rigidité des éléments : outil, pièce, machine...
Aux faibles profondeurs de passe, la force de réaction radiale relative est importante ; une faible flexion d'outil ou de pièce, un rattrapage de jeu dans les glissières peut entraîner le refus de coupe.
2. Si les traces d'ébauche sont importantes, la profondeur de passe de finition doit être satisfaisante pour les effacer toutes.

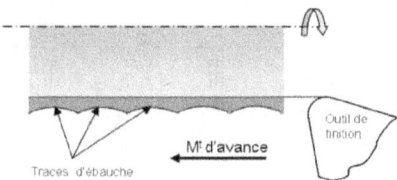

Fig. 9.5 • *Influence des traces d'ébauche sur la section coupée*

3. Et cette raison est bien souvent ignorée :
La vitesse minimale en dessous de laquelle les défauts d'ordre 4 ne sont plus négligeables par rapport aux défauts d'ordre 3, dépend des paramètres d'avance et de profondeur de passe. Cette vitesse est plus élevée si avance et profondeur de passe sont faibles.
Faites l'essai suivant : dressage à vitesse de rotation constante d'un cylindre en acier 1/2 dur. Mesure du diamètre correspondant à l'apparition du copeau adhérent.

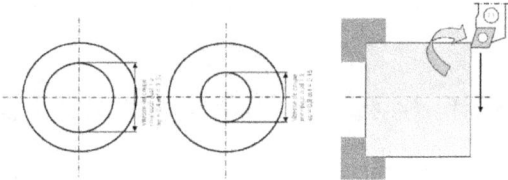

Fig. 9.6 • *Dressage à vitesse de rotation constante*

Nous dirons que les connaissances techniques sont structurées si elles sont reliées entre elles par une logique, si une règle comme celle que nous avons prise pour exemple peut se déduire d'une ou plusieurs autres plus fondamentales (c'est le cas !).

Les avantages d'une structuration des connaissances sont multiples. En particulier : allégement de la mémoire, meilleure compréhension donc meilleure application des connaissances, possibilité de déduire des connaissances de base, des connaissances non explicitement formulées dans les ouvrages techniques.

Le difficile travail de structuration consiste entre autres à rechercher les connaissances fondamentales dont peut être déduit l'ensemble des connaissances nécessaires à la maîtrise de la technique considérée. Notons que ces connaissances de base doivent être du niveau technique – même s'il est judicieux de les rattacher aux sciences de l'ingénieur, ce qui permet un autre niveau de structuration à l'intention des publics possédant les bases nécessaires. Elles doivent également faire l'objet de travaux pratiques en montrant la validité, les limites d'application…

De ce qui précède on peut déduire que ces formations doivent :
- faire l'objet d'une analyse précise :
  - le choix des participants ;
  - la nature des sujets abordés ;
  - le niveau de traitement des sujets.
- comporter une part importante de travaux pratiques ;
- être dispensées par des spécialistes très compétents.

Deux catégories de personnels ne doivent pas être omises : les opérateurs et les cadres.

Les **opérateurs CN** ont été principalement formés à l'utilisation des CN. En négligeant trop souvent les aspects techniques spécifiques à l'utilisation des CN (machines couvertes, disparitions de sensations liées aux commandes manuelles, risques liés à l'utilisation intempestive des potentiomètres…). Les opérateurs sont donc concernés, au moins par certains aspects de la formation aux techniques d'usinage.

Les **cadres responsables d'ateliers d'usinage** se tiennent trop souvent en dehors de telles formations. C'est une erreur. La prédétermination ou même une solide maîtrise des techniques d'usinage ne s'obtiennent pas seulement devant la machine-outil ou le poste du préparateur. Il faut, nous l'avons vu, établir des relations bien adaptées à l'intérieur des services directement concernés (atelier, méthodes) ainsi qu'entre ces services et d'autres services de l'entreprise. Pour cela, il faut comprendre en profondeur le mécanisme des maîtrises et prédétermination. D'autre part, certains « outils » dont on ne peut éviter l'utilisation, nécessitent de solides bases pour être bien assimilés. C'est le cas de l'analyse statistique dans l'étude des durées de vie d'arêtes. On doit compter sur les cadres pour garantir l'utilisation rationnelle de tels outils.

3. Construction et gestion d'un standard d'outils

Il n'est peut-être pas inutile de préciser d'abord ce que nous entendons par « standard d'outil ».

C'est, au strict minimum, la liste des outils que l'on décide d'utiliser couramment dans les ateliers. Qu'un outil figure dans la liste sous-entend souvent qu'il doit être utilisé prioritairement à un outil n'y figurant pas et que l'on accepte de le tenir en stock.

Nous approuvons entièrement « a », mais montrerons des cas dans lesquels un outil doit être standardisé sans être stocké.

Précisons qu'un outil peut être standardisé sans être normalisé et que le standard est appelé à fournir bien d'autres renseignements que nous préciserons plus loin.

Toute entreprise qui pratique l'usinage ne charge pas un service particulier de construire un standard d'outils. Il est fréquent que le seul document disponible soit la liste des outils gérés par les magasins. Il est également très fréquent que les ateliers utilisent de nombreux outils ne figurant sur aucun standard ou liste d'outils en magasin.

Lorsqu'une entreprise se dote d'un « service de standardisation des outils d'usinage », c'est bien souvent parce que les responsables à haut niveau hiérarchique ne parviennent pas à contrôler le montant des stocks d'outils en magasin dont la variété ne cesse de croître. La mission confiée au service de standardisation est donc d'abord de limiter cette variété en établissant une liste d'outils, la plus limitée possible et permettant de satisfaire les besoins courants de l'ensemble des utilisateurs ; ne rentreront pas dans le standard les outils d'usage exceptionnel ou non encore recensés.

3.1. Standardisation hors conditions de prédétermination

Si l'on se place dans le cas d'ateliers qui ne sont pas en mesure de prédéterminer choix d'outils et paramètres d'usinage, la mission confiée au service standardisation des outils d'usinage se heurte à des obstacles insurmontables. Citons deux de ces obstacles.

Le premier obstacle est à notre avis infranchissable : les ateliers ne connaissent pas les domaines de validité des couples outils-matières, il est pratiquement impossible de dire, sans essais, si un outil peut être remplacé par un outil différent. Il faudrait soit que l'outil de remplacement accepte le point de fonctionnement de l'outil en place (il est possible que ce soit le cas, mais on l'ignore *a priori*), soit modifier les paramètres utilisés par des paramètres qui conviennent à l'outil de remplacement. Ce qui revient à faire de la prédétermination.

Le second obstacle est qu'il est exceptionnel que les méthodes soient en mesure de fournir la liste exhaustive des emplois de chaque outil. Cette liste peut pourtant s'obtenir sur la base de gammes complètes traitées par tout SGBDR (Système de gestion de bases de données relationnelles). Le début de la section 1.5 de ce chapitre explique pourquoi cette liste est si rarement disponible. Le remplacement d'un outil par un autre se fait sur la base des utilisations connues de l'outil en place. C'est tardivement que l'on découvre d'autres utilisations pour lesquelles le nouvel outil ne convient pas toujours…

En conclusion, pour construire un standard d'outils dans de bonnes conditions, il faut être en mesure de faire de la prédétermination. Mais il est clair que le paramétrage de tous les couples outils-matières utilisés précédant la construction d'un standard rationnel ferait perdre un temps considérable, la standardisation faisant apparaître la nécessité de supprimer certains outils et de remplacer certains outils par d'autres mieux adaptés ou couvrant une plus grande variété d'applications.

La solution apparaît clairement : la standardisation doit être menée de front avec le paramétrage, après que l'ensemble des services concernés soient formés et entraînés à la prédétermination.

3.2. Standardisation en condition de prédétermination

Le standard se construit autour de l'analyse des opérations :
- choisir une opération dans une matière (une classe de choix, voir section 3.5 du chapitre 5), par exemple : chariotage dans un acier FD5 ;

- analyser (section 1) les opérations de chariotage pratiquées dans cette matière :
- classer les opérations ainsi analysées.

  Ce classement est difficile et important, car il va influer sur la constitution du standard ; pour l'effectuer, il faut « penser outil ». Nous donnerons des indications précises sur la manière de classer dans les ouvrages consacrés aux techniques. Dans l'exemple simple du chariotage, nous conseillons de tenir compte dans l'ordre de :
  - l'angle de pointe de la plaquette avec Kappa r (plaquette « orientée ») ;
  - la géométrie de coupe ;
  - la nuance du matériau de coupe.

Les caractéristiques dimensionnelles : dimensions d'arête et rayons de pointe.

Les opérations sont maintenant classées dans un ordre qui permet le choix des outils. D'abord les types d'outils (forme, géométrie, nuance), puis les articles (dimensions d'arêtes et de rayons de pointe).

Opérations d'usinage dans une matière : grille d'analyse

Exemple

Technique : Tournage

Opération : Chariotage paraxial

Matériau (classe de choix) : diamètre max., diamètre min., puissance max. des machines utilisatrices.

Opérations d'ébauche :
Chariotage débouchant (oui/non) : niveau de choc max (0 à 9)
Chariotage sur épaulement (oui/non) : avec remontée de face (oui/non), niveau de choc max (0 à 9).

Opérations de finition :
Cas courants :
Qualité requise : état de surface correspondant :
Exceptionnellement :
Qualité requise : état de surface correspondant :
Finition sur épaulement droit avec arrêt d'avance (oui/non)
– Hauteur max d'épaulement :
Rayons de raccordement imposés (liste)

Finition sur chanfrein avec arrêt d'avance (oui/non)
– Liste d'angles et largeurs correspondants
Finition d'épaulements par dressage (oui/non)
– Rayons de raccordement min
Finition d'épaulement par remontée de face (oui/non)
– Rayons de raccordement min

Notes
1. L'analyse est valable pour un utilisateur bien déterminé.
Le domaine de validité de l'analyse doit être précisé : atelier, établissement, département, société...
2. Cette grille d'analyse n'est produite ici qu'à titre d'illustration ; l'utilisation des réponses aux différentes questions nécessiterait une étude approfondie.

Aspects organisationnels

Exemples

Exemple de description d'un Type d'outil :
Technique : Fraisage radial
Type n° 17
Genre : 2 tailles
Forme : Cylindrique
Construction : Monobloc
Matériau de coupe : Acier rapide M42
Série : Courte
Profil d'arête : Rond pas fin
Attachement : Cône morse + taraudage
Données complémentaires :
Rattachement à la Norme : …
Fabricants agréés : Modèles chez ces fabricants.
Exemple de description d'un Outil (Article) :
Technique : Fraisage radial
Type n° 17
Diamètre : 32 mm
Longueur taillée : 53 mm
Longueur totale : 178 mm
Nombre de dents : 6
Dimension d'attachement : 4 (référence au cône morse)
Longueur utile : 75 mm (nécessite une définition précise)
Données complémentaires : références chez les fabricants agréés pour le type…

Remarques

La définition précise du TYPE comporte d'autres spécifications qui sont en principe indépendantes de l'opération. En particulier : la forme de la plaquette, son mode de fixation, sa réversibilité.
Il s'agit là de choix technologiques qui sont faits en tenant compte des spécificités de l'entreprise, des connaissances de ses techniciens et aussi des comparaisons entre couples outils-matières qui ont été obtenus expérimentalement ou présentés par les fournisseurs.

Exemples

Exemple relatif au chariotage

Certains utilisateurs choisissent les plaquettes C pour le chariotage paraxial et les plaquettes D pour le contournage. D'autres utilisateurs choisissent les plaquettes T (ou K) pour remplir les deux fonctions.

La définition complète du type doit comporter la désignation du fournisseur et du type chez le fournisseur. Si pour des raisons de mise en concurrence, de sécurité d'approvisionnement… on décide de retenir plusieurs fournisseurs, les COM utilisables seront « l'intersection logique » des COM des fournisseurs retenus.

Le choix des dimensions définissant les articles doit intervenir après la définition des types. Ce qui permet d'obtenir l'homogénéité des gammes dimensionnelles. Si les gammes dimensionnelles sont homogènes, on peut espérer que, à l'intérieur d'un même type et pour une même matière à usiner, les COM seront déductibles les uns des autres par règles de similitude :
– certains paramètres seront constants pour toute la gamme ;

- les autres varieront de manière prévisible et généralement calculables ;
- les essais permettant de passer des COM de référence aux COM dérivés seront réduits et parfois inutiles.

Note

Les standards existants dans les entreprises sont, en général, loin de respecter cette importante règle d'homogénéité :
- lors de construction d'une gamme dimensionnelle, il est parfois judicieux de standardiser un outil sans l'approvisionner :
- l'outil n'est pas approvisionné, car il n'a pas d'utilisation actuelle ;
- l'outil est standardisé pour que la gamme dimensionnelle soit complète.

Si, un jour, cette dimension est demandée par l'atelier, elle sera choisie dans le standard et sera donc homogène avec les autres outils de même type.

Exemple

Dans une gamme de fraises : diamètres 20, 25, 32, 40, 50. On standardise le diamètre 40 sans l'approvisionner.

Les règles qui président à la construction du standard doivent également être respectées lors de ses mises à jour.

4. Paramétrage des couples outils-matières (COM)

La définition des COM fait maintenant l'objet des normes NFE 66-520.

Définition du couple outil-matière

En application de la norme E 66-520-2, la définition du couple outil-matière en tournage comporte les caractéristiques suivantes :
- paramètres limites de coupe :
  - $a_{p,min}$, $a_{p,max}$: profondeurs de passe en millimètres (mm) ;
  - f_{min}, f_{max} : avances par tour en millimètres par tour (mm · tr^{-1}) ;
  - $V_{c,min}$: vitesse de coupe minimale en mètres par minute (m · min^{-1}) ;
- durées de vie T_{min} et T_{max} en minutes (min), avec le critère de limitation de T_{max}.
- paramètres de liaisons :
  - $A_{D,max}$: section de coupe en millimètres carrés (mm^2) ;
- exposants E, F, G et constante du modèle généralisé de Taylor (loi utilisée : $V_c \cdot T^G \cdot f^E \cdot a_p^F = C$) ;
- zone de fonctionnement de l'outil dans un repère profondeur de passe-avance.
- paramètres auxiliaires :
  - k_c en newtons par millimètres carrés (N/mm^2) suivant la norme NF E 66-507 ;
- mc : coefficient correcteur de l'effort spécifique de coupe en fonction de l'avance (sans unité).

Nous n'aborderons pas ici les aspects techniques du paramétrage qui seront traités dans les ouvrages spécifiques à chaque technique. Nous apportons nos réponses aux deux questions suivantes :
- quel niveau de compétences l'entreprise doit-elle posséder en matière de paramétrage ?
- comment (d'où, de qui) obtenir les paramètres ?

4.1. Niveau de compétences dans l'entreprise en matière de paramétrage

Certaines entreprises se veulent autonomes en matière de paramétrage de COM. Cette volonté se justifie par une activité dans un secteur très concurrentiel, par l'usinage de matériaux spéciaux, par l'usage d'outils peu répandus... Ces entreprises doivent alors se doter des moyens nécessaires et faire former leur personnel aux techniques difficiles du paramétrage qui comportent :
- la construction des programmes d'essais (ordre de paramétrage d'une série de COM) ;
- la répartition des paramétrages en COM de référence et COM dérivés ;
- la construction des plans d'essais pour le paramétrage des COM de référence ;
- l'écriture des programmes CN correspondants ;
- la pratique des mesurages spécifiques aux techniques d'usinage (VB...) ;
- l'utilisation des appareils de mesure, des logiciels d'acquisition, des logiciels d'analyse et de traitement des résultats ;
- l'utilisation des logiciels d'exploitation critique des résultats : écriture des COM ;
- l'utilisation des logiciels spécialisés permettant le paramétrage des COM dérivés.

La plupart des entreprises ne veulent (ne peuvent) s'équiper pour effectuer leurs paramétrages de COM. Il reste alors indispensable que les techniciens des méthodes comprennent la signification des paramètres du COM, leur influence et leur utilisation dans les calculs de prédétermination des paramètres de coupe. Il est également indispensable qu'ils connaissent le principe de paramétrage des COM.

4.2. Obtention des paramètres

L'obtention des paramètres consiste en deux méthodes : COM de référence et COM dérivés des COM de référence par similitude.

Elle consiste également en deux voies : les bases des fournisseurs d'outils et l'étude par l'entreprise ou pour son compte.

4.2.1. Les COM de référence

Les COM de référence sont nécessaires :
a. Pour servir de base à des COM dérivés.
Si l'on a besoin d'un COM devant présenter l'une des deux caractéristiques suivantes (exclusives l'une de l'autre) :

b. Domaine de validité le plus large possible.

c. Maîtrise très précise des durées de vie d'arêtes (écart type réduit sur la constante de Taylor inférieure à la valeur standard, soit < 2,5 %).

En raisonnant sur l'exemple de COM de tournage, montrons les différences entre a, b et c.

Prenons d'abord le cas de c, COM construit pour fournir une maîtrise très précise de la durée de vie.

Supposons une série de huit essais.

Pour chaque essai on affiche a_p, f, v_c et l'on constate une durée de vie T.

Écrivons que $a_p^F * f^E * T^G * v_c = C$, on va chercher F, E, G tels que, pour les huit essais, la somme des carrés des écarts des C calculés (pour F, E, G donnés) à leur moyenne soit minimale (moindres carrés).

Mais il est clair que plus étroits seront les domaines de variation de a_p, f et v_c, plus il sera aisé de limiter cet écart : pour une série d'essais à a_p, f et v_c fixes, l'écart ne comporterait que l'erreur de répétitivité.

Inversement, si l'on augmente l'écart type réduit admissible sur la constante de Taylor, on peut le plus souvent élargir le domaine de validité (cas b). Remarquons qu'il est inadmissible industriellement d'abandonner toute maîtrise de la durée de vie d'arête.

Signalons enfin que les recherches sur le paramétrage par similitude ont montré que, pour être utilisée à l'élaboration de COM dérivés (cas a), un COM de référence devait être construit de manière que l'ensemble des modèles relatifs aux forces, couples, puissance et durée de vie, fournissent des résultats s'écartant des mesures d'une valeur inférieure à un seuil prédéterminé (en général < 5 %).

4.2.2. Les COM dérivés des COM de référence par similitude

Le paramétrage par similitude est une technique récente qui n'est dominée que par quelques spécialistes. Mais c'est aussi une technique fondamentale car elle permet l'obtention de COM de bonne qualité, économiquement, sans essai, ou avec un minimum d'essais de contrôle.

Le paramétrage par similitude se conçoit bien dans le cas de gammes dimensionnelles à l'intérieur d'un type (fin de la section 3.2 de ce chapitre). Il s'applique également dans le cas de plaquettes de tournage lorsqu'on modifie l'angle d'attaque, le rayon de pointe, la dimension nominale d'arête.

4.2.3. Les bases des fournisseurs d'outils

La plupart des fournisseurs d'outils proposent maintenant des paramètres de COM pour les outils de leur catalogue et une large variété de matières usinées. Ces paramétrages sont suffisants pour les usages courants et constituent un progrès considérable par rapport aux anciennes bases de données proposées par ces mêmes fournisseurs.

4.2.4. L'étude par l'entreprise ou pour son compte

Reste indispensable si le COM concerné n'est pas proposé par les fournisseurs d'outils. Permet l'obtention de COM plus performants ou spécialisés (cas b et c ci-dessus). Permet à l'entreprise d'acquérir indépendance et compétence dans ce domaine technique. Permet à l'entreprise de contrôler la qualité des paramétrages obtenus des fournisseurs d'outils.

5. Contrôle d'usinabilité des matériaux usinés

Constatons ici qu'il n'y a pas une usinabilité, mais des usinabilités. Cela se voit à la simple lecture du titre des normes :
- NF A 03-604. Essai d'usinabilité des fontes.
- NF A 03-654. Méthodes de contrôle de l'usinabilité par tournage des aciers destinés au décolletage et des aciers de construction à l'aide d'outils en acier rapide.
- NF A 03-655. Aciers destinés au décolletage et aciers de construction, méthodes de contrôle de l'usinabilité par tournage à l'aide d'outils en carbure métalliques frittés.
- NF A 03-656. Méthode de contrôle de l'usinabilité par perçage des aciers destinés au décolletage et des aciers de construction à l'aide de forêts en acier rapide.

En résumé, l'usinabilité varie avec la technique (tournage, perçage...), le matériau de coupe (acier rapide, carbures frittés...). La mesure normalisée de l'usinabilité est une comparaison avec un matériau de référence qui doit varier avec la nature du matériau étudié ; par exemple NF A 03-656 propose 4 aciers de référence : S 300, C48 recuit, 30CrNiMo8 trempé et revenu, X5CrNi18-10 hypertrempé. Les outils sont définis, mais incomplètement :
- NF A 03-655 précise bien les angles d'affûtage mais ne précise pas complètement l'éventuel brise-copeau (section 5.1.5) ;
- NF A 03-656 laisse les caractéristiques d'affûtage à la discrétion des parties (section 4.3.4) ; l'usinabilité prend alors une signification plus contractuelle qu'objective.

Remarquons que ces normes de contrôle de l'usinabilité s'attachent exclusivement à la durée de vie d'arête qui n'est pas le seul facteur d'usinabilité d'un matériau.

Les normes proposent avec prudence des procédures simplifiées de vérification du niveau d'usinabilité : « Dans les cas où le comportement en tournage avec outils en carbures métalliques frittés d'une nuance d'acier dans un état donné est suffisamment connu pour que l'on dispose de données statistiques relatives au résultat d'un essai, on peut, par accord particulier, adopter une procédure simplifiée pour vérifier le niveau d'usinabilité d'un lot... ».

Voici comment nous proposons d'aborder industriellement le problème de l'usinabilité. D'abord il importe de distinguer soigneusement deux problèmes : la détermination de l'usinabilité et le contrôle de l'usinabilité.

5.1. Détermination de l'usinabilité

Lorsqu'il s'agit d'usiner un nouveau matériau, il faut faire l'inventaire précis des opérations d'usinage que ce matériau doit subir. Ce qui nous conduit à la section 3.2 de ce chapitre. Il faut trouver les outils qualifiés pour ces différentes opérations et se procurer leur paramétrage de COM. Cela fait, vous pourrez juger, de votre point de vue, l'usinabilité du matériau considéré. Vous pourrez effectuer toutes simulations comparant le coût d'usinage d'une pièce fabriquée dans ce matériau et dans le matériau utilisé antérieurement... Nous ne dirons jamais assez qu'un matériau peut être facile à tourner et difficile à percer, aisé à fraiser mais difficile à rectifier... Il est donc risqué d'introduire un matériau que vous ne connaissez pas sans avoir effectué cette prospection. Si le matériau est facile à usiner, la prospection sera courte. S'il est difficile à usiner, la prospection préalable raccourcira la mise au point des usinages que vous avez à effectuer.

5.2. Contrôle de l'usinabilité

À la réception d'un lot de matière vous devez d'abord vérifier que ce lot est identique aux précédents. Pour cela vous pouvez vous appuyer sur les caractéristiques métallurgiques, mécaniques… du lot et sur un essai rapide de contrôle d'usinabilité dont la seule fonction doit être de révéler si « quelque chose a changé ». Dans l'affirmative, il est indispensable de procéder à des essais plus complets (COM d'opérations-types).

Chapitre 10
Dernières réflexions

Nous arrivons à la fin de l'étude des généralités sur l'usinage et sommes en mesure d'entreprendre celles des différentes techniques.

Nous espérons que le lecteur a pu apprécier la richesse de l'approche quantitative des techniques d'usinage, approche qui autorise la prédétermination. Nous pensons aussi que le lecteur mesure les difficultés de cette approche et qu'il doit examiner l'ensemble des méthodes susceptibles de rendre les mêmes services. C'est dans ce but que nous allons approfondir l'étude commencée en début de ce livre : « Analyse d'une opération d'usinage : de la maîtrise à la prédétermination ».

L'objectif est, rappelons-le, d'opérer des choix d'outils, conditions et paramètres d'usinage qui satisfont au cahier des charges de l'opération, aux règles de l'art (sécurité des personnels, matériels...), à d'éventuels critères d'optimisation, à d'éventuels critères et contraintes liées à la prise en compte des différentes opérations dans la phase.

Tous ces points ont été définis et étudiés dans les chapitres précédents.

Soulignons une évidence : considérons l'opération élémentaire au moment précis où elle va être exécutée. Les choix d'outils, les choix des conditions d'usinage et les choix des paramètres discrets sont nécessairement déterminés ; les choix des paramètres à variation continue sont, soit fixes, soit adaptables. Dans le second cas, il faut leur attribuer une valeur d'origine qui appartient au domaine de validité (résiduel) du COM. Ce qui ramène à la prédétermination. Nous détaillerons ce point plus loin dans ce chapitre.

Il reste à répondre aux questions suivantes : où prédéterminer (dans un bureau spécialisé, au pied de la machine), qui doit prédéterminer (méthodes, atelier...), et comment prédéterminer ?

La réponse à la première question est évidente et entraîne la repose à la seconde. Mais il faut souligner l'intérêt voire la nécessité du rapprochement et de la coopération entre ateliers et méthodes.

Nous vous proposons d'étudier la troisième question – comment prédéterminer – d'approfondir les relations entre prédétermination et adaptation.

1. Comment prédéterminer ?

On peut ranger les solutions en deux catégories principales : la solution algorithmique et l'utilisation de banques de données avec interpolations.

1.1. *La solution algorithmique*

Nous l'avons présentée dans cet ouvrage. Résumons-la une dernière fois.

On décrit le couple outil-matière (COM) par un jeu de paramètres qui déterminent son domaine de validité. Ce COM est expérimental ou dérivé d'un COM expérimental. L'existence d'un COM implique la qualification préalable de l'outil dans la matière pour l'opération. Le domaine de validité du COM est restreint par la prise en compte de l'ensemble des contraintes relatives à l'opération (géométrie, qualité, état de surface) et à l'environnement (éléments intermédiaires, caractéristiques de la machine, conditions particulières). Le domaine de validité résiduel est calculé par exploitation de modèles manœuvrés par un algorithme. Lorsque le domaine de validité

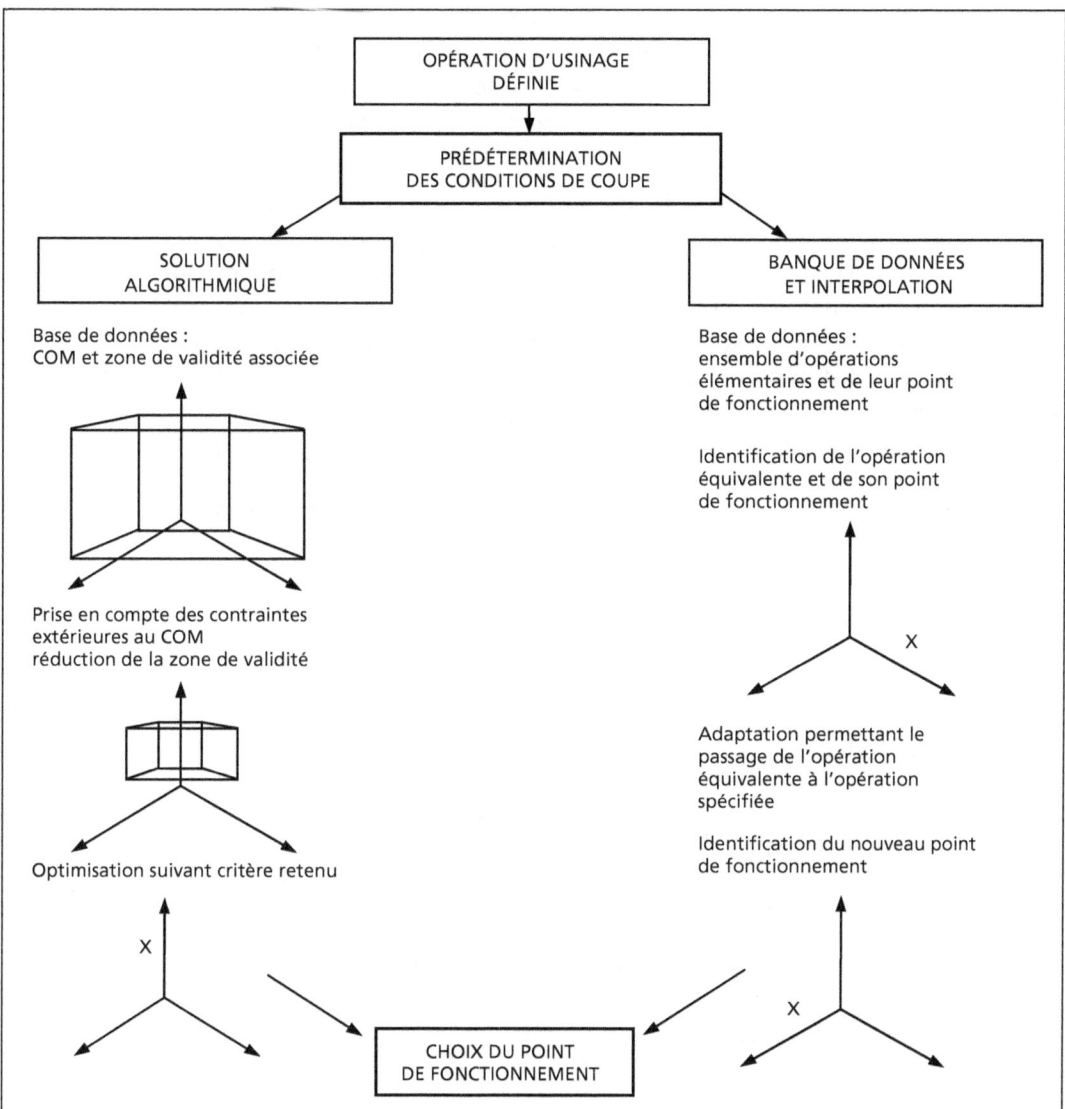

résiduel est connu, on peut déterminer un point optimal par prise en compte d'un critère d'optimisation. Les éventuels découpages en passe sont obtenus par simulations qui mettent en œuvre des stratégies. La recherche de solutions au niveau phase (exemple : un même outil pour plusieurs opérations) se fait par simulations.

1.2. Banques de données et interpolation

Le principe est le suivant : les opérations effectuées dans l'entité considérée (atelier, établissement, société…) sont rangées dans une banque de données. Lorsqu'une nouvelle opération doit être prédéterminée, on cherche dans la banque une opération identique, et à défaut, des opérations proches servant de base d'interpolation.

Les arguments généralement avancés en faveur de cette solution sont les suivants :
- Cette méthode utilise rationnellement le savoir-faire de l'entreprise. Ce savoir-faire est par nature adapté à l'entreprise et reconnu valable (puisqu'utilisé).
- Cette méthode ne nécessite ni formation complémentaire, ni essais de qualification ou de paramétrage, ni utilisation de modèles pouvant être contestés…

Cette méthode présente, en contrepartie les inconvénients majeurs suivants :
- Il est pratiquement impossible de construire une base de données capable d'enregistrer puis de traiter l'ensemble des données caractérisant complètement les opérations d'usinage (au sens de « l'analyse d'une opération d'usinage »).
- Il est irréaliste d'espérer trouver dans la base supposée construite, avec une fréquence suffisante pour que la méthode donne satisfaction, « l'opération identique » à l'opération à prédéterminer.
- Les interpolations sont souvent peu fiables et parfois impraticables :
  - trop grande « distance » entre paramètres à interpoler, forme d'interpolation incertaine, une ou plusieurs bases d'interpolation manquantes ;
  - interpolation impossible sur paramètres qualitatifs (nuance de matériau de coupe) ;
  - interpolation impossible sur paramètres discrets (profondeur de passe).
- Certaines contraintes ne peuvent être prises en compte par voie d'interpolation.

Exemple

On trouve dans la base un point de fonctionnement sur une machine disposant de 40 kW ; on doit prédéterminer le même sur une machine ne disposant que de 25 kW :
- la puissance était-elle limitative à 40 kW ?
- la puissance sera-t-elle limitative à 25 kW ? Sur quelles bases en décider, quel(s) paramètres faut-il éventuellement modifier ? De combien ?
- on ignore le niveau de performance de chaque enregistrement de la base. On peut être conduit à exploiter en interpolation des données hétérogènes en niveau de performance et même des données entièrement obsolètes ;
- cette méthode laisse entièrement sans réponse le problème de l'utilisation de nouveaux outils et de l'usinage de nouvelles matières.

En conclusion : seule la méthode algorithmique est effectivement utilisable pour une prédétermination prenant en compte l'ensemble des facteurs de l'analyse d'une opération d'usinage. L'expérience confirme cette conclusion.

---

2. Deux nouvelles questions

Répondre à une question en fait souvent surgir de nouvelles. En essayant de prévoir les réactions du lecteur nous pensons utile de répondre aux questions suivantes.

2.1. Si la prédétermination par voie algorithmique est clairement la meilleure, pourquoi a-t-elle tant tardé à surgir ?

La solution algorithmique, et plus généralement la prédétermination, exige la répétabilité des phénomènes de coupe donc une grande régularité dans les caractéristiques des outils, matière… Si l'on considère le seul cas des outils, il faut constater que la régularité requise n'est apparue que progressivement et reste encore insuffisante dans certains cas (forêts hélicoïdaux par exemple).

La solution algorithmique n'est envisageable qu'avec l'informatique, tant pour stocker les bases de données (COM, caractéristiques machines…) que pour exécuter les algorithmes. À titre indicatif, le calcul d'une opération multipasse relativement simple, réalisée sur micro-ordinateur en une fraction de seconde, peut demander manuellement plusieurs heures…

On trouve d'ailleurs des traces de développements selon la voie algorithmique, basés sur règles et abaques. Voir IRMO en France.

Un autre obstacle, plus récemment franchi, a été le coût de paramétrage des COM. La solution se trouve dans la rationalisation des essais et le soin apporté à leur analyse : les études techniques, l'analyse statistique et la puissance de calcul de l'informatique ont été et sont encore mises à contribution à ce sujet.

2.2. Faut-il renoncer à exploiter les données de l'atelier ?

La section 1.2 de ce chapitre conduit à conclure que les données d'atelier ne peuvent que rarement être ré-exploitées telles quelles. Par contre ces données doivent être utilisées dans de nombreux cas :
– comme base de qualification de COM ;
– pour fournir des points de fonctionnement utiles aux essais de paramétrage de ces mêmes COM ;
– comme validation de COM paramétrés, contrôle de modèles, contrôles d'algorithmes ;
– étude de stratégies niveau opération, niveau phase ;
– contrôle des paramètres du modèle d'usure…

3. Relations entre prédétermination et adaptation

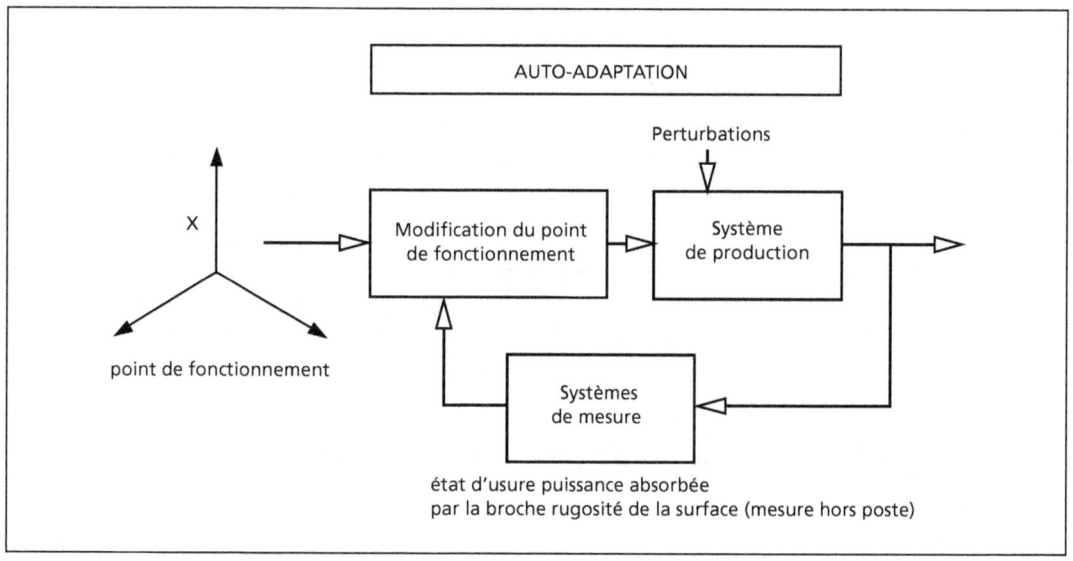

L'adaptation, ou plutôt l'auto-adaptation est parfois présentée comme une alternative à la prédétermination. Mais qu'est-ce que l'auto-adaptation ? Supposons une fois de plus une opération élémentaire entièrement définie. Commençons l'exécution de cette opération sur un point de fonctionnement quelconque. L'ensemble machine, outil, montage, pièce est (supposé être) équipé d'appareils de mesure qui fournissent les paramètres caractéristiques du travail en cours et du résultat obtenu. Ces paramètres peuvent être par exemple la puissance de coupe (travail en cours), la rugosité de la surface produite (résultat obtenu) etc.

Ces paramètres sont assortis de valeurs de consigne et sont exploités, dans des asservissements, à la correction des paramètres d'usinage du point de fonctionnement affiché au départ.

L'utilisation industrielle de l'auto-adaptation est conditionnée et limitée par plusieurs problèmes.

3.1. Des problèmes techniques et de coûts de réalisation

On peut, par exemple, imaginer des systèmes permettant de mesurer la vitesse instantanée d'usure de l'outil. Dans l'état actuel du savoir-faire, de tels systèmes seraient très (trop) onéreux pour être utilisés industriellement. On renonce donc, au moins pour l'instant, à contrôler la vitesse d'usure des outils.

> **Remarque**
> À ce jour, les systèmes de mesure de l'état d'usure (et non de la vitesse d'usure) des outils ne sont guère sortis du laboratoire.

3.2. Des problèmes de comportement du COM en dehors de son domaine (propre) de validité

Reprenons l'exemple du contrôle de la vitesse d'usure de l'outil. Nous venons de voir que cette vitesse d'usure ne pouvait pas, actuellement, être mesurée. Or, il est essentiel de maintenir les paramètres d'usinage à l'intérieur du domaine de validité du COM.

Admettons que la logique du système d'asservissement nous conduise à diminuer la vitesse de coupe.

Jusqu'à quelle valeur cette diminution est-elle admissible ? Rappelons que la vitesse de coupe peut, en ne considérant que le domaine propre du COM, varier entre deux bornes elles-mêmes variables en fonction des autres paramètres d'usinage et de la durée de vie d'arête choisie (entre deux bornes).

On en déduit immédiatement que l'auto-adaptation peut être envisagée pour fournir le calage du point de fonctionnement mais ne saurait dispenser de la connaissance des limites du domaine de validité du COM dont les paramètres doivent obligatoirement être injectés dans le calcul d'asservissement.

3.3. Des problèmes de choix du point de fonctionnement initial

Ce point doit en effet être intérieur au domaine de validité propre du COM et même au domaine de validité résiduel.

Bien que la seconde condition soit plus contraignante, nous pensons utile de justifier la première : si on part d'un point extérieur au domaine de validité propre du COM, les asservissements risquent de réagir à l'envers. C'est ainsi qu'une diminution de l'avance en partant d'un point de fonctionnement défini par une avance inférieure au minimum conduit souvent à augmenter l'effort de coupe.

Le point doit être intérieur au domaine de validité résiduel. En particulier pour des raisons de sécurité.

Exemples : éjection d'une pièce tournée sous condition d'ablocage précaire, blocage d'une machine en limite de couple…

3.4. Des problèmes d'identification de l'origine de l'écart entre la valeur du paramètre mesuré et sa valeur de consigne

Ce problème a été fréquemment rencontré lors de tentatives d'auto-adaptation en milieu industriel, le paramètre mesuré étant en général la puissance absorbée sur broche.

Exemple : l'asservissement prévoit qu'une augmentation de dureté du matériau coupé entraîne une augmentation de la puissance absorbée qu'il convient de corriger par une réduction de la vitesse de coupe. Mais si l'augmentation de puissance est provoquée par une augmentation de la surépaisseur d'usinage, la correction doit selon les cas concerner l'avance ou la vitesse. Et dans certains cas, aucune correction n'est nécessaire. Or le système ne dispose d'aucun moyen de déterminer si l'augmentation de puissance est due à la dureté de la pièce ou à la surépaisseur d'usinage.

3.5. Des problèmes liés à l'impossibilité de modifier certains paramètres en cours de passe

Par exemple, il est souvent interdit de modifier les paramètres d'une passe de finition : les changements d'avance et même les changements de vitesse de coupe engendrent des modifications d'aspects qui ne sont pas admises par les services de contrôle, même si les paramètres d'état de surface restent inférieurs à la limite exigée.

Il est évidemment impossible de modifier en cours d'usinage le nombre de passes d'une opération. Or l'expérience et les simulations montrent que le choix du nombre de passe est un facteur très important (souvent le principal) dans la recherche des paramètres optimaux.

En conclusion : l'adaptation (l'auto-adaptation) peut, dans certains cas, offrir d'intéressantes perspectives mais ne saurait dispenser de la prédétermination. Les solutions basées sur la logique floue entrent dans le cadre de l'analyse que nous venons de consacrer à l'auto-adaptation.

4. L'usinage à grande vitesse ou UGV

Nous ne pouvons passer l'UGV sous silence : les procédés UGV prennent une place croissante dans les développements industriels et l'on peut même penser que cette place sera sous peu prépondérante.

Nous ne pouvons non plus traiter l'UGV en profondeur car ce qu'il faut en dire est très nettement en dépendance du procédé concerné : tournage, fraisage, perçage, rectification.

Il faut même entrer dans un plus fin détail : tournage dur, fraisage des alliages légers...

Nous en resterons donc aux généralités.

4.1. Qu'est-ce que l'UGV ?

Naguère la réponse paraissait simple :
Citons H. Schultz, *Fraisage grande vitesse*, 1re édition française 1997, chapitre 2 :

« ...Ces essais ont montré que les températures d'enlèvement de copeaux retombent à partir d'une vitesse de coupe donnée. Il en résulte pour chaque matériau une gamme de vitesse de coupe à l'intérieur de laquelle un usinage par enlèvement de copeaux est impossible. Ceci est dû aux températures d'enlèvement de copeaux trop élevées. Cette zone est désignée dans les publications spécialisées américaines par les termes « vallée de la mort ». En portant la vitesse de coupe au-delà de cette zone, des enlèvements de copeaux deviennent à nouveau possible en deçà des limites de charge thermiques des matières de coupe utilisées... ».

Cette déclaration et bien d'autres de la même veine inspirent donc une définition claire de l'UGV. Par exemple « l'usinage au-delà de la vallée de la mort ».

Mais une telle définition présente deux défauts majeurs : elle est techniquement fausse et elle est industriellement réductrice.

Techniquement fausse : aucune des réalisations constitutives du développement actuel de l'UGV ne répond à la définition : si l'on rencontre effectivement une vallée de la mort en augmentant la vitesse de coupe (l'effondrement d'arête après quelques secondes ou fractions de secondes de coupe), personne ne l'a jamais franchie.

Industriellement réductrice : le développement industriel de l'UGV est à la fois beaucoup plus complexe et beaucoup plus riche que la simple augmentation des vitesses de coupe au-delà des limites habituellement admises.

> **Remarque**
> Il est assez facile et d'ailleurs intéressant d'expliquer l'origine de la « vallée de la mort » mais cela est domaine de l'histoire des techniques et non de leur mise en œuvre industrielle.

4.1.1. L'usinage conventionnel

Pour diminuer les temps de coupe (élément du temps d'opération donc du coût de production) on peut envisager plusieurs stratégies.

Prenons le cas du fraisage :
- diminution du nombre de passes,
- augmentation du nombre de dents de la fraise,
- augmentation de l'avance par dent,
- augmentation de la vitesse de coupe.

La **diminution du nombre de passes** : cette stratégie n'est envisageable que si l'opération se fait en plusieurs passes.

La **diminution du nombre de passes** revient à augmenter la section coupée donc les efforts de coupe. Cette solution peut entraîner l'augmentation du nombre de dents par augmentation du diamètre de l'outil.

L'**augmentation du nombre de dents** peut se faire avec ou sans augmentation du diamètre de l'outil.

Avec l'augmentation du diamètre de l'outil cela conduit à une diminution de la vitesse de rotation (à vitesse de coupe constante) ce qui annule le gain sur la vitesse linéaire d'avance.

Sans augmentation du diamètre de l'outil :
– en ébauche on risque le bourrage ;
– en surfaçage finition avec une dent racleuse on ne gagne rien ;
– en finition latérale on augmente l'incertitude sur l'état de surface (ordre 3) obtenu ce qui oblige à réduire l'avance par dent et annule le gain.

L'**augmentation de l'avance par dent** augmente les efforts de coupe tant en ébauche qu'en finition.

En finition par surfaçage on est limité par les caractéristiques de la dent finisseuse ;

En finition latérale on est limité à la fois par les efforts de coupe (efforts perpendiculaires à l'avance) et par le défaut géométrique d'avance.

L'**augmentation de la vitesse de coupe** conduit à l'augmentation simultanée de la vitesse de broche et de la vitesse linéaire d'avance.

La stratégie de réduction des temps de coupe par augmentation de la vitesse de coupe semble donc logiquement préférable. Elle présente toutefois des inconvénients :

On est fréquemment limité en vitesse de coupe :
– par les caractéristiques de la machine :
  • fréquences de broche ;
  • vitesses et accélérations disponibles sur les axes de travail ;
  • puissance (et couple) disponible en ébauche ;
– par la recherche du coût optimal de l'opération qui conduit à minimiser la somme « coût du temps de coupe + coût d'usure d'outil » ;
– par des motifs techniques lorsque la vitesse de coupe envisagée engendre un mode d'usure inacceptable ;
– pour d'autres raisons techniques en particulier :
  • sécurité (dépassement des vitesses limites du mandrin en tournage) ;
  • vibrations de l'ensemble outil – intermédiaire (déséquilibrage)…

Lors des études d'optimisation des opérations d'usinage on a observé que :
– L'influence des profondeurs de passe sur les durées de vie d'arête est inférieure à celle des avances.
– L'influence des avances sur les durées de vie d'arête est inférieure à celle de la vitesse de coupe.
– La consommation de puissance à vide des broches croît avec la vitesse de rotation et prend même une forme parabolique pour certaines broches mécaniques.

– D'où cette « règle de l'art » bien connue des usineurs : le choix des paramètres d'usinage doit se faire dans l'ordre suivant : profondeurs de passes (on minimise le nombre de passes), avance et vitesse de coupe.

Cette stratégie conduit à utiliser des machines-outils robustes mais relativement lentes, acceptant des fortes sections de coupe et les efforts de coupe correspondants. Elle privilégie également les opérations d'ébauche aux dépens des opérations de finition qui restent coûteuses, les finitions poussées, souvent techniquement inaccessibles faisant alors l'objet de phases spécialisées utilisant d'autres procédés.

4.1.2. Des évolutions à plusieurs niveaux

Au niveau des exigences ; haut niveau de compétition entre les entreprises :
Réduction des coûts de production
Réduction des cycles de fabrication
Réduction des temps de développement
Produits plus légers, plus performants

Au niveau des moyens :
Machines outils
Commandes numériques
Outils de programmation
Matériaux de coupe
Production de bruts aux dimensions proches du produit fini

Au niveau de la conduite des projets industriels :
Prise en compte du coût global (par opposition au coût de l'usinage considéré séparément)
Qualité globale
Ingénierie simultanée
Adaptabilité des moyens de production (pour supporter la diminution de la durée de vie des produits).

4.2. L'usinage à grande vitesse

La prise en compte des trois niveaux d'évolution que nous venons de citer : exigences, moyens, conduite des projets industriels, conduit à une remise en cause complète des conceptions en matière d'usinage.

Selon certaines prédictions l'usinage devrait disparaître rapidement, rendu inutile par les progrès de la forge, de la fonderie, par l'apparition des matériaux composites.

Si ces prédictions semblent non fondées à court et moyen termes, il est vrai que l'usinage se tourne plus vers les opérations de finition que vers les opérations d'ébauche.

Cette mutation fondamentale donne obligatoirement l'avantage à la solution « réduction des temps de coupe par augmentation de la vitesse de coupe ». Le travail sous faibles sections de coupe donc faibles efforts de coupe facilite grandement l'apparition de machines rapides tant au niveau des broches qu'au niveau des axes (vitesse et accélération), mais aussi le développement de machines à axes multiples, lesquelles favorisent l'attaque de la pièce sous plusieurs angles donc la réduction du nombre de phases...

Pour nous, pratiquer l'UGV, c'est s'inscrire dans ce courant en en maîtrisant les conséquences qui sont nombreuses et souvent complexes.

Au niveau de l'entreprise, la mise en place de l'UGV nécessite en conséquence une transformation globale des structures de production.

L'augmentation des vitesses est obtenue par plusieurs voies :
- Sans changement de matériau de coupe : c'est le cas de l'usinage des alliages légers, ce sont les caractéristiques des machines conditionnées pour l'ébauche qui limitaient les vitesses de coupe.
- Par passage de l'acier rapide au carbure puis aux céramiques et polycrystallins : c'est le cas du fraisage avec outils de faibles diamètres – avec une fraise de 6 mm de diamètre il faut une broche qui tourne à 20 000 tr · min^{-1} pour usiner au carbure dans de bonnes conditions.
- Par changement du matériau de coupe : c'est le cas de l'usinage des fontes, des alliages à haute teneur en nickel (Inconels), des aciers durs (~ 60 HRC).
- Travail sous faible profondeur de coupe, faible avance et exploitation du modèle de Taylor. Cette approche s'applique en même temps que le changement du matériau de coupe de coupe à l'usinage des aciers durs en finition par tournage.

Mais l'augmentation des vitesses de coupe et l'augmentation correspondante des fréquences de broche réserve des surprises. De nouveaux phénomènes apparaissent, d'autres prennent de l'importance.

4.3. Que se passe-t-il quand on augmente vitesse de coupe et vitesse de broches ?

4.3.1. Les constatations

L'Association pour l'usinage à très grande vitesse (AUTGV) s'est posée la question ; nous lui empruntons ses réponses.

« On constate :
- l'abaissement des épaisseurs minimales de coupe ;
- la diminution des efforts de coupe : par diminution des efforts de coupe aux vitesses de coupe élevées et par diminution des sections coupées ;
- l'augmentation des températures de coupe directement liée à l'augmentation des vitesses de coupe ;
- l'augmentation du pourcentage des calories évacuées dans le copeau (continuation d'un phénomène constaté en usinage conventionnel) ;
- les efforts de coupe suivent les modèles utilisés en UC (usinage conventionnel) ;
- apparition ou importance accrue des effets dynamiques : abaissement voire annulation des épaisseurs minimales de coupe.
- lobes de stabilité dynamiques des machines. »

Ce dernier point signifie qu'une machine ne peut travailler sur l'ensemble de sa gamme de vitesses de broches et que les vitesses autorisées varient avec l'équipement de la machine et en premier lieu avec l'outil et les éléments intermédiaires en fonction.

Disons pour n'y plus revenir qu'aucune de ces constatations ne recoupe la définition d'origine de l'UGV (vallée de la mort…).

4.3.2. Les opportunités industrielles

L'AUTGV poursuit son analyse en dégageant des opportunités industrielles.

En général :
- Possibilité d'atteindre :
  - des débits volumiques inaccessibles en UC (usinage conventionnel),
  - des débits surfaciques inaccessibles en UC,
  - des états de surface inaccessibles en UC,
  - des surépaisseurs faibles inaccessibles en UC.
- Possibilité de conserver des emplois et savoir-faire sur le territoire national,
- Possibilité de réaliser des épaisseurs faibles (voiles et fonds) inaccessibles en UC.

Parfois :
- Possibilité d'améliorer la qualité des surfaces produites.

Ce texte, très dense, qui mériterait d'importants développements, nécessite au moins quelques commentaires.

Toutes les assertions contenues dans ce texte sont validées par des réalisations industrielles.

L'importance des effets dynamiques en fraisage est considérable et apparaît clairement si l'on rapproche les « opportunités industrielles » des constatations qui en sont à l'origine (section 4.1).

La possibilité de réaliser des épaisseurs faibles va dans le sens de l'allégement des produits mais entraîne la remise en cause de leur définition.

La possibilité d'atteindre des débits volumiques inaccessibles en UC peut surprendre compte tenu de notre analyse qui réoriente en priorité l'usinage vers la finition. Il faut ici prendre en compte les conséquences de l'augmentation de vitesse de coupe par changement de matériau de coupe ; les gains de vitesses peuvent être considérables ; penser en particulier au cas des alliages base nickel pour lesquels on passe de 60 m · min^{-1} au carbure à plus de 300 m · min^{-1} voire à plus de 1 000 m · min^{-1} dans certains cas ; penser également aux cas où le carbure remplace l'acier rapide. La perte sur les sections de coupe est plus que compensée par les augmentations de vitesse de coupe. Conséquence inattendue : certains usinages se font à nouveau « dans la masse ».

La possibilité d'améliorer la qualité des surfaces produites est assortie de la restriction « parfois ». Cela signifie que l'on ne sait pas, dans le cas général, prévoir l'influence des paramètres et conditions (lubrification ou à sec…) de l'UGV sur les états résiduels des surfaces produites. Donc de l'influence de l'UGV sur les tenues en fatigue.

Au milieu d'« opportunités » techniques on lit la possibilité de conserver des emplois et savoir-faire sur le territoire national. Ce qui signifie que des usinages selon les méthodes UGV réalisées dans des pays à hauts niveaux de salaires peuvent être plus compétitifs que réalisés dans des pays à bas niveau de salaire selon les méthodes conventionnelles.

4.4. Pratiquer l'UGV

Le lecteur aura compris que la pratique de l'UGV ne saurait se limiter à l'achat de machines rapides et des outils correspondants. L'entreprise doit gérer une « réaction en chaîne » qui comprend en particulier la remise en cause complète des gammes comportant des modifications de procédés (électroérosion ou usinage à l'outil ?) – et très souvent la réduction du nombre de phases –, ainsi que la remise en cause de la définition du produit :
- pour bénéficier des possibilités d'amélioration du produit (allégement, états résiduels) ;
- parce que la conception d'un produit est toujours influencée par l'idée – explicite ou implicite – d'un mode de réalisation. Il doit donc être admis que la conception d'un produit mécanique performant nécessite la prise en compte des méthodes et contraintes de l'UGV.

Les paramètres d'un couple outil matière permettent de définir son domaine de validité (ensemble des points de fonctionnement valides). On observe en général que les domaines de validité des couples outil matière en UGV, s'ils sont plus performants, sont aussi plus étroits.

De plus la prise en compte des caractéristiques des machines et plus particulièrement des broches équipées de l'outil et de l'éventuel intermédiaire fait apparaître des lobes de stabilité qui partagent le domaine de validité résiduel en zones disjointes.

Dans ces conditions l'obtention d'un point de fonctionnement correct par mise au point en atelier risque d'être laborieuse : l'exploitation rationnelle de l'UGV ne peut être industriellement rentable que par mise au point en atelier lorsqu'il s'agit d'opérations en séries importantes et répétitives et par prédétermination.

Cette prédétermination, indispensable à l'extension rapide des méthodes UGV, n'est pas actuellement accessible dans tous les cas. Pour y accéder :
- La modélisation des effets dynamiques nous semble prioritaire.
- La maîtrise quantitative des durées de vie d'arête est très importante dans de nombreux cas. Le simple paramétrage du modèle de Taylor généralisé ne saurait régler tous les cas d'usinage et en particulier l'usinage sous paramètres géométriques variables (usinage de moules).
- La modélisation des états résiduels est importante au moins pour certaines industries dans certains matériaux.
- L'augmentation des vitesses de coupe s'accompagne, nous l'avons vu, de celle des températures de coupe ; on devra pour tirer le meilleur profit de l'UGV approfondir les mécanismes qui accompagnent ces accroissements de vitesses et de température. Les nombreuses études en cours sur ce sujet n'apportent pas encore toutes les réponses nécessaires.

Notons encore que la mise en place de l'UGV doit s'accompagner d'une remise en cause des normes de sécurité.

Enfin toute décision technique, d'un simple changement de paramètre à un choix d'investissement doit être économiquement justifiée. Il faut mettre à disposition des services concernés les méthodes et paramètres nécessaires à l'établissement des justifications requises, autorisant également la comparaison économique rapide entre solutions concurrentes.

5. Conclusion générale

Le lecteur nous autorisera une conclusion teintée de philosophie.

L'enseignement technologique comporte en général une partie théorique dans laquelle on présente l'état de la science concernant les phénomènes de base mis en œuvre dans la technique concernée. De manière qualitative d'abord, puis quantitative par l'étude du ou des modèles qui rendent compte de ces phénomènes. Cette partie théorique est importante. En effet, elle permet de se dégager de l'empirisme pur et d'appréhender rationnellement les conditions et limites d'application de la technique (la coupe des aciers rapide avec du carton n'a pas beaucoup d'avenir). Par ailleurs, elle montre les voies d'étude qui permettent d'envisager une maîtrise quantitative totale de la technique.

Cette partie théorique est très généralement suivie d'une partie applicative montrant la technique en action dans toute sa richesse mais aussi toute sa complexité industrielle.

Il serait évidemment souhaitable qu'il n'existe aucun hiatus entre la partie théorique et la partie applicative, que toute application soit non seulement explicable mais encore prédictible par la théorie. Nous pensons que ce n'est jamais complètement le cas. Nous savons que c'est très loin d'être le cas dans le domaine de l'enlèvement de copeau par cisaillement.

Il faut alors surmonter la tentation de retomber dans l'empirisme pur : ce serait renoncer à la technologie. Nous avons montré tout au long de cet ouvrage qu'il existe des « voies médianes », que si l'on doit, pour un temps, renoncer à la modélisation complète sur la base de lois physiques (section 5.2.4 du chapitre 3) on ne doit pour autant renoncer ni à comprendre (étude quantitative), ni à modéliser (modèles phénoménologiques, modèles mixtes...). Il semble inutile d'insister sur le fait qu'il est à la fois plus satisfaisant et plus efficace de comprendre les phénomènes et les exprimer par des modèles que d'apprendre des règles empiriques dont on connaît mal les limites d'application.

Nous pensons que l'approche proposée dans cet ouvrage répond à ce souci.

ANNEXE

Des enseignants qui ont bien voulu se charger de la relecture de l'ensemble de ce livre estiment que certaines assertions sont difficilement accessibles aux lecteurs non spécialistes de l'usinage.

Nous avons choisi de reporter en fin de volume les explications nécessaires pour ne pas alourdir le corps de l'ouvrage et pour nous permettre d'introduire des explications qui font appel à des notions étudiées dans des chapitres ultérieurs.

Complément du chapitre 2

Il est clair que le mode de génération linéaire/ponctuel doit être considéré au niveau de l'outil global (p. 41).

Nous traitons dans ce paragraphe des opérations effectuées avec des outils dont la géométrie de coupe est « non définie » ; il s'agit principalement des meules mais d'autres outils comme les bandes abrasives sont également concernées. Si la génération est désignée comme linéaire c'est-à-dire « que la forme engendrée dépend de la forme de l'arête », il ne peut s'agir de la forme (inconnue) de l'arête élémentaire mais de la forme de l'outil globale, la forme de la meule. On dira alors que la meule est une meule de forme.

Complément du chapitre 3

Il est clair que ces conditions ne sont pas industrielles ou ne le sont qu'exceptionnellement. Pour connaître le comportement pratique d'un outil dans une matière, il faut l'étudier expérimentalement (p. 50).

L'opération industrielle la plus proche des conditions décrites est le dressage au tour par génération linéaire d'un tube pris en mandrin ; cette opération n'est pas représentative du tournage. L'opération de base du tournage est le chariotage dans lequel on subit l'effet perturbateur du rayon de raccordement (rayon de bec).

De plus les outils industriels présentent le plus souvent une « condition d'arête » qui diffère de l'arête vive. Les outils en carbure revêtus, les plus utilisés en tournage ne peuvent d'ailleurs pas présenter d'arête vive (sauf préparation spéciale). Enfin les outils modernes présentent souvent des brise-copeaux aux formes sophistiquées.

Les outils industriels ne répondant pas aux critères de validité des modèles théoriques, il reste à les étudier expérimentalement.

Une opération telle que le contournage à la fraise hélicoïdale cylindrique profil finition, autorise un calcul assez simple des efforts de coupe... (p. 51).

On considère une tranche d'outil dh coupée selon un plan perpendiculaire à l'axe de fraise. Dans cette tranche on considère une dent dont on définit la position par rapport au repère pièce. L'étude du fraisage permet de modéliser les efforts sur cette arête élémentaire tant en grandeur qu'en direction. Il reste alors :

- à considérer successivement les différentes dents qui sont ou non en travail – et si elles le sont il convient de calculer l'épaisseur de coupe correspondante – ;
- à considérer les autres « tranches de fraise » dh ;
- à sommer les efforts rapportés à un repère pièce ;
- à faire évoluer les positions de dents ce qui permet d'obtenir des efforts instantanés en fonction du temps et des efforts moyens.

Voir aussi page 67.

Il est évidemment essentiel, mais cela n'est pas propre à la coupe, de ne pas perdre de vue les origines des diverses entrées dans le modèle et leurs éventuelles imperfections (p. 67).

L'exemple qui illustre cette remarque est très représentatif.

Considérons le calcul de l'épaisseur de coupe instantanée et remarquons que cette épaisseur de coupe est modifiée par la flexion de fraise non prise en compte dans le calcul présenté.

L'étude du fraisage montre d'autre part que cette épaisseur de coupe instantanée entre dans le calcul de l'effort spécifique de coupe Kc mais que le modèle phénoménologique utilisé répond mal lorsque l'épaisseur de coupe tend vers zéro, à l'engagement d'arête en opposition ou au dégagement en avalant.

Ce modèle, au demeurant très pratique, présente encore d'autres imperfections non évoquées ici.

Complément du chapitre 5

Chariotage finition en tournage en mandrin pointe (p. 107)

La génération est ponctuelle et le défaut de rugosité d'ordre 3 dû au sillon peut être calculé ; les défauts d'ordre 4 doivent rester négligeables par rapport aux défauts d'ordre 3 et bien entendu il convient d'éviter les défauts d'ordre 2.

Rappelons que la rugosité comprend les défauts d'ordres 3 et 4.

Les défauts d'ordre 3 : stries et sillons périodiques et pseudo-périodiques.

Dans le cas du chariotage au tour le sillon tracé sur la surface usinée par l'arête de coupe est déterminé par l'avance par tour et la forme de l'arête (un arc de cercle dans le cas le plus courant) ; le critère de rugosité utilisé peut alors être calculé à partir de sa définition. Dans le cas du Rt : « écart vertical entre le point le plus haut et le point le plus bas du profil de rugosité R ». Voir p. 205 et suivantes pur l'illustration de ces calculs.

Les défauts d'ordre 4 : arrachements, marques d'outils.

On sait généralement comment limiter ces défauts (outil adapté, vitesse de coupe supérieure à un minimum qui peut être déterminé …) ; mais on ne sait pas les calculer.

La solution proposée : les défauts d'ordre 4 doivent rester négligeables par rapport aux défauts d'ordre 3 s'impose donc d'elle-même.

Notons toutefois que si l'angle de direction complémentaire est nul ou très faible (cas des arêtes de planage dont le rayon est de l'ordre du mètre) la règle proposée ne peut plus être respectée. Il est toutefois possible d'obtenir d'excellents états de surface par de telles méthodes en adaptant la vitesse de coupe aux très faibles épaisseurs de coupe correspondantes. Mais la prédétermination de la rugosité devient alors inaccessible au calcul.

Rappelons enfin que les défauts d'ordre 2 sont les défauts d'ondulation souvent imputables à des vibrations de la pièce ou de l'outil mais qui peuvent provenir des sillons d'outils si la longueur de coupure est du même ordre de grandeur que l'avance.

Non-respect d'état de surface : une usure de VB = 0,4 est rarement compatible avec une avance de 0,15 mm.tr^{-1} (p. 174)

Bien qu'énoncée avec prudence (… est rarement compatible…) cette remarque doit être prise au sérieux : trop souvent les essais d'usure sont conduits avec un VB fixe, 0,4 mm par exemple, quelle que soit la plaquette, quelle que soit son utilisation.

0,15 mm est une avance généralement réservée à la finition ; à un VB de 0,4 mm correspondent d'autres manifestations de dégradation de l'arête, en particulier son acuité qui conditionne l'état de surface et le recul d'arête qui influe sur la cote obtenue.

De plus il faut éviter les réformes tardives, voir figure 5.72 de la même page (p.174).

Complément du chapitre 8

…pas toujours le mode en avalant, contrairement à une opinion répandue (p. 247).

Le mode « en avalant » présente de nombreux avantages qui seront étudiés dans le volume consacré au fraisage. Toutefois « le fraisage conventionnel est plus avantageux pour sa part pour certaines opérations de finition » (*Techniques modernes d'usinage,* Guide pratique Sandvik 1997).

Ceci s'explique en particulier par l'étude des forces de coupe : à faible profondeur radiale, la force de coupe moyenne mesurée perpendiculairement à l'avance est plus faible en fraisage conventionnel ; elle est même nulle pour une certaine profondeur.

www.ingramcontent.com/pod-product-compliance
Lightning Source LLC
Chambersburg PA
CBHW080535300426
44111CB00017B/2731